KB264323

알고 하자!
권 리 분 석

김 명 채 지음

알고하자! 권리분석

제 1판 1쇄 발행   2002년   9월   15일
제 2판 1쇄 발행   2003년   4월   7일
제 3판 1쇄 발행   2003년 12월   15일
제 4판 1쇄 발행   2007년   8월   15일

지은이   김명채
펴낸이   조헌성
편 집   송안나
인 쇄   해외정판사 박진호
제 본   문원문화사 윤옥현
지 업   동우지업(주) 박장연
펴낸곳   (주)미래와경영
주 소   서울특별시 구로구 구로3동 222-7
전 화   (02) 837 - 1107
팩 스   (02) 837 - 1108
등록번호   제 16-2128호
홈페이지   http://www.FMbook.com

값 24,000 원

ISBN   978-89-89165-79-8   03320

필자는 몇 년 전에 "김명채의 부동산경매특강"(미래와경영 刊)을 출판한 바가 있다. 천학비재한 필자의 교재가 독자들의 과분한 사랑을 받고 보니 필자로서는 작은 자긍심과 더불어 커다란 책임감을 통감하지 않을 수 없었다.

그 후 필자는 한국능률협회, 한국금융연수원, 명지대학교, 중앙일보사, 경주대학교 기타 각종 고시학원 등에서 경매특강 특히 권리분석을 강의해 오면서 수강생들이 가장 목마르게 원하는 부분이 '부동산경매에서의 권리분석'이라는 것을 알게 되었고, 그러한 수강생들의 요구에 알맞는 교재를 편찬해야겠다는 결심을 하게 되었으며, 몇 년간의 자료를 모아 이제 "알고하자! 권리분석", "알고하자! 부동산경매", "문답으로 배우는 부동산 경매" 등 3권을 출판하게 되었다.

독자들도 주지하는 바와 같이 지금 우리나라에서는 법원실무가들이 알아야 할 내용을 기술한 경매교재는 더러 있으나 일반 입찰자들이 참고할 만한 교재는 전무한 형편이다. 특히 권리분석부분에 대해서는 전문적으로 연구하는 사람도 없고 당연히 권리분석에 관한 교재는 거의 찾아보기 어렵다. 그저 "부동산경매"라는 이름으로 출판된 교재 속에 단편적인 몇가지 지식이 기술되어 있을 뿐이다.

대학에서 강의하는 교수들 조차도 실무를 해보지 못한 교수들이 많을 뿐만 아니라 난이도 높은 심층적인 권리분석은 손도 대지 못하는 경우가 허다하여 수강생들의 원성을 사는 경우가 많았다.

그러다보니 경매컨설팅업소에서도 경매사고가 1년에 몇건씩 터지고 있는 실정이다. 스스로 입찰에 참여하는 일반인들에 있어서는 더더욱 전문지식없이 입찰하다가 작게는 수천만원 크게는 수억원의 손실을 보는 일이 비일비재하게 발생되고 있다.

권리분석만 완벽히 능통한다면 남보다 훨씬 더 커다란 수익을 올릴 수 있는 것이 「부동산 경매」임에도 불구하고 그에 정통하지 못하여 오히려 손실로 이어진다면, 차라리 입찰을 포기하는 것이 현명할 것이다.

이번에 출판하는 3권의 교재들은 그러한 독자들의 요청과 필요성에 부응하기 위해서 저술된 것으로서, 필자가 여러 기관에서 강의하면서 모아둔 자료와 다년간의 실무를 통해서 터득한 노하우를 토대로해서 관련 법규와 대법원의 판레를 완벽히 분석하여 출판하게 된 교재이다.

"알고하자! 권리분석"은 권리분석에 관한 한, 단 한건의 실수도 허용되지 않을 정도로 기존의 부동산경매 교재의 내용을 몇 차원 끌어 올린 교재로서 우리나라에서는 처음으로 출판되는 교재가 될 것이며, "알고하자! 부동산경매"는 기본적인 경매이론과 권리분석에 관하여 설명함과 더불어 실무상 필요한 여러 가지 서류 및 기타 실무상 처리지침 등에 관하여 자세히 설명하였으며, "문답으로 배우는 부동산경매"에서는 그동안 여러 제자들, 각급 학교의 교수들, 그리고 독자들로부터의 질문에 답했던 내용과, 필자의 홈페이지(www.hanguk.co.kr)에 올라온 질문에 답했던 부분들을 토대로 부동산경매의 모든 논점을 정리한 교재로서, 문제를 중심으로 부동산경매 전체를 조명할 수 있도록 설명되어 있다.

이들 교재속에 최근까지의 대법원판례의 내용 및 최근에 제정·개정된 민사집행법, 주택임대차보호법 및 상가임대차보호법 등도 설명되어 있음은 물론이다. 내용상 서로 중복되는 부분도 있을 것이므로, 독자들은 자신의 필요에 따라 적절히 선택하여 공부하면 될 것이다.

아무쪼록 이 교재를 통해서 독자들이 큰 수익을 올릴 수 있게 되기를 바라는 마음 간절하며, 지금은 저 세상에서 편안히 계실 최근에 작고하신 부모님께 이 책자들을 바친다.

2007. 8. 10

저자 김 명 채

1. 2002년 7월 1일부터 시행되는 민사집행법에 의거해서 집필하였으며, 특히 달라지는 권리분석에 대해서는 상세한 설명을 덧붙였다.

2. 권리분석상 함정이 될 수도 있는 부분에 대해서는 특별히 문제를 돌출하여 해설함으로써, 이해의 폭을 넓힘과 동시에 오래 기억되도록 노력하였다.

3. 단순한 암기식 설명이 아니라 기본원리를 분석하는데 치중하였다.

4. 쉬우면서도 간결한 문체를 사용함으로써 책의 부피가 과도하게 많아지는 것을 경계하였다.

5. 권리분석을 함에 있어서 문제되는 모든 것들을 단 한건도 빠뜨리지 않고 종합적으로 해설하였다.

6. 기초적인 내용에서부터 최고전문가 수준에 이르기까지 자세한 설명을 덧붙였다.

7. 무학자도 이해할 수 있도록 쉽게 풀어쓰도록 노력하였다.

8. 간혹 이해하기 어려운 법률용어가 나올 때에는 그 용어에 대한 개념을 설명하였다.

9. 실무를 하면서 체크해 놓았던 여러가지 문제점들을 해설하였다.

10. 각 장의 복습문제를 실어 놓음으로써 다음 내용을 공부하기 전에 얼마나 이해했는가를 스스로 체크하도록 배려하였다.

11. 특별히 중요한 권리분석에서는 연구문제를 만들어 해설을 덧붙였다.

12. 사례별 핵심적인 연구문제를 30문제 만들어 독자들의 이해의 편의를 도모하였다.

13. 권리분석에 관한 중요한 대법원판례를 따로 정리하여 해설하였다.

14. 권리분석의 한 분과인 배당실무에 관하여도 해설하였으며, 권리분석의 반대측면이라고도 볼 수 있는 소유자대책이나 임차인대책에 관하여도 해설하였다.

15. 제12장에서는 권리분석에 관한 객관식 모의고사 40문항을 출제하여 독자들의 실력을 테스트함과 동시에 훗날 있을지도 모를 「공인 경매 분석사」시험에 대비토록 하였다.

16. 최근 개정된 주택임대차보호법과 2002년 11월 1일부터 시행되고 있는 상가건물임대차보호법을 해설하여 입찰참여는 물론 부동산중개업소의 실무지침으로 삼을 수 있도록 하였다.

17. 대위변제, 세대합가, 임차권의 양도와 전대, 다가구주택에서의 권리분석, 법정지상권, 분묘기지권, 대지권미등기, 토지별도등기, 공유자의 우선매수청구권, 경매에서의 담보책임, 경매취소의 문제, 토지의 분할과 합병에서의 문제점, 위법건물의 문제점, 제시외건물과 증축된 건물의 문제점, 관리비체납의 문제, 종중재산의 경매에서의 문제점, 유치원건물·학교법인재산·사회복지법인재산의 경매에 있어서의 문제점 등 경매의 함정부분에서는 상세한 설명과 더불어 그 예방대책에 관하여도 많은 지면을 할애하였다.

18. 부록으로는 최근에 제정된 민사집행법을 수록하였다.

제4장   경매가 완결되어도 낙찰자가 부담하게 되는 권리

제5장 주택·상가임대차보호법의 실무분석

제6장 주의해야 할 경매의 함정

C·O·N·T·E·N·T·S

제7장   권리분석의 일환으로서의 배당실무

C·O·N·T·E·N·T·S

제8장   주택·상가임대차보호법의 실무해설

제9장	**소유자 대책 및 임차인 대책방안**

C·O·N·T·E·N·T·S

제10장 권리분석 관련 대법원 판례

제11장 권리분석 핵심 사례 연구 30선

제12장 권리분석 객관식 모의고사 40문항

부 록

HOT Tip 권리분석

권리분석에 앞서…

부동산경매에서의 권리분석이란?

경매란 경쟁적 매매일뿐이다. 새로 제정되어 2002년 7월 1일부터 시행되고 있는 민사집행법에서도 "경매"라는 용어 대신에 "매각"이라는 용어를 사용하고 있는 것도 바로 그 때문이다. 우리가 부동산을 경매가 아닌 일반매매로 구입할 때도 사실은 권리분석을 하고 있다.

예를 들어 등기부등본을 떼보고 가압류등기나 기타 저당권등기 등이 설정되어 있으면, 그 등기들을 매도인이 말소시켜 준다는 조건으로 매입하든지, 아니면 그 등기들을 매수인이 인수하는 대신에 매매가에서 그 등기에 상응하는 채권금액을 공제한 금액만큼만 매도인에게 지불하는 조건으로 매입하게 되는데, 이러한 일련의 과정이 바로 권리분석인 것이다.

부동산 경매에서도 이와 마찬가지로 경매가 완결되면 말소되는 등기가 있고 말소되지 않는 등기나 권리도 있다. 말소되는 등기나 권리는 입찰자가 신경쓸 필요가 전혀 없지만, 만일 경매가 완결되었는데도 불구하고 말소되지 않는 등기나 권리가 있다면 그것은 낙찰자가 인수부담해야 한다.

즉, 그런 물건에 대해서는 입찰을 포기하든지 아니면 그 등기나 권리를 인수부담해도 될 정도로 원래 예상했던 입찰가에서 그 인수부담할 금액만큼을 공제한 금액으로 입찰해야 하는 것이다. 만일 그렇지 않고 정상가로 입찰했다면 나중에 인수부담해야 할 금액만큼은 낙찰자의 손실이 되는 것이다.

바로 그러한 문제들을 해결하기 위한 작업이 권리분석이다. 따라서 권리분석을 제대로 마스터하지 않은 상태에서 입찰에 참여해서는 절대로 안 된다. 부동산은 개인이 평생 모아 둔 재산이 스며있는 경우가 대부분이지만 한번 권리분석에 실패하면 작게는 몇 천만원, 크게는 수백억원이 날라가는 경우도 있으므로, 부디 이제부터 공부하는 권리분석 탐구에 심혈을 기울여 주기 바란다.

한가지만 더 언급한다면 부동산경매에서의 권리분석은 민법의 일반원리와는 다르다는 점이다. 어떤 대학에서는 권리분석 강의한다고 하면서도 실제로는 민법이나 민사집행법 등을 강의하는 경우도 허다하다. 그러나 부동산경매에서의 권리분석은 민법 등 사법(私法)과 민사집행법 등 절차법을 토대로 해서 부동산경매에서의 독특한 적용을 공부하는 것이다.

유치권을 예로 든다면 유치권의 성립요건·효과 등에 관해서 장황하게 설명한다면 이는 민법에 관한 해설이지 권리분석에 대한 설명이 아니다.

즉, 요건이나 효과 등은 간략히 설명한 후에 부동산경매에서의 유치권은 어떤 경우에 무엇이 문제되는 것이며, 그에 대한 해결은 어떤 식으로 해야 하는지를 연구하는 것이 진정한 의미의 권리분석인 것이다.

권리분석은 누구의 책임인가?

일반 매매에서도 권리분석에 대한 책임은 결국은 거래 당사자에게 있다. 매매 과정에서 공인중개사나 법무사가 개입되어 있다고 하더라도 그들은 조언자에 불과하고 최종적 책임은 역시 거래 당사자에게 있는 것이다.

설령 거래 과정에서 공인중개사의 과실로 인하여 사고가 발생했다고 하더라도, 대법원에서는 그 사고에 대한 책임이 오로지 공인중개사에게만 있다고 하지도 않을 뿐만 아니라, 설령 공인중개사에게 그 책임의 일부가 있다고 하더라도 자기 주머니에서 일단 돈이 나간 상태에서 손해배상채권으로 변해버린 그 돈을 다시 찾아온다고 하는 것이 얼마나 힘든 일인지는 경험해 본 사람이라면 이미 충분히 알고 있을 것이다.

"법의 부지(不知)는 용서받지 못한다."는 법언이 있다. 즉 대한민국의 법은 대한민국 사람이라면 누구라도 알아야 한다는 것이다. 그것을 제대로 알지 못하여 손해를 보는 불행한 일이 벌어다고 하더라도 그 책임은 결국 법을 제대로 알지 못했던 사람에게 돌아가는 것이다. 지금 우리는 그 불행한 일의 발생을 미리 예방하기 위해서 노력하고 있는 것이다.

권리분석이 어려운이유

　권리분석이 어려운 이유를 한마디로 말한다면 권리분석에 관한 전문적인 연구가와 저술작품이 없기 때문이라고 볼 수 있다. 즉, 부동산경매업무를 처리하는데 있어서 법원이 알아야 할 사항에 대해서는 전문적인 연구가도 많고 또한 그러한 연구의 결실인 좋은 저서도 많이 출판되어 있다.

　하지만 일반 입찰 참여자의 입장에서 참고할 만한 좋은 서적은 눈을 씻고 찾아봐도 별로 보이지 않는다. 이는 아마도 권리분석에 관한 법규가 통일되어 있지도 않고, 또한 그러한 법규의 조문이 숫적으로 많지도 않은 관계로 법원의 실무에 따라 움직이는 권리분석도 상당히 많기 때문이다.

　예컨대 후순위 임차인을 선순위 임차인으로 변하게 만드는 요인 중의 하나인 "대위변제(代位辨濟)"만 해도 법원실무에서는 민법상의 대위변제와는 그 요건이나 효과가 상당히 다르게 적용되고 있는 것이다. 경매교과서에서도 이 책에서는 이렇게 설명하고 저 책에서는 저렇게 설명하여 서로 내용이 다른 것들이 상당히 눈에 띄는 이유도 바로 권리분석이 쉽지 않다는 것을 웅변적으로 대변해 주고 있는 것이다. 또한 대학 등에서 강의하는 교수들 조차도 서로 강의내용이 달라서 학생들의 원성을 사는 경우가 많은 이유 또한 바로 권리분석의 그러한 특성 때문이다.

　저자는 바로 그러한 문제점을 해결하기 위해서 지난 수년간의 연구와 강의, 그리고 실무상의 경험 등을 토대로 해서 이 책을 펴내게 된 것이다. 이 책은 권리분석에 관한 여러 중구난방한 이론이나 학설들을 평정하는 바이블이 될 것이므로, 독자들은 나름대로 자부감을 가지고 이 책을 읽어도 될 것이다.

경매에 관한 강의를 크게 두가지로 대별한다면 권리분석과 경매절차로 나눌 수 있을 것이다.

거듭 밝히는 것이지만 경매절차와 같은 것은 설령 잘 알지 못한다고 하더라도 다소간의 불편은 따르더라도 경제적 손실로 이어지는 것은 아니다. 때로는 주변의 경험자들에게 물어 보아도 잘 알려주는 경우가 대부분이다. 하지만 권리분석 만큼은 잘 아는 사람 자체가 별로 없기 때문에 스스로 탐구하지 않으면 안되는 영역이다.

따라서 마음을 가다듬고 어느 정도는 긴장한 상태에서 공부해야 한다.

말소기준등기

말소기준등기

말소기준등기의 이해

낙찰결과 그 등기를 포함해서 그 이후의 모든 등기가 말소되는, 즉 말소의 기준이 되는 등기를 편의상 말소기준등기라고 해 보았다.

말소기준등기는 저당권등기, 근저당권등기, 담보가등기(擔保假登記), 압류등기, 가압류등기, 경매신청등기 등 6가지 등기(암기할 것) 중에서 시간적으로 가장 앞선 등기로서, 그 등기를 포함해서 그 이후의 모든 등기가 말소되는 등기이다.

이 말소기준등기라는 개념은 저자가 처음으로 사용한 개념으로서, 이 개념만 정확히 이해한다면 권리분석의 약 90%를 마스터한 것이나 다름이 없을 것이다. 즉, 이 개념을 마스터한다면 권리분석을 위하여 인수주의(引受主義)나 말소주의(抹消主義) 등의 개념이나 복잡한 도표같은 것이 전혀 필요없게 되는 것이다.

최근에는 다른 경매교과서에서 저자의 말소기준등기의 개념을 그와 유사한 말소기준권리(抹消基準權利)라는 개념으로 말소기준등기를 설명하는 경우가 더러 있으나 정확한 용어는 아니다. 즉, 등기의 내면에 있는 권리가 말소기준이 되는 것이 아니라 등기 자체가 바로 말소기준이 되는 것이다.

예컨대 가압류등기의 내면에는 여러 종류의 채권이 관련되어 있을 수 있으나, 말소기준이 되는 것은 바로 그러한 권리가 아니라 가압류등기 자체인 것이다. 그렇다고 해서 가압류등기권이라고 하기에도 어색하고 가압류권리라고 하기에도 어색하지 않은가? 가압류권리는 금전채권자라면 누구라도 가지고 있는 권리인 것이지만 말소기준이 되는 것은 가압류등기 그 자체일 뿐이다.

말소기준등기의 사례

1. 임차권등기, 담보가등기, 전세권등기, 가압류등기 순으로 등기가 되어 있을 경우

말소기준등기는 담보가등기로서 경매가 실행되면 그 등기를 비롯해서 그 이후의 모든 등기가 말소된다. 결국 임차권등기만 남고 나머지는 모두 말소된다. 물론 그 임차권 등기는 낙찰자가 인수부담해야 한다. 즉, 그 임차보증금을 낙찰자가 부담할 생각으로 입찰에 참여해야 한다는 것이다.

2. 환매등기, 처분금지가처분등기, 가압류등기, 저당권등기, 임차권등기, 담보가등기 순으로 등기가 설정되어 있을 경우

이 때의 말소기준등기는 가압류등기이므로 그 가압류등기를 포함해서 그 이후의 모든 등기가 말소되므로 환매등기와 처분금지가처분등기는 말소되지 않고 낙찰자가 인수부담해야 할 등기가 된다.

결국 이러한 물건은 특별한 사유가 없는 한 입찰해서는 안될 것이다. 환매등기나 처분금지가처분등기는 후에 다시 설명될 것이지만 모두 금전과 관련되지 않은 등기로서 낙찰자가 소유권을 상실할 위험이 많은 물건이기 때문이다.

3. 저당권등기, 처분금지가처분등기, 가압류등기, 임차권등기, 담보가등기 순으로 등기가 설정되어 있을 경우

말소기준등기가 저당권등기이므로 그 등기를 포함해서 모든 등기가 말소된다. 즉 낙찰자가 인수부담해야 할 등기는 없다. 소위 깨끗한 물건이다.

담보가등기

가등기는 보전가등기(保全假登記)와 담보가등기(擔保假登記)로 나뉘는데, 보전가등기는 청구권을 보전하기 위한 가등기로서 부동산등기법의 적용을 받는 반면, 담보가등기는 채권을 담보하기 위한 가등기로서 가등기담보법의 적용을 받는데, 가등기담보법상 경매에서는 가등기권리를 저당권으로 보고 있다.

예를 들어 갑·을 간의 매매계약에 의해서 발생한 매수인 을의 소유권이전청구권을 보전하기 위해서 하는 등기가 보전가등기이고, 돈을 빌려준 채권자가 그 채권의 담보를 위해서 채권자 또는 물상보증인의 부동산에 부동산소유권의 가등기를 하는 경우가 담보가등기이다.

압류

압류라는 용어는 두가지로 쓰인다. 하나는 세무관청에서 체납자의 부동산에 압류등기를 하는 경우이고, 또 하나는 경매개시결정으로 인해서 부동산에 경매신청등기가 기입되는 경우이다.

즉, 경매신청등기가 기입되면서 압류의 효력이 발생(법규상으로는 등기시점과 송달시점 중에서 먼저의 시점으로 규정되어 있으나, 통상적으로 등기를 먼저하고 나중에 송달하므로 등기시점이 압류시점)하게 되는데, 압류의 효력으로는 상대적 처분금지의 효력과 경매신청시에 소급한 소멸시효 중단의 효력이 있다.

경매신청등기

채권자의 경매신청이 있으면 경매법원에서는 서류를 심사하여 경매개시결정을 내리게 되는데, 이때 그 법원에서 등기소에 경매개시결정의 등기를 촉탁하게 되고, 이것이 등기부 갑구에 기재되면 이를 경매기입등기 또는 경매신청등기라고 한다. 압류의 효력은 통상적으로 이 등기가 기입된 때부터 발생한다.

압류·가압류·가처분·참가압류의 비교

압류

청구권 보전을 위한 가압류와 달리 압류는 강제집행에서 환가(換價)를 위해 압류등기하는 것이다.

가압류

채무자가 자신이 빌린 돈을 갚지 않으면서 자신이 소유한 부동산을 처분려고 한다면 채권자로서는 소송 전에 미리 그러한 채무자의 재산이탈을 막아둘 필요성이 있게 되는데 이때 하는 등기가 가압류등기다. 한편 가압류등기는 부동산소유권뿐만 아니라 전세권, 저당권, 임차권에 대해서도 할 수 있다. 그리고 이에 대한 채무자의 구제방법도 가처분의 경우와 유사하다.

가처분

예컨대 부동산을 사기로 하고 대금을 모두 지급하여 그 부동산을 소유할 수 있는 권리가 생겼을때, 혹시라도 매도인이 그 부동산을 다른 사람에게 몰래 팔고 달아나지나 않을까 하고 걱정이 된다면 이를 방지하기 위해 매도인이 그 부동산을 처분하지 못하도록 등기부에 금지사항을 기재할 수 있는데 이를 가처분등기라고 한다. 만일 매도인이 금지사항을 어기고 그 부동산을 다른 사람에게 팔았다 하더라도 훗날 소송을 통해 가처분 이후의 등기를 말소할 수 있기 때문에 가처분을 해둔 매수인의 권리는 안전하게 보호받게 된다.

가처분등기의 예로서는 처분금지가처분, 점유이전금지가처분, 대표이사 업무정지가처분 등이 있다.

만일 채무자가 그러한 가처분등기를 부당하다고 생각한다면 상소(上訴)나 이의를 할 수 있고, 또는 법원에 채권자에 대해 제소명령(提訴命令)할 것을 신청할 수도 있다. 가압류와 가처분은 채권자의 청구권이 금전청구권이냐 아니냐 하는 점에 결정적인 차이가 있다.

참가압류

이는 진행중인 경매절차에 세무관청이 참가하면서 압류한 것으로서, 일반 압류와 효력이 동일하므로 압류라고 보면 된다.

Q1. 말소기준등기를 설명하라(참조 30p).

Q2. 임차권등기, 담보가등기, 전세권등기, 가압류등기순으로 등기가 되어 있을 때 낙찰자가 인수부담해야 하는 등기는 무엇인가?(참조 31p)

Q3. 압류·가압류·가처분·참가압류를 비교하여 설명하라(참조 33p).

경매가 완결되면
소멸되는 권리

경매가 완결되면 소멸되는 권리란?

낙찰자가 낙찰잔금을 완납하면 채권자가 배당에서 채권액을 모두 배당받든 전혀 배당을 받지 못하든 또는 그 일부만을 배당받든 상관없이 자동으로 소멸되는 권리가 있다.

우리 민사집행법은 소멸주의(消滅主義)원칙을 취하고 있으므로 원칙적으로 경매완료와 더불어 등기부는 깨끗해진다.

요컨대 입찰참여자의 입장에서는 인수부담해야 할 필요성이 없는 권리인 셈이다. 독자들은 말소기준등기를 공부했으므로 어떤 권리들이 경매와 더불어 소멸되는 것인지 이미 알았으리라고 본다.

다만 미진했던 부분을 짚어 본다는 의미에서 다시 언급하기로 한다.

경매가 완결되면 소멸되는 권리

① 저당권, 근저당권

② 담보가등기

③ 압류와 가압류등기

④ 말소기준등기보다 후에 설정된 지상권, 지역권, 전세권, 가등기, 가처분, 환매등기, 임차권

저당권과 근저당권

채권자의 채권액이 확정되어 있느냐 아니면 장래의 불특정채권이냐에 따라 확정채권을 담보하는 것이 저당권이고, 은행과의 당좌대월계약 등 불특정채권을 담보하는 것이 근저당권인 바, 이 모두는 경매실행과 더불어 순위에 관계없이 모두 말소된다.

저당권(抵當權)

채권자가 채무자 또는 제3자로부터 점유를 옮기지 않고 그 채권의 담보로 제공된 목적물에 대하여 일반 채권자에 우선하여 변제를 받을 수 있는 약정담보물권을 말한다.

근저당권(根抵當權)

일정기간 동안 증감변동할 불특정의 채권을 최고액을 한도로 담보하기 위한 저당권으로서 당좌대월계약이나 상품공급계약 등과 같은 기본계약관계로부터 발생하여 증감변동하는 채권은 일반 저당권으로는 그 담보의 목적을 달성할 수 없으므로, 일시적으로 피담보채권이 소멸하여도 저당권은 그대로 존속하도록 저당권의 부종성(附從性)을 완화할 필요에서 강구된 제도이다. 그러므로 근저당권은 채권의 최고액만을 정하고 채권의 확정을 장래에 보류하는 점과 그 채권이 확정될 때까지의 채무의 소멸 또는 이전은 저당권에 영향이 없으므로 저당권의 소멸에서 부종성의 예외가 된다는 점이 일반 저당권과 다르다(민법 제357조).

담보가등기

보전가등기와 담보가등기를 구별하는 방법

소유권이전청구권 보전가등기와는 달리 담보가등기는 순위에 관계없이 말소되지만 다만 주의해야 할 것이 있다. 이는 담보가등기의 등기절차가 부동산등기법에 규정되어 있지 않기 때문에 담보가등기라고 하더라도 등기부에는 청구권보전가등기로 등기된다는 점이다.

즉, 가등기가 보전가등기인지 담보가등기인지가 경매정보지나 등기부상에 확인되지 않는다. 이런 경우는 매각물건명세서를 통해서 채권신고가 들어와 있으면 담보가등기이고 그렇지 않으면 보전가등기로 보면 된다.

법원의 실무에서의 처리

법원실무에서는 등기부상의 가등기자에게 상당한 기간을 정하여 어떤 종류의 가등기인지, 담보가등기이면 그 내용 및 채권의 존부, 원인 및 수액을, 보전가등기이면 그 내용을 법원에 신고하라고 최고하고 있으며, 만일 소유권이전청구권 가등기라는 신고를 하면 낙찰자가 그 등기를 인수부담할 수도 있다는 것을 입찰기록에 기재하여 경고하고 있다.

따라서 담보가등기라고 신고하여 권리신고 및 채권계산서를 제출하게 되면 말소기준등기가 되어 소멸하게 된다. 만일 가등기자가 신고하지 않으면 법원에서는 소유권이전청구권가등기로 취급하고 있다.

청산절차를 끝낸 담보가등기

한가지 더 언급한다면 경매신청등기 전에 청산절차를 끝낸 담보가등기는 저당권·근저당권등기, 압류·가압류등기 등 그 가등기를 제외한 말소기준등기보다 앞선 경우라면 말소되지 않는다는 점이다. 왜냐하면 담보가등기의 경우 청산절차를 마치면 채권자는 소유권이전청구권을 갖게 되며, 따라서 담보가등기가 소유권이전청구권 보전가등기의 기능을 갖게 되어 낙찰자에게 인수되기 때문이다.

청산절차를 마쳤는지 여부는 역시 법원에 채권신고가 들어와 있는지를 확인하면 된다. 요컨대 청산절차를 마쳤을 경우에는 법원에 채권신고가 들어 올 수 없는 것이다. 실무상 가등기가 되어 있는 물건이 그다지 많지는 않으므로 권리분석이 피곤하다고 느끼는 사람은 그런 물건을 회피할 수도 있을 것이다.

경매의 함정

1984년 1월 1일 이전에 설정된 가등기는 무조건 보전가등기로 취급되므로 주의해야 한다. 즉, 1984년 1월 1일 이전의 담보가등기권자에게는 순위보전의 효력만 있을 뿐 우선변제권은 없다(대판).

사 례

담보가등기(1983년 12월 설정), 가압류등기, 저당권등기, 임차권등기가 순서대로 설정되어 있다면 여기서의 말소기준등기는 담보가등기가 아닌 가압류등기가 되어 담보가등기는 남는 등기가 되는 것이다.

담보가등기의 청산절차

채권자가 소유권을 이전 받을 때, 집값에서 자신이 받을 채권금액을 뺀 나머지 금액을 채무자에게 주는 절차

압류와 가압류등기

원 칙

압류·가압류등기는 순위에 관계없이 말소되는 것이 원칙이다.

예 외(전소유자의 압류·가압류등기)

위의 원칙에 대해서는 한가지 예외가 있다. 즉, 과거의 소유자가 진 빚 때문에 설정된 압류·가압류등기로서 저당권등기와 담보가등기보다 앞서는 것은 말소되지 않는다.

예를 들어 "갑"의 부동산에 "을"이 가압류를 등기해 놓았는데, 훗날 "갑"이 가압류를 말소하지 않은 채 그 부동산을 "병"에게 팔았을 경우, 나중에 "병"의 채권자가 경매를 신청하여 정에게 낙찰되었다 하더라도 "을"의 가압류등기는 말소되지 않는다.

따라서 "을"이 훗날 가압류에 따른 재판에 이겨 강제경매를 실행한다면 "병"에게의 소유권이전등기는 원인무효로서 말소되고 낙찰자인 "정" 역시 소유권을 잃게 되므로, 입찰참여자는 등기부등본을 열람하여 가압류등

기 당시의 소유자가 현재의 소유자인지 확인하여 동일한 소유자인 경우
에 한해서 입찰에 참여해야 하는 것이다.

예외에 대한 두가지 예외사항

다만 이러한 전소유자의 압류·가압류등기라도 경매가 완결되면 말소되
는 경우도 있다. 즉, 그 하나는 전소유자의 압류·가압류자가 경매를 신청
하는 경우이고, 또 하나는 전소유자 상태에서 압류·가압류등기 이전에 담
보물권도 설정되어 있는 경우이다.

특히 후자의 경우에는 전소유자의 채권자가 경매를 신청하든 현소유자
의 채권자가 경매를 신청하든 상관없이 말소된다. 요컨대 전소유자 상태
에서 압류·가압류등기가 먼저 설정된 후에 저당권등기가 설정되고 그 후
에 소유권이 이전된 경우라면 현소유자의 채권자가 경매를 신청한 사건에
서는 저당권등기는 그 등기의 추급효로 인하여 말소되지만 압류·가압류등
기는 말소되지 않는다. 어떤 경우이든 전소유자의 일반채권자는 배당에
참가할 수 없다.

<table>
<tr><th colspan="2">전소유자의 압류·가압류등기 중 경매가 완결되면 말소되는 경우</th></tr>
<tr><td>① 전소유자의 압류·가압류자가 경매를 신청하는 경우</td></tr>
<tr><td>② 전소유자 상태에서 압류·가압류등기 이전에 담보물권도 설정되어 있는 경우</td></tr>
</table>

법원실무의 문제점

법원실무에서는 상기와 같은 원칙에도 불구하고 전소유자상태에서의
압류·가압류등기를 말소시켜 버리기도 한다. 따라서 입찰참여자는 전소
유자의 압류·가압류등기라도 하더라고 무조건 말소되지 않는 것으로 판단
하지 말고 법원의 매각물건명세서를 통해서 말소되는지를 확인해 보는 것

이 좋을 것이다.

사 례

1. 임차권등기, 가압류등기, 저당권등기, 담보가등기, 처분금지가처분등기의 순서로 등기가 설정된 경우

이 경우에는 말소기준등기가 가압류등기이므로 임차권등기를 낙찰자가 인수부담해야 한다.

2. 가압류등기, 저당권등기, 소유권이전등기, 저당권등기(경매신청채권자)가 순서대로 설정된 경우

이 경우는 뒤의 저당권등기가 말소기준등기이므로 전소유자의 가압류등기는 말소되지 않는 등기가 된다.

3. 가압류등기, 저당권등기(경매신청채권자), 소유권이전등기, 저당권등기가 순서대로 설정된 경우

맨 앞의 가압류등기는 말소되지 않는다.

4. 저당권등기, 가압류등기, 소유권이전등기, 저당권등기(경매신청채권자)가 순서대로 설정된 경우

이 경우에는 뒤의 저당권등기가 말소기준등기이지만 가압류등기보다 앞서서 저당권등기가 있으므로 역시 모든 등기가 말소의 대상이 된다.

5. 주택임차인, 가압류등기, 저당권등기, 소유권이전등기, 저당권등기(경매신청채권자)순으로 권리가 설정된 경우

이 경우에는 주택임차권과 가압류등기는 낙찰자가 인수부담해야 한다.

6. 주택임차인, 저당권등기, 가압류등기, 소유권이전등기, 저당권등기(경매신청채권자)순으로 권리가 설정된 경우

이 경우 역시 말소기준등기는 뒤의 저당권등기이지만, 앞의 저당권등기로 인해서 가압류등기는 말소된다. 하지만 낙찰자는 주택임차권은 인수부담해야 한다.

7. 가압류등기, 주택임차인, 저당권등기(경매신청채권자), 소유권이전등기, 저당권등기 순으로 권리가 설정된 경우

가압류등기와 주택임차권은 낙찰자가 인수부담해야 하며, 이 경우에도 전소유자의 일반 채권자들은 배당권이 없다.

▶ **임차권등기** ⇒ 가압류등기 ⇒ 저당권등기 ⇒ 담보가등기 ⇒ 처분금지가처분등기의 경우
　　　　❿ 낙찰자는 임차권등기를 인수부담
▶ **가압류등기** ⇒ 저당권등기 ⇒ 소유권이전등기 ⇒ 저당권등기(경매신청채권자)의 경우
　　　　❿ 전소유자의 가압류등기는 말소되지 않음
▶ **가압류등기** ⇒ 저당권등기(경매신청채권자) ⇒ 소유권이전등기 ⇒ 저당권등기의 경우
　　　　❿ 낙찰자는 가압류등기를 인수부담
▶ **저당권등기** ⇒ 가압류등기 ⇒ 소유권이전등기 ⇒ 저당권등기(경매신청채권자)의 경우
　　　　❿ 모든 등기가 말소
▶ **주택임차인** ⇒ 가압류등기 ⇒ 저당권등기 ⇒ 소유권이전등기 ⇒ 저당권등기(경매신청채권자)의 경우
　　　　❿ 낙찰자는 주택임차권과 가압류등기를 인수부담
▶ **주택임차인** ⇒ 저당권등기 ⇒ 가압류등기 ⇒ 소유권이전등기 ⇒ 저당권등기(경매신청채권자)의 경우
　　　　❿ 낙찰자는 주택임차권은 인수부담
▶ **가압류등기** ⇒ 주택임차인 ⇒ 저당권등기(경매신청채권자) ⇒ 소유권이전등기 ⇒ 저당권등기의 경우
　　　　❿ 낙찰자는 가압류등기와 주택임차권을 인수부담

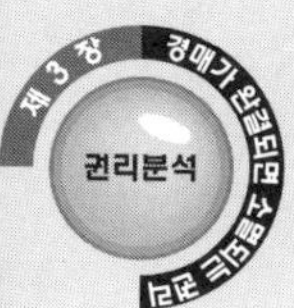

말소기준등기보다 후에 설정된 지상권, 지역권, 전세권, 가등기, 가처분, 환매등기, 임차권

이에 관해서는 이미 충분히 이해되었을 것으로 생각된다. 즉 말소기준 등기의 개념에 따라서 그 이후의 모든 등기는 말소되는 것이다.

지역권(地役權)

지역권이란 일정한 목적(통행로 이용, 농업용수제공 등)을 위하여 타인의 토지를 자기의 토지의 편익에 이용하는 용익물권의 일종으로서, 편익을 제공받는 토지를 요역지(要役地), 편익을 제공하는 토지를 승역지(承役地)라고 한다.

부동산경매에서의 가압류자의 비참한 지위

(1) 가압류자는 이해관계인으로 취급되지 않는다

따라서 부동산경매에서 이해관계인으로서 갖는 여러가지 권리가 인정되지 않을 뿐만아니라 매각기일이나 매각결정기일이 통보되지도 않는다. 단지 배당기일만 통지될 뿐이다.

(2) 배당에서의 차별대우

가압류자보다 뒤진 권리자에 대해서도 우선변제받지 못하고 그 이후의 모든 배당권자와 비율배당되며, 배당금도 채무자의 이의가 있는 한 공탁된다.

> ▶ 사례 1
> 배당금총액이 1억원이고 선순위 가압류금액이 1억원, 후순위 저당권자의 채권액이 1억원이라면 가압류자가 1억원을 우선변제받지 못하고 5천만원을 배당받을 뿐이다.
>
> ▶ 사례 2
> 배당금총액이 1억원이고 그 이후로 저당권(채권금액 5천만원), 가압류(채권금액 1억원), 저당권(채권금액 1억원), 가압류(채권금액 3억원)이라면 저당권자가 5천만원을 먼저 배당받고 나머지 5천만원을 3인의 채권자가 비율배당받는 관계로 1억원의 가압류자는 1천만원을 배당받고 나머지는 후순위 저당권자가 4천만원을 모두 흡수하여 배당받아 가게 된다. 배당실무에 관하여는 후술한다.
>
> ▶ 사례 3
> 배당금 총액이 10억원이고 그 이후로 가압류(1억원), 저당권(채권금액 99억원)이 설정된 경우라면 가압류자에게는 1천만원이 배당될 뿐이다. 요컨대 채무자가 나쁜 마음을 먹는다면 가압류 이후에 거액의 거짓 저당권등기를 설정해 놓는다면 가압류자에게 돌아갈 배당금은 별무하게 되는 것이다.

(3) 해방공탁과 관련된 문제

가압류명령에는 가압류의 집행을 정지시키거나 집행한 가압류를 취소시키기 위하여 채무자가 공탁할 금액을 적어야 하는데, 이것을 해방공탁이라고 한다 (민사집행법 제282조). 만일 이 규정에 따라 채무자가 해방공탁금을 지급하고 가압류등기를 말소시킨 후 소유권을 다른 사람에게 이전시키면, 그 이후에는 가압류자는 경매를 신청할 수도 없어 지연이자나 소송비용 등을 받을 수 없는 문제점이 있다. 결국 채권자는 가압류 신청시 법적으로 청구할 수 있는 모든 금액을 포함시켜서 신청하는 것이 바람직할 것이다.

부동산경매에서의 이해관계인의 범위와 권리

(1) 이해관계인의 의의

당해 부동산이 경매되는 것에 대해 영향을 받게 되는 자로서, 이에는 경매신청채권자, 집행권원에 의한 배당요구채권자, 채무자 및 소유자, 등기부상의 부동산권리자, 권리를 증명한 부동산권리자 등이 있다(민사집행법 제90조).

(2) 이해관계인의 범위

1) 압류채권자
가압류채권자는 이해관계인에 포함되지 않으며(대결), 국세 등의 체납처분에 의한 압류채권자는 포함된다. 또한 강제경매신청인이 법원으로부터 배당받을 권리를 피전부 채권으로 하여 채권압류 및 전부명령을 받은 자는 포함되지 않는다(서울고법). 즉, 경매신청채권자의 채권자는 이해관계인의 아니다.

2) 집행력있는 정본에 의한 배당요구채권자
다만 매각결정기일 후 배당요구한 채권자나 집행력있는 정본없이 배당요구한 채권자는 이해관계인에 해당되지 않는다.

3) 채무자
여기서의 채무자는 집행채무자를 의미하며, 임의경매에서 경매신청이 안된 저당권의 피담보채권의 채무자는 이해관계인에 해당되지 않는다(대결).

4) 소유자
여기서의 소유자는 경매개시결정등기 당시의 소유자를 의미하는 바, 경매개시결정등기 후의 소유자는 이해관계인이 아니다. 다만 소유권을 취득한 사실을 집행법원에 증명한 자는 이해관계인이다. 또한 경매개시결정등기 후에 소유권을 양도한 자도 이해관계인이 아니지만(대결), 가압류등기 후 본압류에 의한 경매신청등기 전에 소유권이전등기를 받은 자는 이해관계인이다.

5) 등기부에 기입된 부동산 위의 권리자
이는 경매신청등기 당시에 이미 등기부에 나타난 자를 의미하는 것으로서, 예컨대 경매신청등기 전에 등기한 지상권자, 전세권자, 임차권자, 저당권자, 저당채권의 질권자 등을 의미한다. 그러나 가등기권자, 처분금지가처분채권자(대결), 예고등기의 제소자(대결) 등은 이해관계인이 아니다. 다만 소유권이전 가등기권자는 이해관계인이다.

6) 부동산 위의 권리자로서 매각결정기일까지 그 권리를 증명한 자

이는 경매신청등기 이전에 목적 부동산에 대하여 등기없이도 제3자에게 대항할 수있는 물권자 또는 채권자를 의미한다.

즉, 법정지상권자, 유치권자, 점유권자, 특수지역권자, 인도 및 주민등록을 마친 주택임차인 등이 이에 해당한다. 그러나 등기없는 사실상의 소유자 즉, 원인무효의 등기로 인하여 등기명의를 가지지 못한자, 소유권회복등기 또는 소유권이전등기의 승소판결을 받았으나 아직 등기하지 않은 자 기타 명의신탁자 등은 이해관계인이 아니다.

또한 권리증명 이외의 방법(집행관의 현황조사 등)으로 집행법원에서 알게 된 경우에도 이해관계인이 아니며, 매각허가결정에 대한 즉시항고를 제출하면서 그러한 사실을 증명하는 경우에도 이해관계인이 아니다. 그러나 경매개시결정 등기 후에 목적 부동산에 권리취득의 등기를 하고 그 사실을 증명한 경우에는 이해관계인이다.

7) 임차인

이는 경매개시결정등기 전에 임차권등기를 한 자를 의미하는 것으로서, 경매개시결정등기 후에 임차권등기를 한 자는 그 사실을 증명해야 이해관계인이 된다. 또한 건물의 소유를 목적으로 하는 토지임차인이 그 지상건물을 등기한 때에는 이 사실을 증명한 때 한하여 이해관계인이 되며, 인도와 주민등록을 마친 주택임차인은 이 사실을 증명한 때 한하여 이해관계인이 된다.

8) 공유자

공유자는 공유지분을 경매하는 경우에 이해관계인이 된다.

(3) 이해관계인의 권리

이해관계인은 부동산경매에서 다음과 같은 권리가 있다.

1) 경매개시결정에 대한 이의신청권(매각대금 완납시까지)

2) 부동산에 대한 침해방지조치 신청권

3) 배당요구신청 또는 이중경매신청의 통지를 받을 권리

4) 매각조건 변경의 합의권(매각기일까지)

5) 매각기일 출석권

6) 매각결정기일에 의견진술권

7) 매각허부결정에 대한 즉시항고권

8) 배당기일 피소환권

9) 배당기일에 출석하여 배당표에 대한 의견진술권 및 합의권

10) 매각신청권(매각기일 공고전)

11) 이해관계인이 사망해도 절차는 중단되지 않는다(대결).

따라서 그 상속인은 그 사실을 집행법원에 신고하여 그 표시를 정정할 필요가 있다.

Q1. 보전가등기와 담보가등기를 비교하여 설명하고, 입찰참여자로서 양자를 구별할 필요성과 구별하는 방법에 언급하라(참조 38p).

Q2. 등기부상 가등기가 설정되어 있을 때 법원에서는 어떻게 처리하는가?(참조 38p)

Q3. 경매절차가 종료되었는데도 불구하고 소멸되지 않는 담보가등기를 설명하라
(참조 39p).

Q4. 경매절차가 종료되었는데도 불구하고 소멸되지 않는 가압류등기를 설명하고 그것을 확인하는 방법에 언급하라(참조 41p).

Q5. 전소유자의 가압류등기로서 경매가 완결되어도 소멸되는 경우에 대해 설명하라
(참조 42p).

Q6. 주택임차인, 가압류등기, 저당권등기, 소유권이전등기, 저당권등기(경매신청채권자)순으로 권리가 설정되어 있을 때 낙찰자가 인수부담해야 하는 등기나 권리를 지적하라(참조 43p).

Q7. 부동산경매의 배당절차에서 가압류자에 대한 차별대우를 설명하라(참조 46p).

경매가 완결되어도 낙찰자가 부담하게 되는 권리

경매가 완결되어도 낙찰자가 부담해야하는 권리란?

우리나라 민사집행법은 소멸주의 원칙이지만 예외적으로 인수주의(引受主義)를 취하는 경우도 있다. 다만 낙찰자가 인수해야 한다고 해서 무조건 입찰참여를 거부할 필요는 없다. 왜냐하면 그 권리를 인수하고 나서도 이익이 남는 것이 있다고 판단되면 입찰에 참가해도 되기 때문이다.

그러나 반드시 피해야 할 등기도 있다. 그것은 소유권과 밀접히 관련된 등기로서 보전가등기, 가처분등기, 예고등기(豫告登記) 등이다.

예고등기

등기원인의 무효 또는 취소를 이유로 등기의 말소 또는 회복의 소가 제기된 경우에 이를 제3자에게 경고하기 위해 법원의 촉탁으로 행해지는 등기이다.

말소기준등기보다 앞서 설정된 지역권, 전세권, 보전가등기, 가처분, 환매등기, 임차권등기, 대항력 갖춘 주택·상가임차권

말소기준등기보다 앞선 전세권등기

현행 민사집행법에서는 이에 관하여 구법과 달리 규정하고 있으므로 잘 공부해야 한다.

이미 말소기준등기에서 설명한 바와 같이 말소기준등기보다 후에 설정된 전세권등기는 이유여하를 막론하고 말소되지만, 말소기준등기보다 앞선 전세권등기는 말소되지 않는 것이 원칙이다. 하지만 말소기준등기보다 앞선 전세권등기라도 말소되는 경우가 있다. 즉,

① 경매신청자의 전세권

② 배당요구종기일까지 배당요구한 자의 전세권(민사집행법 제91조 제4항 단서)

등이 그것이다. 이 두가지 경우를 제외하고는 말소되지 않는 것이다.

즉, 낙찰자가 인수부담해야 할 전세권등기가 되는 것이다.

요컨대 신법에서는 전세권과 관련된 권리분석이 매우 단순화된 것이다. 과거에는 존속기간의 정함이 없는 전세권, 묵시적 갱신된 전세권 기타 경매신청등기일부터 6개월 이내에 만료되는 전세권도 말소시켰지만 현행법의 해석으로는 두가지로 축소된 것이다.

말소되는 전세권등기는 말소기준등기인가?

말소되는 전세권등기는 말소기준등기가 된다는 견해도 있으나 이는 잘못된 학설이다.

우선 그 학설에 의하면 전세권도 담보물권으로서의 특성(경매신청권, 배당권)을 가지고 있다는 점을 이유로 든다. 그러나 전세권은 민법의 편제로 보나 법원의 실무로 보나 원칙적으로 용익물권일 뿐이다. 또한 그 학설은 대법원 판례(96다53628)를 근거로 들고 있으나, 이 판례는 전세권과 그 이용범위가 동일하지 않은 그 이후의 전세권이나 임차권은 소멸하지 않는다는 내용이다. 이 판례를 설령 반대해석해 본다고 해도 말소되는 전세권등기와 목적물의 범위가 동일한 그 후의 전세권이나 임차권은 소멸한다는 것이 되는데, 이 역시 사물의 당연한 이치를 선언한 것일 뿐 말소되는 전세권등기가 말소기준등기로 된다는 결론이 될 수는 없는 것이다.

▶ 사 례 1

전세권(경매신청) – 처분금지가처분 – 저당권 – 임의경매 순으로 등기가 설정된 경우

말소기준등기는 저당권등기로서 처분금지가처분등기는 말소되지 않는다. 이 경우 경매 신청과 우선변제권이 있는 전세권자에게 심각한 손실이 될 것이 아니냐 하는 의문도 들지만, 좀더 생각해본다면 처분금지가처분등기는 통상적으로 현재의 소유권에 문제가 있을 경우에 설정되는 등기인데, 그 등기가 진정한 등기라면 전세권자는 소유권자도 아닌 사람하고 전세권계약을 한 결과가 되는 것이고, 만일 진정하지 않는 등기라면 훗날 손해배상 등을 통해서 전세권자는 구제될 수 있을 것이다.

▶ 사 례 1

전세권등기가 먼저 설정되고 대항력요건을 구비한 주택임차인이 입주하고 그 후에 저당권등기가 설정되었고, 저당권자가 경매를 신청한 경우

이 경우 말소기준등기는 저당권등기일 뿐이기 때문에 그 임차인은 선순위임차인이 되는 것이고, 따라서 그 임차인이 확정일자를 갖추지 못했거나 아니면 확정일자를 갖췄다고 하더라도 법원에 배당요구를 하지 않은 경우라면 낙찰자는 그 주택임차인의 임차보증금 전액을 인수부담해야 한다. 물론 전세권등기도 인수부담해야 한다.

만일 전세권자가 경매를 신청했을 경우에는 전세권등기가 말소되며, 임차권은 소멸하지 않은 선순위임차인으로 된다. 그러나 그 전세권과 주택임차권의 목적범위가 일치한다면 그 임차권도 소멸한다.

전세권·주택임차권·상가임차권의 묵시적 갱신

(1) 전세권의 묵시적갱신

집주인이 전세권 존속기간 만료 전 6개월에서 1개월 사이에 전세권자에게 전세기간만료나 또는 전세금인상 등 조건변경의 통지를 하지 않으면 이전 전세와 같은 조건으로 전세권을 설정한 것으로 보게 되는 제도로서, 이 경우 존속기간은 그 정함이 없는 것으로 보게 된다. 이때 각 당사자는 언제든지 해지통고할 수 있으며, 상대방이 이 통고를 받은 날부터 6월이 경과하면 전세권은 소멸한다.

(2) 주택임차권의 묵시적갱신

전세권의 묵시적갱신과 다른 점은 2기 이상의 차임의 연체 또는 임차인으로서의 의무를 현저히 위반하는 경우에는 묵시적갱신이 인정되지 않는다는 점, 그리고 묵시적갱신의 효과로서 임대인에게는 2년의 기간이 의무로 되는 반면에 임차인은 임대인에게 해지통고를 한 후 3월이 경과하면 임대차계약이 해지된다는 점, 그리고 임대인은 존속기간 만료 전 6월에서 1개월 사이에 기간만료나 조건변경의 통지를 하지 않아야 묵시적갱신이 되는 것이지만 임차인은 기간 만료 전 1월 이내에 통지하지 않아야 묵시적갱신이 인정된다는 점 등이 다르다.

(3) 상가임차권의 묵시적갱신

임대차기간 만료 전 6월부터 1월까지 사이에 임대인이 임차인에 대하여 갱신거절의 통지 또는 조건변경의 통지를 하지 않은 경우에는 그 기간이 만료된 때에 전 임대차와 동일한 조건으로 다시 임대차한 것으로 보며, 이 경우 임대차의 존속기간은 정함이 없는 것으로 보게 되므로, 임대인에게는 1년이 의무로 되고, 임차인은 언제든지 계약해지의 통고를 할 수 있고 임대인이 그 통고를 받은 후 3월이 경과하면 임대차계약은 해지된다(상가건물임대차보호법 제10조 제4항, 제5항). 묵시적갱신이 부인되는 규정이 없는 점이 특징이다.

전세권자는 확정일자부 주택임차인보다 유리한가?

(1) 전세권자에게 유리한 점

전세권자에게 유리한 점이 두가지가 있다. 즉, 전세권자에게는 경매신청권이 있고 또한 경매진행 중에도 퇴거의 자유가 있는 것이다.

임차인은 임대차기간이 만료된 이후에도 임대인이 보증금을 반환해 주지 않으면 보증금반환청구소송을 통해서 승소판결을 받아 강제경매를 신청해야 하는 불편이 따르지만, 전세권자는 소송을 통하지 않고 바로 임의경매를 신청할 수 있는 것이다.

또한 살던 집이 경매에 부쳐지더라도 전세권자는 주민등록을 다른 곳으로 옮겨도 전세권자로서의 지위에 어떠한 문제가 발행하지 않지만 임차인의 경우에는 최소한 매각결정기일까지는 주민등록을 옮겨서는 안된다. 옮기게 되면 그동안 가지고 있던 대항력과 우선변제권이나 최우선변제권 등이 모두 소멸되기 때문이다.

물론 임차인이 임차권등기명령제를 이용하여 임차권등기를 낸 후에 주민등록을 옮기면 그러한 권리들이 계속 유지되기도 하는 것이지만, 나중에 임차권등기명령제를 다시 설명할 때 언급하겠지만 그 제도에도 몇가지 문제점이 있는 관계로 그러한 절차없이도 퇴거의 자유가 인정되는 전세권자가 그만큼 더 유리한 점에는 변함이 없을 것이다.

(2) 주택임차인에게 유리한 점

그러나 임차인에게도 유리한 점이 두가지가 있다. 즉, 소액보증금 임차인에게는 최우선변제권이 인정된다는 점과 임차인에게는 대지에 대한 매각대금에 대해서도 배당금이 나간다는 점이다.

전세권자도 공동주택의 경우에는 대지의 매각대금에 대해서 배당이 되지만, 단독주택의 경우에는 대지의 매각대금에 대해서는 배당되지 않는다.

(3) 결 론

이상과 같은 장·단점이 있지만 저자의 생각으로는 집주인이 전세권등기를 해주지 않아서 걱정이지 해주기만 한다면 전세권자가 확정일자부 주택임차인보다 좀더 유리하다고 생각한다.

그 이유는 대법원판례의 다음과 같은 "이중의 지위" 때문이다.

즉, 주택임차권과 전세권을 겸유하고 있는 임차인이 전세권자로서 배당에 참가했다가 배당받지 못한 잔액에 대하여는 낙찰자에게 대항할 수 있으며(대판),

대항력있는 임차인이 다시 전세권등기를 한 경우에 저당권의 실행으로 전세권이 소멸하여도 이미 확보된 대항력은 소멸하지 않는다(대판)는 것이다.

요컨대 임차인이 전세권등기를 한다는 것은 쉬운 일이 아니지만 전세권자가 임차인의 대항력요건(주민등록과 점유)를 구비하는 일은 쉬운 일인데, 대법원에서는 전세권자가 임차인의 대항력요건까지 구비한 경우에는 전세권자로서의 지위와 임차인으로서의 지위를 모두 인정하고 있으므로 저자로서는 당연히 전세권자가 좀더 유리하다는 판단을 내리고 있는 것이다.

전세권

전세권이라는 이름으로 등기가 나야 전세권이고, 남의 집에 세를 얻을 때 거금을 일시에 주면서 그 이자로 차임을 대신하는 경우는, 등기가 없는 한 채권적전세(債權的 傳貰)로서 전세권이 아니라 임차권에 불과하다. 이런 경우는 간혹 임대인의 동의를 얻어 등기하기도 하지만 전세권 이름으로 등기하지 않는 한 역시 임차권등기일 뿐이다.

이에 반해 매월 얼마씩을 차임(借賃)으로 지불하는 형태의 월세 또는 그 월세를 미리 한번에 지불하는 형태의 사글세라는 것도 있다. 이들도 모두 임대차인데, 오히려 월세가 민법상의 원칙적인 임대차이다. 실거래에서는 채권적전세가 가장 많이 이용되고 있다.

환매등기(還買登記)

　매도인이 매매계약과 동시에 매매목적물을 다시 살 권리를 보류(保留)하고, 부동산의 경우에 5년 안에 그 권리를 행사하여 목적물을 다시 사는 것을 환매라고 하는 바, 환매의 목적물이 부동산인 경우에 매매등기와 동시에 환매권의 보류를 등기하면 제3자에 대하여도 그 환매의 효력이 미치게 된다(민법 제590조, 제591조, 제592조).

대항력갖춘 주택·상가임차권

1. 대항력의 기준시점

　임차권등기가 안된 주택임차인이 대항력을 갖추려면 해당 주택에 입주해야 하고 주민등록을 이전해야 하는데, 대항력 발생시점은 주민등록 이전일과 점유일(입주일) 중 나중의 일자 다음날 오전 0시부터다.

　다만 법원실무에서는 입주일을 알기 어렵기 때문에 주민등록 이전일 다음날로 대항력 유무를 판단하고, 후에 이해관계인의 다툼이 있으면 이삿짐센터 등에게 확인하는 방법을 취하고 있다.

　그리고 입주한 후 주민등록을 이전한 다음 날에 다른 등기가 되어 있다면 임차권의 대항력 발생 시점은 주민등록을 이전한 다음날 오전 0시(대판)부터이므로 임차권의 대항력이 앞선다.

2. 대항력 기준시점과 우선변제권의 기준시점

　다만 대항력의 기준시점과 우선변제권의 기준시점(배당순위 기준일)은 다르다. 즉, 우선변제권의 기준시점은 대항력의 기준시점과 확정일자일 중 나중의 시점인 것이다. 예컨대 2002년 1월 1일 주민등록을 이전하고 동년 1월 15일에 그 주택에 입주했으며, 동년 1월 20일에 확정일자를 받았다면 대항력의 발생시점은 1월 16일 오전 0시가 되고, 우선변제권의 기준시점은 1월 16일 오전 0시와 1월 20일 중 나중의 시점인 1월 20일이 된다.

따라서 동년 1월 16일에 저당권이 설정되었다면 저당권등기는 오전 9시 이전에는 설정될 수 없으므로 임차인은 저당권자보다 앞서서 대항력을 구비한 선순위 임차인이 되는 것이지만, 배당순위는 저당권자보다 후순위가 된다. 요컨대 이런 경우에는 임차인이 배당요구를 했다고 하더라도 배당금이 임차보증금에 부족한 경우가 많을 것이며, 그 부족분 만큼은 바로 낙찰자가 인수부담해야 할 금액이 되는 것이다.

3. 상가임차인의 대항력

한편 상가임차인이 대항력을 갖추려면 사업자등록과 점유를 갖춰야 하며, 그 기준시점은 두가지 날 중 나중의 날 다음날부터이다(상가건물임대차보호법 제3조 제1항). 또한 상가임차인의 우선변제권의 요건은 사업자등록과 점유 및 관할 세무서장의 확정일자이다(동법 제5조 제2항).

4. 등기끼리의 우선순위

접수일순서에 따르는데, 만일 접수일이 같으면 동구(同區)끼리는 순위번호에 따르고 별구(別區)끼리는 접수번호에 따른다. 또한 부기등기(附記登記)의 순위는 주등기(主登記)의 순위에 따르고, 부기등기 상호간의 순위는 부기등기의 순위에 따른다. 그리고 가등기에 의해 본등기를 한 경우의 본등기 순위는 가등기의 순위에 따른다.

임차인의 대항력

임차인이 목적 부동산에 관해 후에 소유권을 취득한 사람이나 또는 제한물권 등을 취득한 제3자에 대해 임차권을 주장할 수 있는 효력으로서, 임차인은 원래의 임대차 계약기간 동안 대상 부동산을 점유하고 사용·수익할 수 있으며, 또 계약기간이 종료되더라도 새로운 집주인으로부터 보증금을 반환받기 전까지는 부동산을 인도하지 않아도 된다.

동구

부동산등기부의 갑구와 갑구, 또는 을구와 을구를 동구라고 한다.

별구

부동산등기부의 갑구와 을구를 별구라고 한다.

부기등기

기존의 주등기와 동일성(同一性) 내지 그 연장임을 표시하고자 할 때나 또는 주등기 상의 권리와 동일한 순위나 동일한 효력을 가진다는 것을 등기부 상에 나타내고자 할 때 등기하는 것으로서, 주등기의 번호를 그대로 사용하되 다만 그 번호 아랫쪽에 '부기 제 몇 호'라고 행해진다. 예컨대 순위번호 3번인 전세권을 양도하고자 할 때 '부기 제 3 호'라는 번호를 붙여 전세권이전등기를 한다.

주등기

독자적인 순위번호를 갖는 등기로서 독립등기(獨立登記)라고도 한다.

본등기

물권변동의 효력이 발생하는 등기로서 종국등기(終局登記)라고도 한다. 이에 반해 물권변동의 효력은 없으나 제3자에게 경고하거나 장래의 종국등기를 준비하기 위해 하는 등기가 예비등기(豫備登記)인데, 이에는 예고등기(豫告登記)와 가등기가 있다.

유치권(留置權)

유치권의 이해

유치권이란 타인의 물건 또는 유가증권을 점유하는 자가 그 물건 또는 유가증권에 관하여 생긴 채권의 변제를 받을 때까지 그 목적물을 유치하여 채무자의 변제를 간접적으로 강제하는 담보물권으로서 등기할 수 없는 권리이며, 말소기준등기보다 앞서서 성립되든 뒤에 성립되든 낙찰자가 인수부담해야 한다(민법 제320조 제1항, 민사집행법 제91조 제5항).

유치권이 문제되는 경우

부동산경매와 관련하여 유치권이 문제되는 경우는 다음과 같은 5가지이다.

그 첫째가 필요비이다. 예컨대 남의 집에 세들어 사는 사람이 비가 많이 오는 어느 여름날에 안방 천정에서 새는 비 때문에 생활을 할 수 없자 그 보수를 위한 비용으로 100만원을 지불하는 경우와 같이 임차 목적을 달성하기 위해서 반드시 필요한 비용이며, 이에 대해서는 그 비용 전액에 대하여 유치권이 성립한다.

그 둘째는 유익비이다. 유익비란 예컨대 임차 목적을 달성하기 위해서 반드시 필요한 비용은 아닐지라도 그 비용을 지출함으로써 목적물의 객관적 효용가치가 증대되는 비용이다. 즉, 어느 4층 건물을 임차한 임차인이 그 건물에 2억원을 지출하여 엘리베이터를 설치함으로써 그 건물의 객관적 효용가치를 증대시켰다면 그 엘리베이터 설치비용이 유익비가 될 수 있는 것이다.

유익비에 대하여는 실지로 지출한 비용과 증대된 효용가치 중에서 소유자의 선택에 좇아서 유치권이 성립한다. 즉, 엘리베이터 설치비용으로 2억원이 들었다고 하더라도 증대된 효용가치는 5,000만원뿐이라면 소유자는 5,000만원에 대하여만 유치권의 성립을 주장할 것이며, 5억원의 효용가치가 증대되었다고 하더라도 소유자는 실지출비용인 2억원 만큼만 유치권의 성립을 주장할 수 있는 것이다.

나아가서 소유자를 보호하기 위하여 민법은 소유자의 청구에 의하여 법원이 상당한 기간을 허여할 수 있다는 규정을 두고 있다(동법 제325조 제2항).

그 셋째는 시설비이다. 예컨대 어느 건물을 임차하여 갈비집을 운영하기 위해서 3억원을 들여서 시설을 하였다는 경우와 같다. 이 시설비와 관련하여 우리 대법원판례는 유치권성립을 단호히 거부하고 있다. 오히려 계약기간이 만료되면 임차인은 통상적으로 원상회복의무를 부담해야 할 것이다.

그 넷째는 부속물매수청구권(附屬物買受請求權)이다. 예컨대 임차인이 임대인으로부터 매수했거나 임대인의 동의를 얻어 부착한 물건은 임차인에게 부속물매수청구권이 인정되는데, 이러한 부속물 매수대금채권에 대해서는 유치권의 성립이 인정되지 않는다.

그 다섯째가 부동산경매 실무에서 가장 많이 문제되고 있는 건축대금이다. 예를 들어 건물을 지은 시공자가 건물주인으로부터 건축대금을 받을 때까지 그 건물을 차지하고 있을 권리로서, 비록 등기는 할 수 없지만 유치권자는 목적물을 경매에 부칠 수도 있고 목적물로부터 직접 변제에 충당할 수도 있으며, 다른 채권자가 그 건물을 경매에 부치더라도 낙찰자로부터 변제받을 때까지 역시 그 건물의 인도를 거절할 수도 있다.

결국 유치권은 우선변제권이 없어서 배당되지 않고 따라서 낙찰자가 인수해야 할 권리이므로, 입찰참여자는 집행관의 현황조사서와 감정평가서를 통해 유치권의 성립유무와 피담보채권금액을 확인해야 하며, 만일 유치권자의 채권액이 확인되지 않거나 또는 그 채권액을 부담하고서는 입찰이익이 없다고 느껴지면 입찰을 포기해야 한다.

다만 낙찰자는 채무자가 아니라 단지 목적물의 제3취득자이므로, 낙찰자는 채무자의 채무를 변제한 후 법이론적으로는 채무자에게 구상권 행사를 할 수 있을 것이다. 유치권자는 피담보채권의 변제를 받을 때까지 인도를 거절할 수 있을 뿐 직접 낙찰자에 대해 피담보채권의 변제를 청구할 수는 없다(대판).

부동산 경매시 유치권성립이 문제되는 5가지 경우

① 필요비의 경우
② 유익비의 경우
③ 시설비의 경우
④ 부속물매수청구권의 경우
⑤ 건축대금의 경우

유치권 해소시 주의사항

부동산경매에서 가장 거짓이 많은 두 분야가 있다면 소액임차인이라고 주장하는 경우와, 바로 이 유치권의 피담보채권금액이다. 여기서 유치권을 해소시킬 때의 몇가지 주의사항을 제시해 보기로 한다.

첫째 진정한 유치권자에게 피담보채권금액을 변제해야 한다는 점이다.

　예컨대 유치권자가 법인인 경우에는 법인의 대표이사에게 변제해야 하는데, 그렇지 않고 물건을 점유하고 있는 직원 등에게 변제하면 후에 이중변제의 위험이 따른다는 점을 간과해서는 안된다.

　둘째로는 피담보채권금액의 지급과 부동산의 명도는 반드시 동시이행해야 한다는 점이다. 즉 멀지 않은 장래에 명도하겠다는 각서를 받고서 미리 변제를 하면 역시 가장 어려운 명도의 문제로 골칫거리가 될 수도 있는 것이다.

　셋째는 유치권자가 무리한 금액을 요구할 때에는 현명하게 대처해야 한다는 점이다. 입찰자의 입장에서는 아무리 많이 들어도 건축비로 5억원 이상은 지출되지 않았을 것으로 예상하고 입찰하였으나 유치권자가 15억원을 요구할 때에는 입증자료를 요구하는 등으로 협상에 의해서 해결하되, 전혀 해결가능성이 없으면 법원의 판단을 받을 수 밖에 없을 것이다.

유치권 해소방안

① 피담보채권금액은 진정한 유치권자에게 변제한다.
② 피담보채권금액의 지급과 부동산의 명도는 반드시 동시이행한다.
③ 유치권자의 무리한 요구시 현명한 판단이 필요하다.

예고등기

예고등기의 이해

예고등기 역시 그 등기시점과 무관하게 말소되지 않고 남게되는 등기이다. 우리나라는 동산에 대해서는 선의취득(善意取得)을 인정하지만 부동산에 대해서는 선의취득을 인정하지 않는다. 즉, 부동산의 경우에는 진정한 권리자를 보호하기 위해서 공신의 원칙(公信의.原則)을 인정하지 않는 것이다.

예컨대 "갑"의 부동산을 "을"이 서류를 위조하여 소유권이전등기를 하였고, "을"이 그 사실을 알지 못하는 "병"에게 매도하였다 하더라도 소유자는 여전히 "갑"이며 "병"이 취득시효(取得時效) 등 새로운 소유권 취득 원인을 갖지 않는 한 "병"이 소유권을 취득할 수는 없는 것이다.

이때 "갑"이 "병"을 상대로 소유권이전청구소송을 제기한다면 "병"은 소유권을 상실할 수 밖에 다른 도리가 없을 것이다. 이때 다른 선의의 피해자가 나타나지 않도록 법원에서 직권으로 하는 등기가 바로 예고등기이다.

즉, 예고등기는 이미 설명한 바와 같이 그 부동산에 관하여 소송이 진행 중임을 알리는 등기로서, 그 소송의 결과에 따라 낙찰자의 소유권이 박탈될 수도 있으므로 법조인이 아닌 일반인으로서는 절대로 응찰하지 말아야 한다.

　다만 그 법적 분쟁의 내용을 상세히 알고 있고, 그 법적인 분쟁의 결과도 명백히 판단할 수 있는 입찰자라면 경우에 따라 여러 배수의 투자수익을 올릴 수도 있음은 물론이다. 왜냐하면 일반인의 경우에는 예고등기가 되어 있는 물건에 입찰한다는 것이 불가능한 일이기 때문이다.

저당권말소예고등기의 경우

　예고등기는 이 외에도 경매를 신청한 근저당권자의 근저당권 말소예고등기도 있다. 이는 근저당권의 존재유무를 다투는 소송을 알리는 등기로서, 그 소송에서 소유자(원고)가 승소하면 소유자는 다시 낙찰자를 상대로 소유권이전등기 말소청구소송을 제기할 것이기 때문에 무효인 저당권등기를 원인으로 해서 진행된 경매에서의 낙찰자는 소유권을 상실할 수가 있는 것이다. 결국 특별한 사정이 없는 한 입찰해서는 안될 것이다.

낙찰자가 잔금을 지불했는데도 불구하고 소유권을 상실하는 경우

앞서의 설명처럼 예고등기로 인한 경우, 권리분석의 실패로 인하여 말소기준등기보다 앞서서 보전가등기, 환매권등기, 처분금지가처분등기 등이 있었던 경우, 또한 경매대상 부동산의 소유자가 인감증명서 등 등기서류를 위조하여 허위로 자신의 이름으로 소유권이전등기를 한 경우, 기타 처음부터 저당권등기가 부존재 또는 원인무효, 피담보채권의 불발생, 소멸되었던 경우 등에는 낙찰자가 소유권을 상실할 수 있으므로 주의해야 한다.

예컨대 경매의 기초가 된 저당권등기가 진정한 소유자에 의하여 이뤄진 것이 아닌 원인무효의 것이라면 경락으로 인한 소유권이전등기도 원인무효등기이다(대판).

선의취득

예컨대 A 소유의 PC를 임차하여 사용하고 있는 B 가 그 PC의 소유자처럼 C에게 매각하고 인도한 경우에 C가 그 거래행위 당시에 선의무과실(善意無過失)이면 C의 신뢰는 보호되어 C가 그 PC의 소유권을 취득할 수 있는 제도로서, 무권리자의 동산점유를 신뢰하여 거래한 자를 보호하기 위한 제도이다. 우리나라에서는 동산에 대해서만 인정하고 부동산에 대해서는 인정하지 않는다.

공신의 원칙

공신의 원칙이란 공시(公示 - 등기)에 대응하는 물권이 존재하지 않더라도 공시를 신뢰하고 물권거래를 한 자를 보호함으로써 진실한 물권이 존재한 것과 같은 효과를 인정하려는 원칙이다.

취득시효

예컨대 A가 B로부터 토지를 매수하여 소유권이전등기를 한 후 주택을 짓고 10년을 살거나 또는 그 토지에 소유권이전등기를 하지 않고 주택을 지어 20년간 살고 있던 중, C가 그 토지는 자기 소유의 토지임을 입증하고 A에게 주택건물을 철거하고 토지를 인도하라고 청구한 경우에 A는 일정기간 토지를 계속 점유하고 있다는 이유로 타인인 C의 토지소유권을 취득한다는 제도로서, 사실상태가 일정기간 계속된 경우에 그러한 상태가 진실한 권리상태와 합치하는가의 여부를 묻지 않고 그 사실상태를 그대로 존중하여 권리관계로 인정하려는 제도이다.

Q1. 말소기준등기보다 앞선 전세권등기가 경매로 소멸되는 경우를 설명하라

(참조 53p).

Q2. 말소되는 전세권등기도 말소기준등기인가?(참조 54p)

Q3. 전세권등기(전세권자가 경매를 신청함), 주택임차인, 저당권등기 순으로 권리가 설정되어 있을 때 임차인은 선순위 임차인인가?(참조 54p)

Q4. 전세권, 주택임차권, 상가임차권의 묵시적갱신을 비교해서 설명해라(참조 55p).

Q5. 전세권자와 확정일자부 주택임차인의 장·단점을 비교하라(참조 56p)

Q6. 전세권자의 "이중의 지위"를 설명하라(참조 56p).

Q7. 주택임차인의 대항력 기준시점과 우선변제권의 기준시점을 설명하라(참조 58p).

Q8. 상가임차인의 대항력 요건과 대항력의 기준시점을 설명하라(참조 59p).

Q9. 경매가 완료되어도 낙찰자에게 인수되는 권리에는 어떤 것들이 있는가?

(참조 52~58p)

Q10. 주민등록을 먼저 이전해 놓고 나중에 입주한 경우 주택임차권의 대항력은 언제 부터 발생하는가?(참조 58p)

Q11. 등기끼리의 우선순위를 설명하라(참조 59p).

Q12. 유익비와 관련하여 유치권이 성립할 때 소유자를 위한 민법규정을 설명하라.
(참조 62p)

Q13. 유치권 해소시 주의할 사항은 무엇인가?(참조 63p)

Q14. 예고등기를 설명하라(참조 65p).

Q15. 선의취득과 취득시효를 비교해서 설명하라(참조 67p).

Q16. 낙찰자가 잔금을 완납했는데도 불구하고 소유권을 상실하는 경우를 설명하라.
(참조 67p)

제5장

주택·상가임대차 보호법의 실무분석

주택·상가임대차보호법의 분석에 앞서…

경매사고의 90% 이상이 주택임대차보호법과 관련하여 발생한다고 해도 지나친 말이 아닐 정도로 임대차보호법의 분석은 권리분석상 대단히 중요하다. 특히 이제는 상가건물임대차보호법이 시행됨으로써 부동산 경매권리분석상의 어려움이 한층 가중됨 셈이다.

임대차보호법 중에서 부동산경매와 관련되는 부분은 4가지이다. 즉 대항력, 우선변제권, 최우선변제권 그리고 임대차보호법이 적용되는 물적인 적용범위가 그것이다. 그들 중에서도 가장 중요한 것은 다름아니라 대항력의 문제이다. 즉, 나머지 3가지도 결국은 대항력을 알아보기 위함이다.

요컨대 여기서 우리가 다루고자 하는 임대차보호법의 4가지 내용은 임차인보호를 위해서가 아니라 임차인이 어떤 요건으로 얼마만큼의 대항력을 행사할 수 있을 것인가를 알아보기 위해서이다. 임차인이 대항력을 행사하는 금액만큼은 결국 낙찰자의 부담으로 돌아가는 것이므로 결국 입찰참여자를 보호하기 위해서인 것이다.

따라서 독자들은 대항력, 우선변제권, 최우선변제권 등의 개념, 요건, 효과 등을 무작정 암기하려 하지 말고 그 필요성에 유의하면서 부동산경매와의 관련성을 고려하여 이해하고 연구해야 할 것이다. 그래야만 빨리 이해되고 기억도 오래가고 응용력도 높아질 것이기 때문이다.

다시한번 강조하지만 우리는 임차인이 법원에서 얼마만큼의 우선변제배당금을, 그리고 얼마만큼의 최우선변제배당금을 받아갈 수 있느냐 하는 것 자체에 관심이 있는 것이 아니라, 그런 것들을 연구하고 계산함으로써 결국은 선순위 임차인으로부터 낙찰자가 얼마만큼의 대항력을 받게 되는가를 계산해 내야 하는 것이다.

이하에서는 물적범위, 대항력, 우선변제권, 최우선변제권 그리고 마지막으로 임차인분석에 관하여 순차적으로 고찰한 후 2002년 11월 1일부터 시행되고 있는 상가건물임대차보호법에 대하여도 주택임대차보호법과 다른 부분을 중심으로 검토하기로 한다.

주택임대차보호법이 적용되는 물적범위

임대차법은 주거용건물의 전부 또는 일부의 임대차계약에 적용된다.

경매목적물의 현장답사를 하다보면 상가같기도 하고 주택같기도 한 겸용주택의 경우가 간혹 눈에 띈다.

그것을 상가로 보면 임차인이 점유하는 전체가 주택임대차보호법의 적용이 없는 경우이며, 주택으로 보게되면 임차인이 점유하는 면적의 전체에 대하여 주택임대차보호법이 적용되는 경우가 되는 것이다. 그 판단기준을 명확히 인식할 필요가 있다. 다만 2002년 11월 1일부터는 상가건물임대차보호법이 시행되고 있으므로 그 구별의 필요성이 과거보다는 줄어든 편이다. 즉, 주택임대차보호법의 대상이 아니라고 하더라도 대부분의 경우에는 상가건물임대차보호법이 적용될 것이기 때문이다.

주 택

1. 의 의

주택임대차법은 우선 주택에 적용되는 법인데, 주택이란 토지에 정착하는 공작물 중 지붕 및 기둥 또는 벽이 있는 것과 이에 부수되는 시설로서 사람의 일상생활인 주거의 기와침식(起臥寢食 – 일어나고 눕고 잠자고 밥 먹는 것)에 사용되는 것이다. 요컨대 주택임대차법은 상가·점포·사무실·공장 등 비주거용 건물에는 적용되지 않는다. 그 중에서 상가의 경우에는 상가건물임대차보호법이 적용될 것이다.

2. 주택여부의 판단

주택인지 여부는 공부(公簿)상의 기재에 의하여 형식적으로 판단할 것이 아니고 건물의 객관적 용도, 실제 이용관계, 주변상황 등 제반사정에 비추어 실질적으로 판단해야 한다(대판).

또한 건물의 종류나 구조는 물론 본건물·부속건물, 허가건물·무허가건물, 등기·미등기건물 등을 불문하지만, 미등기건물, 무허가건물 등이 철거당하거나 사용승인을 얻지 못하여 불이익을 당할 우려는 임차인이 부담해야한다. 나아가서 연립주택과 같은 집합건물의 경우 지하실 등 공용부분은 전유부분의 부가물 또는 종물로서의 성격을 갖는 것이지만 실질적으로 주거용으로 사용되는 한 주택임대차보호법이 적용된다(대판).

다만 주민등록은 공유부분이 아니라 전유부분에 대하여 해야 하므로, 연립주택 302호의 소유자 지분인 지하 302호를 임차한 경우에 지하 302호로 주민등록을 옮긴 경우에는 대항력을 행사할 수 없다(대판). 오피스텔이라도 주거용으로 임차하여 실질적으로 일상생활을 하는 한 임대차법이 적용되며(서울지법 판결), 다가구주택의 옥탑을 주거용으로 무단으로 용도변경하여 임대된 경우도 적용된다.

3. 주택인지 여부의 기준시점

주택인지여부의 기준시점은 임대차계약의 체결시점이다. 비주거용건물을 계약체결 후 임차인이 임의로 주거용으로 개조한 경우에는 임대인의 승낙이 있었다는 등의 특별한 사정이 없는 한 주택임대차보호법을 적용할 수 없다(대판). 따라서 계약을 체결 할 때에는 비주거용건물이었으나 계약 체결시에 임대인과 주거용으로 개조하기로 합의했거나 주거용으로 개조한 이후에 계약을 체결한 경우에는 주택임대차보호법이 적용된다.

건물의 전부 또는 일부

건물의 일부가 독립성을 가져야 할 필요는 없다. 따라서 출입구·화장실·부엌 등을 주인 또는 다른 임차인과 공동으로 사용하더라도 주택임대차보호법이 적용된다.

겸용주택(兼用住宅)

점포가 딸린 주택 등 주택의 일부가 주거 외의 목적으로 사용되는 경우, 즉, 주거용과 비주거용 부분을 겸한 주택으로서, 이 겸용주택이 주택인가의 판단기준에 관하여는 견해의 대립이 있으나 판례는 구체적인 경우에 따라 그 임대차의 목적, 전체건물과 임대차목적물의 구조와 형태 및 임차인의 임대차 목적물의 이용관계 그리고 임차인이 그 곳에서 일상생활을 영위하는지 여부 등을 아울러 고려하여 합목적적으로 결정한다고 한다(대판).

즉, 비주거용 건물의 일부가 주거목적으로 사용되는 경우는 임대차법을 적용할 수 없고, 반대로 주거용건물의 일부가 주거외의 목적으로 사용되는 경우라야 임대차법을 적용한다는 것이다(대판).

결국 임차건물의 주된 용도에 따라 주거용 건물인지 여부를 판단할 것이고, 주된 용도의 구별에는 주거용 부분과 비주거용 부분이 차지하는 면적비율이나 그곳이 임차인의 유일한 주거인지 여부 등이 중요한 요소로 작용한다는 것이다.

따라서 주거용 부분이 비주거용 부분보다 작은 경우라도 주종을 구별하기 어려울 정도로 주거용의 비중이 크다면 전체적으로 주택임대차법이 적용되는것이다.

대법원판례

판례의 기본 입장이 어떤 것인지를 알기 위해 다음과 같은 판례를 소개한다.

1. 주택으로 인정한 판례

① 임차인의 점유부분 중 일부분은 영업용 휴게실설비로 예정된 홀 1칸이 있지만 그 절반가량이 주거용으로 쓰이는 방 2칸, 부엌 1칸, 화장실 1칸, 살림용 창고 1칸, 복도로 되어 있고 그 홀마저 각 방의 생활공간으로 쓰여지고 있으며, 또다른 일부분에 위 방들의 난방시설이 설치되어 있는 경우는 위 점유부분 모두가 주거용에 해당(대판)

② 면적의 절반정도는 방 2칸으로, 나머지 절반정도는 영업을 위한 홀로 건축되어 있었으며, 그러한 상태에서 방의 벽을 허물고 방 1칸으로 만들어 그 중간에 장롱으로 방을 구분하여 가족들과 함께 거주하면서 음식점 영업을 하여 왔으며, 그 중 방 부분은 음식점 영업시에는 손님을 받는 곳으로 사용하고 그 외에는 주거용으로 사용하였고, 가족 4인 모두 그 외에는 다른 주택이 없었던 경우(대판)

③ 임차면적 30.94평방미터는 주거 및 과자점 경영목적으로 사용하기 위해 임차한 것이고 임차 후 그의 처 및 3자녀를 데리고 입주하였으며, 방 1칸 약 9.2평방미터, 방입구 출입부분 약 5.74평방미터와 제과점 16평방미터로 나뉘어 있는데, 건물의 전 소유자가 각 방에 보일러시설과 수도시설을 하여 주었으며 임차인은 입주 후 소유자

의 승낙하에 방과 점포의 천정 위로 약 5.2평방미터의 다락을 설치하고 취학 중인 자녀들의 공부방으로 사용하고 있으며, 각 방에 연접하여 폭 1.6미터의 시멘트 가건물을 짓고 이를 부엌으로 사용한 경우(대판)

2. 주택이 아니라는 판례

① 여인숙을 경영할 목적으로 임차하여 방 10개 중 현관 앞의 방은 임차인이 내실로 사용하면서 여관·여인숙이란 간판을 걸고 여인숙업을 경영한 경우(대판)

② 임차인이 점포의 양 도로 측면에 두개의 커다란 양복점 간판을 걸고 진열대를 설치하여 그 점유부분에서 양복맞춤 등의 영업을 해오고 있으며, 또한 임차인의 점유부분은 그 넓이가 총 57.4평방미터인데 그 중에서 임차인이 주거용으로 사용하는 방 및 부엌부분은 합계 10.23평방미터에 불과하고, 그 중 방은 불과 4.97평방미터에 불과하여 점포 및 작업실로 사용되는 47.17평방미터에 비하여 아주 적은 경우(대판)

대항력

대항력이란?

대항력이란 임대주택의 양도 기타 후순위권리자에 의한 경매의 경우에도 존속기간의 보장을 받으며, 보증금관계도 임대차관계에 수반하여 새로운 소유자에게 이전된다는 의미이다.

쉽게 풀어서 쓴다면 "내 보증금 중 1원 한 장이라도 다 반환받지 못한 상태에서는 이 집에서 단 한발자국도 물러나지 않겠다"고 말할 수 있는 권리가 대항력이라고 이해하면 된다. 입찰참여자의 입장에서는 이러한 임차인의 대항력행사로 인하여 낙찰대금 이외에도 추가부담이 된다면, 정상적인 상태에서 입찰하고자 한 예상 입찰가에서 그 대항력행사로 인해 추가부담해야 할 금액만큼을 공제하고 입찰에 참여해야 할 것이다. 추가로 부담해야 할 금액을 예상하지 못하고 정상가로 입찰하였다면 그것은 경매사고가 될 것이다.

대항력을 갖는 시기

1. 대법원판례

대항력을 갖는 시점은 주택의 인도와 주민등록이 모두 갖춰진 다음날 오전 0시이다(대판). 즉 인도가 먼저된 경우는 주민등록일 다음날 오전 0시가 대항력의 기준시점이고 주민등록이 먼저된 경우에는 인도 다음날 오전 0시가 대항력의 기준시점이다. 따라서 인도와 주민등록을 모두 마친 다음날에 저당권이 설정되었다면 그 임차인은 대항력을 구비한 선순위 임차인이 되는 셈이다. 또한 임대차계약체결 이후 주민등록과 점유이전을 마쳤으나 비주거용 건물이었던 경우에는 임대인과의 합의로 주거용으로 개조한 때에 대항력을 취득하게 된다.

2. 우선변제권의 기준시기와 구별

우선변제권의 기준시점은 대항력 기준시점과 확정일자일 중 나중의 일시이다. 즉, 인도, 확정일자 다음에 주민등록이 된 경우에는 주민등록일 다음날 오전 0시를 기준으로 우선변제권이 발생하며, 주민등록, 인도 다음날에 확정일자를 받았다면 확정일자일이 우선변제권의 기준시점이다. 이는 매우 중요하므로 우선변제권에서 다시 후술할 것이다.

3. 대항력요건

임차인이 대항력을 갖기 위해서는 주택을 인도받아야 하고, 주민등록이전을 신고해야한다.

1) 주택의 인도

임차인이 대항력을 갖기 위해서는 임차인이 주택을 인도받아야 한다. 그러나 주택의 인도에는 현실인도 뿐만이 아니라, 간이인도(簡易引渡 - 임차인이 어떤 사정으로 이미 점유하고 있는 경우), 반환청구권의 양도에 의한 인도(임대인이 주택을 관리인에게 관리시키고 있었을 경우에, 임대인이 관리인에 대해 갖고 있는 반환청구권을 임차인에게 양도하는 경우), 점유개정(占有改定- 소유자가 임차인으로 계속 거주)으로 인한 인도 등 모두가 대항력을 갖는 인도방법이다.

또한 임차인이 임대인의 동의를 얻어 주택을 전대(轉貸)하고 그 전차인(轉借人)이 주택을 인도받아 주민등록을 마치면 그 다음 날부터 전차인도 대항력을 취득한다(대판).

2) 주민등록

실제 주민등록부에 기재되지 않았더라도 전입신고를 한 때에 주민등록이 있는 것으로 보고 있다. 배우자만 전입신고되어도 대항력을 갖으며(대판), 대항력은 적어도 매각결정기일까지는 계속 유지되어야 하기 때문에 이사갔다가 왔으면 온 시점부터 다시 대항력을 갖게 되는 것이다(대판). 또한 가족의 주민등록을 남겨 둔 채 임차인만 일시적으로 주민등록을 다른 곳으로 옮긴 경우에도 대항력은 유지된다(대판).

한편 연립주택, 아파트 등 공동주택의 경우에는 동·호수를 표시하지 않고 그 지번만을 신고하여 주민등록을 옮긴 경우에는 유효한 공시방법이

임차권의 전대(轉貸)

임차권의 전대란 임차인이 그 임차 목적물을 다시 제3자(전차인)로 하여금 사용·수익하게 하는 계약을 말한다.
즉, 보통의 경우라면 임대차계약기간이 끝난 후 집주인이 다시 새로운 임차인과 임대차계약을 맺는 것이지만 임차인은 자신이 직접 임대인이 되어 그 주택을 다시 임대할 수도 있는 것이다.

되지 않는다(대판). 따라서 신축 중인 연립주택의 임차인이 잘못된 현관문의 표시대로 "1층 201호"라고 전입신고를 마쳤는데 준공 후 그 주택이 공부상 '1층 101호' 로 등재된 경우에는 대항력을 갖지 못한다(대판).

따라서 신축중인 연립주택 등의 공동주택을 준공검사를 마치기 전에 입주하는 임차인은 준공검사를 마쳤다는 사실을 알게 됨과 동시에 반드시 동·호수를 다시 확인해야 한다. 준공검사 전에 건축주가 편의상 붙여 놓은 동·호수가 준공검사와 더불어 바뀌는 경우가 허다하기 때문이다.

한편 전입신고일은 1994년 6월 30일까지는 주민등록표상의 변동일난, 1994년 7월 1일부터는 전입일난이다. 또한 외국인도 출입국관리법에 의한 외국인등록표에 등록하면 보호된다(서울지법).

대항력의 내용

① 임대주택의 양수인(讓受人) 기타 임대할 권리를 승계한 사람(상속, 증여, 교환, 경매 등으로 소유권을 취득한 사람)은 임대인의 지위를 승계한 것으로 본다. 즉 주택의 양수인이 임대인으로서의 권리를 행사할 수 있으며 임대인으로서의 의무도 부담해야 한다.

따라서 임차인은 임대차계약 종료 시에 현재의 소유자에게 보증금반환을 청구할 수도 있고, 부속물(附屬物)의 매수를 청구할 수도 있다.

② 위에서 말하는 임대차관계의 승계는 계약에 의한 승계가 아니라 당연승계이므로 종전의 임대인은 임대차관계에서 탈퇴하게 되고 양수인이 임대인의 모든 지위를 승계하게 된다. 따라서 임차보증금반환채무도 양수인에게 이전되며, 그에 따라 종전의 임대인은 그 채무를 면하는 것이다(대판).

요컨대 대항력을 구비한 임차인이 여러가지 사정으로 보증금 중 일부라도 반환받지 못한 경우에는 그 반환받지 못한 금액은 낙찰자가 직접 자신의 책임으로 반환해야 하는 것이다. 반환해 준 후 전소유자에게 구상권을 행사할 수도 없음에 주의해야 한다. 만일 반환해 주지 않으면 임차인은 그 집에서 퇴거하지 않을 것이므로 결국 반환해 주지 않을 수 없게 된다.

친인척간의 임대차

친인척간에도 임대차가 인정되는가? 친인척간에도 임차인으로서의 대항력이 있고 우선변제권이나 최우선변제권을 행사할 수 있는가? 경매실무상 많이 문제되는 경우인데, 법원실무에서는 부부사이 및 부모와 미성년 자녀 간에는 임대차관계를 인정하지 않지만 기타 형제간, 부자간, 기타 친인척 등일 경우에는 실체적 진실에 따라 판단하고 있다.

다만 부모와 성년의 자녀간에 임대차관계를 주장하는 서류가 법원의 입찰자료에 들어와 있을 경우에는 진실한 임대차관계일 가능성이 많지는 않을 것이다.

이런 경우에 거짓 임대차관계임을 입증할 자신있는 사람이라면 적절한 가격에 입찰하여 투자수익을 높일 수도 있을 것이다.

우선변제권

우선변제권이란?

우선변제권이란 임차주택이 경매 또는 체납처분 등에 의하여 매각됨으로써 임대차관계가 소멸될 경우 임대차의 종료로 인하여 발생하는 보증금 반환채권을 임차주택의 환가대금으로부터 후순위권리자 기타 채권자보다 우선하여 변제받을 수 있는 권능이다.

경매의 경우를 들어 쉽게 표현한다면 우선변제권의 기준시점에 따른 순서에 따라서 법원에서 배당금을 받아 갈 수 있는 권능인 것이다.

거듭 강조하지만, 우리가 우선변제권을 공부하는 이유는 임차인이 얼마만큼의 배당금을 법원에서 받아갈 수 있을 것인가 그 자체에 있는 것이 아니라, 선순위임차인이 배당요구를 했어도 법원에서의 배당금이 임차보증금에 부족한 부분만큼은 임차인의 대항력으로 인하여 결국은 낙찰자가 인수부담해야 할 금액이 되는 것이기 때문에, 선순위임차인에게 과연 얼마만큼의 배당금이 나갈 것인가를 연구하기 위해서인 것이다.

이런 의미에서 배당 이론 역시 권리분석의 또 다른 측면임을 알 수 있을 것이다.

우선변제권의 요건

1. 대항력요건의 구비 및 존속

1) 대법원판례

우선변제권을 행사하기 위해서는 주택의 인도와 주민등록이라는 대항력요건을 구비하고 매각결정기일까지 존속시켜야 한다(대판).

즉, 매각결정기일까지 대항력 요건을 구비하지 않으면 그동안 가지고 있던 우선변제권은 소멸하고 만다. 이는 집주인이 임차보증금을 반환해주지 않아서 임차인이 강제경매를 신청한 경우라고 하더라도 그 임차인은 매각결정기일까지는 그 집에서 주민등록을 퇴거할 수 없는 것이다.

그만큼 주택임차인의 거주 이전의 자유가 제한되는 것은 어떤 다른 도리가 없는 것이며, 바로 그러한 문제점을 해결하기 위해서 현행 주택임대차보호법에 신설한 규정이 후술하게 되는 임차권등기명령제도인 것이다.

즉, 임대차기간이 종료된 후 임차권등기를 마친 경우에는 대항력 요건의 유지는 더 이상은 불필요하게 된다.

2) 실 무

하지만 실무상으로 고찰해 본다면 사실상 매각결정기일까지가 아니라 대금납부시까지 대항력 요건을 존속시켜야 한다. 왜냐하면 항고심에서 경매가 취소되어 신경매를 실시하거나, 낙찰자의 대금미납으로 재매각이 실시되는 경우에는 이전의 매각결정기일이라는 것은 무의미하고 새로운 매각기일과 매각결정기일이 지정되기 때문이다. 여기에 더하여 훗날의 대항력 행사까지를 고려한다면 대항력 요건은 실지로 보증금 전액을 반환받을 때까지는 계속 유지시키는 것이 바람직할 것이다.

따라서 독자들은 혹시라도 공인 경매분석사 시험에서라면 매각결정기일까지로 기억하되, 실무상으로는 최소한 대금납부시까지로 기억하는 것이 바람직하며, 나아가서 보증금 전액을 반환받을 때까지로 기억한다면 가장 안전한 방법이 될 것이다.

2. 계약서상의 확정일자

1) 확정일자 구비시기

우선변제권을 행사하기 위해서는 매각결정기일까지는 계약서에 확정일자를 받아야 한다. 즉 확정일자없이는 임차인의 우선변제권에 따른 법원의 배당은 없는 것이다. 그런 점에서 확정일자없이도 인정되는 대항력이나 최우선변제권과 다르며, 또한 우선변제권은 대항력 요건을 매각결정기일까지 구비존속시켜야 한다는 점에서도 경매기입등기 이전까지 구비해야되는 최우선변제권과 다르다.

2) 확정일자를 갖추는 방법

확정일자는 공증인, 법무법인, 공증인가 합동법률사무소, 지방법원 또는 지방법원지원 및 등기소, 전입신고가 처리된 관할 읍·면·동 출장소에서 받으면 된다.

원칙적으로 임대차계약서에 받아야 하나 임대차계약서에 대하여 사서증서의 인증을 받아도 요건을 갖춘 것이다(대판). 또한 아파트의 명칭이나 동·호수의 기재가 누락되더라도 무방하며(대판), 확정일자는 반드시 임차인이 받아야 하는 것도 아니다.

3) 확정일자부 임대차계약서의 분실의 문제

만일 확정일자부 임대차계약서를 분실했을 경우에는 배당요구시 임대차계약서를 제출하지 못하더라도 다른 사정에 의하여 확정일자를 부여받은 사실이 충분히 입증된다면 우선변제권행사에 지장이 없으므로(대판), 임차인은 확정일자를 부여받았던 기관으로부터 확정일자부 사본을 교부

받아 부동산중개업소에 보관중인 임대차계약서 사본과 함께 경매법원에 제출하면 된다.

3. 주택이 경매 또는 공매로 매각

우선변제권은 주택이 경·공매로 매각될 경우에만 인정되는 제도이다. 그 점에서 최우선변제권과 동일하지만, 매매, 교환 등의 법률행위에 의하여 임차주택이 양도된 경우에도 인정되는 대항력과 다르다.

우선변제권의 구비시기 및 존속시기에 관하여

임차인의 우선변제권의 행사를 위해서 매각결정기일까지 배당요구를 해야 한다는 구법하에서는 우선변제권의 구비시기 및 존속시기를 실무에서는 매각결정기일까지로 하고 있었다. 즉, 우선변제권의 행사를 위해서는 매각결정기일까지 대항력 요건(주민등록과 점유) 및 확정일자를 구비하고 또한 매각결정기일까지 배당요구를 해야 했었다.

그런데 현행법에서는 우선변제권의 행사를 위한 배당요구를 배당요구종기일까지로 규정하고 있다. 여기서 현행법하에서의 우선변제권의 구비시기 및 존속시기가 언제까지인가가 문제된다.

지금까지 저자는 과거의 법원실무대로 매각결정기일까지로 일응 설명하였지만, 현행법하에서의 법원실무는 우선변제권의 행사를 위해서 배당요구종기일까지 대항력 요건과 확정일자를 갖춰야 하는 것으로 정할 가능성이 높다.

왜냐하면 우선변제권의 요건을 갖추지도 않은 상태에서 배당요구를 해야 한다는 것 자체가 사물의 이치에 어긋나 보이기 때문이다.

앞으로의 법원실무를 지켜보도록 하자.

4. 배당요구

우선변제권을 행사하기 위해서는 배당요구종기일까지 배당요구를 해야
한다(민사집행법 제84조 제1항). 과거에는 매각결정기일까지 배당요구를
했으나, 현행법은 배당요구종기일까지로 제한하여 경매절차의 신속을 꾀
하고 있으로 주의해야 한다. 요컨대 배당요구없이 법원의 배당은 없는 것
이다. 다만 임차인이 강제경매를 신청한 경우에는 배당요구가 불필요하다
(수원지법 판결).

즉, 경매신청 자체로 배당요구의 효과까지 인정하는 것이다. 또한 임차
인이 배당요구를 하지 않음으로써 배당에서 제외된 경우 대신 배당받은
후순위 채권자를 상대로 부당이득반환청구도 할 수 없다(대판). 따라서 대
항력이 없는 후순위 임차인이라면 반드시 배당요구를 해야하며, 배당요구
를 하지 않으면 곧바로 보증금의 손실로 이어진다.

우선변제권의 내용

1. 보증금의 우선변제

1) 우선순위의 결정

확정일자부 임차인의 우선변제권은 담보물권에 준한 순서로서, 일반채
권이나 건강보험료채권, 산업재해보상보험료채권 등에 대하여는 항상 우
선하며, 소액 임차보증금, 최종 3개월 임금 및 최종 3년간의 퇴직금채권
(250일의 평균임금 초과 불가) 기타 당해세(當該稅)보다는 항상 후순위로
배당된다.

확정일자부 임차인이 소액임차인의 지위를 겸하는 경우에는 먼저 소액
임차인으로서 일정액을 우선 배당받고 그래도 남은 보증금이 있는 경우에
는 그 금액은 우선변제권의 기준 시점의 순서에 따라 배당된다.

즉, 먼저 우선변제권으로 배당되고 그 금액이 최우선변제권으로 인한 배당액에 모자랄 때 다시 최우선변제되는 것이 아니다. 이것은 비율배당을 계산할 때 분모의 숫자가 다르기 때문에 배당액에 차이가 나게 된다.

법인이 임차인인 경우에는 주택임대차보호법이 적용되지 않으므로 법인이 직원들의 복지후생을 위하여 주택을 임차하고 그 직원으로 하여금 주민등록을 마치고 거주하도록 한 경우에도 우선변제권은 인정되지 않는다(대판).

2) 우선변제권의 발생시점

우선변제권의 발생시점 즉, 우선변제권이 발생하는 기준시점은 대항력요건의 기준시점과 확정일자일 중 나중의 일시이다.

따라서 입주하고 전입신고를 마친 날 이후의 날에 확정일자를 받은 경우에는 확정일자부여일을 기준으로 하며, 이 경우 확정일자일이 저당권 등기일과 같을 때에는 임차인과 저당권자는 동순위로 비율배당을 받게 된다. 또한 입주와 전입신고를 마친 당일 또는 그 이전에 확정일자를 갖춘 경우에는 입주와 전입신고 중 늦은 날 다음 날 오전 0시가 기준이 된다(대판).

따라서 입주와 전입신고를 마친 날에 확정일자를 갖추었는데, 그 다음 날 저당권이 설정되었을 경우에는 임차인이 저당권자에 우선하여 배당되는 것이다(서울지법 판결). 다만 우선변제권이 있는 임차인보다 앞서 가압류등기를 마친 경우에는 임차인과 가압류자 사이에는 비율배당이 되는데(대판), 이는 가압류의 특성으로 인한 것이다.

또한 대항력요건을 갖춘 후 확정일자를 구비한 날에 여러개의 저당권이 설정된 경우는 먼저 각 채권을 같은 순위로 보아 비율배당을 한 후 저당권 상호간에는 흡수배당을 하게 된다(90P Q&A 참고).

3) 우선변제를 받는 대상

우선변제를 받는 대상은 대지를 포함한 주택의 환가대금의 전부가 대상

Q 배당금 총액이 1억원인데 임차인(보증금은 5,000만원)이 대항력요건을 구비한 후 확정일자를 구비한 날에 저당권 1(채권최고액 4,000만원), 저당권 2(채권최고액 5,000만원), 저당권 3(채권최고액 6,000만원)이 순차로 설정되어 있을 경우의 배당관계는 어떻게 되는가?

A 우선 비율배당을 하면, 배당금 총액 1억원 중에서 임차인에게는 2,500만원이 배당되는 셈이고 나머지 7,500만원이 저당권자에게 돌아갈 몫이 되지만, 저당권자 상호간에는 순서가 정해져 있으므로 1번 저당권자가 4,000만원 전액을 배당받게 되고 2번 저당권자는 그 나머지인 3,500만원을 배당받게 되며, 3번 저당권자에게 돌아갈 배당액은 없게 되는 것이다. 결국 임차보증금 2,500만원은 낙찰자가 인수부담 해야한다.

Q 근저당채무액을 전부 변제하였으나 등기부를 말소하지 않은 상태에서 대항력 요건과 확정일자를 구비한 임차인이 세를 들게 되었고, 그 후 집주인이 말소되지 않은 근저당등기를 이용하여 다시 돈을 빌려쓴 경우에는 그 임차인은 선순위 임차인인가? 아니면 후순위 임차인인가?

A 이 문제는 소위 무효인 저당권등기의 유용(流用)에 관한 문제이다.
저당권등기는 피담보채무가 존재하지 않으면 등기가 말소되었는지를 불문하고 무효이다. 이 문제에서도 채무자가 채무액을 전부 변제하였으므로 저당권등기를 말소하지 않은 상태에서도 이미 무효인 등기이다. 한편 무효인 저당권등기도 다시 유효한 등기로 유용되는 경우도 있지만 그것은 이해관계있는 제3자가 없을 때에만 가능한 것이다. 요컨대 이 문제에서 임차인은 저당권등기가 무효인 상태에서 입주하였기 때문에 선순위 임차인인 것이며, 따라서 근저당권자보다 우선하여 배당되는 것이다(대판). 다만 장래의 증감변동하는 불특정채권을 담보하는 근저당이나 포괄근저당이 설정된 경우에는 피담보채권이 일시적으로 소멸하였다고 하더라도 그 근저당권등기가 무효로되는 것이 아니므로 근저당권자가 우선하여 배당받게 될 것이다.
이 문제에서는 근저당권이라고 되어 있으나, 은행 등에서는 대출금액이 특정되는 경우에도 통상적으로 근저당권을 설정하고 있으므로 실질적으로는 보통 저당권일 뿐인 경우가 대부분이다. 이 문제 역시 그 본질이 보통 저당권일 경우의 문제였다.

이다. 이 점에서 소액보증금의 최우선변제권은 대지 포함 주택가액의 1/2 인 점과 구별된다. 또한 건물에 대한 경매신청이 취하되어 대지 부분만 낙찰되더라도 보증금 전액에 대해 우선변제를 받을 수 있다(대판).

대지에만 저당권이 설정되었던 경우에도 보증금전액에 대해 우선변제가 가능하므로 결국 건물과 대지가 동시에 경매되든 시기를 달리하여 경매되든 임차인은 각 절차에 참가하여 우선변제를 받을 수 있는 것이다.

4) 보증금의 증액과 우선변제권의 범위

실거래에서는 임대차기간이 만료될 시점에 가까워 오면서 임차보증금을 증액하기로 하는 새로운 임대차계약을 체결하는 경우도 있다. 이런 경우에 그 증액부분에 대한 우선변제권의 기준시점이 문제가 된다.

하지만 증액에 관한 계약서에 확정일자가 없는 한 증액부분은 우선변제받을 수 없다는 점을 명심해야한다. 만일 증액에 관한 확정일자가 있는 경우에는 증액부분은 그 날짜에 비로소 우선순위를 취득하게 된다.

2. 임차주택의 인도

인도와 보증금반환의무는 동시이행관계에 있다(대판). 이는 낙찰자에게 보증금반환의무가 있는 경우의 문제이므로 임차인이 선순위 임차인일 경우에 적용되는 표현이다. 만일 후순위 임차인이라면 그 임차인이 법원에서 배당금으로 얼마를 수령하든 상관없이 낙찰자가 잔금을 완납하는 순간 주택을 낙찰자에게 인도해야 한다.

그 이후의 임차인의 점유는 부당이득이 되는 것이다. 또한 임차인이 배당금을 수령하기 위해서는 낙찰자가 작성한 명도확인서가 필요한 바, 문자 그대로 명도를 확인함과 동시에 명도확인서를 인도하는 것이 훗날의 법적분쟁을 피하는 방법이 될 것이다.

선순위 임차인의 몇가지 문제

1. 선순위 임차인의 의미

선순위 임차인이란 임차주택에 관하여 말소기준등기(저당권·근저당권·담보가등기·압류·가압류·경매신청등기)가 경료되기 전에 주택의 인도와 주민등록이라는 대항력요건을 갖춘 임차인을 말하는 것인 바, 입찰자가 항상 신경써야 하는 부분이 바로 이 선순위 임차인이다. 선순위 임차인은 여러가지 사정으로 자신의 임차보증금이 부족할 때 바로 낙찰자에게 대항력을 행사할 수 있기 때문이다.

2. 선순위 임차인의 선택권 문제

먼저 과거에 존재하던 임차인의 선택권에 관하여 알아 보기로 하자.

즉, 1999년 3월 1일 이전에는 선순위임차인은 임차주택의 양수인(낙찰자)에게 대항하여 임대차계약기간 동안 임대차관계의 존속을 주장할 수 있는 권리와 확정일자에 의한 보증금이나 소액보증금에 관하여 임차주택의 가액으로부터 우선변제를 받을 수 있는 권리를 선택적으로 행사 할 수 있었다(대판).

요컨대 나머지 임대차기간 동안 더 살 수 있는 권리와 더이상 살기를 거부하고 보증금을 배당받을 권리 중에서 하나를 선택할 수 있었던 것이다. 하지만 1999년 3월 1일 개정된 현행 주택임대차보호법에 의하면 경매가 완결되면 임대차계약은 원칙적으로 해지되는 것으로 규정되어 있기 때문에 지금은 그러한 선택권은 없어졌다.

따라서 임대차의 존속기간이 남아 있는 경우라도 낙찰잔금을 지불한 낙찰자가 보증금을 반환하면서 명도를 청구하면 임차인은 그에 응해야 하는 것이다.

3. 선순위 임차인의 배당요구 철회의 문제

현행법상 임차인은 제1회 매각기일까지 배당요구를 할 수 있고 또 제1회 매각기일까지 배당요구를 철회할 수도 있다(민사집행법 제84조 제1항, 동법 제88조 제 2항).

과거에는 임차인의 배당요구나 배당요구의 철회가 매각결정기일까지 가능하다보니, 매각기일까지 배당요구를 하지 않다가 매각결정기일에 배당요구를 하는 경우도 있고, 반대로 매각기일까지 배당요구를 했다가 매각결정기일에 배당요구를 철회하는 경우도 있었다.

선순위임차인이 매각기일까지 배당요구를 하지 않을 경우에 입찰자는 정상가에서 그 보증금만큼을 공제한 금액으로 입찰에 참여하게 되는데, 후에 임차인이 배당요구를 하게 되면 법원에서 배당이 나가게 되어 낙찰자가 보증금만큼을 횡재하는 일이 된다. 따라서 이런 경우에 법원은 통상적으로 낙찰불허가결정을 했던 것이다.

또한 임차인이 매각기일에 배당요구를 했다가 매각결정기일까지 그 배당요구를 철회하는 경우에도 법원은 낙찰불허가결정을 했었다. 아마도 법원의 과거의 이러한 관행은 낙찰자에게 불측의 손실이 되는 것을 막기 위함이라고 일응 이해도 되지만, 저자의 입장에서는 과거의 이러한 관행은 하루빨리 시정되어야 할 폐단이었다.

이러한 관행의 법적인 근거도 없을 뿐만 아니라 오히려 이러한 경우에는 민법 제578조에 규정된 경매에서의 담보책임규정에 따라 낙찰자의 대금감액신청을 받아 들인다면 충분한 것이다(주택임대차보호법 제3조 제3항). 즉, 낙찰자의 대금감액신청을 받아 들인다면 어느 누구의 이해관계의 대립이 없이 경매절차는 계속 진행될 수 있기 때문이다.

나아가서 법원의 그러한 관행은 불공정하게도 임차인에게는 두 번의 입찰기회를 주게 되는 문제점도 있었다. 즉, 처음 매각기일에 최고가매수인으로 신고되지 못한 임차인은 매각결정기일까지 배당요구를 철회함으로써 낙찰불허가 결정을 유도하고 그 이후의 매각기일에 다시 입찰하게 되는 것이다. 임차인이 보호되어야 하는 점에는 아무도 이의를 제기할 사람이 없지만, 국가의 경매질서를 지연시키고 어지럽히는 부당한 방법까지 동원해서 임차인을 보호해서는 안되는 것이다.

저자는 여러 기관에서 강의할 때마다 이의 잘못된 점을 강조해 왔는데, 2002년 7월 1일부터 시행되고 있는 현행 민사집행법에서는 임차인의 배당요구나 배당요구의 철회를 제1회 매각기일까지만 가능한 것으로 못박고 있다. 늦으나마 쌍수를 들고 환영할만한 규정이다.

민사집행법(2002년 7월 1일 시행)의 주요내용

① 매각허가결정에 대한 모든 항고인은 매각대금의 10%를 법원에 공탁해야 한다.

② 배당요구 및 배당요구의 철회는 원칙적으로 제1회 매각기일까지만 가능하다.

③ 선순위 전세권등기라고 하더라도 전세권자의 배당요구로 말소될 수 있도록 한다.

④ 호가제도, 기간입찰제도 등을 도입한다.

⑤ 매각부동산의 인도명령 대상을 권한이 없는 모든 점유자로 확대하여 매각허가 결정이 확정되면 즉시 매각대금을 지급하고 간이한 방법으로 부동산을 인도받을 수 있도록 한다.

⑥ 매수보증금을 자신의 입찰가의 10%가 아닌 최저매각가격의 10%로 바뀌었다.

⑦ 매수보증금을 현금이나 수표가 아닌 은행이 보증한 지급보증위탁계약서로 내도 된다.

4. 선순위 임차인이 배당요구를 하였으나 보증금 중 일부를 배당받지 못한 경우에는 어떻게 되는가?

이 때 임차인은 임대차관계의 존속을 주장하여 건물명도에 불응할 항변권이 존재한다(대판). 소위 대항력을 행사할 수 있다는 말이다. 하지만 그 대항력행사 금액의 범위는 경우마다 다르다.

1) 배당금이 부족해서 배당받지 못한 경우

이때는 배당받지 못한 나머지 보증금 전체에 대해서 대항력을 행사할 수있다.

2) 경매법원의 착오로 인하여 배당받지 못한 경우

이때의 대항력범위는 배당절차에서 배당받을 수 있었음에도 불구하고 어떤 사정으로 배당받지 못한 금액을 제외한 금액에 한정된다.

예컨대 임차보증금이 8,000만원이고 배당받을 수 있는 금액은 5,000만원이었는데 법원의 잘못으로 전혀 배당을 받지 못한 경우에는 3,000만원에 대해서만 대항력행사가 가능하고 임차인은 나머지 5,000만원에 대해서 배당이의 또는 부당이득반환청구를 할 수 있고, 국가를 상대로 한 손해배상청구 등도 가능할 것이다. 이는 낙찰자를 보호하기 위함이다.

한편 1차경매에서 선순위임차인이 배당요구를 하였으나 배당받지 못하여 대항력을 행사하던 중, 낙찰 후 새로 설정된 근저당권에 기해서 제2차 경매가 실행된 경우에는 배당요구할 수 없다는 대법원 판례가 있다. 즉, 이 때는 임차인은 대항력만을 행사할 수 있게 된다.

5. 선순위임차인의 배당요구에 대하여 배당표에 보증금전액이 배당되는 것으로 기재까지 되었으나 후순위 채권자가 배당이의소송을 제기하여 배당금을 받지 못한 경우에는 어떻게 되는가?

이때도 임차인은 배당표가 확정될 때까지는 명도에 불응하여 동시이행 항변권을 행사할 수 있다(대판). 낙찰자는 잔금을 완납함과 동시에 소유권 이전등기를 내기 전에도 이미 목적물의 소유자이다(민사집행법 제135조). 따라서 그 이후에는 목적물에 대해서 사용·수익해야 하는 것인데, 후순위 채권자의 소송으로 인해서 사용·수익이 제한을 받게 된 것이다.

그리고 낙찰자는 잔금을 완납한 후 배당표가 확정될 때까지의 부당이득 은 임차인이 아닌 후순위채권자에 청구할 수 있고, 배당표확정 이후의 점 유에 대해서만 임차인에 대하여 그 점유로 인한 부당이득반환을 청구할 수 있다(서울지법 판결).

6. 선순위임차인이 보증금 중 일부를 배당받지 못하여 동시이행항변권에 기해 임차목적물을 계속 점유하는 경우에 부당이득을 반환하지 않아도 되는가?

이미 배당받은 금액부분에 대하여는 점유사용에 대한 부당이득반환의 무가 있다는 것이 대법원판례이다.

결국 이러한 법리를 임차인이 알고 있다면 낙찰자의 명도청구에 대해서 한없이 거절하기가 쉽지 않을 것이라는 얘기가 된다.

임차인이 다만 얼마라도 법원에서 배당금을 받아 나갈 수 있을 경우에 명도가 그만큼 쉽다는 실무상의 불문률도 사실은 이러한 법리때문이다. 배당금이 공탁되어 낙찰자에게 부당이득으로 빠져나갈 것이기 때문이다.

임차인의 임대차사실 부인

집주인이 금융기관에서 대출을 받고자 할 때 금융기관에서는 임차인이 세들어 살고 있는 경우에는 대출을 내보낼 수 없다거나 아니면 소액의 자 금만을 대출해 주는 경우가 대부분이다.

이때 임차인이 집주인의 반강제 내지는 간곡한 부탁으로 인해서 금융기관인 저당권자가 담보가치를 조사할 당시에 "주민등록을 마쳤지만 실제로 거주하지도 않을 뿐더러 임대차계약을 체결한 바도 없고, 향후 저당권자가 담보권을 실행할 때에 임차보증금에 관한 권리를 주장하지 않겠다"는 내용의 확인서를 작성해주는 경우가 있다. 이런 경우 법원에서는 채권자를 보호하기 위하여 임차인의 배당요구를 허용하지 않고 있다(대판).

그런데 또 한편으로는 저당권자가 담보가치를 조사할 당시에 임차인이 자신의 임대차사실이 없다는 내용의 서류에 서명날인했다고 하더라도, 그 후의 경매절차에서 임대차관계가 명백히 된 이상 주택의 명도와 보증금의 반환은 임차인의 대항력에 기해 동시이행항변권이 존재한다고(대판) 판결함으로써 임차인보호의 취지의 결론을 내리고 있는데, 그 기준이 명백하지 않다.

따라서 입찰참여자의 입장에서는 그러한 문서가 법원에 제출되어 있는 경우에는 설령 배당요구를 했어도 배당이 나가지 않고 다만 낙찰자에게 대항력행사는 가능하다는 결론하에 입찰하는 것이 경매사고를 미연에 예방하는 방법이 될 수 있을 것이다.

이해관계인의 구제

임차인의 우선순위나 배당받는 보증금액에 관하여 이해관계인이 이의가 있을 때에는 어떤 구제수단이 있을까?

이 문제는 대부분 임차인보다 후순위 채권자들의 구제수단의 문제가 될 것이다. 즉 보증금이 8,000만원인데, 배당금으로 1억원을 받아간다면 2,000만원 만큼은 후순위 채권자의 손실이 되는 셈이다. 이때 이해관계인은 경매법원에 이의를 신청하면 된다.

만약 경매절차에서 임차보증금 반환채권이 없는 자가 제1순위 배당채권자로 된 배당표가 확정된 경우 정당한 권리자는 부당이득반환청구의 소

를 제기할 수 있게 되는데, 임차인이 아직 배당금을 받아 가지 않은 상
태라면 부당이득한 채권의 양도와 그 채권양도의 통지를 경매채무자에게
하여 줄 것을 청구하는 형태가 될 것이다(대판).

소액임차인의 최우선변제권

최우선변제권은 물권보다도 앞서서 배당받을 수 있는 권리

임차주택의 경·공매시에 임차인의 소액보증금 중 일정액을 선순위 담보물권자보다도 우선하여 배당시키고 있는 제도가 소액임차인의 최우선변제권이다. 임차보증금 채권은 채권이면서도 물권보다 앞서는 효력을 인정받고 있는 것이므로, 대한민국 민법의 기본원리를 무시하면서 까지 임차인을 보호하고 있는 제도이다.

하지만 여기서 우리가 최우선변제권을 공부하는 목적은 역시 임차인 보호차원이 아니라 바로 입찰참여자의 보호를 위해서인 것이다. 그 연구목적을 분명히 한 다음에 요건이나 효과를 공부해야 이해력과 응용력이 함양될 것이다.

최우선변제권의 요건

1. 소액임차인

1) 의 의

최우선변제권을 행사하기 위해서는 보증금이 소액이어야 하는데, 현행 법상으로는 서울·인천·고양·성남 등 수도권이 4,000만원, 부산·대구·울산 등 광역시는 3,500만원, 기타 지역은 3,000만원이다(105p 도표 참조). 즉, 그 기준 범위를 초과하는 경우에는 기준범위 내의 금액에 대하여도 최우선변제를 받을 수 없다. 예를 들어 수도권의 경우 보증금이 4,001 만원이라면 최우선변제금으로는 1원 한 장이라도 배당받을 수 없는 것이다.

2) 수인의 임차인이 가정 공동생활을 하는 경우

이경우에는 이들을 1인의 임차인으로 보아 각 보증금을 합산하여 계산

Q 서울의 어떤 다가구주택의 낙찰가는 3억원인데 배당요구한 선순위 임차인이 2인(보증금은 각각 1억원)이고 그 뒤에 저당권자(채권최고액은 2,000만원)가 있으며, 그뒤에 최우선변제권자인 소액임차인이 10인 있을 경우에 경매비용이 없다는 가정하에 낙찰자가 인수부담해야 할 임차보증금이 있는가? 있다면 그 금액은 얼마인가?

A 소액임차인의 최우선변제금이 가장 제1순위로 배당되는 것이므로 현행법상의 1인당 최우선변제금인 1,600만원의 10배에 가까운 1억5,000만원이 최우선변제금으로 배당되면(산술적으로 계산한다면 1억6,000만원이지만 낙찰가의 최우선변제금이 낙찰가의 1/2을 초과할 수 없다는 법령상의 제한이 있으므로 최우선변제금으로는 1억 5,000만원이 배당) 선순위 임차인의 임차보증금 합계 2억원 중에서 5,000만원은 배당되지 못한다.

따라서 입찰참여자는 5,000만원을 인수부담할 계획으로 입찰해야 하는 것이며, 선순위 임차인들이 배당요구를 했다는 이유로 안심하고 정상가로 입찰하는 경우에는 적어도 5,000만원 만큼은 경매사고가 되는 것이다.

하되, 그 합산금액이 기준금액을 초과하게 되면 최우선변제권은 인정되지 않는다. 예컨대 서울에서 8,000만원에 입주한 임차인이 남편의 이름으로 4,000만원, 아들의 이름으로 4,000만원의 두 개의 임대차계약서를 법원에 제출하여 최우선변제금으로 3,200만원을 배당받으려 해도 인정되지 않는다는 것이다. 법원실무에서는 그 임차인 중 1인에 대해서는 최우선변제권을 인정하는 경우도 간혹 있었다.

3) 소액임차인 여부의 판단시점

또한 소액 임차인에 해당하느냐의 판단시점은 경매기입등기일이다. 따라서 계약체결 당시에는 기준 범위를 초과하였으나 경매기입등기 이전에 보증금의 감액이 이루어져 기준 금액에 해당되는 때에는 최우선변제권이 긍정된다. 다만 임대인과 담합하여 허위로 감액한 것이 명백한 때에는 최우선변제권이 부정된다.

4) 공동임대인 중 1인의 공유지분이 경매로 나온 경우

공동임대인 중 1인의 공유지분이 경매로 나온 경우에도 임차보증금 전액을 기준으로 소액임차인 여부를 판단한다. 우선변제권에 따른 배당요구에서도 보증금 전액에 대해서 배당받을 수 있다.

2. 대항력요건의 구비 및 존속

소액임차인이 최우선변제권을 행사하기 위해서는 대항력요건(주민등록과 점유)을 경매개시결정 기입등기 이전에 구비해서 매각결정기일까지 존속시켜야 한다(대판).

이때의 전입신고는 반드시 독립세대주로 신고해야 하는 것은 아니고, 기존의 임차인과 동거인으로 전입신고를 해도 가능하다(서울지법). 또한 배당요구는 필수적이며, 현행법상 배당요구종기일까지만 가능하다.

물론 낙찰자에게 대항할 수 있는 선순위임차인이 배당요구를 하지 않았다하여 대항력까지 포기하는 의사는 아니다(대판).

낙찰자에게 대항할 수 없는 임차인이 배당요구를 하지 않은 경우 낙찰자에 대하여 보증금의 반환이나 우선변제를 요구할 수 없으며(대판), 다만 이때 다른 권리자가 소액임차인이 받을 보증금 상당액까지 배당받은 경우에 임차인은 그러한 권리자에 대하여 소액보증금 상당의 부당이득반환청구는

Q 1998년 1월 1일자로 광역시로 승격되었고 승격 전인 1997년 1월 1일에 저당권이 설정되었으며 동년 2월 1일에 전세보증금 2,500만원에 주택에 입주하여 살고 있다면, 소액보증금기준에 해당되겠습니까?
경매등기는 2000년도에 되었습니다. 저당권 설정 당시에는 광역시가 아닌 일반시였기때문에(2,000만원) 보증금 한도 초과로 해당되지 않을 것 같기도 하고, 또 경매등기시점을 기준으로 보면 광역시승격 후이기 때문에(3,500만원) 소액보증금기준에 해당될 것도 같습니다.

A 최선순위 임차인의 요건은 경매개시등기 시점을 기준으로 갖춰야 합니다. 따라서 계약시점에는 금액을 초과하더라도 경매등기 시점에 금액이 다운되어 요건을 충족한다면 최선순위 보장금을 받을 수 있습니다.
행정구역변경도 마찬가지입니다. 배당요구는 제1회 매각기일까지이고, 최선순위 보증금 중 일정액의 범위는 각 담보물권 설정시점의 주택임대차보호법의 규정에 따릅니다.
만일 배당요구를 하지 않아서 법원으로부터 배당금을 수령하지 못한 경우에는 배당금을 대신 수령한 채권자를 대상으로 부당이득 반환청구를 할 수 있습니다.
우선변제권자는 배당요구를 하지 않은 경우에 채권자를 상대로 부당이득 반환청구를 할 수 없는 것과 구별됩니다. 또한 주택임대차보호법이 적용되는 주택인지에 대한 판단시점은 임대차계약 체결시점이라는 것도 참고로 알아두시기 바랍니다.
따라서 설문의 경우에는 1,400만원을 받을 수 있는 임차인이 됩니다. 하지만 이 모든 이론은 선순위 담보권자의 이익을 해칠 수는 없습니다. 저당권설정 당시인 1997년 1월 1일에는 광역시가 아니므로 그 저당권자에 대해서는 최우선변제를 주장할 수 없을 것입니다.

구는 가능하다(대판). 즉, 우선변제권의 경우에는 동일한 경우 부당이득반환청구가 불가능하다는 것이 대법원판례이나 오로지 소액임차인의 최우선변제권에서는 부당이득반환청구를 허용하고 있다. 하지만 이 판례에 대하여는 잘못된 부당한 판례라는 유력한 학설들이 많은 점으로 보아 머지않은 장래에 폐기될 가능성도 농후해 보인다.

3. 소액전차인의 최우선변제권 문제

임차인으로부터 적법하게 목적물을 전차한 소액 전차인은 임차인이 소액임차인에 해당하는 경우에만 최우선변제권을 행사할 수 있다. 즉 전차인이 최우선변제권을 행사하기 위해서는 임차인과 전차인 모두가 소액 보증금 요건을 충족해야 한다.

임대인의 동의를 받아 임차주택을 전대하고 그 전차인이 주택을 인도받아 주민등록을 마치면 임차인도 그 다음날부터 대항력을 취득하게 된다(대판). 이 문제는 낙찰자로서는 권리분석상 매우 중요한 문제이므로 경매의 함정부분에서 그 대책과 더불어 다시 언급하기로 한다.

4. 임의경매에서의 채무자 겸 임차인의 배당요구 가부

채무자 겸 임차인이란 채무자가 물건의 소유자인 물상보증인과 임대차계약을 체결한 경우로서 배당요구가 가능하겠느냐 하는 점이 문제되지만 채무자의 지위와 임차인의 지위는 다른 것이므로 배당요구는 가능하다. 다만 가장임차인의 가능성이 클 것이다. 만일 임차인이 전 소유자라면 소유권이전일부터 임차인이라는 점(대판)을 유의해야 한다.

즉, 지금의 임차인이 그 집의 전(前) 소유자였었고, 그 소유자였던 시절에 저당권을 설정한 후 다른 사람에게 그 집을 양도하고 나서 그 집에서 계속 지금까지 임차인으로 살고 있는 경우에는, 그 임차인의 입주일은 저당권등기 이전이나 그 임차인이 임차인으로 되는 시점은 저당권등기 이후이므로, 선순위 임차인이 아니라 후순위 임차인이라는 점이다.

권리분석상 매우 중요한 문제이므로 실수해서는 안될 것이다. 최근에는 이런 문제점을 쉽게 확인할 수 있도록 정보지에 소유권이전등기일을 기재해주는 서비스업체가 늘고 있다.

최우선변제권의 내용

1. 최우선변제액

1) 현행법의 규정

소액임차인이 최우선으로 얼마만큼의 배당액을 받을 수 있는가에 관하여 현행법은 도표에서 보는 바와 같이 수도권 1,600만원, 광역시 1,400만원, 기타지역 1,200만원으로 규정하고 있다. 금융기관에서 주택에 대해 대출을 해 줄 때, 방 하나당 수도권의 경우 1,600만원씩을 공제하는 이유도 바로 여기에 있다. 자기의 임차보증금 중에서 최우선변제를 받은 나머지 금액에 대해서는 확정일자를 갖춘 경우에 한해서 순위에 따른 배당이 가능하다.

2) 최우선변제권의 제한

소액보증금이 낙찰가(배당할 금액에서 집행비용을 제한 나머지 금액)의 1/2를 초과하는 경우에는 낙찰가의 1/2에 해당하는 금액에 한해서만 최우선변제권이 있다. 이 규정은 가장임차인에 대한 대책임과 동시에 다른 담보물권자를 보호하기 위해서 둔 규정이다.

3) 하나의 주택에 임차인이 2인 이상이고, 그 각 최우선변제금의 합산액이 낙찰가의 1/2을 초과하는 경우의 처리

이런 경우에는 그 소액보증금 중 일정액의 합산액에 대한 각 임차인의 소액 보증금 중 일정액의 비율로 그 낙찰가의 1/2에 해당하는 금액을 분할한 금액을 각 임차인의 최우선변제금으로 간주한다(임대차법 시행령 제3조 제3항).

최우선변제액 배당범위 도표

단위 : 만원

담보물권 설정일	지역	보증금범위	최우선변제액
84.1.1 ~ 87.11.30	특별시, 광역시	300이하	300이하
	기타지역	200이하	200이하
87.12.1 ~ 90.2.18	특별시, 광역시	500이하	500이하
	기타지역	400이하	400이하
90.2.19 ~ 95.10.18	특별시, 광역시	2,000이하	700이하
	기타지역	1,500이하	500이하
95.10.19 ~	특별시, 광역시	3,000이하	1,200이하
	기타지역	2,000이하	800이하
2001.9.15 ~	수도권(서울, 인천, 의정부, 구리, 남양주, 하남, 고양(일산), 수원, 성남(분당), 안양, 부천, 과천)	4,000이하	1,600이하
	광역시(부산, 대구, 대전, 광주, 울산)	3,500이하	1,400이하
	기타지역	3,000이하	1,200이하

서울 주택의 낙찰가가 1억원이고 소액임차인이 4인(보증금은 각각 4,000만원, 3,000만원, 2,000만원, 1,000만원)이 있다면 그들 임차인의 최우선변제금은 각각 얼마인가?

이 최우선변제금으로 배당받을 총 금액은 낙찰가의 1/2인 5,000만원인 바, 그 구체적인 배당금은 2,000만원, 1,500만원, 1,000만원, 500만원이 아니라 약 1,380만원(5,000×1,600÷1,600+1,600+1,600+1,000), 1,380만원, 1,380만원, 860만원이 각각 배당되는 것이다. 요컨대 보증금 자체를 중심으로 비율배당하는 것이 아니라 보증금중 일정액을 중심으로 비율배당하는 것이다.

4) 최우선변제권의 구체적인 범위

마지막으로 독자들이 가장 어려워하고 또한 혼동하는 문제인 최우선변제배당금의 구체적인 범위에 관하여 언급하기로 한다.

이 문제는 예컨대 1998년 저당권이 설정될 당시에는 서울의 경우 최우선변제금이 1,200만원이라서 금융기관이 방당 1,200만원이 최우선변제될 것을 고려하여 대출해 준 것인데, 그 후 법이 개정되어 2001년 9월 15일부터는 서울의 경우 최우선변제금이 1,600만원으로 상향조정되었기 때문에, 방당 1,600만원이 최우선변제금으로 배당된다면 저당권자의 이익을 침해하는 것이 아니냐 하는 문제점이다.

이에 관하여 저당권, 담보가등기, 전세권등기 등 담보물권이 가장 먼저

Q 1984년 1월 15일에 1번 저당권이 설정되었고, 1990년 3월 15일 2번 저당권이 설정된 후 2000년 1월 15일에 서울에서 보증금 2,000만원에 세든 임차인의 경우 최우선변제금은 얼마인가?

A 학설에 따르면 임차인은 최우선변제금이 전혀 없게 되지만, 실무에 따르면 1번 저당권자에 대해서는 아무런 권리를 주장하지 못하지만 2번 저당권자에 대해서는 700만원의 최우선변제권을 주장할 수 있다는 결론이 되는 것이다.

- -

Q 1995년 1월 1일에 1번 저당권이 설정되고, 1997년 1월 1일에 2번 저당권이 설정되었으며, 동일 날짜로 서울에서 임차인 갑(1,500만원)과 을(2,500만원)이 있는 경우에 임차인들의 최우선변제금은 얼마인가?

A 학설에 의하면 갑만이 700만원을 최우선변제 받을 수 있다는 결론이나 실무에 의하면 1순위는 갑으로 700만원, 2순위는 1번 저당권자, 3순위는 갑 500만원과 을 1200만원, 4순위는 2번 저당권자라는 결론이 된다.

설정된 시점의 주택임대차보호법상의 기준금액에 따라 소액여부를 판별한다는 경매교과서상의 학설(이하 학설로 칭함)이 있으나 이는 법령상의 근거도 없을 뿐만 아니라 법원실무에서 승인하지 않는 견해이므로 타당하지 않다.

법원실무에서는 대항력요건구비일보다 앞선 각 담보물권[저당권, 전세권, 가등기담보권, 확정일자부 임차인(서울지법 다수 실무)이 포함되나 가압류는 불포함]을 개별적으로 판단하여 각 담보물권설정 시점의 주택임대차보호법을 적용하여 판별한다고 하는 바, 주택임대차보호법 부칙 제3항에 의하면 임차인보다 앞선 담보물권자에 대하여는 그 담보물권의 설정 당시의 임대차법에 의하여 판단한다고 되어 있으므로 타당하다.

2. 최우선변제의 대상

최우선변제를 받을 수 있는 금액은 건물과 대지가액(실무상 낙찰가에서 집행비용을 공제한 금액)의 1/2에 한정된다. 담보물권자를 보호하기 위한 최소한의 배려인 것이다.

주택과 대지에 대한 경매가 따로 진행되는 경우에도 임차인은 각 경매절차에 참여하여 최우선변제를 받을 수 있는데, 이 경우 먼저 경매되는 목적물의 낙찰대금의 1/2한도에서 우선변제를 받고, 잔여 보증금이 있으면 후에 경매되는 목적물의 낙찰대금의 1/2한도에서 다시 최우선변제를 받을 수 있다.

또한 대지와 건물 모두에 저당권이 설정되어 경매가 실행되었으나, 대지부분만 낙찰된 경우에도 최우선변제는 가능하며(대판), 대지에 대하여만 저당권이 설정되었다가 경매가 실행되는 경우에도 저당권 설정 당시에 건물이 존재하였다면 대지의 낙찰대금에서 최우선변제를 받을 수 있다.

뿐만 아니라 대지에 저당권설정 당시 이미 건축중이었던 경우에도 최우선변제는 가능하며(대판), 대지에 대한 저당권설정 당시 일반 건물이었던 것을 설정후 주거용으로 용도를 변경한 경우에도 최우선변제는 가능하지만 (서울지법 판결), 대지에 대한 저당권설정 당시에 건물이 있었으나 그 후 멸실된 것을 다시 신축한 경우에는 최우선변제가 불가능하다(서울지법 판결).

3. 최우선변제의 순위

소액임차인의 최우선변제권은 순위에 상관없이 다른 담보물권자 기타 모든 조세채권보다도 우선하여 배당된다. 다만 최종 3월분 임금채권 및 최종 3년간의 퇴직금 채권과는 동순위로 비율배당된다.

만일 배당 후 남은 잉여금이 있다면 원칙적으로 소유자에게 지급해야 하나, 다만 소액임차인이 일정액을 초과하는 부분에 대하여 가압류를 하거나 채무명의에 기하여 제1회 입찰기일이전에 배당요구를 한 경우에 한하여 배당한다. 하지만 법원에 따라서는 먼저 배당을 한 후에 이해 관계인의 이의신청에 따라서 해결하는 경우도 있다.

4. 최우선변제권의 예외

임차권등기명령의 집행에 의한 임차권등기가 경료된 주택(임대차 목적이 건물의 일부분인 경우에는 해당부분에 한함)을 그 이후에 임차한 임차인은 최우선변제권이 없다(주택임대차보호법 제3조의3 제6항, 상가건물 임대차보호법 제6조 제6항). 1999. 3. 1 이후의 민법에 의한 임차권 등기의 경우에도 이와 동일하다.

이 규정의 입법취지는 아마도 먼저 임차한 사람도 보증금을 돌려 받지 못하여 등기명령을 신청한 터에 또다시 소액 임차인이 세들어 산다는 것은, 첫째로 임차권등기가 난 상태에서 다시 세들어 산 것 자체가 설령 최우선변제를 받지 못한다 하더라도 임차인의 잘못이 크고, 둘째로 그보다 선순위자가 보증금을 받지 못하는 상태에서 다시 최선순위보증금으로 일정액을 떼낸다는 것이 등기명령을 신청한 사람에게 너무 가혹하다는 이유

때문일 것으로 풀이된다. 따라서 임차인은 등기부를 확인하여 임차권등기명령으로 등기가 난 주택은 보증금이 아무리 소액이라도 입주하지 않는 것이 바람직할 것이다.

가장임차인에 대한 이해관계인의 대책

경매실무상 최우선변제금을 노린 가장임차인(假裝賃借人)은 의외로 많은 편이다. 즉 경매가 진행되기 시작될 무렵이 되면 가장임차인들이 하나둘씩 그 주택에 입주하기 시작하는 것이다.

과거에는 법원에서도 가장임차인에 대해서 별 무관심했었으나 가장임차인에 의한 폐해가 심해지자 최근에는 단속하는 경향이 강하다.

가장 피해를 받는 사람은 물론 다른 권리자들이다. 그들 이해관계인들은 우선 가장임차인이라는 의심이 들면 배당기일에 참석하여 배당표에 대한 이의를 신청한 후 배당이의의 소를 제기해야 한다. 이때 주택의 내부구조, 임차인의 사용부분 및 사용인원, 계약의 과정과 입주경위의 특이성, 주민등록이 경매신청에 임박하여 이루어졌는지 여부, 소유자 또는 채무자와 임차인의 인적관계, 실제 거주하는지 여부, 종전 주민등록지의 거주현황 등을 파악하여 가장임차인임을 입증함으로써 배당표를 정정할 수 있을 것이다. 또한 형사고발도 가능할 것이다.

가장임차인과 관련한 형벌은 사기죄, 기타 문서에 관한 죄 등이 될 수 있을 것이다. 주택의 시가가 4,800만원 정도인 주택에 보증금 7,000만원에 계약한 것으로 임대차계약을 써서 제출한 처제를 가장임차인으로 판단한 서울지방법원의 판결이 있다.

주택임차인 분석

지금까지 공부한 내용을 중심으로 여러 형태의 임차인에 대한 우리 입찰참여자의 입장을 종합적으로 정리하고자 한다.

여기서의 주택임차인은 물론 임차권등기가 나지 않은 주택임대차관계에서의 문제이다. 등기가 되어 있는 임대차는 등기의 순위에 따라 말소 또는 인수되기 때문이다.

말소기준등기보다 앞서서 대항력요건을 갖춘 임차인

이는 소위 선순위 임차인으로서 임차인은 원칙적으로 낙찰자에게 대항할 수 있다. 따라서 입찰참여자는 희망하는 매수가격에서 임대보증금을 뺀 금액으로 입찰에 참여해야 한다.

다만 매각결정기일에 앞서서 임차인이 확정일자까지 받아 놓은 경우는 권리분석이 전혀 틀려진다. 이런 경우 임차인은 그냥 선순위로서 대항력을 인정받을 수도 있지만 법원에 배당을 요구할 수도 있는데, 이 두가지 중에서 어느 것을 선택하느냐는 어디까지나 임차인의 자유에 속한다.

따라서 임차인이 확정일자까지 갖춘 경우는 입찰참여자는 입찰당일 법대열람을 통해서 임차인의 배당요구서가 법원에 들어와 있는지를 반드시 확인해서, 만일 들어와 있으면 입찰에 참여해도 되지만 배당요구서가 없으면 역시 매수 희망가격에서 임대보증금을 뺀 금액으로 입찰에 참여해야 한다. 다만 배당요구를 했어도 배당받지 못하는 금액만큼은 낙찰자가 부담해야 하므로 독자들은 배당이론도 철저히 연구해야 할 것이다.

말소기준등기보다 뒤진 임차권

이는 소위 후순위 임차권으로서, 이미 언급한 바와 같이 말소기준등기와 함께 소멸된다.

하지만 문제는 임차인이 배당을 받아 갈 수 있느냐 하는 점이다.

왜냐하면 전혀 배당을 받을 수 없는 임차인의 경우에는, 비록 아무런 법적권리가 없기는 하지만 맑은 하늘에 날벼락을 맞은지라, 그냥 체념하고 쉽게 집을 비우려 하지 않는 경우도 더러는 있기 때문이다.

법적으로 대응할 자신이 있거나 경매상담회사에 입찰참여를 의뢰하는 경우라면 몰라도, 자신이 직접 낙찰받아 보려는 독자라면 당연히 임차인이 얼마만큼의 배당을 받아 나갈 수 있는지를 검토하는 것이 좋겠다.

왜냐하면 배당액이 얼마라도 되는 임차인은 낙찰자가 명도확인서를 써줘야 그나마도 법원으로부터 배당액을 받아 갈 수 있고, 만일 명도확인서가 없으면 임차인의 배당액이 법원에 공탁되어 명도소송 결과에 따라 년간 25%의 고리가 빠져나가 낙찰자의 수중으로 들어가기 때문에, 임차인으로서는 무작정 버티다가는 금전적 손실이 결코 작지 않고, 따라서 낙찰자로서는 그만큼 주택을 명도받기가 쉽기 때문이다. 배당원칙은 후에 다시 상세히 검토할 기회가 있으므로 여기서는 임차인분석의 기본이론을 철저히 이해하고 넘어가기 바란다.

주택임차인의 4가지 형태

저자는 부동산경매와 관련하여 주택임차인의 형태를 다음과 같이 4가지로 분류하였다.

1. 대항력요건(입주와 주민등록이전)을 구비하지 못한 임차인

선순위 임차인이건 후순위 임차인이건 거의 아무런 법적보호를 받을 수 없는 경우로서, 굳이 배당을 받으려면 채무자의 재산에 가압류등기를 해놓고 소송을 통해서 구제받을 수 밖에는 다른 도리가 없다.

2. 대항력요건을 구비했으면서도 소액보증금에 해당하는 경우

선순위자라면 굳이 소액보증금제도를 이용할 필요가 없이 대항력을 이용하여 낙찰자에게 보증금 전액을 받아내는 것이 현명할 것이며, 또한 확정일자까지 갖춘 자로서 보증금 전액을 배당받을 수 있는 경우라면 역시 굳이 소액보증금제도를 이용할 필요없이 확정일자를 이용하여 전액 배당받는 것이 현명할 것이다. 다만 후순위자로서 확정일자가 없다면 소액보증금제도를 이용하여 최선순위자로서의 보호를 받고 그 나머지 보증금 잔액은 역시 소송을 통해서 구제받아야 할 것이다.

3. 대항력요건을 구비했으면서도 확정일자까지 받아 놓은 경우

배당액이 충분한 경우는 선순위자든 후순위자든 법적보호에 전혀 지장이 없을 것이다. 다만 선순위자라면 배당을 요구하든 아니면 대항력을 이용하든 문제가 되지 않을 것이나, 후순위자라면 대항력을 이용할 수 없으므로 반드시 배당을 요구해야 할 것이다.

문제는 배당액이 충분하지 않은 경우인데 선순위자라면 당연히 대항력

을 이용해서 낙찰자로부터 보증금 전액을 받아내야 할 것이지만 후순위자
라면 대항력도 없으므로 반드시 배당요구를 하여 얼마간 배당을 받은 후,
나머지 보증금 잔액에 대해서는 다시 소송을 통해서 구제받아야 한다.

4. 대항력요건은 구비했으나 소액보증금에 해당하지도 않고 그렇다고 확정일자를 받아 놓은 것도 아닌 경우

이미 설명한 바와 같이 선순위자라면 보호를 받지만 후순위자라면 앞의
'1'의 경우처럼 소송을 통해서만 구제받을 수 있을 것이다.

상가건물의 경우

주지하는 바와 같이 2002년 11월 1일부터 상가건물임대차보호법이 시행되고 있다. 따라서 앞으로는 이에 관하여도 연구하지 않으면 입찰에 참여할 수 없다. 물론 상가건물의 경우에도 부동산 경매에서 중요한 것은 대항력, 우선변제권 그리고 최우선변제권이다.

대항력요건

먼저 상가건물의 대항력요건은 사업자등록과 점유이며(상가건물임대차보호법 제3조 제1항), 그 기준시점은 사업자등록과 점유의 다음날부터이다(동법 제3조 1항). 주택임대차보호법과 관련한 대법원판례를 유추해 본다면 사업자등록과 점유 중 늦은 날 다음 날 오전 0시부터일 가능성도 농후해 보인다. 입찰자가 이를 명확히 하기 위해서 동법은 이해관계인이 관할 세무서장에게 이에 관한 사항을 열람 또는 정보제공하도록 요청할 수 있게 배려하고 있다(동법 제4조).

우선변제권

또한 대항력요건과 관할 세무서장으로부터의 임대차계약서상의 확정일자를 받은 임차인은 우선변제권을 행사할 수 있다(동법 제5조 제2항).

최우선변제권

경매기입등기 전까지 대항력요건을 구비한 소액 임차인은 낙찰가의 1/3의 범위에서 최우선변제권을 행사할 수 있도록 하였다(동법 제14조).

또한 최우선변제를 받을 수 있는 임차보증금(최우선변제금)은 서울특별시가 4,500만원(1,350만원) 수도권정비계획법에 의한 수도권 중 서울특별시를 제외한 과밀억제권역(예 : 수원·안양·군포·의왕시 등)은 3,900만원(1,170만원), 군지역과 인천광역시를 제외한 광역시는 3,000만원(900만원), 기타 지역은 2,500만원(750만원)이다.

만일 보증금 이외에 차임이 있을 때는 월 차임 기준액의 100배를 보증금에 합산한 금액을 기준으로 최우선변제권 유무를 판별한다.

예를 들어서 서울에서 보증금 1,000만원과 월세 50만원으로 세든 상가임차인은 1,000만원 + 50만원 × 100 = 6,000만원으로 계산되어 최우선변제권을 행사할 수 없다.

기 타

기타 임대차기간 5년의 범위에서 임차인에게 계약갱신요구권(동법 제10조)을 인정하고 있으며, 주택임차권등기명령제도와 유사하게 상가임차권등기명령제도도 인정하고 있고(동법 제6조), 또한 임대차기간의 정함이 없거나 1년 미만으로 정한 임대차기간을 1년으로 한다(동법 제9조 제1항)는 등 획기적인 규정도 두고 있으나 이는 부동산경매와 직접적인 연관이 있는 규정이 아니므로 여기서는 설명하지 않기로 한다.

Q1. 주택인지 상가인지를 판단하는 기준시점은 언제인가?(참조 75P)

Q2. 겸용주택은 주택인가? 상가인가?(참조 76P)

Q3. 외국인에 대해서도 주택임대차보호법이 적용되는가?(참조 82P)

Q4. 친인척간의 임대차도 임대차로서 인정되는가?(참조 83P)

Q5. 주택임차인이 우선변제권을 행사하기 위해서는 대항력요건과 확정일자를 언제까지 구비하고 존속시켜야 하는가?(참조 87P)

Q6. 확정일자부 주택임대차계약서를 분실했을 경우 임차인의 보호대책은 무엇인가?
(참조 86P)

Q7. 임차인이 법원에서 배당을 받기 위해서는 언제까지 법원에 배당요구를 해야 하는가?(참조 88P)

Q8. 배당금총액이 1억원인데 임차인(보증금은 5,000만원)이 대항력요건을 구비한 후 확정일자를 구비한 날에 저당권 1(채권최고액 4,000만원), 저당권 2(채권최고액 5,000만원), 저당권 3(채권최고액 6,000만원)이 순차로 설정되어있을 경우의 배당관계는 어떻게 되는가?(참조 90P)

Q9. 근저당채무액을 전부 변제하였으나 등기부를 말소하지 않은 상태에서 대항력요
건과 확정일자를 구비한 임차인이 세를 들게 되었고, 그 후 집주인이 말소되지 않
은 근저당등기를 이용하여 다시 돈을 빌려쓴 경우에는 그 임차인은 선순위 임차인
인가? 아니면 후순위 임차인인가?(참조 90P)

Q10. 주택임차인의 보증금이 증액되었을 경우에 그 증액된 보증금의 배당순위를 설
명하라(참조 91P).

Q11. 선순위임차인이란 무엇인가?(참조 92P)

Q12. 선순위임차인의 선택권을 설명하라(참조 92P).

Q13. 선순위임차인의 배당요구 철회를 설명하라(참조 93P).

Q14. 2002년 7월 1일부터 시행되고 있는 현행 민사집행법의 주요내용을 설명하라.

(참조 94P)

Q15. 선순위임차인이 배당요구를 하였으나 보증금 중 일부를 배당받지 못한 경우에
는 어떻게 되는가?(참조 95P)

Q16. 선순위 임차인의 배당요구에 대하여 배당표에 보증금전액이 배당되는 것으로
기재까지 되었으나 후순위 채권자가 배당이의 소송을 제기하여 배당금을 받지
못한 경우에는 어떻게 되는가?(참조 95P)

Q17. 선순위 임차인이 보증금 중 일부를 배당받지 못하여 동시이행항변권에 기해 임차목적물을 계속 점유하는 경우에 부당이득을 반환하지 않아도 되는가?

(참조 96P)

Q18. 금융기관인 저당권자가 담보가치를 조사할 당시에 임차인이 자신의 임대차 사실을 부인 할 경우에 법원경매에서는 어떻게 처리되는가?(참조 96P)

Q19. 수인의 임차인이 가정 공동생활을 하는 경우에도 그들 모두에게 최우선변제권이 인정되는가?(참조 100P)

Q20. 소액임차인지 여부를 판단하는 기준시점은 언제인가?(참조 101P)

Q21. 소액전차인의 최우선변제권을 설명하라(참조 103P).

Q22. 임의경매에서 채무자 겸 임차인은 배당요구를 할 수 있는가?(참조 103P)

Q23. 최우선변제권의 제한과 예외를 설명하라(참조 104,108P).

Q24. 하나의 주택에 임차인이 2인이상이고, 그 각 소액보증금의 합산액이 낙찰가의 1/2을 초과하는 경우 각 임차인의 최우선변제금은 어떻게 계산되는가?

(참조 104,105P)

Q25. 1995년 1월 1일에 1번 저당권이 설정되고, 1997년 1월 1일에 2번저당권이 설정되었으며, 동일 날자로 서울에서 임차인 갑(보증금 1,500만원)과 을(보증금

2,500만원)이 있는 경우, 갑과 을의 최우선변제금액을 계산하라(참조 105P).

Q26. 최우선변제권의 대상을 설명하라(참조 107P).

Q27. 가장임차인에 대한 대책은 무엇인가?(참조 109P)

Q28. 상가건물 임대차의 대항력요건, 우선변제청구권의 요건, 최우선변제청구권의 요건을 설명하라(참조 114P).

Q29. 말소기준등기에 앞서서 대항력과 확정일자를 갖춘 임차인은 경매에서 어떤 보호를 받으며, 입찰참여자로서 주의해야 할 점은 무엇인가?(참조 110P)

Q30. 후순위 임차인의 경우는 임차인이 얼마라도 배당을 받아가는 것이 명도할 때에 유리하다. 그 구체적인 이유는 무엇인가?(참조 111P)

Q31. 대항력요건은 구비했으나 확정일자를 받아놓지 않았으면서도 소액보증금의 적용도 받을 수 없는 임차인의 경우, 경매에서 어떤 보호대책이 있는가?

(참조 112P)

Q32. 대항력요건도 구비했고 소액보증금의 적용도 받을 수 있는 임차인은 경매에서 어떤 보호를 받을 수 있는가?(참조 112P)

Q33. 대항력요건과 확정일자를 구비한 임차인은 경매에서 어떤 보호를 받을 수 있는가?(참조 112P)

주택·상가임차인이나 전세권자가 배당요구를 하지 않았다면 다음과 같은 순서대로 권리가 설정되어 있을 때 낙찰자가 인수부담하는 것을 지적하라.

① 담보가등기—상가임차권—저당권—임의경매

② 환매등기—가압류—저당권—강제경매

③ 임차권등기—저당권—전세권—가압류—임의경매

④ 전세권—상가임차권—가압류—담보가등기(경매신청자)—임의경매

⑤ 전세권(경매신청자)—상가임차권—가압류—저당권—임의경매

⑥ 주택임차권—소유권이전등기—가압류—저당권—임의경매

⑦ 가압류—상가임차권—전세권—저당권—임의경매

⑧ 저당권—가압류—소유권이전등기—저당권—가압류(경매신청자)—강제경매

⑨ 가압류—저당권—소유권이전등기—가압류—저당권(경매신청자)—임의경매

⑩ 가압류—저당권(경매신청자)—소유권이전등기—저당권—임의경매

⑪ 가압류 – 주택임차권(가압류와 같은 날 대항력 발생)—저당권—임의경매

⑫ 전세권—주택임차권—가압류—임의경매

⑬ 전세권—전세권(경매신청자)—근저당권—가압류—강제경매—임의경매

⑭ 가압류(경매신청자)—소유권이전등기—담보가등기—가압류—근저당권—강제경매

⑮ 주택임차권—가처분—근저당권—임의경매

⑯ 가처분—예고등기—주택임차권—가압류—강제경매

⑰ 주택임차권—담보가등기—임의경매—주택임차권

⑱ 소유권이전청구권가등기—저당권—임차권—가압류—강제경매—임차권

⑲ 강제경매, 주택임차권(강제경매와 같은 날 대항력 발생)

⑳ 임차권등기—가압류—예고등기—주택임차권—저당권—임의경매

① 말소기준등기가 담보가등기이므로 전체 등기가 말소된다. 즉 낙찰자가 인수부담해야 할 권리는 없다.

② 말소기준등기는 가압류등기이므로 앞의 환매등기는 말소되지 않는다. 이런 물건은 피하는 것이 바람직하다. 소유권을 상실할 위험이 크다.

③ 말소기준등기는 저당권등기이므로 임차권등기는 인수부담할 계산으로 입찰해야 한다.

④ 말소기준등기는 가압류등기이므로 전세권등기와 상가임차권은 낙찰자가 인수부담해야 한다. 만일 전세권자가 배당요구를 했다면 전세권등기도 말소되며, 그 전세권과 목적 범위가 동일하지 않는 한 상가임차권은 낙찰자가 인수부담해야 한다.

⑤ 상가임차권이 전세권과 목적물 범위가 동일하지 않다는 가정하에 상가임차권등기는 남는 등기가 된다.

⑥ 말소기준등기는 가압류등기이므로 전 소유자의 주택임차권은 인수부담해야 한다.

⑦ 말소기준등기는 가압류등기이므로 낙찰자가 인수부담해야 할 권리는 없다.

⑧ 말소기준등기는 뒤의 저당권등기이지만 저당권등기의 특성상 앞의 저당권등기도 말소된다. 앞의 저당권등기가 말소되는 관계로 전소유자의 가압류등기 역시 말소된다. 결국 낙찰자가 인수부담해야 할 권리는 없다.

⑨ 말소기준등기는 뒤의 가압류등기이므로 앞의 가압류등기 즉 전소유자의 가압류등기는 말소되지 않는다. 다만 전소유자의 저당권등기인 앞의 저당권등기는 저당권등기의 특성상 말소된다.

⑩ 가압류등기 이후에 소유권이 이전된 경우로서, 그 가압류자가 경매를 신청한 경우도 아니고 그 가압류 이전에 담보물권이 설정되어 있지도 않으므로 가압류등기는 말소되지 않는다.

⑪ 임차권은 인수된다. 가압류와 그 이후의 모든 권리가 소멸하지만 주택임차권의 대항력 발생일과 가압류등기가 같은 날이면 대항력 발생시점이 오전 0시로 보아 그것이 가압류보다 앞서므로 임차권이 인수되는 것이다.

⑫ 임의경매라는 것으로 보아 전세권자가 경매를 신청한 경우이다. 따라서 전세권등기는 말소된다. 그리고 주택임차권은 전세권과 목적물 범위가 동일한 전제하에 소멸한다.

⑬ 원칙적으로 맨 앞의 전세권등기는 인수된다. 다만 그 전세권자가 경매를 신청했거나 배당요구를 했을 경우에 한해서 말소된다.

⑭ 인수되는 등기는 없다. 전소유자의 가압류등기는 원칙적으로 말소되지 않는 등기이지만 그 가압류자가 경매를 신청한 경우라면 말소된다.

⑮ 주택임차권과 가처분등기는 인수된다. 말소기준등기가 근저당권등기이기 때문이다.

⑯ 가처분등기, 예고등기, 주택임차권이 인수된다. 말소기준등기가 가압류등기이기 때문이다.

⑰ 첫번째 주택임차권은 인수된다. 말소기준등기가 담보가등기이기 때문이다.

⑱ 소유권이전청구권보전가등기는 인수된다. 후에 가등기에 따른 본등기가 되면 낙찰자의 소유권도 말소되므로 주의해야 한다.

⑲ 주택임차권은 인수된다. ⑪ 해설 참조

⑳ 임차권등기와 예고등기는 인수된다. 말소기준등기는 가압류등기이지만 예고등기는 말소기준등기와 무관하게 말소되지 않는 등기이기 때문이다.

지금까지의 이 책의 내용을 잘 독파한 독자라면 이들 문제를 모두 맞췄을 것으로 생각한다. 하지만 한 문제라도 틀린 독자가 있다면 다시 과거의 내용을 공부해야 한다. 부동산은 평생 모은 재산이 담겨져 있으므로 한 치의 실수라도 허용해서는 안되기 때문이다. 특히 권리분석 편의 내용은 몇 번이고 반복해서 완벽하게 이해하고 암기해야 한다.
다음부터는 경매의 함정에 대해서 공부하기로 한다.

주의해야 할 경매의 함정

경매에 있어 요주의 사항들

　실무를 처리하다 보면 초보자로서는 상당히 피곤한 문제들이 더러 있다. 그런 문제 중 대표적인 것들을 몇개 모아서 정리해 보았다.

　그것은 다름아닌 대위변제(代位辨濟)의 문제, 세대합가(世帶合家)의 문제, 임차권의 양도(讓渡)와 전대(轉貸), 다가구주택에서의 권리분석, 법정지상권(法定地上權)의 문제, 분묘기지권(墳墓基地權)의 문제, 대지권미등기의 문제, 토지별도등기의 문제, 공유자의 우선매수청구권(優先買受請求權) 문제, 경매에서의 담보책임 문제, 경매취소의 문제, 토지의 분할과 합병에서의 권리분석, 위법건물의 문제점, 제시외건물·증축된 건물, 관리비 체납의 문제점, 종중재산경매에서의 문제, 기타 사회복지법인재산의 경매에 있어서의 문제점 등이다.

대위변제(代位辨濟)의 문제

대위변제 또는 변제자의 대위는 실무상 꽤 많이 발생하는 문제로서 특히 경매초보자에게는 상당히 골치아픈 문제다.

후순위 임차인이 갑자기 선순위 임차인으로 되어 순식간에 수천만원, 수억원의 손실이 날 수 있는 복병(伏兵)인 것이다. 따라서 이 문제를 정복하지 않고서는 절대로 입찰에 참여해서는 안된다.

대위변제란?

우선 민법의 규정을 보자. 민법 제481조에는 "변제할 정당한 이익이 있는 자는 변제로 당연히 채권자를 대위한다."라고 되어 있고, 이어 민법 제482조 제1항에는 "채권자를 대위한 자는 자기의 권리에 의하여 구상(求償)할 수 있는 범위에서 채권 및 그 담보에 관한 권리를 행사할 수 있다." 라고 되어 있다.

이것을 경매와 관련하여 좀더 쉽게 풀어 쓴다면, 대위변제란 이해관계 있는 제3자가 채무자를 대신하여 빚을 갚고 그 액수만큼 그 채무자에 대해 채권을 갖는다는 것이다. 즉, 채무자도 아니면서 타인의 채무를 대신

갚아주면, 변제받은 채권자를 대신해서 그 채무자에 대해 채권을 행사하게 된다는 것이다.

민법상의 대위변제와 다른 점

부동산경매에서의 대위변제실무가 민법상의 대위변제와 모든 면에서 동일한 것은 아니다.

즉, 민법상의 대위변제는 그 시간적 제한이 없는 것이지만 경매에서의 대위변제는 낙찰자가 잔금을 지급하기 전까지만 가능하며, 민법상의 대위변제는 변제자가 채권자를 대신해서 채무자에 대해서 채권을 행사한다는 것인데 반하여, 경매에서의 대위변제는 반드시 말소된 등기부를 법원에 제시함으로써 후순위 권리자가 선순위 권리자로 둔갑할 목적으로 사용하는 것이기 때문이다.

즉, 채무자를 대신해서 채무를 변제한 사람이 법원에 대해서 대위변제에 관한 아무런 조치를 취하지 않고 있다면, 그것은 여기서 말하는 대위변제의 문제가 아닌 민법상의 대위변제로서, 배당에서 그 채권자를 대신해서 배당을 받을 수 있을 뿐 후순위 임차인이 선순위 임차인으로 변하는 것은 아니다.

사례연구

① 저당권 - 부채 1,000만원 (2002년 1월 설정)

② 임차권 - 보증금 6,000만원 (2002년 6월 주민등록이전, 동년 9월 확정일자 받음)

③ 저당권 - 부채 5,000만원 (2002년 8월 설정)

위의 표와 같은 순서로 권리가 설정되어 있고, 이 물건이 2003년 6월에

8,000만원으로 낙찰되고 경매비용은 없다고 가정하면 대위변제가 이뤄지겠는가?

해 설

'①'의 저당권을 비롯한 모든 등기가 소멸될 것이며 '②'의 임차권자는 소액보증금으로서의 보호도 받을 수 없을 뿐만 아니라 확정일자가 '③'의 저당권등기일보다 늦으므로 배당받을 금액은 2,000만원에 불과하여 앉은 자리에서 4,000만원의 손실이 발생할 처지가 되었다. 이런 때 임차권자가 이용하는 것이 바로 대위변제라는 제도인데, 채무자를 대신하여 '①'의 저당권자에게 1,000만원을 갚아주고 저당권등기를 말소시켜 버리는 것이다.

그러면 임차인이 선순위임차인으로 되므로 설령 확정일자가 없더라도 선순위 임차인으로서의 대항력으로 낙찰자에게 6,000만원을 인수시키는 것이다. 결국 임차권자로서는 1,000만원의 손실이 발생하는 셈인데 4,000만원의 손실에 비교할 바가 아니다.

이것을 입찰참여자의 입장에서 재조명해 본다면, '②'를 후순위 임차인으로만 생각하고 입찰에 참여했다가 느닷없이 6,000만원이라는 큰 금액을 인수하게 되는 불상사가 따르게 되어 경매라는 제도 자체를 불신하기도 하는데, 정확한 권리분석을 하고 조금만 신중했더라면 그정도는 미연에 방지할 수도 있다는 것을 알아야 한다.

대위변제가 가능한 시기

대위변제는 언제 발생하는 것이며 입찰참여자로서 그것을 미리 알 수 있는 방법은 없는 것인가?

대위변제는 시기의 제한없이 언제나 가능하다. 즉, 입찰 전이든 후이든 상관없이 잔금지불전이면 대위변제가 가능하다는 얘기다.

하지만 입찰일부터 낙찰일 사이에 대위변제가 신청됨으로써 낙찰자의 부담이 증가하는 경우는 법원에서 낙찰을 불허하게 된다. 또한 낙찰이 허가된 뒤에도 대위변제는 가능하지만 낙찰자는 매각허가결정 취소신청 또는 즉시항고를 통해서 매각허가조건의 변경을 구해야 할 것이다.

그리고 매각허가 전에 대위변제가 이루어 졌다면 법원에 알려야 할 것이며, 만일 법원에 알리지 않음으로써 매각허가가 떨어졌다면 훗날 소송을 통해서 채무인수 문제 여부를 가려야 한다.

대위변제의 가능성 판별법

이러한 대위변제 문제의 피곤함을 미연에 방지하는 방법은 없는 것일까?

그 방법은 권리분석을 통해서 찾아질 수 있다.

즉, 후순위임차인의 입장에서 자기 자신이라면 대위변제를 할 것인지 아니면 그대로 손실을 감수할 것인가를 검토해 보면 정답이 나오는 것이다. 위의 예에서 임차인으로서는 4,000만원의 손실보다는 1,000만원 손실 쪽을 선택할 것이라는 점이다.

결국 대위변제의 가능성이 있는 물건은 입찰에 참여하지 않는 것이 좋으며, 그 가능성은 말소기준등기의 채권금액이 작을수록 커진다.

그리고 말소기준등기 바로 다음 순위로 주택임차권이 있으면 일단 의심하는 것이 좋다. 다만 말소기준등기의 채권금액은 정보지상의 금액을 기준으로 해서는 안되며, 법원의 입찰기록을 통해서 실제 잔액을 파악하여 대위변제의 가능성을 판단해야 한다.

말소기준등기 이후에 가처분등기나 청구권보전가등기가 설정되어 있는 경우에도 대위변제의 가능성을 검토해야 한다.

세대합가의 문제

세대합가의 경우란?

일반인이 스스로 입찰에 참여하는데 있어서 가장 피곤한 문제는 주민등록등본상 선순위세입자가 전혀 없었는데도 입찰 후에 갑자기 나타나는 경우이다. 이는 소위 '경매에서의 핵폭탄'에 비유될 수 있을 정도로 중요하고도 실수하기 쉬운 문제다.

필자에게 간혹가다가 "혼자서 입찰에 참가했었는데, 입찰할 때는 없었던 선순위세입자가 나타나서 어려움에 처했으니 구제할 방법이 없겠는가?" 하는 내용의 문의전화가 걸려온다. 물론 법적으로 구제가 가능한 문제는 도와주기도 하지만 도와주고 싶어도 도와줄 수 없는 경우도 많다.

그러한 문제가 바로 이미 설명한 바 있는 대위변제의 문제와 여기서 설명하는 세대합가의 문제다.

즉, 세대합가의 문제 역시 선순위세입자가 없어서 마음놓고 입찰에 참여했는데, 갑자기 선순위세입자가 나타나는 경우다. 예를 들어 '갑'이라는 사람이 선순위로 세를 들어 살다가 뒤에 '갑'의 아버지 '을'이 다시 그 집에 입주하면서 '갑'과 '을'이 세대를 합가해 버리면, 먼저 입주했던 '갑'의 전입일자는 삭제되고 합가한 일자를 기준으로 전입일자가 다시 잡

히게 되지만, 법적인 대항력은 '갑' 이 처음 입주했던 일자를 기준으로 발생한다는 점이다. 이는 대법원판례에서도 인정된 원칙이므로 주의해야 한다.

대 책

입찰참가자의 입장에서는 주민등록등본상 '세대합가' 라는 말이 나오면 반드시 주민등록 초본을 확인하여 세대원 중에서 가장 먼저 전입했었던 날자를 기준으로 권리분석을 해야 한다

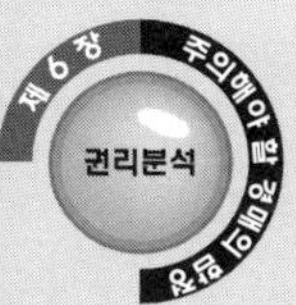

임차권의 양도와 전대의 문제

임차권의 양도와 전대의 개념

임차권의 양도란 임차권을 그 동일성을 유지하면서 양수인에게 이전하는 계약을 말하고, 임차권의 전대란 임차인이 그 임차목적물을 다시 제3자(전차인)로 하여금 사용·수익하게 하는 계약을 말한다.

즉, 보통의 경우라면 임대차계약 기간이 끝난 후 집주인이 다시 새로운 임차인과 임대차계약을 맺는 것이지만 임차인은 자신이 직접 임대인이 되어 그 주택을 다시 임대할 수도 있는 것이다. 이러한 임차권의 양도와 전대에 있어서는 임대인은 그 계약의 당사자가 아니므로 양도인과 양수인 또는 전대인과 전차인 사이의 계약만으로 유효하게 성립한다.

다만 임대인의 동의가 있는 경우에만 유효하게 양도·전대를 할 수 있으며, 동의가 없다면 이는 임차권의 무단양도(無斷讓渡)와 무단전대(無斷轉貸)라고 하는 것으로서, 임대인은 원래의 임차인과의 계약을 해지할 수도 있다(민법 제629조). 다만 이와 관련하여 판례는 당사자간의 신뢰관계를 파괴하는 배신행위가 아니라고 인정되는 특별한 사정이 있는 때에는 임대인은 자신의 동의없이 임차권이 이전되었다는 것만으로는 임대차계약을 해지할 수 없다고 한다(대판).

임차권의 양도와 전대의 법률관계

1. 임차권 양도의 법률관계

임차권의 양도에서의 법률관계는 단순하다. 즉, 임차권의 양도는 계약 당사자가 변경되는 것이므로 임차권의 양도인 대신 양수인이 기존의 양도인과 동일한 지위를 갖게 되는 것이다. 즉, 임차권의 양수인은 양도인이 가지고 있던 권리와 의무를 그대로 행사하고 부담하게 된다.

2. 임대인과 전대인(임차인)의 관계

임대인과 전대인의 관계는 과거의 임대차관계가 그대로 유지된다.

3. 전대인과 전차인의 관계

전대인(임차인)과 전차인의 관계는 그들의 계약 내용에 따른 전대차관계가 존속하게 된다. 이때 전대차 보증금은 임대차 보증금보다 다액이라도 무방하지만 전대차계약기간이 원래의 임대차계약기간보다 더 길어서는 안된다.

4. 임대인과 전차인의 관계

임대인과 전차인의 관계를 살펴 본다면, 우선 전차인은 직접 임대인에 대해 차임지급의무가 있다.

즉, 임차인에 대한 차임 지급으로 임대인에게 대항할 수 없다. 전차인으로서는 가능하다면 임차인에 대해서 차임을 지급하느니 보다는 직접 임대인에게 차임을 지급하는 것이 현명하다는 말이 된다.

또한 전대차기간이 만료되거나 임대차기간이 만료되어도 전대차관계는 소멸하지만, 임대인과 임차인의 합의로 임대차계약을 종료시킨 때에는 전대차계약도 존속한다. 그러나 만일 임대차계약이 임대인의 해지통고로 종료한다면 임대인이 전차인게게 그 사유를 통지하면 전대차계약도 종료된다.

그리고 전대차기간이 만료되면 전차인은 임차인에게 목적물을 반환해야 하지만, 만일 임대차기간도 만료되었다면 임대인에 대해서도 목적물 반환의무가 있다. 요컨대 임대차기간과 전대차기간이 모두 만료되었다면 전차인으로서는 목적물을 임대인에게 반환하는 것이 현명하다는 결론이 된다.

임차권의 양도·전대에서의 대항력의 존속

임차권의 양도와 전대가 있는 경우에는 무단양도·무단전대가 아닌 한 공시방법의 계속성을 인정할 수 있으므로 임차권의 대항력 또한 소멸되지 않고 그대로 존속한다. 만일 원래의 임차인이 임차권을 양도·전대한 이후에도 계속 그 주택에 주민등록된 상태에서 거주하고 있다면 문제가 없으나, 그 임차인이 그 주택에서 퇴거하는 경우에도 대항력이 유지된다는 점에서 문제가 심각한 것이다. 그렇다면 새로운 임차인(양수인 또는 전차인)은 언제까지 주민등록을 이전해야 대항력의 계속성이 인정될 것인가?

이에 관하여 판례는 양수인이나 전차인이 임차인의 주민등록 퇴거일부터 주민등록법상의 전입신고 기간내(14일)에 전입신고를 마치고 주택을 인도받아 점유를 계속해야 한다고 한다(대판). 이는 1988년도의 판례로서 1994년 7월 1일부터는 주민등록법에서 전출신고제도가 폐지되었기 때문에 지금은 유지되기 어려운 판례가 되었지만 적어도 새로운 양수인이나 전차인이 주민등록을 이전한 이후에 원래의 임차인이 퇴거한다면 대항력의 존속에는 이상이 없을 것이다. 물론 임차인 자신은 주민등록을 이전하지 않은 채 임대인의 승낙을 얻어 임차주택을 전대한 경우에는 전차인이 주택을 인도받아 주민등록을 이전한 그 다음날부터 임차인은 대항력을 취득하게 된다(대판).

　어떻든 입찰참여자의 입장에서는 단순히 현재 거주하는 전차인의 주민
등록만을 확인해서는 안되고 그 이전의 임차인의 주민등록까지 확인해서
입찰에 참여해야 하는 것이다.

대 책

　입찰자는 매각물건명세서를 통해서, 법원에 제출된 임대차계약서가 현
재의 소유자와 맺은 계약서인지 아니면 다른 사람과 체결한 계약서인지를
확인해서 현재의 소유자가 아니라면 그 계약서상의 임대인의 주민등록을
확인하여 대항력 유무를 판별해야 한다.

다가구주택에서의 권리분석

다가구주택의 개념

다가구주택이란 연면적 660평방미터 이하이고 4층 이하로서 2가구이상 19가구 이하가 함께 거주할 수 있도록 건축법상 단독주택으로 허가받아 건축된 주택이다.

그런데 다가구주택은 여러가구가 살 수 있도록 건축되었지만 공동주택이 아니라 단독주택인 것이다. 그런데 문제는 최근에 정부에서 그러한 다가구주택에 대하여 가구별로 구분소유권등기를 해주고 있다는 데 있다. 바로 여기에 후순위임차인으로 실수하기 쉬운 문제가 도사리고 있는 것이다.

즉, 건축물관리대장 상에는 구분소유가 불가능한 다가구용 단독주택으로 등재되어 있지만 등기부상으로는 구분소유권 등기가 허용됨으로써 가구별로 담보물권을 설정할 수도 있고 가구별로 경매에 부쳐질 수도 있게 된 점에서 문제가 발생한다는 것이다.

다가구주택에서의 주민등록 방법

임차인이 다가구주택의 일부나 전부를 임차하여 전입신고를 하는 경우에는 지번만 기재하는 것으로 충분하다. 또한 다가구주택 거주자의 편의상 구분하여 놓은 호수까지 기재해야 할 이유나 근거나 필요도 없으며, 다가구주택 내에서 이사를 하더라도 다시 주민등록을 이전할 필요도 없다.

따라서 임차인이 다가구주택의 어느 부분을 임차하여 거주하고 있는지 여부의 조사는 일반 단독주택의 경우와 마찬가지로 다가구주택에 담보권 등을 설정하거나 입찰에 참여하려는 이해관계인의 책임하에 이루어져야 하는 것이다.

또한 다가구주택의 대지가 2필지 이상으로 되어있는 경우에는 그 중 하나의 지번으로만 전입신고를 하여도 유효한 주민등록이 되며, 나아가서 다가구 주택이 세대별로 구분등기가 된 경우에도 일반 건축물관리대장을 그대로 둔 채 집합 건축물관리대장을 작성하지 않은 때에는 층·호수를 기재하지 않고 건물의 지번으로만 전입신고를 하였거나, 층·호수를 기재하긴 하였지만 등기부상 구분등기가 된 층·호수와 다른 호수로 전입신고를 하였더라도 그 공시방법은 유효하다(대판).

결국 구분등기가 된 호수 중에서 일부가 경매에 나온다면 입찰자로서는 그 호수에 살고 있는 임차인이 그 다가구주택의 지번상 다른 호수에 전입신고를 했더라도 선순 위임차인으로 인정될 수 있다는 점을 명심해야 하는 것이다.

부실한 주민등록의 기재를 정정하는 경우의 문제

참고로 한가지만 더 언급한다면 부실한 주민등록상의 기재를 정정하는 경우에 그 효력은 소급하지 않고 정정 후 그 다음날에야 비로소 대항력이 생기게 된다는 점이다. 따라서 임차주택이 신축건물이어서 전입신고를 할 당시까지 아직 건축물대장이나 등기부가 작성되지 않은 경우에는 전입신고를 마쳤다고 안심하지 말고 수시로 확인해야 하며, 건축물대장이 신규로 작성되어 그 등본이 작성되는 즉시 이상유무를 확인하여 주소정정신고를 해야 할 것이다.

다만 임차인이 임차건물 소재지 지번으로 올바르게 전입신고를 하였는데 담당 공무원의 착오로 주민등록표상에 지번이 틀리게 기재된 경우에는 당초의 주민등록시 취득한 대항력에 지장이 없다(대판). 이로 인하여 권리분석에 실패한 경우에는 낙찰자는 국가를 상대로 손해배상을 청구할 수도 있을 것이다.

대 책

입찰자의 입장에서 다가구주택의 경매에 참여하려면 경매에 나온 호수만의 주민등록을 확인해서는 안되고 반드시 전체 가구를 모두 조사하여 그 호수에 거주하는 사람의 주민등록이 되어있는지를 확인해야 할 것이다.

아파트

  5층 이상 공동주택

연립주택

  4층이하로서 660평방미터를 초과

다세대주택

  4층이하로서 660평방미터 이하

법정지상권(法定地上權)의 문제

법정지상권이란?

지상권이란 건물이나 수목 등을 소유하기 위해서 타인의 토지를 사용할 수 있는 권리로서 등기부 을구에 지상권이라는 이름으로 등기가 나게 되어 있다. 그런데 법에 규정되었다는 이유 때문에 등기없이도 인정되는 지상권이 바로 법정지상권이다.

법정지상권이라는 제도는 우리나라가 건물의 소유권을 토지의 소유자와 달리 정할 수 있게 하는 법제도를 채택하고 있기 때문에 인정되는 제도이다. 즉, 법정지상권은 토지의 소유자와 건물의 소유자가 어떤 이유로 분리되어 있을 때 일정한 경우만큼은 건물을 철거하지 않고 그대로 유지시켜주는 것이 국가사회경제적으로 바람직하지 않겠느냐 하는 차원에서 인정된 제도인 것이다. 만일 법정지상권이라는 제도가 없다면 우리나라는 토지 소유자와 건물 소유자가 달라질 때마다 건물을 철거해야 할 것이기 때문에 여기저기서 건물 부수는 소리로 잠을 이룰 수가 없게 될 것이다.

법정지상권을 공부해야 하는 이유

건물에 입찰하였는데, 만일 법정지상권이 성립하지 않는다면 소유권을 취득한다고 하더라도 토지소유자가 건물의 철거를 요구하면 자기 비용으로 그 건물을 철거해야 한다. 건물의 소유자가 되어 큰 사업을 해보려고 했던 사람이라면 그야말로 청천벽력과도 같을 것이다. 결국 건물이 경매로 나온다면 절대적으로 법정지상권이 성립될 때에 한해서 입찰해야 할 것이다.

반대로 토지에 입찰하여 그 토지를 이용·개발하려고 했었는데 그 지상의 건물에 대해서 법정지상권이 성립된다면 토지낙찰자는 석회조건물의 경우에는 30년이라는 장기간 동안 건물 소유자에 대하여 건물철거를 요구할수가 없게 되고, 기간이 만료되어도 지상권자는 다시 지상권 설정계약을 요구할 수도 있으며, 만일 이를 토지소유자가 받아들이지 않으면 토지소유자는 지상건물을 매수해야만 되는 등 불편이 따르게 된다.

어떻든 토지가 경매로 나오는 경우에는 건물의 경우와는 반대로 법정지상권이 성립하지 않는 경우라야 유리할 것이다. 법정지상권이 성립되면 결국 토지 낙찰자는 비록 토지의 소유권자라고 하여도 지상권의 존속기간 동안은 토지를 사용할 수가 없는 것이다.

나아가서 토지의 낙찰자가 그 지상의 건물이 필요한 경우라도 그 건물을 위한 법정지상권이 성립되는 경우와 성립되지 않는 경우와는 그 매입협상의 가능성이나 방법에 커다란 차이가 날 것 이다. 결국 아파트나 연립 등 공동주택의 경우만을 낙찰받으려는 사람이 아닌 한, 적어도 경매전문가가 되려는 사람이라면 반드시 정복하고 넘어가지 않으면 안될 부분이다. 임차인분석에 실패하면 손실부분은 임차보증금 정도이지만, 법정지상권의 성립여부에 관한 분석을 잘못하게 된다면 많게는 수백억의 손실로 이어질 수도 있다는 점을 명심해야 한다.

따라서 이 부분의 내용이 다소간 딱딱하고 어렵더라도 부디 최고의 전문가가 되어야 겠다는 소명의식을 가지고 분투·노력해 주기 바란다.

태 양

법정지상권은 우리나라 법령상 5가지 경우에만 인정되는 제도이다.

즉, 민법에 두가지가 규정되어 있고 기타 가등기담보법(가등기담보법 제 10조)에 한가지, 입목법(입목법 제 6조)에 또 한가지 그리고 대법원판례에서 인정하고 있는 관습법상의 법정지상권 총 다섯가지이다. 민법에서는 전세권과 관련한 것(민법 제305조 제1항)과 저당권(동법 제366조)과 관련된 것이 있다. 이하에서는 그 각각의 경우의 성립요건을 살펴보기로 하겠다. 이 외의 경우에는 법정지상권이 성립될 수 없다.

성립요건 및 성립효과

1. 토지와 그 지상 건물이 동일인의 소유에 속하는 동안에 건물에 대하여만 전세권을 설정한 후 경매 등 사유로 토지소유자가 변경된 경우(민법 제305조 제1항)

이 경우 건물소유자는 법정지상권을 취득하게 되는 바, 법정지상권이 성립하면 대지소유자는 타인에게 그 부동산을 임대하거나 그 대지를 목적으로 하는 지상권 또는 전세권을 설정해 줄 수 없다. 한편 다수의 학설에 따르면 건물 또는 대지만이 경매, 매매, 증여 등으로 소유자가 다르게 된 때에는 민법 제366조상의 법정지상권이나 관습상의 법정지상권의 성립을 인정하고 있으므로 이 규정이 적용되는 경우는 거의 없다고 보아도 될 것이다.

2. 토지와 건물이 동일인에게 속하고 있는 동안에 어느 한쪽에만 저당권이 설정된 후 경매로 인하여 토지와 건물의 소유자가 다르게 된 경우(민법 제366조)

1) 요 건

최초 저당권설정 당시에 토지와 건물의 소유자가 동일해야 한다

토지 또는 건물에 저당권 설정 당시에 동일인 소유였으면, 그 후 낙찰기일 이전에 그 중 어느 하나의 소유권이 이전되어도 통설에 의하면 법정지상권이 성립한다. 또한 저당권설정 당시는 동일인에게 속하였으나 그 중 어느 하나에 관하여 소유권이전청구권 보전을 위한 가등기가 경료되어 있었고,그 후에 이 가등기에 기해서 본등기가 행해진 경우에도 법정지상권이 성립한다. 가등기 자체로는 소유권에 영향을 미치는 것이 아니기 때문이다.

토지와 건물의 소유권자가 달라져야 한다

만일 토지와 건물을 동일인이 낙찰받는다면 애초에 법정지상권이라는

법정지상권 관련 대법원 판례 (1)

① 채무자가 저당권이 설정된 자기소유의 대지를 양도담보로 소유권이전등기를 한 후, 그 대지위에 건물을 지은 경우에는 법정지상권이 성립하지 않는다(대판).

② 무허가건물인 미등기건물을 그 대지와 함께 양수한 자가 위 대지에 대하여만 소유권이전등기를 경료하고 건물에 대하여는 등기를 하기 전에, 대지에 관한 저당권이 실행되거나 강제경매가 실시된 경우에는 법정지상권이 성립하지 않는다(대판).

③ 동일인의 소유에 속하는 토지와 건물 중 어느 하나가 타인명의로 신탁된 경우에는 법정지상권이 성립하지 않는다(대판).

것 자체가 불필요할 것이다. 토지와 건물이 함께 동일한 저당권의 목적으로 되어 있었으나, 후에 경매의 결과 각각 다른 사람에게 낙찰되거나 어느 한쪽만 낙찰된 경우에는 당연히 법정지상권이 성립할 것이다.

또한 토지와 건물이 동일인에게 낙찰된 후에 건물에 대한 매각허가결정이 취소된 경우에도 법정지상권은 성립하는 것이며, 토지와 건물이 동일한 저당권의 목적이지만 건물의 1부에 저당권의 효력이 미치지 않는 경우에도 그 1부 건물을 위하여 법정지상권이 성립한다. 건물의 일부에는 원칙적으로 저당권이 설정될 수 없는 것이지만 구분소유적 건물 등 예외적인 경우에는 건물의 1부에도 저당권이 설정될 수 있다.

최초 저당권 설정 당시에 건물이 존재해야 한다

건물이란 대법원판례에 의해서 인정된 건물의 3요소(지붕·기둥·벽)를

양도담보(讓渡擔保)

금전 소비대차 계약의 체결과 동시에 목적물의 소유권을 채권자에게 이전하는 형식을 취하는 담보방법이다.
예컨대 갑이 을로부터 1억원의 자금을 빌리고, 그 담보로 시가 2억원 상당의 갑소유 부동산을 을에게 소유권이전등기해 주는 담보방법인 것이다. 후에 갑이 변제기에 채무를 변제하면 그 부동산의소유권을 다시 찾아오게 된다. 이러한 양도담보의 경우에도 현행법상 가등기 담보법의 적용을 받게 되므로 양도담보권자의 지위도 가등기담보권자의 지위와 동일하다.

명의신탁(名義信託)

신탁자(信託者)와 수탁자(受託者)간의 신탁에 관한 채권계약에 의하여 신탁자가 실질적으로는 자신의 소유인 부동산의 등기명의를 실질적인 거래관계가 없는 수탁자에게 매매등의 형식으로 이전하여 두는 것을 말한다. 이는 종중소유의 부동산을 등기하는 과정에서 비롯되어 오랜 세월동안 대법원판례에 의하여 그 유효성이 인정되어 왔으나 현재는 부동산실권리자명의등기법에 의하여 원칙적으로 금지되어 있다.

구비한 것을 말한다. 저당권이 설정된 후 건축된 건물에 관하여 다시 저당권이 설정되고, 이에 기하여 건물의 경매가 이루어진 때에는 법정지상권이 성립하지 않는다. 다만 주의할 것은 토지저당권이 실행되기 전까지는 건물 낙찰자와 토지소유자간에는 법정지상권이 성립한다는 점이다.

그 이후에 토지경매가 이뤄질 경우에 그 법정지상권이 더 이상 인정되

법정지상권 관련 대법원 판례 (2)

① 저당권 설정 당시에 건물이 존재하다가 멸실되거나 철거된 후 경락 당시에 재건축되었으나 건물간에 동일성이 인정되지 않는 경우에도 법정지상권이 인정된다(대판). 제3자가 신축한 경우에도 법정지상권은 성립하는 것이지만(대판), 다만 지상권의 내용은 구건물을 표준으로 한다.

② 재건축 중 건물의 독립성이 인정되지 않는 상태에서 경매가 행해진 경우에도 법정지상권은 인정된다(대판).

③ 건물이 없는 토지에 저당권이 설정된 후 그 토지상에 건물을 축조한 경우에는 법정지상권이 인정되지 않는다(대판).

④ 건물이 무허가건물인 경우에도 법정지상권이 인정된다(대판).

⑤ 대지에 관하여 저당권을 설정할 당시에 저당권자를 위하여 동시에 지상권을 설정해 주었다 해도 저당권의 실행으로 그 지상권이 소멸하는 경우에는 법정지상권이 인정된다(대판).

⑥ 이미 성립한 법정지상권도 건물이 멸실되어 다시 축조된 경우에는 소멸한다(대판).

⑦ 토지에 관한 저당권 설정 당시 그 지상에 건물이 토지소유자에 의해 건축중이었고, 그것이 사회관념상 독립된 건물로 볼 수 있는 정도에 이르지 않았다 하더라도 건물의 규모, 종류에 외형상 예상할 수 있는 정도까지 건축이 진전되어 있는 경우에는 법정지상권 성립될 수 있다(대판).

구건물의 멸실과 저당권의 효력

① 건물의 동일성이 없는 한 저당권의 효력이 신건물에 미치지 않는다. 구건물이 멸실되고 재건축된 경우에 법정지상권이 성립하느냐 하는 문제와 구건물이 멸실된 경우에 저당권의 효력이 신건물에 미치느냐 하는 문제는 다른 문제이다. 즉 신·구건물간 동일성이 없는 한 건물부분에 대한 저당권은 소멸한다. 요컨대 구건물 멸실 후 동일성없는 신건물이 신축된 경우, 구건물에 대한 근저당권등기 자체가 무효이므로 이에 기해 진행된 임의경매 절차에서의 낙찰자는 신건물의 소유권취득이 불가하며(대판), 경매절차가 유효임을 전제로 규정된 담보책임규정도 적용할 수 없는 것이다(대판– 1993).

② **저당권자의 대책**

한편 건물에 저당권을 설정한 채권자는 건물의 소유자가 그 건물을 철거하고 동일성 없는 신건물을 건축하게 되면 신건물에 대하여도 저당권을 실행할 수 없게 될 것이고, 나아가서 신건물이 건축된 관계로 토지의 가격도 나대지의 가격일 때보다는 저렴하게 형성될 것이기 때문에 결국 건물의 저당권자에게는 손실이 따르는 문제가 발생하게 된다. 이 때 저당권자에게는 어떤 대책이 있을까? 우선 건물 소유자가 건물의 신축공사를 하고 있다는 것을 저당권자가 알게 되었을 때에는그 신축공사중지가처분 신청을 한 후 채무자에게 채권변제를 청구할 수 있으며, 건물이 이미 건축된 경우에는 신건물에 대해 가압류등기를 해 놓는 것이 바람직할 것이다. 다만 그 가압류등기는 대부분 후순위 등기로 될 가능성도 많을 뿐만 아니라, 가압류등기는 그 이하의 모든 배당채권자와 비율배당된다는 점 등의 문제점은 따른다.

매도담보(賣渡擔保)

필요한 자금을 매매의 형식을 빌어 얻는 경우이다. 예컨대 1억원의 자금이 필요한 갑이 시가 2억원 상당의 부동산을 을에게 1억원에 매도하여 소유권이전등기를 해준 후 변제기에 채무를 변제하여 그 부동산의 소유권을 다시 찾아오는 방법의 담보방법이다. 위의 1억원은 형식상으로는 매매대금이지만 실질적으로는 차용금인데, 매도담보 역시 현행법상 가등기담보법의 적용을 받는다.

지 않는다는 의미이다.

경 매

토지와 건물이 동일한 소유자에 속한 동안에 설정된 저당권이 존재하면 이들의 소유권자가 다르게 된 때에 설정된 저당권에 의하여 경매가 된 경우에도 법정지상권은 성립한다. 저당권자가 임의경매를 신청하는 것이 아니라 집행권원에 의하여 강제경매를 신청하는 경우나 국세체납에 의한 공매처분에 의하여 건물의 소유자와 대지의 소유자가 다르게 된 때에는 법정지상권이 성립하지 않는다(대판). 다만 이때는 관습상의 법정지상권이 성립할 것이다(대판).

철거약정이 없어야 한다는 것은 요건이 아니다

즉, 저당권설정 당사자간의 특약으로 저당 목적물인 토지에 대하여 법정지상권의 성립을 배제하는 약정을 하더라도 그 특약은 무효인 것이다(대판).

2) 지 료

법정지상권이 성립한다고 해서 타인의 토지를 무료로 사용할 수 있다는 의미는 아니다. 즉 토지소유자에 대해서 지료를 지불해야 하는 것이다. 지료는 당사자의 협의가 성립하지 않는 경우는 당사자의 청구로 법원이 결정하게 되는데, 통상적으로는 시가의 년 약 5% 전후가 될 것이다.

3) 존속기간

법정지상권의 존속기간은 정함이 없는 관계로 민법상 지상권의 최단기간이 법정지상권의 존속기간이 된다. 즉 석회조건물, 수목 등의 경우에는 30년, 보통의 건물은 15년이 존속기간이다.

4) 법정지상권의 포기

법정지상권을 취득한 건물소유자가 토지소유자와 임대차계약을 체결한 경우에는법정지상권의 포기로 간주되므로 주의해야 할 것이다.

3. 토지와 건물이 동일인에게 속하는 동안에 그 토지 또는 건물에만 가등기담보권, ·양도담보권, ·매도담보권이 설정된 후 담보권의 실행으로 소유자가 다르게 된 때(가담법제10조)

이에 관한 모든 법리는 민법 제366조의 설명이 그대로 타당할 것이다. 즉 저당권을 가등기담보권으로 대신해서 이해하면 된다.

4. 토지와 입목이 동일인에게 속하는 동안에 경매 기타의 사유로 토지와 입목의 소유자가 다르게 된 때(입목법 제6조)

1) 의 의

이에 관한 모든 법리는 역시 민법 제366조의 설명이 그대로 타당하다. 즉 건물을 입목으로 대신해서 이해하면 되는 것이다.

2) 입목(立木)의 개념

수목의 집단(樹木集團-나무집단) 중에서 입목법에 의해서 입목으로 등기난 것만 입목이다. 벼·보리·야채·과수·뽕나무 등 경작의 대상이 되는 식물은 입목이 될 수없다.

3) 경매가 완결되었을 경우에 입목아닌 수목의 집단은 누구의 소유로 되는가?

대상 토지위에 생립(生立)하고 있는 채무자소유의 미등기 수목은 토지의 구성부분으로서 토지의 일부로 간주되어 특별사정이 없는 한 토지와 함께 경매되는 것이므로 그 수목의 가액을 포함하여 경매대상 토지가 평가되어야 한다(대판). 다만 토지의 사용대차권에 기하여 그 토지 상에 식재된 수목은 이를 식재한 사람에게 그 소유권이 있고 토지에 부합되지 않는다고 할 것이므로, 비록 수목이 식재된 후에 경매에 의해 그 토지를 낙찰받았다고 하더라도 낙찰자는 그 경매에 의하여 수목까지 취득하는 것은 아니다(대판).

결국 입목법에 의해서 등기된 수목, 토지의 사용대차권에 기하여 그 토지상에 식재된 수목, 기타 명인방법에 의해서 공시된 수목을 제외한 일체의 수목의 집단은 토지의 구성부분으로서 낙찰자의 소유로 되는 것이다.

5. 토지와 건물이 동일인에게 속하는 동안에 그 건물 또는 토지만이 매각되어 양자의 소유자가 다르게 된 경우(대판-관습상의 법정지상권)

1) 요 건

토지와 건물이 동일인 소유여야 한다

매매 등이 있을 당시 토지와 건물이 동일인 소유여야 관습상의 법정지상권이 인정된다. 이 때의 건물은 무허가건물이거나 미등기건물이거나 불문한다(대판).

적법한 원인에 의해서 토지와 건물의 소유자가 달라져야 한다

적법한 원인으로는 강제경매, 매매, 증여, 공유물분할, 국세징수법에 의한 공매, 귀속재산의 귀속 등을 들 수 있는 바(대판), 원인이 법률행위인 경우에는 소유권 이전등기시, 강제경매인 경우에는 매각허가가 확정될 때를 기준으로 법정지상권이 성립한다(대판). 다만 환지(換地)로 인하여 새로운 분할지적선이 그어진 결과 환지 전에는 동일한 소유에 속했던 토지와 건물의 소유자가 다르게 된 경우에는 환지의 특성상 법정지상권이 성립하지 않는다(대판).

철거약정이 부존재해야 한다

다른 네가지 경우에는 철거약정이 있어도 법정지상권이 성립하지만 관

법정지상권 관련 대법원 판례 (3)

① 대지와 건물을 소유하고 있던 자로부터 위 건물의 일부에 관하여 공사대금채권의 담보를 위한 가등기를 경료하였다가 그 대물변제로 위 건물부분의소유권을 양도받은 자는 위 건물부분의 사용에 필요한 범위에서 대지에 관하여 관습상의 법정지상권을 취득한다(대판). 만일 가등기담보권자가 경매를 신청한 경우에는 가등기담보법상의 법정지상권이 성립할 것이다.

② 대지와 건물을 일괄해서 타인에게 매도하였지만 대지에 관해서만 이전등기를 경료해 준 경우에는 법정지상권이 성립하지 않는다(대판). 이는 계약으로 해결이 가능하기 때문이다.

③ 토지를 매수한 후 아직 등기를 경료하지 않았으나 사실상 처분권을 취득한 자가 그 지상에 건물을 신축하여 건물의 소유권을 취득한 상태에서 건물만 이 강제경매로 인하여 소유권자가 다르게 된 때에도 법정지상권은 성립하지 않는다(대판). 사실상의 처분권과 법적 소유권은 다르기 때문이다.

④ 대지와 건물을 양수하고 대지에 관하여만 소유권이전등기를 경료하고 있다가 대지를 타인에 양도하여 이전등기를 경료하고 그 후 건물에 관하여 자기 명의로 소유권등기를 경료한 경우에도 법정지상권은 성립하지 않는다(대판).

⑤ 대지와 그 지상의 미등기건물을 매수하여 대지에 관하여는 소유권이전등기를 마쳤으나 건물에 관하여는 소유권이전등기를 하지 못한 상태에서 대지에 관하여만 임의경매가 진행된 경우에도 법정지상권은 성립하지 않는다(대판).

⑥ 대지소유자의 승낙을 얻어 건축한 건물을 매수한 경우에 법정지상권은 성립 하지 않는다(대판).

⑦ 토지매수인이 토지대금을 다 지불하기 전에 그 토지소유자의 승낙을 얻어건물을 건축한 후 매매계약이 해제된 경우에 법정지상권은 성립하지 않는다(대판).

⑧ 채권을 담보하기 위해 나대지상에 가등기가 경료되었고, 그 후 대지소유자가그 지상에 건물을 신축하였는데, 그 후 가등기에 기한 본등기가 경료되어 소유자가 다르게 된 경우에도 법정지상권은 성립하지 않는 바(대판), 이는 나대지 상의 가등기권자를 보호하기 위함이다.

습상의 법정지상권은 당사자간의 철거약정이 있으면 성립하지 않는다.

등기없이도 성립한다

모든 법정지상권은 등기없이도 성립하는 것으로서, 토지의 승계인에 대하여도 법정지상권을 주장할 수 있다(대판). 또한 법정지상권이 붙은 건물을 양수한 자는 지상권등기가 없는 한 지상권을 주장할 수 없지만(대판), 다만 건물의 양도인은 지상권등기를 한 후에 이를 건물양수인에게 이전등기해 줄 의무가 있다(대판).

또한 건물양수인은 건물양도인을 대위하여 토지소유자에 대하여 건물

명인방법(明認方法)

산에 가다보면 간혹가다가 수목의 집단에 줄을 쳐놓고 "주인 OOO백"이라든지 아니면 주변 수목의 곳곳에 "이 수목은 OOO의 소유임"이라고 적혀 있는 것을 본 독자들이 있을 것이다.

이것이 바로 대법원판례에 의해서 인정된 수목에 대한 공시방법이다. 즉 명백히 인식될 수 있는 공시방법이 바로 명인방법인 것이다. 이에 의해서는 소유권만이 공시된다는 점에서 저당권까지 설정할 수 있는 입목법상의 공시방법과 다르다.

명의신탁과 법정지상권

토지의 명의수탁자(名義受託者)가 그 토지 위에 건물을 신축한 후 명의신탁이 해지된 경우에는 법정지상권이 성립하지 않는다(대판). 내부적으로는 여전히 신탁자가 소유자이기 때문이다. 한편 외부적으로는 수탁자가 소유자이기 때문에 명의신탁자는 역시 제3자에 대해서 법정지상권을 취득할 수 없다(대판).

요컨대 명의신탁의 경우에는 명의신탁자가 토지를 수탁자에게 매도하는 경우와 같은 경우에 명의신탁자와 수탁자 사이에는 법정지상권이 성립할 수 있으나, 기타의 경우에는 명의신탁의 특성상 법정지상권이 성립할 수 없다 는 결론이 된다.

환지(煥地)

도시개발의 방식으로는 수용방식(收用方式)과 환지방식(煥地方式)이 있는 바, 환지방식이란 자신의 토지 대신에 다른 토지를 받는 것을 말한다.

소유자였던 법정지상권자에 대하여 법정지상권 설정등기의 이행을 청구할 수 있다(대판). 한편 대지소유자는 지상권 등기전에도 건물양수인에 대하여 건물철거를 청구할 수 없다(대판).

2) 효 과

법정지상권의 내용은 보통 지상권과 동일하다. 즉, 법정지상권은 건물을 소유하고 사용하기 위하여 필요한 범위에 미친다. 또한 강제경매 당시의 건물이 소실되어 재건축된 경우에는 매각 당시의 건물을 표준으로 법정지상권의 범위가 결정되며, 토지의 경우 법정지상권이 성립하면 통상 30% 이상 감정평가액이 저감된다.

공유지분(共有持分) 경매에서의 법정지상권

1. 원 칙

어떤 부동산이 수인의 공유물일 경우 그 공유자의 지분이 경매로 나오는 것이 공유지분 경매이다. 예컨대 어느 토지가 '갑', '을', '병' 각 3인의 공유물이고 그 지분이 동일하게 3/1씩이라고 하자. 그런데 '갑'이 '을'·'병'의 동의하에 그 지상에 건물을 건축했다면 그 건물은 '갑'의 소유가 된다. 이때 '갑'의 토지 지분 3/1이 경매로 나오게 되면 '갑'의 건물을 위한 법정지상권이 성립하겠는가 하는 문제가 있다.

이에 대해서 대법원은 다른 공유자의 이익을 침해한다는 이유로 법정지상권의 성립을 부정하고 있다. '갑'의 지분이 2/1 이상일 경우에는 법정지상권의 성립을 인정해야 한다는 유력한 학설도 있으나 적어도 현재까지의 판례는 그것을 부정하는 것이다.

2. 두가지 예외

이러한 원칙에는 두가지 예외가 있다. 그 하나는 상호명의신탁에서의 법정지상권이다. 상호명의 신탁이란 예컨대 그 토지가 '갑', '을', '병' 3인간에 지역을 특정하여 매입하고 다만 등기만을 3인 공유로 등기한 경우이다. 이런 경우에는 그 특정 부분은 각인의 단독소유나 만찬가지이므로 위의 예에서 '갑'의 특정 소유부분 위에 '갑'이 건물을 건축한 경우라면 법정지상권이 성립할 수 있다는 것이다.

또 하나의 예외는 예컨대 토지가 공유물이 아니라 건물이 공유물인 경우이다. 예컨대 '갑'의 단독소유 토지에 '갑'·'을'의 공유건물이 있고, '갑'의 토지에 설정된 저당권이 실행된 경우 또는 '갑'의 건물 지분에 설정된 저당권이 실행된 경우에는 법정지상권이 성립할 수 있다는 점을 주의해야 한다.

결 론

법정지상권이 성립되느냐 되지 않느냐를 확실히 알지 못하는 상태에서는 입찰을 포기하는 것이 현명할 것이다. 그러나 항상 예외는 있는 법이다. 어떤 토지의 최저매각가가 시가에 비해 충분히 떨어진 경우라면 입찰에 참여해도 좋을 것이다.

왜냐하면 법정지상권이 성립되는 물건의 경우에는 일반인들이 입찰을 꺼려하므로 가격이 지나치게 떨어지는 경우도 많은데, 이 때 낙찰을 받는다면 설령 소유권행사에 제한은 따르더라도 지상물건의 소유자로부터 토지사용료인 지료(地料)를 청구할 수도 있고, 또 시세차익을 남길 수도 있을 것이므로 예상 외의 메리트가 있을 수도 있겠기 때문이다. 권리분석상의 난이도가 높은 물건일수록 투자수익도 더 많은 법이다.

함정주의!

한번 경매로 나왔던 물건이 새로운 소유자의 채권자가 경매를 신청하는 바람에 다시 경매로 나오는 경우에는 주의해야 할 것이 있다.

즉, 새로운 경매에서의 권리분석에 의하면 법정지상권이 성립하지 않는 경우에도 이전 경매에서 성립했던 법정지상권이 그대로 존속하는 경우가 있다는 점이다.

법정지상권은 등기없이도 인정되는 권리이고, 한번 성립한 법정지상권은 새로운 낙찰자에 대해서도 그대로 인정된다는 점을 항상 명심해야한다. 요컨대 일단 경매로 나왔던 물건이라면 새로운 경매당시 뿐만 아니라 그 이전의 경매 당시에도 법정지상권이 성립했을 것인가를 심도있게 권리분석해야 할 것이다.

분묘기지권(墳墓基地權)의 문제

분묘기지권이란?

경매목적물의 현장에 가보면 분묘(무덤)가 있는 경우가 있다.

이런 때에는 그 무덤에 관하여 대법원판례에 의해서 등기없이도 인정되는 권리인 분묘기지권이 성립하는지를 검토해야 한다. 이는 타인의 토지 위에 분묘(묘지)를 소유하기 위한 지상권 유사의 과도기적 물권으로서, 만일 분묘기지권이 성립된다면 적어도 후손들이 그 분묘를 관리하는 한 그 분묘에 대해서는 현행법상 최장 60년간 이장(移葬)을 청구할 수가 없게 된다.

성립태양

분묘기지권의 성립태양에는 3가지가 있다.

첫째로 타인의 소유지 내에 그 소유자의 승낙을 얻어 분묘를 설치한 경우이다. 현재 시신이 안장되어 있어야 하며, 예장(豫葬)은 포함되지 않는다. 또한 봉분 등 외부에서 분묘의 존재를 인식할 수 있어야 하며, 평장(平

葬)이나 암장(暗葬)은 분묘기지권이 성립할 수 없다.

둘째로는 자신의 소유 토지에 분묘를 설치하고 그 토지를 타인에게 양도한 경우이다.

셋째로는 타인의 토지에 그 사람의 승낙없이 분묘를 설치한 자가 20년간 평온(다투지 않음). 공연히(은밀하지 않음) 분묘의 기지를 점유한 때에 시효취득하게 된다.

효 과

분묘기지권이 성립하면 그 범위는 분묘의 설치목적을 달성하기 위해서 필요한 범위에 미친다.

또한 지료는 무상설(분묘기지권의 시효취득에서의 대판)과 유상설이 있으나 저자는 유상설이 타당하다고 생각한다. 물론 분묘기지권이 불성립하는 경우에는 토지소유자는 일정기간 공고후 매장자 기타 연고자에게 이장을 명할 수 있는데, 연고자가 나타나지 않으면 시·도지사의 허가를 받아 일정기간 공고후 개장(改葬)할 수 있다.

대지권미등기 및 토지별도등기의 문제

서 론

대지권미등기의 물건이 경매로 나오면 입찰자들은 통상적으로 대지권까지 감정평가되었느냐를 확인해서 입찰하는 경우가 대부분이다.

즉, 대지권까지 감정평가되었으면 대지권도 경매에 나온 것으로 판단하고, 감정평가되지 않았으면 대지권은 경매로 나온 것이 아니라고 판단하여 입찰여부를 결정하고 있는 것이다. 하지만 다시 언급할 기회가 있겠지만 감정평가가 절대적인 것은 아니기 때문에 그러한 방법은 본질적인 접근방법은 아니다.

대지권미등기의 문제는 집합건물에서 문제되는 것으로서 그 본질적인 접근이 생각보다는 상당히 어려운 편이다. 저자는 그러한 내용을 설명할까 말까 망설이기도 하였지만, 어차피 본 교재는 권리분석에 관한 최고의 전문가를 지향하는 분들을 위해서 쓰여지는 교재이므로 지금부터 상설하기로 하겠다. 되도록 쉽게 설명하기 위해 노력하겠지만, 워낙에 어려운 이론이기 때문에 만일 이해되지 않는 독자가 있다면 맨 마지막의 결론부분만이라도 확실히 정리해두면 될 것이다.

대지권미등기의 문제와 동전의 앞뒷면과도 같은 관계에 있는 것이 토지별도 등기의 문제이다. 집합건물의 경우에 토지를 대지화시키는 과정에서 문제되는 것이 바로 토지별도등기의 문제이기 때문이다. 따라서 이하에서는 먼저 대지권미등기와 관련된 여러가지 법 이론을 설명한 이후에 토지별도등기에 관하여도 설명하도록 하겠다.

대지권의 개념

1. 대지사용권(垈地使用權)

집합건물의 구분소유자가 건물의 전유부분(專有部分)을 소유하기 위하여 대지에 대하여 갖는 권리가 대지사용권이다. 이는 대지소유자에 의하여 집합건물이 철거되지 않을 권원(權原-권리의 원천)으로서 물권·채권, 등기·미등기 등을 불문한 권리이다.

대지사용권은 이론적으로 소유권, 지상권, 임차권, 전세권, 무상사용권(시영아파트의 경우)이 모두 가능하지만 지상권, 임차권, 전세권은 사실상 존재하지 않는다. 다만 예외적으로 법정지상권이 가능할 뿐이다.

결국 대지사용권으로서는 현실적으로 소유권, 법정지상권, 무상사용권 3가지가 존재할 뿐이다.

한편 전유부분 소유자의 대지지분 소유권이전등기청구권이나 대지소유자의 토지에 대한 사용승낙은 대지사용권이 아님을 주의해야 한다.

이는 대지를 매도하고 대금 지급전에 건축이 가능하도록 대지소유자가 토지 사용승낙을 해주어 건물을 축조하였고, 그후 대금의 지급이 이뤄졌으나 지적정리 등의 사유나 기타 사유로 대지에 대한 지분소유권이 이전되지 못한 경우로서, 대지의 지분소유권자는 건물의 철거청구나 구분소유권 매도청구도 법적으로 가능하다.

2. 대지권(垈地權)

건물과 분리하여 처분할 수 없는 대지사용권을 대지권이라고 한다. 즉 대지권은 대지사용권이 건물 전유부분의 종(從)된 권리가 된 경우이다. 분리처분가능규약이 존재하지 않으면 구분소유자가 대지사용권을 취득하는 때에 당연히 대지권이 되는 것이고 반드시 분리처분금지규약이 있어야 대지권이 되는 것은 아니다.

한편 대지권의 성립은 대지권등기와는 무관하다. 즉 '대지권의 목적인 토지의 표시'란이나 '대지권표시'란에 아무런 기재가 없는 경우에도 대지권은 성립하는 것이다. 또한 대지권은 구분건물에 대한 소유권과 대지사용권이 어느 시점에서든지 동일인에게 1회만 동시에 존재하면 그 시점에서 대지권이 성립하고 그 이후에는 대지권이 구분건물에 대한 종된 권리로서 구분건물의 처분에 따라 함께 이전된다.

3. 대지권등기(垈地權登記)

등기절차상 '대지권의 목적인 토지의 표시'란에 기재가 이뤄지기 위해서는 분리처분 가능규약이 없는 상태에서 대지권화등기를 신청한 경우에만 가능하고, '대지권의 표시'란에 기재가 이뤄지기 위해서는 각 구분소유자가 대지에 대하여 갖는 대지사용권의 지분비율이 각 전유부분의 면적비율과 일치해야만 가능하다. 다만 실체법과 등기절차법은 구별되는 것이므로 대지권으로 성립한 이상 그 비율이 일치하지 않음으로써 대지권등기가 이뤄지지 않았다고 하더라도 구분건물의 경매시에 대지권까지 함께 평가하여 경매에 부쳐야 한다.

대지권미등기 경우의 경매법원의 처리

대지권등기가 이뤄진 경우에는 대지권의 목적 토지에 관하여 별도등기가 존재하는 경우를 제외하고는 법적으로 아무런 문제가 발생하지 않는다. 즉, 전유부분과 대지권이 1개의 권리처럼 처리되는 것이다. 따라서 대지권미등기의 경우가 문제되는 것인데, 경매법원은 이때 대지권에 대한 조사의무가 있다(대결).

1. 무상사용권과 법정지상권이 대지사용권인 경우

낙찰자는 대지사용권인 무상사용권 또는 법정지상권을 당연히 취득한다. 다만 법정지상권이 대지사용권인 경우에는 대지에 대해서 지료를 지급해야 한다. 이 때 매각물건명세서에는 '대지에 대한 무상사용권이 있고, 추후에 시로부터 대지에 대한 지분권을 매수할 수 있음' 또는 '대지에 대한 법정지상권 있음' 이라고 표시하게 된다. 이런 경우에는 집합건물이 철거될 위험이 없으며 대지권 가액을 감정평가할 필요도 없는 경우이다.

2. 대지의 지분소유권이 대지권으로 존재하는 경우

이 경우에도 비록 대지권미등기라 하더라도 낙찰자는 당연히 대지권을 취득하게 된다(대결). 경매개시결정의 목적물에 대지권이 누락된 경우에

경매개시결정에 대한 이의

이해관계인이 경매개시결정에 대해 매각대금 완납 시까지 경매법원(기록이 항고심에있는 경우에도 경매법원에 이의)에 이의하는 불복방법이다. 이는 집행정지의 효력은 없으므로 경매절차는 계속 진행된다. 자세한 것은 후술하는 소유자대책을 참고하기 바란다.

매각허가결정에 대한 즉시항고

매각허가결정에 대하여 이해관계인이 매각대금의 10%를 법원에 공탁하여 불복하는 구제방법이다. 자세한 것은 후술하는 소유자대책을 참고하기 바란다.

도 경매개시결정의 효력은 대지사용권에 미치고 낙찰자는 대지권을 취득하는 것이다. 이 경우 소유자 등은 경매취소를 구할 수는 없으나 감정평가의 누락을 원인으로 한 경매개시결정에 대한 이의나 매각허가결정에 대한 즉시항고를 할 수는 있을 것이다(대결).

3. 경매개시 결정 당시에는 없었던 대지권을 잔금지급 이전에 취득한 경우

매각허가 확정 전에 대지권을 취득했다면 경매개시결정 당시부터 대지권을 취득한 경우와 동일하게 처리된다. 따라서 최저매각가격을 변경하고 매각물건명세서의 기재를 변경하면 된다. 또한 매각허가가 확정된 이후에 대지권을 취득한 경우에도 낙찰자는 대지권을 취득하지만 대지권부분에 대한 대금의 미지급 문제는 부당이득반환의 문제로 처리하는 것이 서울지방법원의 다수 실무예이다.

4. 대지사용권으로서 대지의 지분소유권이 존재하지만 분리처분가능규약이 존재하기때문에 대지권이 성립하지 못한 경우

이런 경우에는 낙찰자는 그 대지의 지분소유권을 취득할 수가 없다. 다만 법정지상권이 성립할 것이므로 건물의 강제철거가 불가능할 뿐이다. 이때 매각물건명세서에는 '대지권은 없으나 법정지상권이 성립함'이라고 기재된다.

만일 대지의 지분소유권에 대하여 별도의 경매신청이 들어오면 경매개시결정과 압류기입등기를 한 후 반드시 일괄입찰을 하게 된다(대결).

5. 전유부분 건물의 소유자가 대지사용권조차 취득하지 않은 경우

이런 경우 낙찰자는 대지의 지분소유권을 취득할 수 없고, 대지사용권이 없으므로 대지소유자에 의하여 건물을 철거당하거나 매수청구를 당할 수도 있다.

대지사용권 또는 대지권의 존부(存否)

　앞에서 우리는 대지권미등기의 경우에 법원은 어떻게 처리하며, 그에 따라서 낙찰자가 대지권을 취득하게 되는지 여부를 검토하였다. 따라서 건물의 전유부분 소유자에게 대지사용권 내지는 대지권이 존재하는지가 문제의 핵심이 되는 셈이다. 또한 이것은 분양회사가 대지사용권(대지권)을 취득한 일이 있었는가가 문제해결의 핵심이기도 하다.

　따라서 법원에서는 분양회사가 대지권을 취득할 수 있다고 판단되면 분리처분가능규약의 존부(存否)를 조사하게 되고('대지권의 목적부분인 토지의 표시' 난에 등기가 되어있는 경우는 분리처분 가능규약이 없다는 점이 인정되므로 그 기재가 없는 때에만 조사), 수분양자(애초에 대지권이 불성립했다가 그 후 전전유통된 어느 시점에서 대지권이 성립된 경우에는 그 다음 전유부분 소유자)가 대지권(분리처분가능규약이 존재할 때에는 대지지분에 대한 소유권)도 분양받기로 하는 계약을 체결하였는지를 조사하게 된다. 요컨대 법원에서는 분양회사의 대지권취득 여부 및 분리처분 가능규약 여부와 수분양자의 분양계약을 조사해야 하는 것이다.

민법 제187조

　상속, 공용징수, 판결, 경매 기타 법률의 규정에 의한 부동산에 관한 물권의 취득은 등기를 요하지 않는다. 그러나 등기를 하지 아니하면 이를 처분하지 못한다.

1. 분양회사가 전유부분을 수분양자에게 이전등기하기 이전에 민법 제187
   조에 따라 등기없이도 대지의 소유권을 취득한 경우

   이 때는 대지권이 가능한 경우이다. 다만 이전등기 이후라면 대지권이
불가능하다.

2. 대지의 소유권을 매매 등 민법 제186조 소정의 원인으로 취득하는 것
   으로 되어 있을 때 분양회사가 대지에 관하여 소유권이전등기를 한 일
   자가 전유부분을 수분양자 앞으로 이전등기한 이후인 경우

   이 때는 대지권이 불가능한 경우이다.

3. 대지의 소유권을 매매 등 민법 제186조 소정의 원인으로 취득하는 것으
   로 되어 있을 때 분양회사가 대지에 관하여 소유권이전등기를 한 일자가
   전유부분을 수분양자 앞으로 이전등기한 이전인 경우(이때 법원은 수분
   양자에게 대지권등기를 경료하여 주지 못한 이유를 확인해야 함)

   1) 지적이 정리되지 않았거나 수분양자가 대지권 등기비용을 납부하지 않았

민법 제186조

   부동산에 관한 법률행위(예컨대 매매)로 인한 물권의 득실변경은 등기하여
야 그 효력이 생긴다.

기 때문이거나 대지지분비율이 전유부분 건물의 지분비율과 일치하지 않았기 때문인 경우

이 때는 대지권이 가능한 경우이다.

2) 대지에 대하여 가압류나 근저당권이 존재하기 때문인 경우

이 때도 대지권이 가능하다. 즉 그 가압류나 근저당권을 별도등기로 처리하여 그 대지를 대지권화시키도록 한 후 가압류나 근저당권이 실행되면 대지권등기를 말소한 후 낙찰자에게 대지의 소유권 내지 지분소유권을 본등기하고있기 때문이다.

3) 종래 소유자였던 조합원이 재건축조합에 대지에 대한 지분소유권을 신탁한 상황에서 수분양자의 재건축조합에 대한 대지소유권 이전등기청구권이 가압류된 경우

이 때는 대지권이 불가능하다. 왜냐하면 대지에 대한 소유권은 재건축조합에 있고 재건축조합이 신축한 건물의 소유권은 조합원개인이 원시취득(대판)하기 때문이다. 드물기는 하지만 전유부분에 대한 소유권보존등기를 재건축조합 명의로 하였다가 조합원에게 소유권이전등기를 해준 경우는 대지권이 가능하다.

4) 대지에 대하여 처분금지가처분이나 가등기 등이 있는 경우

이 때는 가처분 등의 등기가 건물에 대한 소유권의 원시취득 효과가 발생하기 전에 경료되든 후에 경료되든 대지권이 가능하다.

4. 분양회사나 재건축조합이 대지권을 취득할 가능성이 없는 것으로 판단되었어도 전유부분이 전전유통되었다면 수분양자나 그 이후 어느 소유자라도 동일시점에 전유부분 소유권과 대지지분 소유권을 함께 취득한 적이 있으면 당연히 그 시점부터 대지권이 가능하다.

대지권미등기 문제의 해결

1. 대지권 가능의 경우

1) 분양계약(분양계약 이후 어느 시점에서 어느 소유자에게 대지권이 가능한 경우는 그 소유자와 그 다음 매수인과의 매매계약)이 있고 분리처분가능규약이 없을 경우

이 때는 낙찰자는 대지권을 취득하게 된다.

2) 분양계약도 없고 분리처분가능규약도 없을 경우

이때 역시 낙찰자는 대지권을 취득한다. 다만 수분양자가 대지지분에 상응하는 매매대가를 지불하지 않은 문제는 분양회사와 수분양자의 부당이득반환의 문제일 뿐이다.

3) 분양계약도 있고 분리처분가능규약도 있는 경우

이때 낙찰자는 대지권이 없는 건물을 낙찰받지만 관습상의 법정지상권은 성립하는 경우이다. 분리처분가능규약이 존재하므로 대지권이 불성립하고 수분양자는 대지지분에 대한 소유권이전등기청구권만을 취득하는 경우이다. 만일 현소유자가 대지지분에 대하여 소유권이전등기를 경료하면 대지지분 소유권을 별개의 부동산으로 하여 경매신청을 할 수 있다.

4) 분양계약은 없는데 분리처분규약이 있는 경우

이때는 대지권은 없으며 낙찰자는 관습상의 법정지상권을 취득하게 된다. 수분양자는 소유권이전등기청구권도 없으므로 소유권 이전을 전제로 한 대지지분에 대해서 경매신청도 할 수 없다.

2. 대지권 불가능의 경우

1) 수분양자가 분양계약을 체결하지 않은 경우

이때는 대지소유권을 별개의 부동산으로 하여 경매목적물에 포함시킬 가능성이 전혀 없는 경우이다.

2) 수분양자가 분양계약을 체결한 경우로서, 분양회사가 대지권 불가의 경우라도 경매개시결정이 있은 후에 어떠한 사유로든 현 소유자가 대지에 대한 지분소유권이전등기를 경료하거나(분리처분가능규약이 있는 경우) 대지권을 취득한 경우(분리처분가능규약이 없는 경우)

만일 분리처분가능규약이 없는 경우에는 법원은 매각물건명세서의 기재를 변경해야 하며 이때 낙찰자는 대지권을 취득하게 된다. 만일 분리처분 가능규약이 있는 경우에는 대지권이 불성립하고 대지지분 소유권에 불과하므로 이 대지지분을 경매 목적물에 포함시키기 위해서는 별도의 경매신청 근거가 필요하게 된다. 요컨대 강제경매의 경우에는 채권자에게 대지지분에 대한 경매신청을 하게 하여 경매개시결정을 경정하고 일괄입찰을 결정해야 하지만, 임의경매의 경우는 저당권 등의 효력이 대지지분에 미치지 못하므로 낙찰자는 법정지상권을 취득할 뿐이다.

기타 대지권과 관련되는 문제

1. 대지권 발생 전에 전유부분에 대하여 이뤄진 저당권, 전세권, 가압류채권이 그후 취득한 대지권에 미치는가?

채권자는 대지권에 대하여도 경매신청을 할 수 있다. 이는 저당권이나 전세권등기에 건물만에 대한 것이라는 취지의 부기등기가 되어 있는 경우라도 동일하다. 다만 가압류의 경우에는 가압류 채무자가 전유부분을 처분한 이후에 그 전득자(轉得者)가 대지권을 취득한 경우에는 대지권에 대하여는 경매개시결정을 할 수 없다.

2. 집합건물의 대지만에 관하여 설정된 저당권에 기한 경매의 문제

저당권 설정 당시 나대지였던 경우 또는 어떤 건물이 있다가 철거된 후 집합건물이 축조된 경우에는 저당권자는 자신의 선택에 따라 집합건물 전체는 물론 어느 구분 건물만을 특정하여 대지와 함께 경매를 신청할 수 있다(민법 제365조). 그러나 저당권 설정 당시 건물이 완성되었거나 어떤 건물이 축조될지를 예측할 수 있었던 경우에는 일괄경매신청을 할 수 없다.

한편 대지 전부가 아니라 지분소유권에 대하여만 저당권을 가진 자는 지분권자의 소유에 속하는 전유부분에 한하여 일괄경매가 허용된다. 이는 주로 재건축조합의 문제이다.

또한 저당권 설정 당시에 이미 건물이 완공되어 건물에 대한 소유권을 원시취득한 경우라면 이미 대지권도 성립된 경우이므로 대지에 대한 저당권 설정 자체가 무효로 된다. 다만 이 경우에 분리처분금지의 취지가 등기되어 있지 않으면 선의의 제3자에게 대항하지 못하므로 선의의 저당권자는 보호될 것이다.

3. 대지권등기있는 집합건물의 등기부상 "토지별도등기가 있다"는 기재가 있는 경우의 문제

대지권이 성립하기 전에 대지에 대하여 근저당권이나 가압류등기가 존재하는 경우에는 그 근저당권이나 가압류를 별도등기로 처리하고 그 대지를 대지권화시킨 후 근저당권이나 가압류가 실행되면 대지권등기를 말소한 후 낙찰자에게 대지의 소유권을 본등기한다.

대지권 성립 전에 이미 대지에 대하여 저당권, 가압류, 가등기담보권, 지상권 등 권리를 취득한 제3자(대지권은 이미 성립하였으나 대지권미등기로 인하여 선의로 저당권 등을 취득한 제3자도 동일)는 그 후 전유부분에 대하여 저당권을 취득한 자보다 선순위이므로 전유부분에 대한 저당권자는 그 대지가 부담하는 제3자 명의의 권리의 제한을 인용한 상태에서 그 대지에 대한 저당권을 행사하게 된다. 따라서 경매절차에 있어서는 지상권, 전세권 등 용익물권이 별도등기에 의하여 존재하는 경우는 낙찰자가 인수해야 하고, 담보물권은 소멸함이 원칙이다.

또한 토지에 관한 별도등기 확인 시에 경매가 완결되어도 말소되지 않는 등기상의 용익물권이 존재하는 경우에는 인수조건부 특별매각조건을 붙여서 입찰이 진행된다. 담보물권의 경우에도 인수조건부 특별매각조건을 붙여서 경매를 진행시키기도 하지만 인수조건을 붙이지 않고 토지의 저당권자 등에게 채권신고를 하게 하여 그 중 경매의 대상이 된 구분건물의 대지권 비율만큼 토지의 저당권을 일부 말소시키는 방법으로 경매를 진행시키기도 한다. 즉, 몇 동 몇 호의 대지권에 대한 부분에 해당하는 지분을 말소시키는 방법으로 순차적으로 토지 저당권 등의 변경의 부기등기를 하는 것이다. 이때 다수의 실무에서는 저당권 중 경매대상 구분건물의 대지권비율에 해당하는 금액만을 배당하고 있다.

결 론

1. 총 설

이미 밝힌 바와 같이 대지권 미등기의 문제는 앞의 이론과 법원실무를 정확히 이해하고 대처하는 것이 가장 이상적이다. 하지만 다소 어렵다고 느끼는 독자들은 이 결론 부분이라도 제대로 이해해야 할 것이다.

즉, 신도시 아파트처럼 대지사용권은 있으나 단순히 절차미비로 대지 지분이 미등기로 되어 있는 경우에는 대금을 납부하면 대지 지분의 소유권이전이 가능하다. 따라서 이런 경우는 후에 다른 입주자들과 함께 대지권등기(경매 당시의 소유자명의로 대위등기한 후 자신에게 이전등기)를 하면 된다.

만일 대지와 건물의 일괄입찰이 아닌 아파트의 미등기라면 낙찰자는 후에 다시 대지권을 낙찰받거나, 대지사용료를 내고 건물을 사용하거나, 대지권소유자가 시가로 "구분소유권 매도청구권"을 행사하면 건물을 대지권자에게 팔아야 하기 때문에 가능하면 입찰하지 않는 것이 좋다.

저당권 설정 당시에 소유자가 대지사용권을 취득하고 있었으나, 대지권등기만을 경료하지 않고 있어 집합건물의 전유부분에만 저당권설정등기가 경료된 경우에는 분리처분가능규약이 존재하는 등 특별한 사정이 없는 한 저당권의 효력이 대지사용권에 미친다(대판, 1995년).

2. 대 책

① 입찰참여자는 '대지권미등기' 의 문구가 있으면 반드시 대지권가격도 감정평가되었는지를 법원의 감정평가서를 통해 확인해야 한다.
② 다만 감정평가가 되어있지 않은 경우라고 하더라도 최저입찰가가 한없이 떨어진 경우라면 입찰을 검토해도 된다. 즉 대지사용료를 지불하는 비용 이상으로 가격이 떨어진 경우라면 굳이 입찰을 기피할 이유가 없는 것이다. 또한 토지소유자의 입장에서도 토지의 사용이 제한되기 때문에 시가보다 저렴한 가격으로 매도할 것을 희망할 수도 있기 때문에, 그 때 그 토지의 지분을 매수해도 된다.

토지 별도등기의 문제점

이는 토지가 대지권으로 정리되기 전에 토지에 대해 저당권, 가압류 등이 설정된 후 집합건물이 건축된 경우의 문제점이다.

1. 구분건물의 저당권자가 경매를 신청한 경우에 그 토지의 저당권은 말소 되지 않는다.

즉, 건물을 낙찰받아 소유권등기까지 마쳤어도 토지의 저당권자 등 채권자가 토지를 경매신청하면 건물의 낙찰자는 계속 지료를 지불해야 하며, 만일 법정지상권이 불성립할 경우에는 건물을 철거당할 수도 있고, 지료지급을 계속 거절하면 토지소유자는 건물에 대해 강제경매신청을 할 수도 있다.

2. 법원실무에서는 토지에 대한 저당권을 낙찰자가 인수한다는 인수조건(특별매각조건)을 붙이거나, 인수조건을 붙이지 않고 토지의 저당권자로 하여금 채권신고를 하게 하여 그 중 경매대상 구분건물의 대지권비율만큼 토지저당권을 말소시키기도 한다. 이때 토지저당권자는 건물의 매각대금에 대해서는 우선변제를 받을 수 없다.

3. 대 책

토지저당권을 낙찰자가 인수하는 조건이 붙은 물건은 낙찰받지 않는 것이 바람직하다. 따라서 입찰자는 토지저당권자가 채권신고를 한 경우에만 입찰해야 할 것이다.

공유자의 우선매수청구권 (優先買受請求權) 문제

공유지분경매

어떤 물건을 공동으로 매수했거나 아니면 상속 등의 사유로 공유자가 되는데, 이때 그 중에서 1인의 자금사정이 안좋아 그 사람의 지분(持分)이 경매에 나오는 경우가 있다. 즉 어떤 물건의 5분의 1이 경매에 부쳐진다는 식이다.

공유자의 우선매수청구권

그런데 공유자는 최고가매수인(最高價買受人)이 써낸 가격으로 우선 매수할 수 있는 권리가 있으므로(민사집행법 제140조) 가격이 싸다는 이유로 입찰에 참여하더라도 헛수고로 되는 경우가 있다.

이 때 그 매수청구권을 행사하고자 하는 공유자는 입찰종료선언 전까지 매수청구를 해야 하고, 최저매각가격의 10%에 해당하는 현금이나 유가증권을 보증으로 제공해야 하며, 이때의 최고가 매수신고인은 차순위 매수신고인의 자격이 된다.

또한 수인의 공유자가 우선매수청구권을 행사하면 그 공유자들이 원래 가지고 있던 지분의 비율로 경매로 나온 공유지분이 공유된다.

대 책

통상적으로 보면 공유지분경매에서는 시가보다 상당히 저렴한 가격으로 낙찰되는 편이다. 아마도 이러한 현상은 공유자가 되는 것 보다는 단독소유로 되는 것 자체를 더 선호할뿐만 아니라 공유자가 우선매수청구권을 행사하면 헛수고가 될 지도 모른다는 생각이 작용하고, 또한 공유자가 되면 다른 공유자를 만나서 어떤 타협을 해야 하는 것이 피곤할 것이라는 점 등 때문일 것이다.

하지만 저자의 생각으로는 공유물도 의외로 좋은 물건이 꽤 많으므로 가격이 저렴하다면 입찰을 고려해도 좋을 것으로 본다.

왜냐하면 공유자간에 친구나 형제간처럼 모종의 인간관계가 존재하는 것이 일반적이라서 공유자가 우선매수청구권을 반드시 행사한다는 보장은 없는 것이고, 또한 지분을 매수하여 다른 사람과 공유관계가 된다고 해도 공유자에게는 공유물분할청구권(共有物分割請求權)이 있으므로 공유자 간에 뜻이 맞지 않는다고 하더라도 큰 문제가 되지는 않을 것이기 때문이다. 즉 공유물분할청구권을 행사하면 법원에서는 통상적으로 매각분할을 하기 때문에 공유자 모두에게 손실로 이어지므로 공유자간의 협의가 그다지 어렵지는 않은 것이다.

상호명의신탁된 공유지분경매에서의 소유권이전등기 방법

상호명의신탁(구분소유적 공유관계)의 약정이 된 공유지분 경매의 경우에는 그 약정을 해지하면서 소유권이전등기 청구소송을 제기하여 등기하

면 된다. 특히 다가구주택이나 상가건물의 공유관계는 일반적으로 구분소
유적 공유관계가 많으므로 입찰에 참여할 때 그 위치파악에 특히 주의해
야 할 것이다.

경매에서의 담보책임(擔保責任) 문제

의 의

경매물건에 하자(瑕疵 - 흠)나 불완전한 점이 있을 때 누가 책임을 져야하는가의 문제가 담보책임의 문제다.

물건의 하자에 대한 담보책임

우선 물건 자체의 하자는 낙찰자가 책임져야 한다. 즉 건물 벽에 금이 갔다는 등 물건의 외관상의 하자나 아니면 수돗물이 잘 나오지 않는 등 물건 내부의 기능상의 하자는 전적으로 낙찰자가 책임을 져야 한다. 따라서 입찰자로서는 철저한 현장조사를 통해서 하자있는 물건이라면 입찰에 참가하지 말아야 한다.

권리의 하자에 대한 담보책임

외관상 나타나지 않는 그리고 사전에 발견되지 않는 권리상의 하자도 있다. 그것은 대략 다음과 같은 경우이다.

① 입찰기록의 임대차 현황에 '없음', '확인안됨' 등으로 되어 있었으나 입찰 후 임차인이 나타나 보증금을 인수해야 할 경우
② 후순위권리자가 대위변제를 한 경우
③ 입찰기록상의 임대보증금과 실제 보증금이 달라 보증금을 추가로 부담해야 할 경우

등이 그것이다.

이렇게 경매에서 권리 상의 하자가 발생한 경우에는 매각허가 결정전이면 법원에 매각불허가 신청을 할 것이며, 매각허가 결정 후 배당기일전이면 법원에 매각대금감액을 신청할 것이고, 배당기일 후면 민법상의 담보책임 규정에 따라 1차적으로 채무자 또는 담보제공자에게 인수금액의 반환을 청구하되, 만일 반환능력이 없으면 2차적으로 반환무능력을 입증하여 배당받은 채권자에게 청구하면 된다.

다만 원칙적으로 손해배상을 청구할 수는 없는 것이나, 만일 채권자나 채무자가 하자를 알고 있었다면 손해배상도 청구할 수 있다.

경매취소의 문제

의 의

이 항에서 설명하게 될 몇가지 경우에는 경매가 취소될 수도 있다.

이들 경우라고 하더라도 입찰자에게 씻을 수 없는 손실이 따르는 것은 물론 아니다.

하지만 그 물건을 낙찰받기 위해서 준비한 시간과 비용이 아깝기때문에 가급적이면 피하는 것이 좋겠다는 것 뿐이다.

채무자가 부채를 청산할 경우

채무자는 자신이 경매부동산을 담보로 얻어 쓴 부채가 낙찰예상가보다 현저히 적다면 채무자로서는 그 부동산을 포기하느니 차라리 우선적으로 다른 빚을 내서라도 부채를 청산하고 경매를 취소시킨 후, 그 부동산을 시가로 팔아 버리는 방법을 취하고 싶을 것이다.

따라서 입찰참여자로서는 경매물건에 설정된 채권액이 많으면 많을수록 안심하고 경매에 참여할 수 있다는 결론이 된다. 다시 한번 강조한다면 경매부동산으로 담보된 채권액이 예상낙찰가보다 같거나 많은 경우에 입찰에 참여하는 것이 시간과 비용을 절감하는 방법이 될 것이다.

그리고 정확한 채권잔액을 알려면 법원의 입찰기록을 열람해야 한다.

한국자산관리공사의 공매가 경매에 앞서서 진행될 경우

세금체납으로 인한 한국자산관리공사의 공매와 법원의 경매가 동시에 진행될 경우인데, 이때는 먼저 낙찰된 것이 유효하고 뒤의 입찰절차는 취소된다. 따라서 매각대상물건에 세금체납으로 인한 압류가 있을 경우는 한국자산관리공사의 공매일자를 확인하여 공매일자가 더 빠르면, 공매에 참여하거나 아니면 공매결과를 본 뒤에 입찰에 참여하는 것이 좋을 것이다. 한국자산관리공사의 공매는 일반인에 공시되지 않으므로 양절차의 조정법이 입법되기 전까지는 입찰자가 직접 확인해야 한다.

최저매각가격은 1억원, 경매신청채권자의 채권에 우선하는 전세권이 1억원, 경매비용이 5백만원이라면 무잉여금지원칙을 피하여 경매가 취소되지 않게 하기 위한 경매 신청채권자의 매수신청가는 얼마 이상이어야 하며, 실무상 그 매수보증금은 얼마이겠는가?

1억5백만1원 이상이어야 전세금 1억과 경매비용 5백만원을 공제하고도 남는 금액이 될 것이다.
이때 그 매수보증금은 1억 5백만 1원에서 최저매각가 1억원을 뺀 5백만 1원이 된다.

경매신청채권자에게 아무런 신청이익이 없는 경우 (무잉여금지원칙)

1. 의 의

경매신청채권자가 배당받을 금액이 없으면 법원에서는 임의경매절차든 강제경매 절차든 경매절차가 진행 중이라도 경매를 취소시켜야 한다(민사집행법 제102조). 즉, 최저매각가격에서 경매신청채권자의 채권에 우선하는 부동산상의 모든 부담이나 경매비용 등을 공제하고 남는 금액이 없다고 판단되면, 법원은 경매신청채권자에게 그 사항을 통지해야 한다.

그 채권자는 통지받은 날부터 7일내에 남는 금액이 있을 가격을 정하여 그 가격 이상의 매수신고가 없을 경우에는 그 가격으로 매수할 것을 신청할 수 있는데, 이때 법원은 채권자가 충분한 보증(실무상 매수신청액과 최저매각가격의 차액)을 제공한때 한하여 절차를 속행하며, 그렇지 않으면 절차를 취소시키고 있다.

무잉여금지원칙에 위반됨에도 불구하고 매각허가가 떨어진 경우에 즉시항고를 제기할 수 있는 자는 압류채권자와 선순위채권자에 한하고 채무자나 소유자는 즉시항고를 제기할 수 없다(대결). 또한 입찰 당일날 최고가매수신고 가격이 경매신청 채권자의 매수신청금액과 동액인 경우에는 입찰기일에서의 매수신청인이 최고가매수신고인이 된다.

2. 대 책

입찰참여자는 경매신청채권자의 배당액을 산정해 본 후, 만일 그 채권자가 받아 갈 금액이 없다고 판단되면 입찰을 포기하는 것이 좋을 것이다. 이 문제의 해결 뿐만이 아니라 임차인의 보증금이 낙찰자의 부담인지의 여부를 검토하기 위해서도 배당원칙에 대한 연구는 필수적이다.

다만 법규와 현실이 다른 경우도 있다는 점을 밝혀둔다. 즉 그런 경우에 법원은 경매를 취소시켜야 한다고 되어 있지만, 더러는 계속 진행시키는 경우도 있다는 점이다.

그 이유라면, 첫째로 법원의 업무가 너무 많아서 일일이 그런 경우를 포착하여 경매를 취소시킬만한 시간적 여유가 없어 그냥 진행시키는 경우일 수도 있고, 둘째로는 대부분 은행권에서 경매를 신청하는 경우가 많은데, 경매신청이익이 없다는 이유로 경매가 취소되는것 보다 차라리 경매신청이익이 없다 하더라도 은행의 장부를 정리하면서 손실처리하는 것이 업무의 단순을 기할 수 있다는 점 등 때문일 것이다. 이런 경우에 무잉여금지원칙에 위반됨에도 불구하고 낙찰잔금까지 지불되었다면 낙찰자의 소유권취득은 유효하다. 하지만 거의 대부분의 경우에는 경매가 취소되므로 저자의 생각으로는 입찰자는 그런 물건에 신경쓰지 않는 것이 바람직하다고 본다.

3. 참고사항

① 근저당권자가 집행권원를 가지고 강제경매를 신청한 경우는 법원은 경매개시결정을 채권자에게 송달하면서 집행권원상의 채권과 피담보채권의 동일성 여부를 밝히도록 보정을 명한 후 두 채권이 별개의 채권인 경우에 한하여 피담보채권액을 선순위채권액에 포함시켜 잉여여부를 계산하게 된다.

② 여러 개의 저당권을 가진 동일한 채권자가 후순위 저당권에 기하여 경매신청을 한 경우에는 각 저당권이 동일 채권자와 동일 채무자에 대한 것이라면 선순위 채권으로 보지 않지만, 채무자가 다른 경우에는 선순위 채권금액으로 계산한다. 이 경우에도 실무상으로는 무잉여통지를 한 후 신청채권자가 속행해 달라는 신청을 하면 절차를 속행시킨다.

③ 이중경매의 경우에는 경매개시결정을 받은 채권자 중 최선순위 권

리자의 권리를 기준으로 우선채권 총액을 계산한다(대결).

목적 부동산이 동일성을 상실할 정도로 멸실된 경우

목적 부동산의 현상(現狀)이 동일성을 상실할 정도로 멸실된 경우에는 경매가 취소되지만 등기부 기재와 다소 다른 정도의 경우에는 그대로 진행된다. 실무에서는 감정결과 건물의 멸실사실이 밝혀지면 곧바로 채권자에게 그 부분에 대하여 신청취하 등 적절한 조치를 하도록 보정을 명하고, 이에 응하지 않으면 경매개시결정을 취소하고 경매신청을 기각하고 있다.

법원이 이런 조치를 하지 않으면 이해관계인은 집행에 관한 이의신청으로 불복할 수 있다. 어떻든 입찰참여자의 현장답사의 중요성을 다시 한번 일깨워주고 있 다.

목적 부동산이 채무자 소유가 아님이 판명된 경우

이는 주로 가등기에 기한 본등기가 경료된 경우에 발생하는 바, 강제경매의 경우는 물론 임의경매에서도 신청 저당권자보다 선순위의 가등기에 기한 본등기가 경료된 경우에는 법원에서는 경매절차를 취소하게 된다.

다만 1·2순위의 저당권 사이에 보전가등기가 경료된 부동산의 경우에는 매각대금이 완납된 이후에는 경매취소신청이 불가능하다(대결).

한편 집행관의 현황조사보고서나 감정인의 감정평가서에 의하여 경매대상건물이 다른 건물과 합동되어 독립성을 상실하게 되었음이 명백하게 된 경우에도 경매를 취소한다 (대결).

법원의 취소결정에 대하여는 즉시항고 할 수 있고, 이해관계인의 취소신청에 대하여 취소결정을 하지 않는 경우에는 집행에 관한 이의를 할 수 있다.

토지의 분할과 합병에서의 권리분석

부실한 주민등록의 대항력

임차주택의 실제 지번과 임차인이 전입신고를 한 지번이 서로 일치하지 않거나 실제로 존재하지도 않는 지번으로 주민등록을 한 경우에는 부실한 주민등록으로서 대항력을 취득할 수 없다.

예컨대 건물의 실제 지번은 이리시 남중동 97-40인데, 임차인이 같은 동 97-7에 주민등록 전입신고를 하였다가 그 후 1984년 8월 3일경 관계 공무원이 직권정정을 하면서 같은 날, 같은 동 97-40으로 전입신고가 있었던 것처럼 기재하는 방식으로 정정하였다면 임차건물의 실제 지번과 명백하게 불일치한 같은 동 97-7로 된 임차인의 주민등록은 임대차의 공시방법으로서 유효한 것이라고 할 수 없고, 실제 지번에 맞게 주민등록이 정리된 이후에야 비로소 대항력을 취득하게 된다(대법원 판례).

이러한 법리는 토지의 분할과 합병과정에서도 그대로 타당하다.

즉, 서울 동대문구 신설동 5-2 지상 주택 중 일부를 임차한 임차인이 주민등록을 이전하면서 당시 위 건물이 있는 주소로 인식되어 오던 위 같은 구 '신설동 5'로 전입신고를 하였으나, 위 '신설동 5'의 토지는 과거 분할과정에서 지번이 변경되어 전입신고 당시에는 존재하지 않았던 지번이었던 경우, 제3자가 건물이 존재하는 지번(신설동 5-2)이 아닌 '신설동 5'로 된 지번을 통하여 위 건물에 임차인이 주소 또는 거소를 가진 자로 등록되어 있는지를 알 수 있게하는 공시방법이 될 수는 없는 것이다(서울지법판결).

원칙에 대한 예외

그러나 문제는 다음과 같은 두가지 예외의 경우이다. 즉 유효한 공시방법이 아니라고 판단되어 입찰했으나 선순위임차인으로서의 유효한 공시방법으로 인정된다면 그것은 권리분석의 실패가 되는 셈이다.

1. 분할 이전의 토지에 주민등록을 이전했더라도 분할 이후의 토지 중 오로지 하나의 지번에만 주택이 건축된 경우

이 경우에는 대항력이 인정된다. 이는 다음과 같은 대법원판례의 반대해석을 통해서 그러한 법리를 유추해낼 수 있는 것이다.

즉, 임차한 건물의 실제 지번은 인천 북구 십정동 166-16임에도 불구하고, 분할 전의 지번인 위 십정동 166-1에 주민등록을 하였다면(분할 전의 위 십정동 166-1에서 166-301, 166~4, 166-5등이 순차로 분할되고, 다시 166-6부터 13 등 8필지가, 그후 166-19, 20등 2필지가 각 분할되어 나왔으며, 또 위 166-6에서 166-16등이 분할되어 나왔다), 위 166-1에서 분할되어 나온 토지 중 위 166-16 지상에만 건물이 건립되어 있다는 등의 다른 특별한 사정이 없는 한, 일반 사회통념상 위 166-1에 등재된 주민등록으로 위 166~16 지상 건물부분에 임차인이 주소를 가진 자로 등록되었다고 제3자가 인식할 수 있다고는 단정할 수 없다는 것이다(대판).

2. 임차인이 당시의 지번에 따라 올바르게 전입신고를 마친 뒤 사후적으로

주택의 대지가 임야에서 대(垈)로 등록전환되면서 지번이 변경되거나 분할·합병된 경우

이처럼 임차인의 착오에 기인한 것이 아니고 변경 전후의 동일성이 인정되는 경우에는 임차인이 이미 취득한 대항력에 영향이 없다는 사실이다(수원지법판결). 다만 이러한 법리는 건축중인 건물에 입주한 후 준공검사와 보존등기가 나면서 지번이 변경되는 경우에는 적용되지 않는다(인천지법판결).

결국 임차인의 입장에서는 이미 준공검사와 보존등기가 나있는 건물의 경우에는 한번 올바르게 주민등록을 이전하면 안심할 수 있으나 그 이전이라면 준공검사와 보존등기가 날 때 다시 한번 임차주택의 지번과 동·호수를 확인할 필요가 있게된다.

대 책

입찰자의 입장에서는 건축물대장과 등기부를 확인하면서 현재의 지번 이전의 과거지번에 대한 주민등록된 자를 확인하는 습관을 길러야 한다.

특히 어느 주택에 사람이 살고 있는 것 같기는 한데도 주민등록된 사람은 전혀 없는 경우에는 각별한 주의를 요한다.

위법건물의 문제점

의 의

예컨대 상업용건물이 주거용건물로 용도변경되는 경우 등의 문제이다.
만일 건물이 무단으로 용도변경된 경우라면 낙찰후 원상복구하지 않으면
형사고발 및 이행강제금이 부과된다.

다만 전소유자에게 이미 형사고발된 상태라면 형사고발은 면할 것이다.
또한 원상복구에 대한 이행강제금은 6개월 간격으로 계속되므로 금액이
기하급수적으로 증가할 수도 있으므로 특히 주의해야 한다.

대 책

입찰자는 미리 관할구청 건축과에 확인해서 위법건물 여부를 확인해야
한다.

증축된 건물, 제시외 건물의 문제점

의의

매각물건명세서 또는 경매정보지를 보다 보면 간혹 "제시외 건물 있음" 또는 "건물이 증축되었음"이라는 문구를 보게 된다. 이 때 가장 중요한 것은 이 물건이 과연 낙찰자의 소유로 되겠는가 하는 점이다.

결론을 말한다면 저당권의 효력이 그들 물건에도 미치면 낙찰자의 소유로 되는 것이고 저당권의 효력이 그들 물건에 미치지 않으면 낙찰자는 그들 물건에 대해서 소유권을 취득할 수 없다. 결국 저당권의 효력범위 문제로 돌아가는 것이다.

대책

1. 저당권의 효력이 미치는가의 판단

저당권의 효력이 미치느냐는 주건물에 대하여 부합되느냐 또는 종물인가 여부로 판단되는 것이지 감정평가의 대상이었느냐로 판단하는 것이 아니다(대판). 오히려 부합물이 아닌데도 감정평가된다면 그것이 위법인 것

이다. 즉, 기존건물에 부합된 증축부분은 경매목적물로 평가되지 않았다
하더라도 낙찰자는 증축부분의 소유권을 취득하게 된다(대판).

2. 주건물에 부합(附合)되느냐의 판단

주건물에 부합되느냐의 판단기준은 물리적 구조·용도·기능면에서 기존
건물과 독립한 경제적 효용을 가지고 거래상 별개의 소유권의 객체가 될
수 있는지 및 증축한 건물의 소유자 의사 등을 종합하여 판단한다(대판).

주건물에 부착되어 분리해서는 독립된 건물로서의 가치가 없고 주건물
의 사용편의에 제공될 뿐이면 부합물이다(대판). 또한 정원수, 정원석 등
도 토지에 부합하므로 고가인 경우에는 감정평가가 필요할 것이다. 건물
의 신축공사가 중단되어 독립된 건물로서의 구조와 형태를 갖추지 못한
지하구조물 등은 토지에 부합한다(대결). 또한 주유소 땅 속에 부설된 유
류저장탱크는 토지에 부합된다(대판).

3. 종물(從物)여부의 판단

어느 건물이 주된 건물의 종물이 되기 위해서는 주된 건물의 경제적 효
용을 보조하기 위하여 지속적으로 이바지하는 관계에 있어야 한다(대판).
따라서 백화점 건물의 지하 2층 기계실에 설치되어 있는 전화교환 설비는
종물이다(대판). 기타 보일러시설, 지하수펌프, 주유소의 주유기(대판), 농
지에 부속한 양수시설, 별동의 화장실, 목욕탕, 창고 등도 종물이다.

4. 관련 대법원판례

① 어느 건물이 주된 건물의 종물이나 부합된 부속건물이 아닌데도 불
　구하고 종물이나 부합물로 보고 낙찰허가를 받았다 하더라도 독립
　된 건물에 대한 낙찰은 당연무효이고, 따라서 낙찰자는 그 독립된

건물에 대한 소유권을 취득할 수 없다(대판).

② 저당권이 설정된 구건물이 멸실된 후 동일성없는 신건물이 신축된
경우, 구건물에 대한 근저당권에 기한 임의경매절차에서 낙찰자는
신건물에 대한 소유권을 취득할 수 없다(대판).

저당권의 효력이 미치는 목적물의 범위

관련된 문제의 정확한 해결을 위하여 저당권의 물적 효력범위를 정리해
보았다.

1. 부합물(附合物)

저당권의 효력은 저당 목적물의 부합물에도 미치는 바, 저당권이 설정
후에 부합된 경우에도 그 효력이 미친다.

1) 건 물

토지저당권의 효력이 건물에 미치지 않지만 저당권 설정 후 그 설정자
가 저당 지상에 건물을 건축한 때에는 저당권자는 토지와 함께 건물에 대
하여도 경매를 청구할 수 있다. 단, 건물의 매각대금에 대하여는 우선변제
권이 없다.

2) 수 목(樹木)

명인방법을 갖춘 수목이나 입목법상의 입목을 제외하고는 토지에 부합
된다. 그러나 농작물은 토지에 부합되지 않고 경작자의 소유로 된다(대판)
참고로 과수원은 농작물이 아니므로(대판), 일반 수목처럼 처리될 것이다.

3) 포락(浦落)한 토지

토지가 홍수나 해일에 의하여 포락후 다시 나타나면 소유권을 상실하므로 저당권도 무효이다(대판). 그러나 후술하는 물상대위의 법리는 가능하다.

4) 예 외

설정행위로 다른 약정을 한 경우

예컨대 저당권의 효력이 부합물에 미치지 않는다는 설정행위를 하면 저당권의 효력이 그에 미치지 않는다. 다만 저당권등기시에 이 내용도 등기해야 제3자에 대항할 수 있다(부동산등기법 제 140조 제1항)

법률상의 특별규정이 있는 경우

법률에 특별한 다른 규정이 있으면 저당권의 효력이 부합물에 미치지 않게 되는데, 예컨대 민법(지상권자·전세권자·임차인이 식재한 수목, 축조한 건물 기타의 공작물 등과 같이 타인의 권원에 의하여 부속시킨 물건), 기타 공장저당법 등이 있다.

2. 종 물(從物)

저당권의 효력은 종물에도 미치는 바, 저당권 설정 후의 종물에도 저당권의 효력이 미친다(대판).

① 건물에 대한 저당권의 효력은 특약의 등기가 없는 한 그 대지이용권인 지상권·전세권·임차권에도 미친다(대판). 이때 낙찰자에게는 지상권이전등기청구권이 있다(대판).

② 건물 저당권의 효력은 건물소유를 위한 대지의 임차권에도 미치나 단지 임차권의 양도에는 임대인의 승낙이 필요하므로 임대인의 승낙이 없는 한 낙찰자는 임차권의 취득으로 임대인에 대항할 수 없다(대판). 결국, 임대인의 사전동의가 있는 경우에 한해서 임차권을

감정평가하게 된다.

③ 구분소유권의 목적인 건물의 전용부분에 관한 저당권은 공용지분
및 대지이용권에 관하여도 미친다.

3. 과 실(果實)

저당권의 효력은 저당 부동산에 대한 압류가 있은 후에 저당권설정자가
그 부동산으로부터 수취한 과실 또는 수취할 수 있는 과실에 미친다. 이에
는 법정과실(이자, 지료 등)과 천연과실(열매, 우유 등)을 포함한다.

4. 저당 부동산으로부터 부합물 · 종물의 분리 · 반출(산림의 벌채 · 가옥의 붕괴 등)

이미 반출된 때에는 저당권의 효력이 미치지 않으나 저당권자는 방해제
거청구권 또는 방해예방청구권에 기하여 그 반출을 금지할 수 있다(다수
설). 다만 이미 반출된 경우에는 기한의 이익을 상실하므로 저당권자는 저
당물보충청구권을 행사할 수 있고, 그것이 불법행위나 채무불이행에 해당
하면 손해배상청구권도 행사할 수 있다.

5. 물상대위(物上代位)

저당권은 저당물의 멸실·훼손 또는 공용징수로 인하여 저당권설정자가
받을 금전 기타 물권(보험금청구권·손해배상청구권·보상금청구권 등)에
대하여 행사할 수 있다.

다만, 지급 또는 인도 전에 압류해야 하는데, 압류는 제3자가 압류해도
되며, 배당요구의 종기까지 채권의 압류 및 전부명령이 필요하다(대판).

이 경우에 저당권자가 저당권이 아니라 집행권원에 의한 강제경매를 신
청한 경우라면 대위변제물에 대해서는 평등배당되므로(대판) 주의해야 한
다.

아파트 관리비체납의 문제

문제점

아파트의 체납관리비는 과연 누가 부담하는 것이 타당한가? 낙찰자인가? 아니면 관리비의 사용자가 체납관리비를 지불해야 하는가? 아니면 관리비 수령을 게을리한 아파트관리소인가? 만일 체납관리비를 낙찰자가 부담해야 하는 것이라면 경매목적물의 아파트거주자는 관리비를 체납시키는 것이 법적으로 타당하다는 이상한 결론이 될 뿐만 아니라 낙찰자로서는 체납된 관리비를 추가부담해야 하는 것이므로 결국 낙찰가를 하락시키는등 경매제도의 불신으로 이어질 수도 있다.

상식적으로 이해한다면 체납관리비는 그 사용자가 지불해야 할 것이다. 그런데 문제는 아파트관리규약상 새로운 입주자가 전 거주자의 체납관리비를 지불하지 않으면 관리소에서 새로운 입주자의 입주를 거부하고 있는데 있다.

즉, 아파트의 관리소에서는 체납된 거주자에 대해서 관리비독촉 등으로 관리비를 받아내야 함에도 불구하고 아파트관리규약을 근거삼아 오히려 새로운 입주자의 입주를 방해하는 것이다. 이하에서는 체납관리비와 관련된 대법원판례와 대책 등에 관하여 고찰키로 하겠다.

갈팡질팡하는 대법원판례

　체납관리비를 누가 부담해야 하는가에 관하여 대법원판례는 올팡갈팡하는 편이다. 1998년 4월 10일에는 사용자(거주자)가 부담해야 한다는 입장이었다. 아파트관리규약상의 입주자 부담규정은 민법상의 "동의없이 채무인 수없다"는 대원칙에 위반되기 때문에 낙찰자의 부담이 아니라는 것인 바, 매우 타당한 판례이다.

　하지만 최근 2001년 9월 20일에는 관리비를 사용량에 따라 늘어나는 전유부분 관리비와 사용과 무관하게 지급해야 하는 공용부분 관리비로 나누어, 전자는 거주자의 부담이고, 후자는 입주자의 부담이라고 판결한 것이 있다. 처음의 대법원판례가 타당함은 물론이다.

대 책

　결론부터 말한다면 입찰 전에 반드시 거주자의 체납관리비를 확인해야 한다는 점이다. 경우에 따라서는 수백만원이 되는 경우도 있으므로 주의해야 한다. 체납관리비를 명도 후에 확인하면 나중에 체납관리비 분쟁이 벌어져 매우 피곤한 일이 벌어진다.

　체납된 관리비를 지불하지 않으면 낙찰자의 관리소에서 입주를 방해하므로 먼저 관리비를 지불한 이후에 관리소 또는 전 거주자를 상대로 소송을 해야만 관리비를 환급받을 수 있는 것이다. 하지만 소송을 반드시 이긴다는 보장도 없을 뿐만 아니라 설령 이긴다고 하더라도 피고가 경제능력이 없다면 역시 선지불한 관리비를 환급받는 방법이 없게 되는 것이다.

실 무

관리비체납에 대한 실무에서는 낙찰자가 관리비를 이사비와 연계시켜 협상하는 것이 통상적이다. 즉, 체납관리비가 100만원이라면 이사비협상 으로 200만원이 결정되면 이사나갈 때 100만원만 지급하면 되는 것이다.

종중재산(宗中財産) 경매에서의 문제

의 의

    종중이란 종족의 자연적 집단으로서 권리능력없는 사단(社團)이며, 그 종중 재산의 법적형태는 총유(總有－통설·대판)이다. 그런데 이 종중재산은 여러가지 법적 분쟁의 가능성이 매우 높다.

    그 가장 근본적인 이유는 종중의 입장에서는 가능한 한 그 재산을 처분하지 않으려고 노력하는데 반하여 그 종친회의 임원 중에서 경제력이 열악한 임원의 경우에는 가능한 한 그 재산을 매각하여 자신의 경제적 어려움을 해결하려고 노력한다는데 있다.

    요컨대 총친회 임원이 서류를 위조하여 자신의 이름으로 소유권이전등기를 한다든지 아니면 저당권을 설정해주고 자금을 융통한다면 이는 사원총회의 결의없는 관리처분행위로서 무효인 것이다. 따라서 종중재산을 낙찰받았다고 하더라도 무효인 소유권 내지는 저당권을 기초로 진행된 경매절차이기 때문에, 예고등기에서도 이미 상술한 바와 같이 낙찰자가 훗날 소유권을 상실할 위험성이 많다는 것이다.

대 책

종중재산의 경매에서는 경매의 근거가 된 소유권이전등기나 저당권설
정등기에 대해서 철저히 조사하여 진정하게 등기된 것인지를 확인하고서
입찰하든지 아니면 입찰을 포기하는 것이 바람직할 것이다.

유치원건물, 학교법인재산, 사회복지 법인재산 등의 경매에서의 문제

유치원건물의 경우에는 유치원 경영자의 소유라면 저당권설정등기가 날 수 없으므로 유치원경영자의 소유가 아닐 때에 한하여 입찰해야 할 것이다.

학교법인의 기본재산이나 사회복지법인의 기본재산의 경우에는 주무관청의 허가가 있어야 낙찰허가가 나므로 입찰시에 주무관청의 허가서가 제출되었는지를 확인한 후에 입찰하는 것이 바람직하다.

Q1. 민법상의 대위변제와 부동산경매에서의 대위변제가 다른 점을 설명하라
(참조 126p).

Q2. 대위변제가 발생하는 시기에 따라 입찰참여자의 대책을 설명하고, 입찰참여자로서 대위변제의 가능성을 미리 확인하는 방법에 언급하라(참조 127, 128p).

Q3. 세대합가를 확인하는 방법과 세대합가가 이뤄졌을 경우에 권리분석하는 방법을 설명하라(참조 130p).

Q4. 임차권의 양도와 전대에서의 법률관계를 설명하라(참조 132p).

Q5. 임차권의 양도와 전대가 이뤄졌을 경우에 입찰자의 대책을 설명하라(참조 134p).

Q6. 다가구주택에서의 주민등록 방법을 설명하고 다가구주택을 경매로 취득하고자 하는 사람이 주의해야 할 점을 설명하라(참조 135, 136p).

Q7. 법정지상권이 성립될 경우 낙찰자에게 어떤 불편이 따르는가를 토지낙찰자와 건물낙찰자를 구분하여 설명하라(참조 138p).

Q8. 저당권 설정 당시에 건물이 존재하다가 건물을 철거한 후 다시 건축하였다면 법정지상권이 성립할 수 있는가? 법정지상권이 성립한 건물이 멸실되어 다시 건축한 경우에 그 건물을 위한 법정지상권이 계속 존재하는가? (참조 142, 143p)

Q9. 저당권이 설정된 건물이 멸실되어 새로 건축한 경우에 그 새로운 건물에 저당권의 효력이 미치는가?(참조 144p)

Q10. 민법 제 366조의 법정지상권의 성립요건을 설명하라(참조 140p).

Q11. 법정지상권의 존속기간은 얼마인가?(참조 146p)

Q12. 토지의 경매가 종결되었을 경우에 그 지상의 수목의 집단(樹木集團)은 누구의 소유로 되는가?(참조 146p)

Q13. 관습상의 법정지상권의 성립요건을 설명하라(참조 147p).

Q14. 명의신탁에서의 법정지상권의 성립가능성을 설명하라(참조 149p).

Q15. 공유지분경매에서의 법정지상권을 설명하라(참조 150p).

Q16. 분묘기지권은 어떤 경우에 성립하는가?(참조 153p)

Q17. 대지사용권, 대지권, 대지권등기를 비교해서 설명하라(참조 156, 157p).

Q18. 대지권 발생 전에 전유부분에 대하여 이뤄진 저당권, 전세권, 가압류채권이 그 후 취득한 대지권에도 미치는가?(참조 164p)

Q19. 정보지상에 "대지권미등기"의 문구가 있을 때 입찰자의 대책은 무엇인가?

(참조 167p)

Q20. 토지별도등기의 문제점과 대책을 설명하라(참조 168p).

Q21. 공유물건의 지분이 경매에 나오면 응찰하지 않는 것이 좋다는 견해가 있다.
그 이유를 구체적으로 설명하고 그 반대의 견해에 대해서도 언급하라.

(참조 170p)

Q22. 상호명의신탁된 공유지분경매에서의 소유권이전등기 방법을 설명하라

(참조 170p).

Q23. 건물을 낙찰받아 입주하고 보니 내부 벽에 금이 나 있었다. 낙찰자는 어떤 대책
이 있는가? (참조 172p)

Q24. 입찰기록의 임대차현황에 "없음"이라고 되어 있어 안심하고 응찰하였으나 낙찰
후 임차인이 나타나 보증금을 인수하게 되었을 경우 입찰자는 어떤 대책이 있는
가?(참조 172p)

Q25. 경매가 취소될 수 있는 경우를 5가지만 들라.(참조 174p)

Q26. 최저경매가는 1억원, 경매신청채권자의 채권에 우선하는 전세권이 1억원, 경매
비용이 5백만원이라면 무잉여금지원칙을 피하여 경매가 취소되지 않게 하기 위
한 경매신청채권자의 매수신청가는 얼마이상이어야 하며, 실무상 그 매수보증

금은 얼마이겠는가? (참조 175p)

Q27. 사실과 합치하지 않는 주민등록에 대항력이 인정될 수 있는 경우를 설명하라
(참조 180p).

Q28. 위법건물경매에서의 문제점과 대책을 설명하라(참조 182p).

Q29. 낙찰자는 증축된건물·제시외건물의 소유권을 취득하는가?(참조 183p)

Q30. 저당권의 효력이 미치는 목적물의 범위를 설명하라(참조 183p).

Q31. 아파트의 체납관리비는 누가 지불해야 하는가?(참조 189p)

Q32. 아파트 체납관리비와 이사비협상실무와의 관계를 설명하라(참조 189p).

Q33. 종중재산 경매에서는 무엇이 문제될 수 있겠는가?(참조 191p)

Q34. 유치원건물, 학교법인재산, 사회복지법인재산의 경매에서는 무엇이 문제되는
가?(참조 193p)

제 7 장

권리분석의 일환으로서의 배당실무

권리분석과 배당

이미 여러번 강조한 바와 같이 배당원칙은 권리분석의 중요한 한 분과이다.

특히 선순위 세입자가 얼마를 배당받아 가는 지를 알아야 낙찰자가 부담하게 되는 대항력으로 인한 금액을 알 수 있는 것이고, 후순위 세입자의 경우에는 배당금이 얼마라도 있어야 명도에 그만큼 유리하기 때문이다.

즉, 세입자가 배당금을 얼마라도 받아 갈 수 있는데도 집을 비워 주지 않으면 낙찰자의 명도확인서를 받지 못하는 관계로 법원에서 배당금을 수령할 수 없고, 대신 그 배당금이 공탁되어 소송에서 패소하게 되면 연간 25%의 고리의 이자가 빠져나가 낙찰자에게 지급되므로, 세입자가 함부로 버티기가 쉽지 않은 것이다.

배당대상자

아래의 권리자들은 배당받을 자격이 있다. 그 중에서 ④, ⑤, ⑥, ⑦, ⑧은 배당요구종기일까지 반드시 배당요구를 해야만 배당대상자가 된다.

① 경매를 신청한 채권자

② 경매로 소멸하는 저당권자, 담보가등기권자, 전세권자, 가압류권자로서 경매신청등기 이전에 등기한 자

　담보가등기권자는 채권신고를 해야 배당되며, 1984년 1월 1일 이전의 담보가등기권자는 보전가등기로 분석해야 한다. 즉, 배당요구가 불가능하다(대판). 요컨대 1984년 1월 1일 이전의 담보가등기는 말소기준등기도 아닌 것이므로 권리분석상 매우 중요한 대목이다. 그 이유는 담보가등기법이 1984년 1월 1일부터 효력을 발생했기 때문이다.

③ 말소기준등기보다 앞선 전세권자로서 배당요구종기일까지 배당요구를 한 자

④ 경매신청등기 후의 저당권자, 가압류채권자

⑤ 매각기일 전에 대항력 요건과 확정일자를 갖춘 주택임차인과 상가임차인(배당요구종기일 이전까지 대항력 요건과 확정일자를 갖춰야 하는 것으로 법원실무가 될 가능성도 많다)

⑥ 경매신청등기 전까지 대항력 요건을 갖춘 소액보증금 주택임차인과 상가임차인

⑦ 판결문 등 집행력있는 정본을 받은 채권자

⑧ 임차권자, 임금채권자 등 민법·상법 기타 법령상 우선변제청구권이 있는 채권자

⑨ 압류했거나 교부청구한 국세·지방세 등 공과금채권자(교부청구는 배당요구종기일까지만 가능)

정지조건

청구권이 발생하지 않다가 일정한 조건이 성취되면 발생하는 경우 그 조건을 정지조건(停止條件)이라고 한다. 반대로 청구권이 발생했다가 일정한 조건이 성취되면 청구권이 소멸하는 경우의 조건을 해제조건(解除條件)이라고 한다.

① 건물의 일부에 대한 전세권자는 건물 전부에 대하여 우선변제권이 있으나 대지의 매각대금에 대하여는 배당을 받을 수 없다. 단, 집합건물의 경우에는 분리처분 가능규약이 없는 한 소유자가 대지사용권을 사후에 취득한 경우에도 대지의 매각대금에 대하여 우선변제권이 있다(대판)

② 주택의 임차인은 대지부분만 낙찰되더라도 배당된다(대판).

③ 압류등기만 되어있고 낙찰기일까지 채권계산서 또는 교부청구서를 제출하지 않은 경우에는 압류등기촉탁서에 의한 체납세액을 조사하여 배당할 수 있을 뿐이고 그후 배당시까지의 사이에 비로소 교부청구된 세액은 배당받을 수 없다(대판).

④ 근저당권자의 채권최고액을 초과하는 부분에 대하여는 일반채권에 불과하므로 다른 이해관계인이 있는 한 단순히 채권계산서의 제출만으로는 배당할 수 없고, 배당에 필요한 요건을 갖춰서 배당요구종기일까지 배당요구를 해야 한다. 이때 다른 일반채권자와는 안분배당을 받는다. 다른 이해관계인이 없는 경우에는 서울지방법원 실무에서는 배당요구없이도 배당하고 있다.

⑤ 배당요구종기일 이후에 이중경매를 신청한 채권자는 배당받을 수 없다.

⑥ 경매신청채권자가 배당요구종기일 전에 그 청구금액을 집행권원에 기재된 금액으로 확장한 채권계산서를 제출했다고 하더라도 경매신청 당시의 청구금액을 초과하는 금액에 대하여는 배당받을 수 없다(대판). 대법원판례에 의하면 근저당권자가 경매신청서에 피담보채권 중 일부만을 청구금액으로 기재한 경우에, 후에 청구금액을 확장하는 채권계산서를 제출했을 뿐 달리 배당요구종기일까지 이중경매를 신청하지 않은 이상 대신 배당받아 간 후순위채권자를 상대로 부당이득반환청구도 할 수 없다고 한다(대판).

⑦ 가압류권자에 대하여는 배당액을 공탁한 후 본안소송이 확정되면 그에 따라 배당된다. 또한 가압류채권자는 가압류 결정 당시의 청구금액을 넘어서는 이자와 소송비용 채권을 배당받을 수 없다(대판). 다만 가압류 결정의 피보전채권액으로 기재된 범위 내에서는 그 피보전채권 중 그 존재가 인정되는 부분 외에 그와 동일성이 인정되는 채권도 그 존재가 인정되는 한 포함시켜서 배당된다(대판). 또한 가압류집행이 취소 된 경우에는 다른 채권자가 피보전채권의 존재에 관하여 배당이의를 하지 않은 때에는 공탁된 배당액을 다른 채권자에게 추가배당할 것이 아니라 채무자에게 지급해야 한다(대판). 또한 채권액을 100만원으로 한 가압류에 대하여 50만원을 배당하였으나 그후 채권액이 50만원만 존재하는 것으로 밝혀진 경우에 서울지방법원 다수의 실무에서는 50만원 전부를 배당하고 있다.

배당금이 공탁되는 경우

(1) 정지조건부 채권(停止條件附債權)

경매로 소멸하는 저당권이나 가등기담보권의 피담보채권액이 정지조건에 걸려있는 경우나 명도를 조건으로 배당하는 주택임차인의 우선변제권, 최우선변제권 또는 전세권자의 경우에는 배당금이 공탁된다.
만일 조건의 불성취로 확정된 경우에는 이해관계인이 다른 채권자의 그 사실을 증명하면 재배당을 실시한다.

(2) 집행력있는 정본에 의하지 않고 배당요구한 채권을 채무자가 인락(認諾)하지 않을때

이 때는 채권확정의 소가 확정될 때까지 공탁한다.

(3) 가압류채권자의 미확정 채권에 대한 배당금

(4) 배당이의소송 미완결의 채권에 대한 배당금

(5) 배당받을 채권자가 불출석한 경우

이 때는 10일 동안 지급청구를 기다린 후 공탁한다.

(6) 집행정지 중의 채권에 대한 배당

집행력있는 정본을 가진 배당채권자에 대하여 집행정지서류가 제출된 경우에는 일단 배당액을 공탁한 후 본안소송의 결과에 따라 처리하게 되는데, 집행을 허용하지 않는 확정판결이 있으면 다른 채권자에게 추가배당을 실시한다.
또한 임의경매 진행 중 채무자가 저당권말소청구소송 등을 제기하고 집행정지가처분 결정을 받아 이를 경매법원에 제출한 이후, 다른 채권자의 신청에 의한 경매절차에서 배당을 실시하는 경우에도 동일하다.

(7) 저당권설정의 가등기권리자에 대한 배당

압류의 효력 발생(경매신청등기시) 전에 저당권설정등기 청구권보전을 위한 가등기 가 경료된 경우에는 배당액을 공탁한 후에 본등기가 경료되거나 또는 본등기에 필요한 서류(등기의무자의 동의서, 채권확인서, 확정판결 등의 서류

류)가 제출되면 배당금 을 지급한다.

만일 채권부존재 또는 소멸 등이 밝혀지면 추가배당을 실시한다(대판). 주의
해야 할 것은 말소기준등기보다 앞서서 경료된 저당권설정의 가등기는 낙찰
자가 인수부담하는 등기가 아니라는 점이다.

요컨대 저당권설정 등기청구권 보전을 위한 가등기는 말소기준등기도 아니
고 또한 말소기준등기보다 앞서서 등기되었다고 하더라도 낙찰자가 인수부
담하는 등기도 아니며, 단지 배당으로 해결되는 등기인 것이다.

배당요구의 방식

채권의 원인과 액수를 기재한 서면에 의하여 배당요구종기일까지(민사집행법 제84조 제1항)배당요구해야 한다.

제출된 서면의 제목이 권리신고서이든 채권계산서이든 채권의 원인과 수액이 기재되어 있으면 배당요구이다(대판). 또한 담보가등기권자는 배당요구종기일까지 채권신고를 한 경우에 한해 배당하며, 임차인이 배당요구를 함에 있어서는 임대차계약서 사본과 주민등록등본 각 1통이 필요하다.

그리고 경매부동산의 전소유자의 채권자 또는 경매개시결정 등기 후의 양수인의 채권자는 배당요구를 할 수 없으며, 경매절차 진행 중에 제3자에게 소유권이전등기가 된 경우에는 집행채무자에 대한 채권자도 배당요구할 수 없다. 다만 경매기입등기 이전의 가압류권자에 대하여는 미도래 채권이라도 배당하며, 배당요구종기일 이후의 배당요구라도 재경매가 실시되는 경우에는 적법한 배당요구로 된다.

또한 제3자가 연대채무자로서 채무를 중첩적으로 인수하고 근저당권변경의 부기등기까지 경료된 경우에 그 제3자의 채권자는 배당요구할 수 없으며(대판), 이행기가 도래하지 않은 채권의 채권자는 배당요구할 수 없다. 마찬가지로 납부기한이 도래하지 않은 조세의 교부청구도 부정된다

(대판).

배당요구를 하지 않은 자는 부당이득반환청구도 할 수 없다 (예외있음).

다만 배당요구를 하였으나 배당금이 잘못 배당된 경우는 부당이득반환 청구가 가능하다.

배당요구에 대한 불복신청

배당요구에 대한 각하결정이나, 각하결정을 하지 않고 배당표에서 제외하는 경우에는 집행에 관한 이의로 불복할 수 있다. 또한 부적법한 배당요구신청을 적법한 신청으로 받아들여 배당표를 작성한 경우에는 배당표에 대한 이의를 진술할 수 있으며, 이에 의하여 시정되지 않으면 집행에 관한 이의신청이 가능하다.

연대채무(連帶債務)

여러 사람의 채무자가 각자 동일한 내용의 급부를 할 독립된 채무를 부담하고, 채무자 중의 1인이 변제하여 채권자가 만족을 얻으면 다른 채무자의 채무도 함께 소멸하는 경우를 연대채무라고 한다.

채권신고

채권신고의 최고

법원이 경매개시결정을 한 때에는 개시결정 후 3일 내에 배당요구한 채권자나 등기부상의 가압류권자, 담보권자 등에게 채권계산서를 배당요구 종기일까지 제출할 것을 최고한다. 이는 과잉경매(過剩競買)여부를 판별하고 무잉여금지원칙을 판별하며 배당요구의 기회를 제공하기 위해서이다. 배당요구종기일 이후에는 채권액 증액은 불가능하지만 배당기일 3일 전까지 감액은 가능하다.

기재내용

채권의 원금(계산서 제출 당시의 원금액), 이자(배당기일까지의 이자), 비용(집행비용, 배당요구신청비용 등) 기타 부대채권(지연손해배상채권, 확정된 소송비용 등)의 지출비용을 기재한다.

강제경매의 경우 청구금액은 원금만 기재한 경우에는 배당요구종기일까지 청구금액을 확장하여 배당요구하지 않는 한 그 이자는 배당받지 못하지만(대판), 경매신청서에 청구금액으로 원리금을 기재한 이상 경매개시결정에 원금만이 기재되었다 하더라도 원리금을 배당받을 수 있다(대결). 경매신청서에 이자의 기재가 있으면 후에 채권계산서를 제출하면서 그 이율이나 종기를 확장하는 경우에는 금융기관에 한하여 인정된다.

채권계산서 불제출의 효과

① 배당요구가 금지되는 것은 아니다.
② 법원은 경매신청서, 배당요구신청서, 등기부등본 기타 집행기록에 첨부되어 있는 서류와 증빙에 의하여 채권을 계산하는데, 채권자는 배당요구종기일 이후에 위 채권을 보충할 수 없다. 예컨대 근저당권자는 채권최고액, 가압류채권자는 가압류금액(1995년 12월 8일 이전의 가압류는 가압류법원에 그 채권액을 조회), 압류등기의 경우는 압류금액(압류등기촉탁서에 의해 체납세액을 조사)이 배당된다. 다만 신청채권자 아닌 근저당권자는 배당요구종기일 이전에 제출한 채권계산서 상의 피담보채권액을 매각대금 완납시까지 발생한 채권이라면 매각기일 이후에도 증액할 수 있다(대판).
③ 계산서를 제출한 채권자는 배당요구종기일 이후라도 그 계산서에 오기(誤記)를 발견한때에는 보정(補正)할 수 있다. 다만 보정의 명목으로 새로운 배당요구는 할 수 없다.
④ 임의경매에서 경매신청채권자가 경매신청서에 채권의 일부만을 청구한 때에는 그 경매절차에서는 청구금액의 확장이 허용되지 않으므로 배당요구종기일까지 이중경매를 신청해야 확장할 수 있다. 피담보채권의 일부가 변제기가 도래하지 않은 경우에도 동일하며(대판), 청구금액의 한도에서는 배당요구종기일까지 다른 채권을 청구채권에 추가하거나 교환할 수 있으나, 경매신청 이후에 발생한 채권으로는 변경할 수 없다(대판).

⑤ 강제경매의 경우에는 신청채권자가 배당요구종기일까지 배당요구
를 통하여 청구채권금액을 확장할 수 있다는 점에서 임의경매의 경
우와 다르다.

공동경매(共同競買)

이중경매와 유사하면서도 본질이 전혀 다른 것으로 공동경매가 있다.
이는 채권자들이 공동으로 동일 부동산에 대하여 경매를 신청하는 경우로서
단독경매에 준하여 처리된다.
공동경매에서는 어느 한 채권자에 대한 집행정지나 취소사유 또는 어느 한
채권자의 경매취하는 다른 채권자에게 아무런 영향이 없으며, 아직 경매개시
결정을 하지 않은 상태에서 다시 다른 채권자의 경매신청이 들어 온 경우에
는 경매신청을 병합하여 1개의 경매개시결정을 하게 되는데, 이것도 공동경
매이다.

이중경매[二重競買]

실무를 하다 보면 사건번호가 두 개 이상 존재하는 경우도 흔히 있다.
이번 기회에 그에 관한 필요성 및 절차 등을 연구하기로 한다.

(1) 이중경매의 필요성

첫째로 무잉여금지원칙을 회피하기 위해서 필요하다. 이에 관하여는 이미 설명한 바 있다.

둘째로는 배당요구종기일까지 이중경매를 신청함으로써 청구금액을 확장하기 위해서 필요하다. 단 이 경우의 이중경매 신청은 선행경매신청 당시에 이미 발생한 채권 중 누락된 것에 한하고 선행경매신청 이후에 발생한 채권은 제외된다(대판).

셋째로 역시 배당요구종기일까지 이중경매를 신청함으로써 배당자격을 취득하기 위해서 필요하다. 만일 배당요구종기일 이후에 이중경매를 신청한 경우에는 선행사건으로 절차가 진행되는 한 이중경매신청에서의 압류채권자는 배당에 참가할 수 없다. 이에 반해서 이중경매신청이 배당요구종기일까지 이뤄진 때에는 그에 기한 압류의 효력이 배당요구종기일 이후에 발생했어도 배당받을 채권자로 취급된다. 물론 저당권자 등 물권을 가진 자는 그 권리에 따라 배당에 참가할 수 있다.

(2) 이중경매신청의 시기

매각대금을 완납하기 전까지 이중경매신청이 가능하다(다수설·대판).

(3) 이중경매개시 결정의 효력

① 경매절차는 선행절차에 따라 계속 진행된다. 이때 이해관계인의 범위, 경매기일의 통지, 이의·항고 등의 적부(適否) 등도 선행 경매사건이 기준이 되며(대판), 선행의 경매절차가 정지·취소되기 전까지는 후행의 경매신청인은 선행 경매절차에서의 최고가 매수신고인 등의 동의 여부에 무관하게 경매신청을 취하할 수 있다.

② 선행경매절차가 취하되거나 취소된 경우에는 무잉여금지원칙을 침해하지 않는 한(선행 압류채권자의 채권으로 인해서 무잉여금지원칙에 저촉 가능성 증가) 뒤의 개시결정에 의하여 절차를 속행한다. 이때 선행절차는 특별한 원용절차없이 그대로 후행절차에 원용된다. 즉 후행절차는 나머지 절차만 속행하면 되는 것이다. 선행 채권자가 지출한 집행비용 중 후행사건

에 그대로 인용된 절차비용은 공익비용으로서 선행채권자에게 우선 상환해야 하므로 배당기일에 그를 소환하여 상환한다.

③ 선행경매절차가 정지된 경우에도 무잉여금지원칙을 침해하지 않는 한 뒤의 경매개시결정에 의하여 절차를 속행한다. 다만 선행의 개시결정과 후행의 개시결정 사이에 용익권이 설정되거나 처분금지가처분등기가 경료된 경우에는 이들 권리가 낙찰에 의하여 소멸되지 않으면 선행절차가 존속하는 한 후행의 절차를 속행할 수 없으므로 법원은 그 용익권 또는 가처분의 유무를 조사하게 된다. 또한 매각허가결정이 확정된 후 경매절차 정지결정이 제출되어 대금지급 기일을 지정하지 못하고 있는 사이에 이중경매신청에 의하여 경매개시결정이 내려진 경우에는 후행사건에 기하여 대금지급기일을 지정해야 한다.

다만 선행사건의 정지사유가 해소되지 않은 채 배당에 들어가게 되면 선행절차의 압류채권자에 대한 배당금은 공탁된다. 후행절차 속행 중에 선행절차의 정지사유가 해소되는 경우에는 다시 선행절차로 환원된다.

(4) 이중경매 여부가 문제되는 경우

① 압류의 효력발생 후 경매부동산의 소유자가 변경되고 그 새로운 소유자의 채권자가 경매신청을 한 경우

이중경매는 동일한 채무자를 전제로 하므로 이 경우는 이중경매가 아니며, 이 때는 경매신청기입등기까지만을 하고 선행사건이 완결될 때까지 절차의 진행을 유보했다가 선행사건이 취소 또는 취하에 의하여 완결되면 후행사건의 절차를 진행하고, 선행사건의 절차가 진행되어 낙찰자 앞으로 소유권이 넘어가면 후행절차는 취소된다.

② 가압류 후에 채무자가 목적물을 제3자에게 양도한 경우에 그 제3자에 대한 채권자가 경매절차를 개시한 후에 가압류채권자가 본 집행으로서 경매신청을 한 경우

이 경우도 이중경매가 아니며, 이 경우는 선행의 경매절차는 사실상 정지되고 가압류채권자의 신청에 기한 경매절차에 따라 경매를 진행하며 이에 의하여 낙찰자 앞으로 소유권이 이전되면 선행의 경매절차는 취소된다. 만일 후행의 경매절차가 취소등으로 실효되면 선행의 경매절차에 의하여 경매절차를 다시 진행하게 된다.

주택·상가임차인에 대한 배당

경매를 신청하지 않은 임차인이 배당을 받으려면 반드시 배당요구종기일까지 배당요구해야 한다. 요컨대 배당요구없이 배당없다. 이는 우선변제권자로서의 배당이든 최우선변제권자로서의 배당이든 마찬가지이다.

우선변제권자로서의 배당

임차인이 만일 우선변제권자로서 배당받으려면 늦어도 매각결정기일까지는 대항력 요건(주민등록과 점유)과 확정일자를 받아 두어야 한다.

최우선변제권자로서의 배당

임차인이 만일 최우선변제권자로서 배당받으려면 늦어도 경매신청등기 전까지 대항력 요건을 갖춰야 한다. 따라서 경매신청등기 이후에 대항력 요건을 갖춘 경우에는 우선변제권자로서의 배당은 가능하더라도 최우선변제권자로서의 배당은 불가능하다. 이는 임차인이 최우선변제권자로서 배당받는 경우는 다른 권리자들의 이해관계가 그만큼 첨예하게 대립되기 때문일 것이다. 우선변제권은 순위에 따라 배당받을 권능이지만 최우선변제권은 순위를 무시하고 채권이면서도 물권보다도 앞서서 배당되는 권능이기 때문이다.

배당절차

① 이해관계인은 경매개시결정이 있는 때로부터 배당요구종기일까지 배당요구를 해야하며, 법원은 채무자에게 배당요구 내용을 알려 주고 그 채무자가 인정하는지를 신고받는다.

② 낙찰자가 대금을 납부하면 법원은 2주이내의 날로 배당기일을 정하고, 배당기일 3일전부터는 미리 작성한 배당표를 채권자와 채무자에게 열람시키는데(법원 담당계), 이 배당표에는 매각대금, 채권원금, 이자, 비용, 배당순위, 배당비율 등이 기재되어 있다. 낙찰자가 채권자인 경우에는 상계신청 등에 대비해서 실무상 통상적으로 잔금기일과 배당기일을 같은 날로 지정한다.

③ 법원은 배당기일에 이해관계인과 배당요구 채권자들을 소환하여 이의여부를 심문한 후에 배당표를 확정하는데, 배당표가 확정되면 배당을 실시한다. 만일 배당기일에 배당대상자가 출석하지 않거나 배당확정의 소송이 진행중인 경우, 그리고 주택인도를 하지 않은 임차인 등에 대해서는 그 배당금을 법원에 공탁하게 된다.

배당기일에 출석하지 않은 근저당권자를 위하여 배당금을 공탁한 후 그 근저당권의 피담보채무가 변제 등으로 소멸했음이 밝혀져 공탁된 배당금을 근저당권자에게 지급할 수 없는 명백한 사유가 발생한 경우에는 그 공탁금은 다른 채권자에게 추가로 배당되어야 하고 채무자에게 교부해서는 안된다(대판).

또한 압류의 효력 발생 전에 저당권 설정의 가등기가 경료되어 있는 경우에는 법원은 가등기권리자가 본등기를 했다고 가정하여 그에게 배당할 금액을 공탁하게 되는데, 후일 가등기권자가 본등기를 경료하거나 등기의무자의 동의서 등본등기에 필요한 요건을 구비한 때에 배당액을 지급하지만, 처음부터 당해채권이 존재하지 않거나 소멸했음이 밝혀진 때에는 추가배당이 실시된다(대판). 다만 서울지방법원 다수 실무에서는 위의 대법원판례에도 불구하고 소유자에게 교부하기도 한다.

④ 배당기일에는 이해관계인과 배당요구 채권자가 출석하여 배당표에 이의가 있으면 이의를 제기하고, 이의가 없으면 배당표를 확정하므로 반드시 참석해야 하며, 채권자나 채무자가 불참하는 경우에는 배당표에 동의하는 효과가 있으므로 주의해야 한다.

또한 출석하지 않은 상태에서는 이의신청이 불가능하며, 출석하지 않고 서면으로 이의를 제기한 경우에도 이의를 무시하고 배당하게 된다. 다만 채권자가 기일에 출석하지 않은 다른 채권자의 채권에 관하여 이의를 제기한 경우에는 출석하지 않은 채권자는 그 이의는 정당하다고 인정하지 않은 것으로 되며, 배당표에 대하여 이의가 있으면 그 이의있는 부분에 한하여 배당표는 확정되지 않는다.

배당표에 대한 이의

배당기일에 출석한 채무자 및 각 채권자는 배당표의 작성, 확정, 실시와 다른 채권자의 채권과 순위에 관하여 이의를 진술할 수 있다.

실무상으로는 임차인과 근로자의 우선변제권을 둘러싼 분쟁이 대부분이다.

1. 어느 채권에 대하여 어느 한도에서 그 존재 또는 우선권을 다투는가를
   (배당표가 어떻게 정정되기를 요구하는가를) 구체적으로 진술해야 한
   다.

2. 이유를 밝히거나 증거자료를 제출할 필요는 없다.

3. 이의사유

1) 절차상의 이의

배당표의 작성방법이나 배당실시 절차에 위법이 있음을 이유로 이의를
진술할 수 있다. 예컨대 매각허가결정이 취소되었음에도 불구하고 배당표
작성, 배당표에 기재할 수 없는 채권을 기재, 배당액에 산입해야 할 금액
을 탈루, 자기의 채권이 배당표의 기재에서 누락, 배당표의 기재상 계산착
오, 집행비용에 산입되어야 할 비용의 불산입 등이 절차상의 이의원인이
다. 이의가 정당하면 절차의 위법을 시정하고, 이의가 부당하면 응답하지
않은 채 배당표를 확정하여 배당한다. 만일 이 배당표 확정에 대하여 이의
있는 사람은 집행에 관한 이의를 할 수 있다.

2) 실체상의 이의

채권자 또는 채무자는 각 채권자의 채권의 존부, 범위, 순위에 관하여
실체상의 사유가 있는 경우에 이의를 신청할 수 있다. 채권자의 이의는 이
의의 결과 자기의 배당액이 증가되는 경우에 한정된다. 따라서 채권자는
자기보다 후순위 채권자의 채권에 관하여는 이의신청을 할 수 없다.

또한 매각대금으로 모든 채권자의 채권이 만족을 얻는 경우에는 모든
채권자는 이의신청을 할 수 없으며, 이의신청이 제기되면 배당법원은 그
적법 여부만을 심사할 수 있으며, 이의사유의 존부에 관하여는 배당이의
의 소에서 판단하게 된다. 따라서 부적법한 이의에 대하여는 각하의 재판
을(이에 대하여 이의자는 집행에 관한 이의가능), 적법한 이의에 대해서는

상대방 채권자에게 인부(認否)의 진술을 하게 한다. 이때 상대방 채권자가 이의를 정당하다고 인정하거나 다른 방법으로 합의된 때에는 그에 따라 배당을 실시하고, 이의가 완결되지 않으면 이의없는 부분에 한하여 배당을 실시한다.

4. 실체상 이의의 효과

1) 채무자가 이의신청한 경우

① 집행력있는 정본을 가진 채권자를 상대로 이의한 경우에는 그 채권자가 이의를 인정하지 않는 한 청구이의소(민사집행법 제154조 제2항))를 제기하여 배당기일로부터 7일내에 이를 증명해야 한다. 청구이의의소는 집행정지의 효력이 없으므로 집행정지가처분이 없으면 그대로 배당을 속행한다.

② 집행력있는 정본을 가지지 않은 채권자나 담보물권자에 대하여 이의를 신청한 경우에는 이의가 완결되지 않은 부분에 대하여 배당실시가 유보되고 배당기일부터 7일내에 채무자가 배당이의의소(동법 제154조 제1항)를 제기하여 집행법원에 증명하면 그 부분은 공탁되나, 만일 증명이 없으면 유보되었던 배당을 실시하게 된다. 소제기증명은 수소법원의 소제기증명서 또는 변론기일소환장 등을 제출하면 된다. 이의소가 소정기간 내에 제기되었으나 그 소제기증명서를 소정기간 후에 제출한 경우에는 아직 배당을 실시하지 않았으면 기간을 준수한 것과 동일하게 처리된다.

2) 채권자가 이의신청을 한 경우

상기 ②와 동일하게 처리된다. 만일 채권자가 배당표에 대한 이의를 하지 않은 경우에는 부당하게 배당받은 다른 채권자를 상대로 부당이득반환청구를 할 수 있다(대판).

5. 이의의 철회

이의가 철회되면 유보되었던 배당을 실시한다.

배당이의소를 제기한 후 배당표에 대한 이의를 철회한 경우에는 배당이의소도 부적법 각하된다. 다만 채무자가 청구이의 소를 제기한 경우에는 배당표에 대한 이의가 철회된 경우에도 소송이 유지되며, 집행정지의 서면이 제출되어 있는 이상 배당을 실시할 수 없다.

6. 배당이의의 소송

배당표에 대하여 실체상의 이의신청을 한 채권자 또는 집행력있는 정본을 가지지 않은 채권자나 담보물권자에 대하여 이의신청을 한 채무자가 이의의 상대방을 피고로 하여 상대방에 대한 배당표의 시정을 구하기 위하여 제기하는 소송을 배당이의소송(配當異議訴訟)이라고 한다.

1) 당사자적격

배당기일에 출석하여 이의를 제기했던 채권자 또는 채무자만이 원고가 되고(서면으로 이의를 신청한 자는 소송제기 불가 – 대판), 배당이의소송이 인용되면 배당액이 줄어들게 되는 채권자가 피고가 된다. 채무자를 피고로 할 필요는 없지만 채무자는 정당한 수령권자라고 생각되는 당사자측

보조참가(補助參加)

소송 중에 소송의 결과에 관하여 이해관계있는 제3자가 당사자 일방의 승소를 보조하기 위하여 그 소송에 참가하는 것을 보조참가라고 한다.

에 보조참가를 할 수 있다. 또한 소송에서 승소하더라도 배당받을 수 없는 채권자는 원고가 될 수 없으나, 현재 배당표상의 배당대상 채권자가 아니라도 배당이의소에서 승소하면 배당을 받을 수 있는 채권자라면 원고가 될 수 있다.

2) 제기기간

배당기일부터 7일 이내에 제기해야 한다.

3) 관할법원

배당법원이 관할한다(민사집행법 제156조 제1항). 다만 소송물의 가액이 단독판사의 관할에 속하지 않는 때에는 그 배당법원의 소재지를 관할하는 법원의 합의부가 관할하게 된다(동법 제156조 제2항).

4) 소가(訴價)의 산정

소가는 배당차액을 기준으로 산정되므로, 채권자가 원고인 경우에는 승소로 인하여 증가되는 배당액이며, 채무자가 원고인 경우에는 승소로 인하여 감소되는 배당액이 소가가 된다. 요컨대 배당액 자체가 소가로 되는 것이 아니므로 이해관계있는 당사자는 큰 부담없이 소송을 제기할 수 있을 것이다.

5) 청구취지

"○○지방법원 ○○타경 임의경매사건에 관하여 ○년 ○월 ○일 동 법원이 작성한 배당표 중 원고에 대한 배당액 금○○원을 금○○원으로, 피고에 대한 배당액 금○○원을 금○○원으로 경정한다."는 식으로 쓰면 될 것이다.

6) 청구원인

원고의 이익이 되도록 배당표의 변경을 가져오게 하는 근거가 되는 모

든 사유가 청구원인으로 될 수 있다 . 예컨대

① 피고의 채권액이 피고의 원고(채무자)에 대한 월세체납 등의 사유로 삭감되었다

② 피고의 채권이 당초부터 존재하지 않는다

③ 피고의 채권이 변제 기타의 사유로 소멸되었다

④ 피고의 채권이 채권양도 등으로 타인에게 귀속되었다

⑤ 피고의 채권에 우선권이 있다고 판단한 법원의 판단이 부당하다

⑥ 피고의 압류를 취소하는 재판이 있었다

⑦ 배당에 관하여 피고와의 사이에 원고에게 전부 또는 일부를 우선케하는 합의가 있었다

는 등의 사유가 청구원인이 될 수 있다. 청구사유는 배당기일 이후의 사유라도 무방하며, 원고는 채무자가 피고에 대해서 갖는 모든 권리(상계권 등)를 대위행사할 수 있다.

7) 입증책임

입증책임은 민사소송의 기본원리에 따라 원고가 입증해야 할 책임이 있다.

8) 소취하로 간주되는 경우

원고가 제1심의 최초의 변론기일에 불출석할 경우에는 소취하로 간주되므로 주의해야 한다(민사집행법 제158조). 제2회 이후의 변론기일이나 항소심 등에는 적용되지않으며, 소취하 간주는 피고의 출석여부와는 무관하다(대판).

9) 승소판결의 상대적 효력

배당이의와 관계없는 다른 채권자에 대한 배당을 고려함이 없이 피고가 수령할 수 없는 배당액을 그대로 원고의 채권액의 한도로 원고에 배당하

고 나머지가 있으면 피고에게 교부하게 된다(대판).

예컨대 제2순위 채권자가 제1순위 채권자를 상대로 제1순위 채권자에게 배당되게 될 5,000만원의 채권이 부존재한다는 주장으로 소송을 제기하여 승소했다고 하더라도, 당시 제2순위 채권자가 배당받을 수 있는 채권금액이 3,000만원 이라면 3,000만원만 제2순위 채권자에게 돌아가고 나머지 2,000만원은 그대로 제1순위 채권자의 배당금으로 된다는 결론이다.

즉, 제3순위 채권자에게 배당되거나 소유자에게 교부되는 것이 아니다. 한편, 배당을 실시하는 것은 실체법상의 권리를 확정하는 것이 아니므로 배당을 받아야 할 자가 배당을 받지 못하고 배당을 받지 못할 자가 배당을 받은 경우에는 배당에 관한 이의여부 또는 배당절차의 확정여부와 관계없이 배당을 받지못한 우선권자는 부당이득반환청구권이 존재한다(대판).

임금우선채권자라 하더라도 배당요구를 하지 않음으로써 배당에서 제외되었다면 후순위 채권자를 상대로 한 부당이득반환청구권도 존재하지 않는다(대판).

다시 말한다면 배당요구를 해야 배당금을 받을 수 있는 채권자가 배당요구를 하지 않음으로써 배당에서 제외된 경우에는 부당이득반환청구가 불가능하지만 배당요구를 했음에도 불구하고 여러가지 사정으로 배당이 나가지 않았을 경우에는 후순위 채권자를 상대로 부당이득반환청구가 가능하다는 것이다.

10) 배당의 실시

소송이 종료되면 소송결과에 따라 배당을 실시한다. 소송 당사자는 판결확정증명서, 배당이의소송 취하증명서, 또는 소취하간주증명서 등을 첨부하여 배당금 교부 또는 재배당실시를 신청하면 된다.

배당법원은 배당표에 이의가 없거나 판결주문에서 배당표가 정정된 경우에는 배당액에 상당한 금액의 지급위탁서를 공탁공무원에게 송부하고 지급증명서를 채권자에게 교부하게 된다.

또한 판결에서 배당표의 재작성을 명한 경우에는 배당표를 작성하여 관계 채권자에게 열람하게 하고 배당기일을 정하여 관계 채권자 및 채무자를 소환한다. 만일 임차인이 배당이의소송의 당사자인 경우, 소송 중에는 임차인도 명도거절이 가능하다(대판).

배당금 총액

매각대금에서 경매의 집행비용과 그동안 경매부동산을 관리한 사람이
쓴 관리비 및 수리비를 공제한 금액이 배당금 총액이다.

배당순위

제1순위

저당 부동산의 제3취득자(소유권자·지상권자·전세권자·등기한 임차권자)가 지출한 필요비·유익비가 제1순위로 배당된다(민법 제367조).

경매기입등기 이후의 제3취득자도 동일하다. 이들 제3취득자는 비용상환이 있을 때까지 유치권을 행사할 수도 있다.

기타 임차인 등이 지출한 필요비·유익비는 배당요구해도 일반 채권자의 순위로 배당될 뿐이다. 다만 물상보증인은 비용상환청구권이 존재하지 않는다(대판).

제2순위

주택·상가임차인의 소액보증금과 근로자의 최종 3개월 임금, 최종 3년간의 퇴직금(250일분의 평균임금을 초과 불가) 등이 제2순위로 배당되는데, 이 3가지는 비율배당된다.

임금채권을 우선변제받기 위해서는 배당요구종기일까지 배당요구를 해야 하지만 집행권원은 필요하지 않다(대판). 또한 근로자들이 대표자를 선임하여 그에게 배당요구 및 임금채권 추심에 관한 일체의 권한을 위임하고 그와 같은 내용의 위임장을 첨부하여 대표자명의로 배당요구를 해도 다른 근로자의 배당요구로서는 무효이나, 민사소송법상의 선정당사자의 배당요구는 유효하다. 또한 배당요구가 없어 배당받지 못한 임금채권자는 후순위 채권자를 상대로 부당이득반환청구도 할 수 없다(대판).

다만 임금 최우선변제권자가 당해 우선채권의 존재를 증명할 만한 문서를 제출하지 않고 단지 가압류등기를 했을 뿐일 경우는 일반 채권자와 동순위로 배당된다.

또한 집행력있는 정본없이 배당요구한 우선 채권자에 대하여 채무자가 다투는 경우에는 배당표확정을 뒤로 미루고 당해 우선채권자로 하여금 5일 이내에 채권확정의 소를 제기하도록 하며, 소를 제기하면 그 채권자를 포함시킨 배당표를 확정하되, 당해 배당액을 공탁하였다가 후에 소송결과에 따라 배당하는 바, 채권자가 패소한 경우에는 추가배당을 실시하게 된다.

제3순위(당해세)

선정당사자(選定當事者)

공동의 이해관계있는 다수의 사람이 공동소송인이 되어 소송을 해야 할 경우에, 총원을 위해 소송을 수행할 당사자로 선출된 자를 선정당사자라고 한다.

근로자의 임금우선청구에 대한 대책방안

근로자의 임금우선청구권이 제출되면 이해관계있는 채권자는 배당기일에 출석하여 다음 중의 어느 하나라도 주장하여 배당을 저지할 수 있다.

① 건물주의 고용인이 아니라 건물 임차인의 고용인일 경우에는 배당불가함을 주장

② 건물주의 고용인이라고 하더라도 배당요구종기일까지 배당요구를 하지 않았을 때에는 배당 불가함을 주장

③ 배당 가능한 금액은 최근 3개월 임금과 3년 퇴직금에 한하므로 과도한 금액이라면 배당 불가함을 주장

④ 다음과 같은 서류가 필요하므로 만일 서류가 미비되었다면 배당이 불법임을 주장

    ㉠ 노동부 지방관서의 체불임금확인서

    ㉡ 다음 중 어느 하나

- 임금채권이라는 법원의 확정판결
- 사용자가 작성한 근로자명부 또는 임금대장의 각 사본
- 사용자가 교부한 국민연금보험료 원천공제 계산서
- 사업자로부터 교부받은 근로소득에 대한 원천징수영수증
- 관할 세무서장이 교부한 근로소득세의 납세필증명서
- 국민연금공단이 발급한 국민연금보험료 납부사실확인서
- 국민건강보험공단이 발급한 건강보험료 납부사실확인서

당해 재산을 소유하고 있다는 사실 자체에 담세력을 인정하여 부과하는 국세·지방세(종토세, 재산세, 도시계획세, 상속세, 증여세 등) 및 그 가산금이 당해세인 바, 이 당해세가 제3순위로 배당된다.

취득세, 등록세 등도 당해세이긴 하지만 대법원에서는 제3순위 배당을 부정하고 있으며, 상속세도 당해세이지만 경매목적물의 소유자가 사망하여 상속된 경우에는 제3순위 배당이 부정된다(대판).

한편 당해세도 체납자의 다른 부동산에 대하여는 기타 국세·지방세로 배당받을 수 있으며(대판), 당해세는 저당권 설정자 자신에게 부과된 세금에 한하여 우선할 수 있고, 양수인에게 부과된 증여세라든가 설정자의 사망으로 인하여 그 상속인에게 부과된 상속세와 같은 당해세는 기존의 저

조세권의 법정기일

(1) 신고일

국세(소득세, 법인세, 부가가치세, 특별소비세, 주세, 증권거래세, 교육세, 교통세 등), 지방세(취득세, 등록세 등)

(2) 납세고지서 발송일

국세(양도소득세, 상속세, 증여세, 재평가세, 부당이득세, 전화세 등), 지방세(주민세, 자동차세, 농지세, 면허세, 재산세, 종합토지세, 도시계획세 등)

(3) 납세의무확정일

국세(소득세, 법인세, 인지세 등), 지방세(특별징수농지세, 특별징수주민세 등)

당권자에 우선하여 배당될 수 없다(대판).

제4순위

　저당권, 전세권, 담보가등기, 임차권등기있는 주택·상가임차권(주택의 경우에는 1999년 3월 1일 이후, 상가의 경우에는 2002년 11월 1일 이후의 임차권등기에 한정), 우선변제권있는 주택·상가임차권, 기타 국세·지방세가 제4순위로 배당되는 바, 이들은 시간 순서에 따라 배당된다.

　한편 국세·지방세는 압류일 기준으로 배당되는 것이 아니라 법정기일에 따라 배당되는 바, 그들이 다른 권리와 같은 날이면 세금이 우선하며, 동순위 조세간에는 압류한 조세가 교부청구한 조세보다 우선(압류선착주의)한다. 또한 납세담보로 제공된 재산을 매각하였을 때에는 압류여부와 무관하게 다른 국세·지방세보다 우선한다(국세기본법 제37조).

제5순위

　제2순위로 변제되는 임금 등을 제외한 기타 임금 등 근로관계로 인한 채권이 제5순위로 배당된다.

　저당권보다 후순위인 국세·지방세보다는 항상 선순위로 배당된다. 저당권자보다는 항상 후순위이고 조세보다는 항상 선순위이지만, 다만 조세가 저당권에 우선하면 조세보다 후순위로 배당된다. 또한 제5순위 채권자가 압류등기를 한 후에 근저당권 등이 설정된 경우라면 압류의 효력으로 인해서 그 저당권보다 우선하여 배당된다(대판).

제6순위

각종 공과금채권(산업재해보상보험금, 국민건강보험금, 국민연금보험료 등)이 제6순위로 배당된다. 다만 이들이 압류등기를 한 후 근저당권등기 등이 설정되면 압류의 효력 때문에 그와 안분배당설(1997년 대판)도 있지만 그에 우선 배당(1998년 대판)이 타당하다.

제7순위

가압류채권과 집행력있는 일반채권이 제7순위로 배당되는데, 이들 간에는 비율배당된다. 체납처분에 의하여 징수할 수 있다고 규정된 일반 공과금이나 과태료 등도 일반채권과 동순위로 배당된다. 한편 집행력있는 정본없이 배당요구한 일반채권자에 대해서는 실무상 일단 제출된 관계자료에 의하여 배당표를 작성한 다음 배당이의가 제기되는 여부에 따라 후속절차를 진행시키기도 한다.

추심명령(推尋命令)과 전부명령(轉付命令)

추심명령이란 피압류채권을 채무자를 대신하여 대위절차없이 제3채무자로부터 추심할 권한(지급받을 권한)을 압류채권자에게 부여하는 집행법원의 재판이며, 전부명령이란 피압류채권을 권면액(券面縊－명목상의 가액)으로 지급에 갈음(채권변제에 대신)하여 집행채권자에게 이전하는 재판이다.

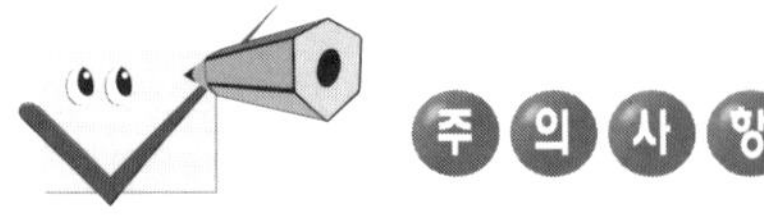

① 가압류채권이 담보물권보다 앞서 등기된 경우에는 먼저 가압류등기보다 후순위로 배당받을 권리들을 가압류와 동순위로 간주하여 비율배당한 후, 뒤진 권리들끼리 다시 흡수배당한다. 이때 확정일자부 임차권도 저당권과 동일하게 처리한다(대판).

② 조세는 저당권과 달리 가압류보다 뒤져도 비율배당하지 않고 우선배당한다. 예컨대 가압류등기, 근저당권등기, 기타 조세, 가압류등기 순으로 등기된 경우, 먼저 비율배당 한 후 근저당권이 그 이후의 권리에 대해서 흡수배당하고, 다시 기타 조세가 두 가압류로부터 자신의 채권액이 만족될 때까지 두가지 채권액의 비율에 따라 흡수배당된다. 이를 순환배당이라 하는 바, 이는 서로 모순되는 순서에서의 배당을 의미한다.

③ 저당권자의 저당권부 채권이 압류·가압류된 경우에도 가압류자를 저당권자로 보아 배당표를 작성하되 배당금을 공탁하게 된다. 이 저당권자의 경매신청도 적법하다. 한편 압류·가압류채권자는 추심명령이나 전부명령을 받아 배당금을 수령하게 된다.

④ 저당권자에 대하여 처분금지가처분이 된 경우에는 다시 지급금지가처분을 받아야 저당권자에 대한 배당금지급을 막을 수 있다.

1. 다음과 같은 순서로 권리가 설정되어 있을 경우에 경매비용없이 500만원
   이 배당된다면 배당결과는 어떻게 되겠는가?

   ① 가압류채권액 400만원

   ② 저당권채권액 200만원

   ③ 당해세 아닌 조세 300만원

   ④ 가압류채권액100만원

2. 다음과 같은 순서로 권리가 설정되었다면 경매비용없이 1억원이 배당된다
   면 배당결과는어떻게 되겠는가?

   ① 가압류 2,000만원

   ② 저당권 6,000만원

   ③ 가압류 4,000만원

   ④ 저당권 8,000만원

3. 다음과 같은 순서로 권리가 설정되어 있을 경우에 경매비용없이 8,200만
   원이 배당된다면 배당결과는 어떻게 되겠는가?

   ① 가압류채권액 2,000만원

   ② 저당권채권액(1996년 설정) 4,000만원

   ③ 임차권(서울·주민등록, 확정일자 없음) – 배당요구 4,000만원

   ④ 임차권(서울 2000년 주민등록, 확정일자 구비) – 배당요구 3,000만원

   ⑤ 가압류채권액 1,200만원

4. 다음과 같은 순서로 권리가 설정되어 있을 경우에 경매비용없이 1억원이
   배당된다면 배당결과는 어떻게 되겠는가?

   ① 가압류채권액 5,000만원

   ② 임차권(서울·확정일자) 4,000만원

   ③ 근저당 채권액(1996년 설정) 3,000만원

   ④ 당해세 아닌 조세 4,000만원

   ⑤ 가압류채권액 2,000만원

정답

① 제1순위 가압류자 0원, 제2순위 저당권자 200만원, 제3순위 당해세 아닌 조세 300만원, 제4순위 가압류자 0원

② 제1순위 가압류자 1,000만원, 제2순위 저당권자 6,000만원, 제3순위 가압류자 1,000만원, 제4순위 저당권자 2,000만원

③ 제1순위 가압류자 1,000만원, 제2순위 저당권자 4,000만원, 제3순위 임차인 1,600만원, 제4순위 임차인 1,600만원, 제5순위 가압류자 0원

④ 제1순위 가압류자 0원, 제2순위 임차권자 4,000만원, 제3순위 근저당권자 3,000만원, 제4순위 당해세아닌 조세 3,000만원, 제5순위 가압류자 0만원

해 설

1. 말소기준등기가 가압류등기이므로 낙찰자가 인수부담해야 할 금액은 없다.

제1순위 권리자가 가압류자이므로 자신을 포함해서 그 이후의 전체 배당대상자의 총 채권금액 1,000만원을 비율배당해 본다. 즉

- 1순위 가압류자 500원 × 400/1,000 = 200만원
- 2순위 저당권자 500원 × 200/1,000 = 100만원
- 3순위 조세 500원 × 300/1,000 = 150만원
- 4순위 가압류자 500원 × 100/1,000 = 50만원

즉, 제1순위 가압류자에게 200만원이 비율배당액으로 계산되는 결과 나머지 300만원은 그 이후의 권리자들의 몫이 된다. 그런데 2순위자부터는 순서가 정해져 있으므로 저당권자에게 200만원이 배당되고 당해세 아닌 조세로 100만원이 배당되는 것으로 일응 계산된다. 즉 제1순위 가압류자 200만원, 제2순위 저당권자 200만원, 제3순위 조세에게 100만원이 배당되는 것으로 계산되는 것이다.

하지만 당해세 아닌 조세는 가압류자로부터는 자신의 채권액이 만족될 때까지 가압류자들 간의 채권액 비율에 따라 흡수하므로, 제1순위 가압류자는 조세에게 200만원을 다시 뺏기게 된다. 결국 제2순위 저당권자에게 200만원이, 제3순위 당해세 아닌 조

세에게 300만원이 배당되는 것이다.

2. 이 문제 역시 낙찰자가 인수부담해야 할 금액은 없다. 또한 제1순위자가 가압류자이
   므로 먼저 비율배당을 해 본다.

> - 제1순위 가압류자 1억원 × 2,000/20,000 = 1,000만원
> - 제2순위 저당권자 1억원 × 6,000/20,000 = 3,000만원
> - 제3순위 가압류자 1억원 × 4,000/20,000 = 2,000만원
> - 제4순위 저당권자 1억원 × 8,000/20,000 = 4,000만원

결국 제1순위 가압류자에게 1,000만원이 배당되는 것으로 계산되고, 나머지 9,000만
원은 그 이후의 권리자들의 몫이 된다. 그 9,000만원 중에서는 저당권자가 제1순위
권리자이므로 6,000만원이 배당되는 것으로 계산된다. 그 나머지 금액인 3,000만원
이 제3순위 가압류자와 제4순위 저당권자의 몫인 것이다. 하지만 그 둘 중에서는 가
압류자가 앞서므로 다시 비율배당을 해야 한다. 즉

> - 제3순위 가압류자 3,000원 × 4,000/12,000 = 1,000만원
> - 제4순위 저당권자 3,000원 × 8,000/12,000 = 2,000만원

따라서 제1순위 가압류자에게 1,000만원, 제2순위 저당권자에게 6,000만원, 제3순위
가압류자에게 1,000만원, 제4순위 저당권자에게 2,000만원이 배당된다.

3. 이 문제 역시 말소기준등기는 가압류등기로서 낙찰자가 인수부담해야 하는 금액은 없
   다. 임차인도 모두 후순위자이므로 배당을 받고 안 받고는 법원과의 문제일 뿐, 낙찰
   자가 부담해야 할 임차보증금은 없다. 또한 주의해야 할 점이 있다면 임차인이 확정
   일자까지 구비하고 있다고 하더라도 우선변제권으로 배당받는 것이 아니라 그보다
   먼저 최우선변제권으로 배당액을 계산한 후에 모자라는 금액은 우선변제권의 기준시
   점에 따라 다시 배당액을 계산하게 된다는 점이다. 또한 최우선변제금은 현행법에 따
   르되, 먼저 설정된 담보물권자에 대하여는 그 당시의 법에 따른다는 점이다.

우선 최우선변제금을 계산해야 한다. 1996년도에 저당권이 설정되어 있으므로 그 당
시의 주택임대차보호법령에 따르면 제3순위 임차인은 최우선변제권자에 해당되지 않
는다. 따라서 제4순위 임차인만 1,200만원의 최우선변제금을 받을 수 있게 된다.
즉 배당금 총액 8,200만원 중에서 1,200만원은 가장 먼저 제4순위 임차인에게 배당
되는 것이다. 그 나머지가 7,000만원인 바, 제1순위자가 가압류자이므로 비율배당을
해야 한다. 그리고 비율배당을 위해서는 제3순위 임차인의 본질을 파악해야 한다. 즉,
그 임차인은 확정일자가 없어서 우선변제권자도 아니며, 또한 제2순위 저당권자와 제

4순위 확정일자부 임차인에 대해서는 최우선변제권자도 아니다. 결국 비율배당을 계산함에 있어서 그 임차인의 보증금을 계산해서는 안되는 것이다. 또한 제4순위자인 임차인은 최우선변제금으로 1,200만원이 계산되어 있으므로 1,800만원만 배당받으면 된다. 결국

- 제1순위 가압류자 7000 × 2000/9000 = 약 1,556만원
- 제2순위 저당권자 7000 × 4000/9000 = 약 3,111만원
- 제4순위 임차권자 7000 × 1800/9000 =   1,400만원
- 제5순위 가압류자 7000 × 1200/9000 = 약   933만원

즉, 제1순위 가압류자에게 1,556만원이 비율배당으로 계산되므로 그 나머지인 5,444만원은 그 이하 권리자들의 몫인 셈이다. 따라서 저당권자가 먼저 4,000만원을 배당받을 것이다. 그 나머지 금액은 1,440만원이 되는데 그 금액을 어떻게 처리할 것인가를 주의해야 한다.

즉, 사례의 경우에 더 이상의 저당권자가 없기 때문에 임차인의 최우선변제권을 다시 한번 검토해야 하는 것이다. 즉, 현행 주택임대차보호법령에 따르면 두명의 임차인이 모두 최우선변제권자로서 1,600만원씩 배당받아야 하므로 합계 3,200만원이 필요한 것이다.

그런데 이미 제4순위 임차권자에게는 1,200만원을 산정했던 것이므로 2,000만원이 더 필요한 셈이 된다. 그러나 남은 금액이 1,440만원밖에 없으므로 제1순위자인 가압류자로부터 나머지 556만원을 흡수하게 될 것이다.

결국 제1순위 가압류자 1,000원, 제2순위 저당권자 4,000만원, 제3순위 임차인에게 1,600만원, 제4순위 임차인에게 1,600만원, 제5순위 가압류자에게 0원이 배당될 것이다. 최우선변제금의 구체적인 금액을 산정하는 문제이기도 하고, 가압류자의 설움을 대변하는 문제이기도 하다.

4. 근저당권이 1996년도에 설정되었으므로 최우선변제권자는 없다. 따라서 먼저 비율배당을 해 보면

- 제1순위 가압류자 1억원 × 5,000/18,000 = 약 2,778만원
- 제2순위 임차권자 1억원 × 4,000/18,000 = 약 2,222만원
- 제3순위 저당권자 1억원 × 3,000/18,000 = 약 1,667만원
- 제4순위 조세권자 1억원 × 4,000/18,000 = 약 2,222만원
- 제5순위 가압류자 1억원 × 2,000/18,000 = 약 1,111만원

결국 제1순위 가압류자에게 돌아갈 2,778만원을 공제한 7,222만원이 후순위 권리자
들에게 돌아갈 몫이지만 그 이후의 권리자들은 순위가 정해져 있으므로 제2순위 임
차인에게 4,000만원, 제3순위 저당권자에게 3,000만원, 그리고 조세권자에게 222
만원이 배당되는 것으로 일응 계산되는 것이지만 당해세 아닌 조세는 자신의 채권을
만족얻을 때까지 가압류자로부터는 흡수하는 것이므로 제 1순위 가압류자로부터 다
시 2,778만원을 흡수하여 총 3,000만원이 배당되는 것이다.

Q1. 배당요구를 하지 않아도 배당받아가는 권리자는 누구인가?(참조 199p)

Q2. 배당요구를 해야만 배당받을 수 있는 경우, 언제까지 배당요구를 해야 하는가?
(참조 199p)

Q3. 건물 일부에 대한 전세권자의 배당에 대해 설명하라(참조 201p).

Q4. 근저당권자의 채권최고액을 초과하는 부분에 대한 배당을 설명하라(참조 201p).

Q5. 가압류권자에 대한 배당을 설명하라(참조 201p).

Q6. 배당금이 공탁되는 경우는 어떤 경우인가?(참조 202p)

Q7. 저당권설정의 가등기 권리자에 대한 배당을 설명하라(참조 202p).

Q8. 채권계산서 불제출의 효과를 설명하라(참조 207p).

Q9. 이중경매의 필요성은 무엇인가?(참조 209p)

Q10. 임차인이 확정일자를 통해서 배당받으려면 언제까지 대항력요건과 확정일자를 구비해야 하며, 소액보증금으로 배당받으려면 언제까지 대항력요건을 갖춰야 하는가?(참조 211p)

Q11. 배당표에 대한 이의사유를 설명하라(참조 214p).

Q12. 배당표에 대한 실체상 이의의 효과는 무엇인가?(참조 215p)

Q13. 배당이의소송에서 소취하로 간주되는 경우를 설명하라(참조 218p).

Q14. 배당이의소송에서 승소판결의 상대적 효력을 설명하라(참조 218p).

Q15. 배당에서 제1순위자는 누구인가?(참조 222p)

Q16. 당해세에 대한 배당을 설명하라(참조 223p).

Q17. 국세·지방세에 대한 배당을 설명하라(참조 225p).

Q18. 가압류채권이 담보권보다 앞서 등기된 경우의 배당원칙을 설명하라(참조 228p).

Q19. 추심명령과 전부명령을 비교·설명하라(참조 227p).

Q20. 국세와 가압류 사이의 배당원칙을 설명하라(참조 228p).

제 8 장

주택·상가건물 임대차보호법 실무해설

주택·상가건물 임대차보호법은?

주택임대차보호법은 집없는 서민의 철갑방패로서, 세입자가 보증금을 반환받지 못한 채 거리에 내쫓기는 것을 방지하기 위해 1981년 제정된 강행법규다.

즉, 보증금을 내고 타인의 집에 세들어 살고 있었으나 그 집을 집주인이 다른 사람에게 팔아 버리거나 아니면 집주인의 빚때문에 경매에 부쳐져 타인이 낙찰받은 경우에 세입자는 보증금을 받지도 못한 채 새주인이 집을 비우라면, "매매가 임대차를 깨뜨린다"는 법언(法諺)에 따라 할 수 없이 세입자는 거리에 나앉아야 했던 것이다.

그렇다고 해서 집주인을 상대로 임차권등기를 해 달라고 해도 집주인은 "그런 식으로 까다롭게 나올려면 다른 집이나 알아 보라."면서 등기를 해주지 않는 경우가 대부분이다. 그런 과정에서 만들어진 법이 바로 주택임대차보호법이다. 그 이후 몇번의 개정을 거쳐 1999년 3월 1일 부터는 드디어 임차인 스스로 임차권등기를 신청할 수 있도록 개정되어 임차인의 지위가 더더욱 강화되기에 이르렀다.

상가 임대차의 경우에도 사정은 마찬가지이다. 상가 임대차는 서민의 생계수단임에도 불구하고 많은 권리금과 시설비를 투자하여 영업을 하다가 권리금은 커녕 보증금도 돌려받지 못한 채 새로운 소유자에게 원상회복의무를 부담하는 경우가 허다하였다. 이를 시정하기 위해서 상가건물임대차보호법이 제정되어 2002년 11월 1일부터 시행되고 있는 것이다. 이하에서는 주택임대차보호법을 위주로 설명하면서 상가임대차보호법의 다른 점에 관하여 언급하기로 한다.

또한 본서 「제5장 주택·상가임대차보호법의 실무분석」에서 충분히 다루어진 주택·상가 임대차보호법의 주요사항 및 쟁점들을 이 장에서도 반복학습을 위해 다시 그대로 언급될 것이다.

이미 공부한 사항이라면 편안한 마음으로 다시 읽어가면 되겠으나, 아직도 임대차보호법과 관련한 확실한 지식이 부족한 경우라면 여기서 체계화할 수 있도록 하면 될 것이다.

주택임대차계약의 의의

주택임대차라함은 임대인이 임차인에게 주거용 건물을 사용·수익케할 것을 약정하고 임차인은 임대인에게 차임(借賃)을 지급할 것을 약정함으로써 성립하는 채권계약으로서, 물권계약인 전세계약과 다르다.

전세권은 반드시 전세권등기가 되어야 전세권으로서의 효력이 있는 것이지만 임차권은 임차권등기가 나든 안나든 상관없이 임차권으로서의 효력이 있다.

다만 임차권등기가 나면 그때부터 제 3자에 대하여 대항력이 발생하게 되는데 주택임대차보호법에서는 그 대항력을 좀더 쉽게 인정하고 있다는 점에서 매우 특색이 있다.

그리고 차임(借賃)을 지불하는 방법으로는 두가지 방식이 있다. 그 하나는 매월 얼마씩 지불하는 방식이 있고, 또 하나는 거액의 보증금을 일시불로 지불한 후 그 이자를 받지 않음으로써 차임에 대신하는 방식도 있다. 통상적으로는 전자를 월세, 후자를 전세라고 하지만 원칙적으로 그 모두가 임대차일뿐이며, 후자를 민법상의 전세권과 구별하기 위해 특히 '채권적전세'(債權的傳貰)라고 말하기도 한다.

주택임대차보호법의 물적 적용범위

임대차법은 주거용건물의 전부 또는 일부의 임대차계약에 적용된다.

경매목적물의 현장답사를 하다보면 상가같기도 하고 주택같기도 한 겸용주택의 경우가 간혹 눈에 띈다. 그것을 상가로 보면 임차인이 점유하는 전체가 주택임대차보호법의 적용이 없는 경우이며, 주택으로 보게되면 임차인이 점유하는 면적의 전체에 대하여 주택임대차보호법이 적용되는 경우가 되는 것이다. 그 판단기준을 명확히 인식할 필요가 있다.

다만 2002년 11월 1일부터는 상가건물임대차보호법이 시행되고 있으므로 그 구별의 필요성이 과거보다는 줄어든 편이다. 즉, 주택임대차보호법의 대상이 아니라고 하더라도 대부분의 경우에는 상가건물임대차보호법이 적용될 것이기 때문이다.

주 택

1. 의 의

주택임대차법은 우선 주택에 적용되는 법인데, 주택이란 토지에 정착하는 공작물 중 지붕 및 기둥 또는 벽이 있는 것과 이에 부수되는 시설로서 사람의 일상생활인 주거의 기와침식(起臥寢食 - 일어나고 눕고 잠자고 밥 먹는 것)에 사용되는 것이다. 요컨대 주택임대차법은 상가·점포·사무실·공장 등 비주거용 건물에는 적용되지 않는다. 그 중에서 상가의 경우에는 상가건물임대차보호법이 적용될 것이다.

2. 주택여부의 판단

주택인지 여부는 공부(公簿)상의 기재에 의하여 형식적으로 판단할 것이 아니고 건물의 객관적 용도, 실제이용관계, 주변상황 등 제반사정에 비추어 실질적으로 판단해야 한다(대판).

또한 건물의 종류나 구조는 물론 본건물·부속건물, 허가건물·무허가건물, 등기·미등기건물 등을 불문하지만, 미등기건물, 무허가건물 등이 철거당하거나 사용승인을 얻지못하여 불이익을 당할 우려는 임차인이 부담해야 한다. 나아가서 연립주택과 같은 집합건물의 경우 지하실 등 공용부분은 전유부분의 부가물 또는 종물로서의 성격을 갖는 것이지만 실질적으로 주거용으로 사용되는 한 주택임대차보호법 적용된다(대판).

다만 주민등록은 공유부분이 아니라 전유부분에 대하여 해야 하므로, 연립주택 302호의 소유자 지분인 지하 302호를 임차한 경우에 지하 302호로 주민등록을 옮긴 경우에는 대항력을 행사할 수 없다(대판). 오피스텔이라도 주거용으로 임차하여 실질적으로 일상생활을 하는 한 임대차법이 적용되며(서울지법 판결), 다가구주택의 옥탑을 주거용으로 무단으로 용도변경하여 임대된 경우도 적용된다.

3. 주택인지 여부의 기준시점

주택인지여부의 기준시점은 임대차계약의 체결시점이다. 비주거용건물을 계약체결 후 임차인이 임의로 주거용으로 개조한 경우에는 임대인의 승낙이 있었다는 등의 특별한 사정이 없는 한 주택임대차보호법을 적용할 수 없다(대판). 따라서 계약을 체결할 때에는 비주거용건물이었으나 계약 체결시에 임대인과 주거용으로 개조하기로 합의했거나 주거용으로 개조한 이후에 계약을 체결한 경우에는 주택임대차보호법이 적용된다.

건물의 전부 또는 일부

건물의 일부가 독립성을 가져야 할 필요는 없다.

따라서 출입구·화장실·부엌 등을 주인 또는 다른 임차인과 공동으로 사용하더라도 주택임대차보호법이 적용된다.

겸용주택(兼用住宅)

점포가 딸린 주택 등 주택의 일부가 주거외의 목적으로 사용되는 경우, 즉 주거용과 비주거용 부분을 겸한 주택으로서, 이 겸용주택이 주택인가의 판단기준에 관하여는 견해의 대립이 있으나 판례는 구체적인 경우에 따라 그 임대차의 목적, 전체 건물과 임대차목적물의 구조와 형태 및 임차인의 임대차 목적물의 이용관계 그리고 임차인이 그 곳에서 일상생활을 영위하는지 여부등을 아울러 고려하여 합목적적으로 결정한다고 한다(대판).

즉, 비주거용 건물의 일부가 주거목적으로 사용되는 경우는 임대차법을 적용할 수 없고, 반대로 주거용건물의 일부가 주거 외의 목적으로 사용되는 경우라야 임대차법을 적용한다는 것이다(대판).

결국 임차건물의 주된 용도에 따라 주거용 건물인지 여부를 판단할 것이고, 주된 용도의 구별에는 주거용 부분과 비주거용 부분이 차지하는 면적 비율이나 그곳이 임차인의 유일한 주거인지 여부등이 중요한 요소로 작용한다는 것이다. 따라서 주거용 부분이 비주거용 부분보다 작은 경우라도 주종을 구별하기 어려울 정도로 주거용의 비중이 크다면 전체적으로 임대차법이 적용되는 것이다.

대법원판례

판례의 기본 입장이 어떤 것인지를 알기 위해 다음과 같은 판례를 소개
한다.

1. 주택으로 인정한 판례

① 임차인의 점유부분 중 일부분은 영업용 휴게실설비로 예정된 홀 1칸
   이 있지만 그 절반가량이 주거용으로 쓰이는 방 2칸, 부엌 1칸, 화장
   실 1칸, 살림용 창고 1칸, 복도로 되어 있고 그 홀마저 각 방의 생활
   공간으로 쓰여지고 있으며, 또다른 일부분에 위 방들의 난방시설이
   설치되어 있는 경우는 위 점유부분 모두가 주거용에 해당(대판)
② 면적의 절반정도는 방 2칸으로, 나머지 절반정도는 영업을 위한 홀
   로 건축되어 있었으며, 그러한 상태에서 방의 벽을 허물고 방 1칸
   으로 만들어 그 중간에 장롱으로 방을 구분하여 가족들과 함께 거
   주하면서 음식점 영업을 하여왔으며, 그 중 방 부분은 음식점 영업
   시에는 손님을 받는 곳으로 사용하고 그 외에는 주거용으로 사용하
   였고, 가족 4인 모두 그 외에는 다른 주택이 없었던 경우(대판).
③ 임차면적 30.94평방미터는 주거 및 과자점 경영목적으로 사용하기
   위해 임차한 것이고 임차 후 그의 처 및 3자녀를 데리고 입주하였
   으며, 방 1칸 약 9.2평방미터, 방입구 출입부분 약 5.74평방미터와
   제과점 16평방미터로 나뉘어 있는 데, 건물의 전 소유자가 각 방에
   보일러시설과 수도시설을 하여 주었으며 임차인은 입주 후 소유자
   의 승낙하에 방과 점포의 천정 위로 약 5.2평방미터의 다락을 설치
   하고 취학중인 자녀들의 공부방으로 사용하고 있으며, 각 방에 연

접하여 폭 1.6미터의 시멘트 가건물을 짓고 이를 부엌으로 사용한
경우(대판)

2. 주택이 아니라는 판례

① 여인숙을 경영할 목적으로 임차하여 방 10개 중 현관 앞의 방은 임
   차인이 내실로 사용하면서 여관·여인숙이란 간판을 걸고 여인숙업
   을 경영한 경우(대판)
② 임차인이 점포의 양 도로 측면에 두개의 커다란 양복점 간판을 걸
   고 진열대를 설치하여 그 점유부분에서 양복마춤등의 영업을 해오
   고 있으며, 또한 임차인의 점유부분은 그 넓이가 총 57.4평방미터
   인데 그 중에서 임차인이 주거용으로 사용하는 방 및 부엌부분은
   합계 10.23평방미터에 불과하고, 그 중 방은 불과 4.97평방미터에
   불과하여 점포 및 작업실로 사용되는 47.17평방미터에 비하여 아
   주 적은 경우(대판)

상가건물임대차보호법의 적용범위

어떤 건물이 위와 같은 주택이 아니라면 상가건물일 것이다. 그러나
상가건물임대차보호법에서는 두가지 제한을 두고 있다.

하나는 사업자등록의 대상이 되는 건물이어야 하고, 또 하나는 대통
령령에서 정하는 보증금 이내의 임대차에만 적용된다는 점이다.

즉, 서울특별시의 경우에는 2억4천만원, 수도권정비계획법에 의한
수도권 중 서울특별시를 제외한 과밀억제권역은 1억9천만원, 군지역
과 인천광역시를 제외한 광역시는 1억5천만원, 기타 지역은 1억4천만
원 이하의 보증금인 경우에만 상가임대차보호법이 적용되는 것이다.

다만 보증금 이외에 차임이 있는 경우에는 그 보증금에 월차임 기준
액의 100배를 합한 금액을 기준으로 적용여부를 판별하고 있다.

주택임차권의 대항력

의 의

임대주택의 양도 기타 후순위권리자에 의한 경매의 경우에도 존속기간의 보장을 받으며 보증금 관계도 임대차관계에 수반하여 새로운 소유자에게 이전된다는 의미이다.

쉽게 풀어서 쓴다면 "내 보증금 중 1원 한 장이라도 다 반환받지 못한 상태에서는 이 집에서 단 한발자국도 물러나지 않겠다"고 말할 수 있는 권리이다. 입찰참여자의 입장에서는 이러한 임차인의 대항력 행사로 인하여 매각대금 이외에도 추가부담이 된다면, 정상적인 상태에서 입찰하고자 한 예상 입찰가에서 그 대항력 행사로 인해 추가부담해야 할 금액만큼을 공제하고 입찰에 참여해야 할 것이다.

추가로 부담해야 할 금액을 예상하지 못하고 정상가로 입찰하였다면 그것은 경매사고가 될 것이다.

대항력을 갖는 시기

1. 대법원판례

대항력을 갖는 시점은 주택의 인도와 주민등록이 모두 갖춰진 다음날 오전 0시이다(대판). 즉, 인도가 먼저된 경우는 주민등록일 다음날 오전 0시가 대항력의 기준시점이고 주민등록이 먼저된 경우에는 인도 다음날 오전 0시가 대항력의 기준시점이다. 따라서 인도와 주민등록을 모두 마친 다음날에 저당권이 설정되었다면 그 임차인은 대항력을 구비한 선순위 임차인이 되는 셈이다. 또한 임대차계약체결 이후 주민등록과 점유이전을 마쳤으나 비주거용 건물이었던 경우에는 임대인과의 합의로 주거용으로 개조한 때에 대항력을 취득하게 된다.

2. 우선변제권의 기준시기와 구별

우선변제권의 기준시점은 대항력 기준시점과 확정일자일 중 나중의 일시이다. 즉 인도, 확정일자 다음에 주민등록이 된 경우에는 주민등록일 다음날 오전 0시를 기준으로 우선변제권이 발생하며, 주민등록, 인도 다음날에 확정일자를 받았다면 확정일자일이 우선변제권의 기준시점이다. 이는 매우 중요하므로 우선변제권에서 다시 후술할 것이다.

대항력요건

임차인이 대항력을 갖기 위해서는 주택을 인도받아야 하고, 주민등록이전을 신고해야 한다.

1. 주택의 인도

임차인이 대항력을 갖기 위해서는 임차인이 주택을 인도받아야 한다. 그러나 주택의 인도에는 현실인도 뿐만이 아니라, 간이인도(簡易引渡 — 임차인이 어떤 사정으로 이미 점유하고 있는 경우), 반환청구권의 양도에 의한 인도(임대인이 주택을 관리인에게 관리시키고 있었을 경우에, 임대인이 관리인에 대해 갖고있는 반환청구권을 임차인에게의 양도하는 경우), 점유개정(占有改定- 소유자가 임차인으로 계속 거주)으로 인한 인도 등 모두가 대항력을 갖는 인도방법이다. 또한 임차인이 임대인의 동의을 얻어 주택을 전대(轉貸)하고 그 전차인(轉借人)이 주택을 인도받아 주민등록을 마치면 그 다음 날부터 전차인도 대항력을 취득한다(대판).

2. 주민등록

실제 주민등록부에 기재되지 않았더라도 전입신고를 한 때에 주민등록이 있는 것으로 보고 있다.

배우자만 전입신고되어도 대항력을 갖으며(대판), 대항력은 적어도 낙찰기일까지는 계속 유지되어야 하기 때문에 이사갔다가 왔으면 온 시점부터 다시 대항력을 갖게 되는 것이다(대판). 또한 가족의 주민등록을 남겨둔 채 임차인만 일시적으로 주민등록을 다른 곳으로 옮긴 경우에도 대항력은 유지된다(대판).

한편 연립주택, 아파트 등 공동주택의 경우에는 동·호수를 표시하지 않고 그 지번만을 신고하여 주민등록을 옮긴 경우에는 유효한 공시방법이 되지 않는다(대판).

따라서 신축중인 연립주택의 임차인이 잘못된 현관문의 표시대로 "1층 201호"라고 전입신고를 마쳤는데 준공 후 그 주택이 공부상 '1층 101호'로 등재된 경우에는 대항력을 갖지 못한다(대판). 따라서 신축 중인 연립주택 등의 공동주택을 준공검사를 마치기 전에 입주하는 임차인은 준공검사를 마쳤다는 사실을 알게 됨과 동시에 반드시 동·호수를 다시 확인해야 한다. 준공검사전에 건축주가 편의상 붙여 놓은 동·호수가 준공검사와 더불어 바뀌는 경우가 허다하기 때문이다.

한편 전입신고일은 1994년 6월 30일까지는 주민등록표 상의 변동일난, 1994년 7월 1일부터는 전입일난이다. 또한 외국인도 출입국관리법에 의한 외국인등록표에 등록하면 보호된다(서울지법).

대항력의 내용

① 임대주택의 양수인(讓受人) 기타 임대할 권리를 승계한 사람(상속, 증여, 교환, 경매 등으로 소유권을 취득한 사람)은 임대인의 지위를 승계한 것으로 본다. 즉 주택의 양수인이 임대인으로서의 권리를 행사할 수 있으며 임대인으로서의 의무도 부담해야 한다. 따라서 임차인은 임대차계약 종료시에 현재의 소유자에게 보증금반환을 청구할 수도 있고, 부속물(附屬物)의 매수를 청구할 수도 있다.
② 위에서 말하는 임대차관계의 승계는 계약에 의한 승계가 아니라 당연승계이므로 종전의 임대인은 임대차관계에서 탈퇴하게 되고 양수인이 임대인의 모든 지위를 승계하게 된다.

따라서 임차보증금반환채무도 양수인에게 이전되며, 그에 따라 종전의 임대인은 그 채무를 면하는 것이다(대판). 요컨대 대항력을 구비한 임차인이 여러가지 사정으로 보증금 중 일부라도 반환받지 못한 경우에는 그 반환받지 못한 금액은 낙찰자가 직접 자신의 책임으로 반환해야 하는 것이다.

반환해준 후 전소유자에게 구상권을 행사할 수도 없음에 주의해야 한다. 만일 반환해 주지 않으면 임차인은 그 집에서 퇴거하지 않을 것이므로 결국 반환해주지 않을 수 없게 된다.

친인척간의 임대차

친인척 간에도 임대차가 인정되는가? 친인척 간에도 임차인으로서의 대항력이 있고 우선변제권이나 최우선변제권을 행사할 수 있는가?

경매실무상 많이 문제되는 경우인데, 법원실무에서는 부부사이 및 부모와 미성년 자녀 간에는 임대차관계를 인정하지 않지만 기타 형제간, 부자간, 기타 친인척 등일 경우에는 실체적 진실에 따라 판단하고 있다.

다만 부모와 성년의 자녀간에 임대차관계를 주장하는 서류가 법원의 입찰자료에 들어와 있을 경우에는 진실한 임대차관계일 가능성이 많지는 않을 것이다. 이런 경우에 거짓 임대차관계임을 입증할 자신있는 사람이라면 적절한 가격에 입찰하여 투자수익을 높일 수도 있을 것이다.

주택임대차의 존속기간

최단기간

계약기간이 너무 짧으면 임차인은 이사를 자주 다녀야 하고 또 임대료가 상승하는 불이익도 따르므로 임대차보호법에서는 최단존속기간제도를 마련하였는데, 이에 의하면 기간의 정함이 없거나 기간을 2년 미만으로 정한 때에는 임대차기간을 2년으로 보게 된다(상가의 경우에는 1년 – 상가건물임대차보호법 제9조).

그런데 구법에 의하면 예컨대 계약기간을 1년으로 정했을 경우 임대인과 임차인 모두에게 일률적으로 그 기간을 2년으로 보게 되어 양 당사간의 분쟁의 원인이 되었으나, 개정법에서는 임차인의 경우에는 2년 미만으로 정한 기간의 유효함을 주장할 수 있는 규정을 신설하여(상가의 경우에는 1년 – 상가임대차보호법 제9조 단서) 임차인보호에 만전을 기하였다. 결국 기간을 1년으로 정한 경우에는 임차인은 1년을 살 수도 있고 2년을 살 수도 있게 되었다.

최장기간

이에 관해서는 주택임대차보호법상의 정함이 없으므로 민법의 일반원칙에 따라 최장기간은 20년이 된다.

임대차관계의 존속의제

임대차가 종료한 경우에도 임차인이 보증금을 반환받을 때까지는 임대차관계가 존속하는 것으로 본다.

임대차가 종료된 이후에도 사실상 보증금이 반환되지 않는 경우가 많은데, 그런 경우 임차인을 주택임대차보호법상의 특별보호에서 방치하는 것은 부당하기 때문이다. 상가건물의 경우에도 동일한 규정이 있다(상가임대차보호법 제 9조).

계약의 갱신

1. 약정에 의한 갱신

주택임대차 계약이 종료한 후에 합의에 의해 갱신할 수 있음은 당연하다. 약정갱신의 경우에도 최단존속기간의 제한은 반드시 지켜져야 한다.

2. 묵시적갱신(默示的更新)

임대인이 임대기간 만료 전 6월에서 1월까지 또는 임차인이 임대차기간 만료 전 1월까지 상대방에 대하여 갱신거절의 통지 또는 조건을 변경하지 않으면 갱신하지 않는다는 뜻의 통지를 하지 않은 경우는 그 기간이 만료된 때에 전 임대차와 동일한 조건으로 다시 임대차한 것으로 본다.

다만 2기의 액에 달하도록 차임을 연체하거나 기타 임차인으로서의 의무를 현저히 위반한 임차인에 대해서는 묵시적갱신을 인정하지 않는다.

묵시적갱신이 된 경우 그 존속기간은 정함이 없는 것으로 되고, 임차인은 임대인에 대해 언제든지 계약해지의 통지를 할 수 있으며, 이 경우 해지통고는 임대인이 그 통고를 받은 날로부터 3월이 경과하면 효력이 생긴다(신설규정).

과거의 대법원 판례에 의하면 묵시적갱신의 경우 또 다시 2년의 임대차기간이 보장되었던 것인데, 이번에 임차인은 언제든지 계약을 해지할 수 있다는 규정을 신설한 것이다.

요컨대 묵시적갱신이 된 경우는 임대인에게는 2년의 기간이 의무로 되는 셈이고, 임차인에게는 언제든지 계약을 해지할 수 있는 권리가 인정된 것이다. 다만 과거에는 임차인이 해지통고를 했을 경우, 임대인이 통고를 받은 날로부터 1월이 경과하면 해지의 효력이 발생하던 것인데 현행법은 3월이 지나야 그 효력이 발생하는 규정을 신설한 것이다. 임대인과 임차인간의 이해관계를 균형시키기 위한 조치일 것이다.

한편 상가임대차의 경우에도 임대차기간 만료전 6월부터 1월까지 사이에 임대인이 임차인에 대하여 갱신거절의 통지 또는 조건변경의 통지를 하지 않은 경우에는 임대차기간이 만료된 때에 전 임대차와 동일한 조건으로 다시 임대차한 것으로 보게 된다는 묵시적갱신규정(상가임대차보호법 제10조 제4항)을 두고 있다. 이 경우 임대차 존속기간은 정함이 없는 것으로 보며, 임차인은 언제든지 임대인에 대하여 계약해지의 통고를 할 수 있고, 임대인이 그 통고를 받은 날부터 3월이 경과하면 그 효력이 발생하도록 하고 있다(동법 제10조 제4항, 제5항).

상가임차인의 계약갱신요구권

상가 임대차의 경우에는 이 밖에도 전체 임대차기간이 5년을 초과하지 않는 범위에서 임차인의 계약갱신요구권을 인정하고 있다. 즉 임차인이 임대차기간 만료 전 6월부터 1월까지 사이에 행하는 계약갱신요구에 대해서 임차인이 3기의 차임을 연체한 사실이 있는 등 법에 정한 정당한 이유가 없는 한, 임대인이 이를 거절하지 못하도록 규정하고 있는 것이다(상가임대차보호법 제10조 제1항).

이 때 갱신되는 임대차는 보증금을 제외하고는 전 임대차와 동일한 조건으로 다시 계약한 것으로 본다(동법 제10조 제3항).

보증금의 회수(回收)

임차인으로서는 보증금을 어떻게 돌려 받을 수 있느냐가 가장 중요한 문제인데 개정법에서는 이에 관해 임차권 등기명령제도 등 몇가지 획기적인 제도를 마련하였다.

잘 이해두었다가 현실거래에서 응용하시기 바란다.

임차인의 경매실행

임차인이 임차주택에 대하여 보증금반환청구소송의 확정판결, 기타 이에 준하는 집행권원(화해조서, 공증문서 등)에 기한 경매를 신청하는 경우에는 주택인도 등 반대의무의 이행 또는 이행의 제공을 집행개시의 요건으로 하지 않는다.(주택임대차보호법 제3조의2 제1항, 상가건물임대차보호법 제5조 제1항)

과거에는 세입자가 재판에서 승소한다고 해도 경매를 진행시키려면 주택을 인도해야 했었기 때문에 임차인으로서는 다른 집에 세들어 살아야 할 자금을 마련하기도 어려웠을 뿐만 아니라 임차인으로서의 우선변제권을 상실하는 문제점 등 법규정의 모순을 노출시켰었기 때문에 이번 개정법에서 그런 모순을 제거하기에 이른 것이다.

즉, 세입자가 그 집에 그대로 살면서도 경매를 진행시킬 수 있도록 개정된 것이다. 또한 보증금반환청구소송은 보증금이 아무리 거액이라 해도 소액사건심판법을 준용(準用)하도록 함으로서 보증금소송을 신속히 마무리짓도록 배려하였다(주택임대차보호법 제13조, 상가임대차보호법 제18조). 다만 임차권 자체의 효력으로서는 경매신청권이 없다는 점을 주의해야 한다.

이 점이 물권법상의 전세권과 다른 점이다.

즉, 임차인은 보증금반환청구소송에서 승소한 후에 그 판결의 효력으로서 경매를 신청할 수 있을 뿐이다.

보증금의 우선변제권

1. 의 의

우선변제권이란 임차주택이 경매 또는 체납처분 등에 의하여 매각됨으로써 임대차관계가 소멸될 경우 임대차의 종료로 인하여 발생하는 보증금반환채권을 임차주택의 환가대금으로부터 후순위권리자 기타 채권자보다 우선하여 변제받을 수 있는 권능이다.

경매의 경우를 들어 쉽게 표현한다면 우선변제권의 기준시점에 따른 순서에 따라서 법원에서 배당금을 받아 갈 수 있는 권능인 것이다.

거듭 강조하지만, 우리가 우선변제권을 공부하는 이유는 임차인이 얼마만큼의 배당금을 법원에서 받아 갈 수 있을 것인가 그 자체에 있는 것이 아니라, 선순위 임차인이 배당요구를 했어도 법원에서의 배당금이 임차보증금에 부족한 부분만큼은 임차인의 대항력으로 인하여 결국은 낙찰자가 인수부담해야 할 금액이 되는 것이기 때문에, 선순위 임차인에게 과연 얼마만큼의 배당금이 나갈 것인가를 연구하는 것은 권리분석상 필수적인 것이지 때문이다. 이런 의미에서 배당이론 역시 권리분석의 또 다른 측면임을 알 수 있을 것이다.

2. 우선변제권의 요건

1) 대항력요건의 구비 및 존속

대법원판례

우선변제권을 행사하기 위해서는 주택의 인도와 주민등록이라는 대항력요건을 구비하고, 매각결정기일까지 존속시켜야 한다(대판).

즉, 매각결정기일까지 대항력요건을 구비하지 않으면 그동안 가지고 있던 우선변제권은 소멸하고 만다.

따라서 집주인이 임차보증금을 반환해주지 않아서 임차인이 강제경매를 신청한 경우라고 하더라도 그 임차인은 매각결정기일까지는 그 집에서 주민등록을 퇴거할 수 없는 것이다.

그만큼 주택임차인의 거주이전의 자유가 제한되는 것은 어떤 다른 도리가 없는 것이며, 바로 그러한 문제점을 해결하기 위해서 현행 주택임대차보호법에 신설한 규정이 후술하게 되는 임차권등기명령제도인 것이다. 즉 임대차기간이 종료된 후 임차권등기를 마친 경우에는 대항력 요건의 유지는 더 이상은 불필요하게 된다.

실 무

하지만 실무상으로 고찰해 본다면 사실상 매각결정기일까지가 아니라 대금납부시까지 대항력 요건을 존속시켜야 한다.

왜냐하면 항고심에서 경매가 취소되어 신경매를 실시하거나 낙찰자의 대금미납으로 재매각이 실시되는 경우에는 이전의 매각결정기일이라는 것은 무의미하고 새로운 매각기일과 매각결정기일이 지정되기 때문이다.

여기에 더하여 훗날의 대항력 행사까지를 고려한다면 대항력 요건은 실지로 보증금 전액을 반환받을 때까지는 계속 유지시키는 것이 바람직할 것이다. 따라서 독자들은 혹시라도 공인경매분석사 시험에서라면 매각결정기일까지로 기억하되, 실무상으로는 최소한 대금납부시까지로 기억하는 것이 바람직하며, 나아가서 보증금 전액을 반환받을 때까지로 기억한다면 가장 안전한 방법이 될 것이다.

2) 계약서상의 확정일자

확정일자 구비시기

우선변제권을 행사하기 위해서는 매각결정기일까지는 계약서에 확정일자를 받아야 한다. 즉, 확정일자없이는 임차인의 우선변제권에 따른 법원의 배당은 없는 것이다. 그런 점에서 확정일자없이도 인정되는 대항력이나 최우선변제권과 다르며, 또한 우선변제권은 대항력 요건을 매각결정기일까지 구비존속시켜야 한다는 점에서도 경매기입등기 이전까지 구비해야 되는 최우선변제권과 다르다.

확정일자를 갖추는 방법

확정일자는 공증인, 법무법인, 공증인가 합동법률사무소, 지방법원 또는 지방법원지원 및 등기소, 전입신고가 처리된 관할 읍·면·동 출장소(1997.9.1부터)에서 받으면 된다. 원칙적으로 임대차계약서에 받아야 하나 임대차계약서에 대하여 서서증서의 인증을 받아도 요건을 갖춘 것이다(대판). 또한 아파트의 명칭이나 동·호수의 기재가 누락되더라도 무방하며(대판), 확정일자를 반드시 임차인이 받아야 하는 것도 아니다.

확정일자부 임대차계약서의 분실의 문제

만일 확정일자부 임대차계약서를 분실했을 경우에는 배당요구시 임대차계약서를 제출하지 못하더라도 다른 사정에 의하여 확정일자를 부여받은 사실이 충분히 입증된다면 우선변제권 행사에 지장이 없으므로(대판), 임차인은 확정일자를 부여 받았던 기관으로부터 확정일자부 사본을 교부받아 부동산중개업소에 보관중인 임대차계약서 사본과 함께 경매법원에 제출하면 된다.

3) 주택이 경매 또는 공매로 매각

우선변제권은 주택이 경·공매로 매각될 경우에만 인정되는 제도이다. 그 점에서 최우선변제권과 동일하지만, 매매, 교환 등의 법률행위에 의하여 임차주택이 양도된 경우에도 인정되는 대항력과 다르다.

4) 배당요구

우선변제권을 행사하기 위해서는 배당요구종기일까지 배당요구를 해야 한다(민사집행법 제84조 제1항). 과거에는 매각결정기일까지 배당요구를 했으나, 현행법은 배당요구종기일까지로 제한하여 경매절차의 신속을 꾀하고 있으로 주의해야 한다.

요컨대 배당요구없이 법원의 배당은 없는 것이다. 다만 임차인이 강제경매를 신청한 경우에는 배당요구가 불필요하다(수원지법 판결). 즉 경매신청 자체로 배당요구의 효과까지 인정하는 것이다.

또한 임차인이 배당요구를 하지 않음으로써 배당에서 제외된 경우 대신 배당받은 후순위 채권자를 상대로 부당이득반환청구도 할 수 없다(대판). 따라서 대항력이 없는 후순위 임차인이라면 반드시 배당요구를 해야하며, 배당요구를 하지 않으면 곧바로 보증금의 손실로 이어진다.

3. 우선변제권의 내용

1) 보증금의 우선변제

우선순위의 결정

확정일자부 임차인의 우선변제권은 담보물권에 준한 순서로서, 일반채권이나 건강보험료채권, 산업재해보상보험료채권 등에 대하여는 항상 우선하며, 소액 임차보증금, 최종3개월 임금 및 최종 3년간의 퇴직금채권(250일의 평균임금 초과불가) 기타 당해세(當該稅)보다는 항상 후순위로 배당된다. 확정일자부 임차인이 소액임차인의 지위를 겸하는 경우에는 먼저 소액임차인으로서 일정액을 우선 배당받고 그래도 남은 보증금이 있는 경우에는 그 금액은 우선변제권의 기준 시점의 순서에 따라 배당된다.

즉, 먼저 우선변제권으로 배당되고 그 금액이 최우선변제권으로 인한 배당액에 모자랄 때 다시 최우선변제되는 것이 아니다. 이것은 비율배당을 계산할때 분모의 숫자가 다르기 때문에 배당액에 차이가 나게 된다.

법인이 임차인인 경우에는 주택임대차보호법이 적용되지 않으므로 법인이 직원들의 복지후생을 위하여 주택을 임차하고 그 직원으로 하여금 주민등록을 마치고 거주하도록 한 경우에도 우선변제권은 인정되지 않는다(대판).

우선변제권의 발생시점

우선변제권의 발생시점 즉 우선변제권이 발생하는 기준시점은 대항력 요건의 기준시점과 확정일자일 중 나중의 일시이다. 따라서 입주하고 전입신고를 마친 날 이후의 날에 확정일자를 받은 경우에는 확정일자부여일을 기준으로 하며, 이 경우 확정일자일이 저당권등기일과 같을 때에는 임차인과 저당권자는 동순위로 비율배당을 받게 된다. 또한 입주와 전입신고를 마친 당일 또는 그 이전에 확정일자를 갖춘 경우에는 입주와 전입신고 중 늦은 날 다음날 오전 0시가 기준이 된다(대판).

따라서 입주와 전입신고를 마친 날에 확정일자를 갖추었는데, 그 다음 날 저당권이 설정되었을 경우에는 임차인이 저당권자에 우선하여 배당되는 것이다(서울지법 판결).

다만 우선변제권있는 임차인보다 앞서 가압류등기를 마친 경우에는 임차인과 가압류자 사이에는 비율배당이 되는데(대판), 이는 가압류의 특성으로 인한 것이다. 또한 대항력요건을 갖춘 후 확정일자를 구비한 날에 여러개의 저당권이 설정된 경우는 먼저 각 채권을 같은 순위로 보아 비율배당을 한 후 저당권 상호간에는 흡수배당을 하게 된다.

우선변제를 받는 대상

우선변제를 받는 대상은 대지를 포함한 주택의 환가대금의 전부가 대상이다.

이 점에서 소액보증금의 최우선변제권은 대지포함 주택가액의 1/2인 점과 구별된다. 또한 건물에 대한 경매신청이 취하되어 대지부분만 낙찰되더라도 보증금 전액에 대해 우선변제를 받을 수 있다(대판). 대지에만 저당권이 설정되었던 경우에도 보증금전액에 대해 우선변제가 가능하므로 결국 건물과 대지가 동시에 경매되든 시기를 달리하여 경매되든 임차인은 각 절차에 참여하여 우선변제를 받을 수 있는 것이다.

보증금의 증액과 우선변제권의 범위

실거래에서는 임대차기간이 만료될 시점에 가까워오면서 임차보증금을 증액하기로 하는 새로운 임대차계약을 체결하는 경우도 있다.

이런 경우에 그 증액부분에 대한 우선변제권의 기준시점이 문제가 된다. 하지만 증액에 관한 계약서에 확정일자가 없는 한 증액부분은 우선변제받을 수 없다는 점을 명심해야 한다. 만일 증액에 관한 확정일자가 있는 경우에는 증액부분은 그 날짜에 비로소 우선순위를 취득하게 된다.

2) 임차주택의 인도

인도와 보증금반환의무는 동시이행관계에 있다(대판). 이는 낙찰자에게 보증금반환의무가 있는 경우의 문제이므로 임차인이 선순위 임차인일 경우에 적용되는 표현이다. 만일 후순위임차인이라면 그 임차인이 법원에서 배당금으로 얼마를 수령하든 상관없이 낙찰자가 잔금을 완납하는 순간 주택을 낙찰자에게 인도해야 한다. 그 이후의 임차인의 점유는 부당이득이 되는 것이다.

또한 임차인이 배당금을 수령하기 위해서는 낙찰자가 작성한 명도확인서가 필요한 바, 명도확인서는 문자 그대로 명도를 확인함과 동시에 인도하는 것이 훗날의 법적 분쟁을 피하는 방법이 될 것이다.

4. 선순위 임차인의 몇가지 문제

1) 선순위 임차인의 의미

선순위 임차인이란 임차주택에 관하여 저당권·근저당권·담보가등기나 압류·가압류의 등기가 경료되기 전에 주택의 인도와 주민등록이라는 대항력요건을 갖춘 임차인을 말하는 것인 바, 입찰자가 항상 신경써야 하는 부분이 바로 이 선순위 임차인이다. 선순위 임차인은 여러가지 사정으로 자신의 임차보증금이 부족할 때 바로 낙찰자에게 대항력을 행사할 수 있기 때문이다.

2) 선순위 임차인의 선택권 문제

먼저 과거에 존재하던 임차인의 선택권에 관하여 알아보기로 하자.

즉, 1999년 3월 1일 이전에는 선순위임차인은 임차주택의 양수인(낙찰자)에게 대항하여 보증금의 반환을 받을 때까지 임대차관계의 존속을 주장할 수 있는 권리와 확정일자에 의한 보증금이나 소액보증금에 관하여 임차주택의 가액으로부터 우선변제를 받을 수 있는 권리를 선택적으로 행사 할 수 있었다(대판).

요컨대 나머지 임대차기간 동안 더 살 수 있는 권리와 더 이상 살기를 거부하고 보증금을 배당받을 권리 중에서 하나를 선택할 수 있었던 것이다. 하지만 개정된 현행 주택임대차보호법에 의하면 경매가 완결되면 임대차계약은 원칙적으로 해지되는 것으로 규정되어 있기 때문에 지금은 그러한 선택권은 없어졌다. 따라서 임대차의 존속기간이 남아 있는 경우라도 매각잔금을 지불한 낙찰자가 보증금을 반환하면서 명도를 청구하면 임차인은 그에 응해야 하는 것이다.

3) 선순위 임차인의 배당요구 철회의 문제

현행법상 임차인은 배당요구종기일까지 배당요구를 할 수 있고 또 배당요구종기일까지 배당요구를 철회할 수도 있다(민사집행법 제84조 제1항, 동법 제88조 제2항).

과거에는 임차인의 배당요구나 배당요구의 철회가 매각결정기일까지 가능하다보니, 매각기일까지 배당요구를 하지 않다가 매각결정기일에 배당요구를 하는 경우도 있고, 반대로 매각기일까지 배당요구를 했다가 매각결정기일에 배당요구를 철회하는 경우도 있었다.

선순위 임차인이 매각기일까지 배당요구를 하지 않을 경우에 입찰자는 정상가에서 그 보증금만큼을 공제한 금액으로 입찰에 참여하게 되는데, 후에 임차인이 배당요구를 하게되면 법원에서 배당이 나가게 되어 낙찰자가 보증금만큼을 횡재하는 일이 된다. 따라서 이런 경우에 법원은 통상적으로 매각불허가결정을 했던 것이다.

또한 임차인이 매각기일에 배당요구를 했다가 매각결정기일까지 그 배당요구를 철회하는 경우에도 법원은 낙찰불허가결정을 했었다. 아마도 법원의 과거의 이러한 관행은 낙찰자에게 불측의 손실이 되는 것을 막기 위함이라고 일응 이해도 되지만, 저자의 입장에서는 과거의 이러한 관행은 하루 빨리 시정되어야 할 폐단이었다.

이러한 관행의 법적인 근거도 없을 뿐만 아니라 오히려 이러한 경우에는 민법 제578조에 규정된 경매에서의 담보책임 규정에 따라 낙찰자의 대금감액신청을 받아 들인다면 충분한 것이다.

즉, 낙찰자의 대금감액신청을 받아 들인다면 어느 누구의 이해관계의 대립이 없이 경매절차는 계속 진행될 수 있기 때문이다.

나아가서 법원의 그러한 관행은 불공정하게도 임차인에게만은 두 번의 입찰기회를 주게 되는 문제점도 있었다. 즉, 처음 매각기일에 최고가매수인으로 신고되지 못한 임차인은 매각결정기일까지 배당요구를 철회함으로써 매각불허가결정을 유도하고 그 이후의 매각기일에 다시 입찰하게 되는 것이다. 임차인이 보호되어야 하는 점에는 아무도 이의를 제기할 사람이 없지만, 국가의 경매질서를 지연시키고 어지럽히는 부당한 방법까지 동원해서 임차인을 보호해서는 안되는 것이다.

저자는 여러기관에서 강의할 때마다 이의 잘못된 점을 강조해 왔는데 2002년 7월 1일부터 시행되고 있는 현행 민사집행법에서는 임차인의 배당요구나 배당요구의 철회를 배당요구종기일까지만 가능한 것으로 못박고 있다. 늦으나마 쌍수를 들고 환영할 만한 규정이다.

4) 선순위 임차인이 배당요구를 하였으나 보증금 중 일부를 배당받지 못한 경우에는 어떻게 되는가?

이때 임차인은 임대차관계의 존속을 주장하여 건물명도에 불응할 항변권이 존재한다(대판). 소위 대항력을 행사할 수 있다는 말이다. 하지만 그 대항력행사 금액의 범위는 경우마다 다르다.

배당금이 부족해서 배당받지 못한 경우

이때는 배당받지 못한 나머지 보증금 전체에 대해서 대항력을 행사할 수 있다.

경매법원의 착오로 인하여 배당받지 못한 경우

이때의 대항력범위는 배당절차에서 배당받을 수 있었음에도 불구하고 어떤 사정으로 배당받지 못한 금액을 제외한 금액에 한정된다. 예컨대 임차보증금이 8,000만원이고 배당받을 수 있는 금액은 5,000만원이었는데, 법원의 잘못으로 전혀 배당을 받지 못한 경우에는 3,000만원에 대해서만 대항력행사가 가능하고 임차인은 나머지 5,000만원에 대해서 배당이의 또는 부당이득반환청구를 할 수 있고, 국가를 상대로 한 손해배상청구 등도 가능할 것이다. 이는 낙찰자를 보호하기 위함이다.

한편 1차 경매에서 선순위임차인이 배당요구를 하였으나 배당받지 못하여 대항력을 행사하던 중, 낙찰 후 새로 설정된 근저당권에 기해서 제2차 경매가 실행된 경우에는 배당요구할 수 없다는 대법원판례가 있다.

즉, 이때는 임차인은 대항력만을 행사할 수 있게 된다.

5) 선순위임차인의 배당요구에 대하여 배당표에 보증금전액이 배당되는 것으로 기재까지 되었으나 후순위 채권자가 배당이의 소송을 제기하여 배당금을 받 지 못한 경우에는 어떻게 되는가?

이때도 임차인은 배당표가 확정될 때까지는 명도에 불응하여 동시이행항변권을 행사할 수 있다(대판). 낙찰자는 잔금을 완납함과 동시에 소유권이전등기를 내기 전에도 이미 목적물의 소유자이다(민사집행법 제135조).

따라서 그 이후에는 목적물에 대해서 사용수익해야 하는 것인데, 후순위 채권자의 소송으로 인해서 사용수익이 제한을 받게 된 것이다.

따라서 낙찰자는 잔금을 완납한 후 배당표가 확정될 때까지의 부당이득은 임차인이 아닌 후순위채권자에 청구할 수 있고 배당표확정 이후의 점유에 대해서만 임차인에 대하여 그 점유로 인한 부당이득반환을 청구할 수 있다(서울지법 판결).

6) 선순위임차인이 보증금 중 일부를 배당받지 못하여 동시이행항변권에 기해 임차목적물을 계속 점유하는 경우에 부당이득을 반환하지 않아도 되는가?

이미 배당받은 금액부분에 대하여는 점유사용에 대한 부당이득반환의무가 있다는 것이 대법원판례이다. 결국 이러한 법리를 임차인이 안다면 낙찰자의 명도청구에 대해서 한없이 거절하기가 쉽지 않을 것이라는 얘기가 된다.

임차인이 다만 얼마라도 법원에서 배당금을 받아 나갈 수 있을 경우에 명도가 그만큼 쉽다는 실무상의 불문률도 사실은 이러한 법리때문이다. 배당금이 공탁되어 낙찰자의 부당이득으로 빠져나갈 것이기 때문이다.

5. 임차인의 임대차사실 부인

집주인이 금융기관에서 대출을 받고자 할 때 금융기관에서는 임차인이 세들어 살고 있는 경우에는 대출을 해 줄 수 없다거나 아니면 소액의 자금만을 대출해 주는 경우가 대부분이다. 이때 임차인이 집주인의 반강제 내지는 간곡한 부탁으로 인해서 금융기관인 저당권자가 담보가치를 조사할 당시에 "주민등록을 마쳤지만 실제로 거주하지도 않을 뿐더러 임대차계약을 체결한 바도 없고, 향후 저당권자가 담보권을 실행할 때에 임차보증금에 관한 권리를 주장하지 않겠다"는 내용의 확인서를 작성해주는 경우가 있다. 이런 경우 법원에서는 채권자를 보호하기 위하여 임차인의 배당요구를 허용하지 않고 있다(대판).

그런데 또 한편으로는 저당권자가 담보가치를 조사할 당시에 임차인이 자신의 임대차사실이 없다는 내용의 서류에 서명날인했다고 하더라도, 그 후의 경매절차에서 임대차관계가 명백히 된 이상 주택의 명도와 보증금의 반환은 임차인의 대항력에 기해 동시이행항변권이 존재한다고(대판) 판결함으로써 임차인보호 취지의 결론을 내리고 있는데, 그 기준이 명백하지 않다. 따라서 입찰참여자의 입장에서는 그러한 문서가 법원에 제출되어 있는 경우에는 설령 배당요구를 했어도 배당이 나가지 않고 다만 낙찰자에게 대항력행사는 가능하다는 결론하에 입찰하는 것이 경매사고를 미연에 예방하는 방법이 될 수 있을 것이다.

6. 이해관계인의 구제

임차인의 우선순위나 배당받는 보증금액에 관하여 이해관계인이 이의가 있을 때에는 어떤 구제수단이 있을까? 이 문제는 대부분 임차인보다 후순위 채권자들의 구제수단의 문제가 될 것이다.

즉, 보증금이 8,000만원인데, 배당금으로 1억원을 받아간다면 2,000만원 만큼은 후순위채권자의 손실이 되는 셈이다.

이때 이해관계인은 경매법원에 이의신청하면 된다.

만일 경매절차에서 임차보증금 반환채권이 없는 자가 제1순위 배당채권자로 된 배당표가 확정된 경우 정당한 권리자는 부당이득반환청구의소를 제기할 수 있게 되는데, 만일 임차인이 아직 배당금을 받아 가지 않은 상태라면 부당이득한 채권의 양도와 그 채권양도의 통지를 경매채무자에게 하여 줄 것을 청구하는 형태가 될 것이다(대판).

7. 임차권등기명령제도

1) 의의 및 효력

임대차계약 종료 후 보증금을 반환받지 못한 임차인은 임차주택 소재지 관할 지방법원, 동지원 또는 시·군법원에 임차권등기명령을 신청할 수 있다(주택임대차보호법 제3조의3, 상가건물임대차보호법 제6조).

이 등기는 임차인 단독으로 신청할 수 있는 것이며, 등기비용은 일단 임차인이 낸 뒤 집주인에게 비용을 청구하면 된다. 임차권등기명령에 의한 임차권등기가 경료되면 임차인은 대항력 및 우선변제권을 취득한다.

다만 이미 대항력 및 우선변제권을 취득한 경우에는 그 대항력 또는 우선변제권이 그대로 유지된다. 즉, 임차권등기 이후에는 대항력요건을 상실하더라도 이미 취득한 대항력 및 우선변제권을 상실하지 않는 것이다.

또한 주택의 경우에는 1999년 3월 1일 이후, 상가의 경우에는 2002년 7월 1일 이후의 민법규정에 의한 임차권등기도 임차권등기명령에 의한 임차권등기와 동일한 효력이 있다.

2) 신청요건

임차권등기명령을 신청할 때에는 반드시 임대차기간이 종료된 이후에 신청해야 하며, 신청취지와 이유, 임대차목적인 주택 또는 상가(임대차목적이 건물의 일부일 경우에는 도면을 첨부), 임차권등기의 원인사실(대항력을 취득했거나 우선변제권을 취득했을 경우에는 그 원인사실) 등을 기재해야 하고, 신청이유와 등기의 원인사실은 이를 소명해야 한다. 보증금 중 일부만 받고 일부는 받지 못했다 하더라도 그 나머지 금액에 대해서 임차권등기명령을 신청할 수 있다.

3) 문제점

이러한 임차권등기명령제도는 주택임차인의 거주이전 또는 상가임차인의 영업장소 이전의 자유를 갖게 하는 중요한 기능을 수행함에도 불구하고 문제점도 없지 않다. 즉 임대인의 이의를 허용하고 있다는 점, 임차인의 등기비용청구에 관한 구체적인 절차규정이 없다는 점 그리고 영세한 임차인이 보증금을 반환받지 않은 상태에서 다른 곳에서 다시 임차보증금을 지불할 능력이 있겠느냐? 없다면 임차인보호를 위한다는 것이 일부 부유층만을 보호하는 결과가 되지 않느냐 하는 점 등이 그것이다.

입법론으로서는 임차인에게 경매신청권을 부여하는 것도 고려해 볼만하다.

보증금 중 일정액의 최우선변제권

1. 물권보다도 앞서서 배당받을 수 있는 권리

임차주택의 경·공매시에 임차인의 소액보증금 중 일정액을 선순위 담보물권자보다도 우선하여 배당시키고 있는 제도가 소액임차인의 최우선변제권이다. 임차보증금 채권은 채권이면서도 물권보다 앞서는 효력을 인정받고 있는 것이므로, 대한민국 민법의 기본원리를 무시하면서까지 임차인을 보호하고 있는 제도이다.

하지만 여기서 우리가 이 최우선변제권을 공부하는 목적은 역시 임차인 보호차원이 아니라 바로 입찰참여자의 보호를 위해서인 것이다. 그 연구목적을 분명히 한 다음에 요건이나 효과를 공부해야 이해력과 응용력이 함양될 것이다.

2. 최우선변제권의 요건

1) 소액임차인

의 의

최우선변제권을 행사하기 위해서는 보증금이 소액이어야 하는데, 현행법상으로는 서울·인천·고양·성남 등 수도권이 4,000만원, 부산·대구·울산 등 광역시는 3,500만원, 기타 지역은 3,000만원이다(275p 도표 참조).

즉, 그 기준범위를 초과하는 경우에는 기준범위 내의 금액에 대하여도 최우선변제를 받을 수 없다. 예를 들어 수도권의 경우 보증금이 4,001만원이라면 최우선변제금으로는 단돈 1원이라도 배당받을 수 없는 것이다.

수인의 임차인이 가정 공동생활을 하는 경우

이 경우에는 이들을 1인의 임차인으로 보아 각 보증금을 합산하여 계산하되, 그 합산금액이 기준금액을 초과하게되면 최우선변제권은 인정되지 않는다.

예컨대 서울에서 8,000만원에 입주한 임차인이 남편의 이름으로 4,000만원, 아들의 이름으로 4,000만원의 두 개의 임대차계약서를 법원에 제출하여 최우선변제금으로 3,200만원을 배당받으려 해도 인정되지 않는다는 것이다. 법원실무에서는 그 임차인 중 1인에 대해서는 최우선변제권을 인정하는 경우도 간혹 있었다.

소액임차인 여부의 판단시점

또한 소액 임차인에 해당하느냐의 판단시점은 경매기입등기일이다. 따라서 계약체결 당시에는 기준 범위를 초과하였으나 경매기입등기 이전에 보증금의 감액이 이루어져 기준 금액에 해당되는 때에는 최우선변제권이 긍정된다. 다만 임대인과 담합하여 허위로 감액한 것이 명백한 때에는 최우선변제권이 부정된다.

공동임대인 중 1인의 공유지분이 경매로 나온 경우

공동임대인 중 1인의 공유지분이 경매로 나온 경우에도 임차보증금 전액을 기준으로 소액임차인 여부를 판단한다. 우선변제권에 따른 배당요구에서도 보증금 전액에 대해서 배당받을 수 있다.

2) 대항력요건의 구비 및 존속

소액임차인이 최우선변제권을 행사하기 위해서는 대항력요건(주민등록과 점유)을 경매개시결정 기입등기 이전에 구비해서 매각결정기일까지 존속시켜야 한다(대판).

이때의 전입신고는 반드시 독립세대주로 신고해야 하는 것은 아니고, 기존의 임차인과 동거인으로 전입신고를 해도 가능하다(서울지법).

또한 배당요구는 필수적이며, 현행법상 제1회 매각기일까지만 가능하다. 물론 낙찰자에게 대항할 수 있는 선순위 임차인이 배당요구를 하지 않았다 하여 대항력까지 포기하는 의사는 아니다(대판).

낙찰자에게 대항할 수 없는 임차인이 배당요구를 하지 않은 경우 낙찰자에 대하여 보증금의 반환이나 우선변제를 요구할 수 없으며(대판), 다만 이때 다른 권리자가 소액임차인이 받을 보증금 상당액까지 배당받은 경우에 임차인은 그러한 권리자에 대하여 소액보증금 상당의 부당이득반환청구는 가능하다(대판).

즉, 우선변제권의 경우에는 동일한 경우 부당이득반환청구가 불가능하다는 것이 대법원판례이나 오로지 소액임차인의 최우선변제권에서는 부당이득반환청구를 허용하고 있다. 하지만 이 판례에 대하여는 잘못된 부당한 판례라는 유력한 학설들이 많은 점으로 보아 머지 않은 장래에 폐기될 가능성도 농후해 보인다.

3) 소액전차인의 최우선변제권 문제

임차인으로부터 적법하게 목적물을 전차한 소액 전차인은 임차인이 소액임차인에 해당하는 경우에만 최우선변제권을 행사할 수 있다. 임대인의 동의를 받아 임차주택을 전대하고 그 전차인이 주택을 인도받아 주민등록을 마치면 임차인도 그 다음날부터 대항력을 취득하게 된다(대판).

4) 임의경매에서의 채무자 겸 임차인의 배당요구 가부

채무자 겸 임차인이란 채무자가 물건의 소유자인 물상보증인과 임대차계약을 체결한 경우로서 배당요구가 가능하겠느냐 하는 점이 문제되지만 채무자의 지위와 임차인의 지위는 다른 것이므로 배당요구는 가능하다. 다만 가장임차인의 가능성이 클 것이다. 만일 임차인이 전 소유자라면 소유권이전일부터 임차인이라는 점(대판)을 유의해야 한다.

즉 지금의 임차인이 그 집의 전(前) 소유자였었고, 그 소유자였던 시절에 저당권을 설정한 후 다른 사람에게 그 집을 양도하고 나서 그 집에서 계속 지금까지 임차인으로 살고 있는 경우에는, 그 임차인의 입주일은 저당권등기 이전이나 그 임차인이 임차인으로 되는 시점은 저당권등기 이후이므로, 선순위 임차인이 아니라 후순위 임차인이라는 점이다.

권리분석상 매우 중요한 문제이므로 실수해서는 안될 것이다. 최근에는 이런 문제점을 쉽게 파악케 하기 위해서 정보지에 소유권이전등기일을 기재해주는 서비스업체가 늘고 있다.

3. 최우선변제권의 내용

1) 최우선변제액

현행법의 규정

소액임차인이 최우선으로 얼마만큼의 배당액을 받을 수 있는가에 관하여 현행법은 도표에서 보는 바와 같이 수도권 1,600만원, 광역시 1,400만원, 기타 지역 1,200만원으로 규정하고 있다. 금융기관에서 주택에 대해 대출을 해줄때, 방 하나당 수도권의 경우 1,600만원씩을 공제하는 이유도 바로 여기에 있다. 자기의 임차보증금 중에서 최우선변제를 받은 나머지 금액에 대해서는 확정일자를 갖춘 경우에 한해서 순위에 따른 배당이 가능하다.

최우선변제권의 제한

소액보증금이 낙찰가(배당할 금액에서 집행비용을 제한 나머지 금액)의 1/2 (상가의 경우에는 1/3)를 초과하는 경우에는 낙찰가의 1/2(상가의 경우에는 1/3)에 해당하는 금액에 한해서만 최우선변제권이 있다.

이 규정은 가장임차인에 대한 대책임과 동시에 다른 담보물권자를 보호하기 위해서 둔 규정이다.

최우선변제 배당범위

단위 : 만원

담보물권 설정일	지역	보증금범위	최우선변제액
84.1.1 ~ 87.11.30	특별시, 광역시	300이하	300이하
	기타지역	200이하	200이하
87.12.1 ~ 90.2.18	특별시, 광역시	500이하	500이하
	기타지역	400이하	400이하
90.2.19 ~ 95.10.18	특별시, 광역시	2,000이하	700이하
	기타지역	1,500이하	500이하
95.10.19 ~	특별시, 광역시	3,000이하	1,200이하
	기타지역	2,000이하	800이하
2001.9.15 ~	수도권(서울, 인천, 의정부, 구리, 남양주, 하남, 고양(일산), 수원, 성남(분당), 안양, 부천, 과천)	4,000이하	1,600이하
	광역시(부산, 대구, 대전, 광주, 울산)	3,500이하	1,400이하
	기타지역	3,000이하	1,200이하

하나의 주택에 임차인이 2인 이상이고, 그 각 소액보증금의 합산액이 낙찰가의 1/2을 초과하는 경우의 처리

이런 경우에는 그 소액보증금 중 일정액의 합산액에 대한 각 임차인의 소액보증금 중 일정액의 비율로 그 낙찰가의 1/2에 해당하는 금액을 분할한 금액을 각 임차인의 최우선변제금으로 간주한다(임대차법 시행령 제3조3항).

최우선변제권의 구체적인 범위

마지막으로 독자들이 가장 어려워하고 또한 혼동하는 문제인 최우선변제배당금의 구체적인 범위에 관하여 언급하기로 한다.

이 문제는 예컨대 1998년 저당권이 설정될 당시에는 서울의 경우 최우선변제금이 1,200만원이라서 금융기관이 방당 1,200만원이 최우선변제될 것을 고려하여 대출해 준 것인데, 그후 법이 개정되어 2001년 9월 15일부터는 서울의 경우 최우선변제금이 1,600만원으로 상향조정되었기 때문에, 방당 1,600만원이 최우선변제금으로 배당된다면 저당권자의 이익을 침해하는 것이 아니냐 하는 문제점이다.

이에 관하여 저당권, 담보가등기, 전세권등기 등 담보물권이 가장 먼저 설정된 시점의 주택임대차보호법상의 기준금액에 따라 소액여부를 판별한다는 경매교과서상의 학설(이하 학설로 칭함)이 있으나 이는 법령상의 근거도 없을 뿐만 아니라 법원실무에서 승인하지 않는 견해이므로 타당하지 않다.

법원실무에서는 대항력요건 구비일보다 앞선 각 담보물권[저당권, 전세권, 가등기담보권, 확정일자부 임차인(서울지법 다수 실무)이 포함되나 가압류는 불포함]을 개별적으로 판단하여 각 담보물권설정 시점의 주택임대차보호법을 적용하여 판별한다고 하는 바, 주택임대차보호법 부칙 제3항에 의하면 임차인보다 앞선 담보물권자에 대하여는 그 담보물권의 설정 당시의 임대차법에 의하여 판단한다고 되어 있으므로 타당하다(관련 예 105~ 106P Q&A 참조).

2) 최우선변제의 대상

최우선변제를 받을 수 있는 금액은 건물과 대지 가액(실무상 낙찰가에서 집행비용을 공제한 금액)의 1/2에 한정된다. 이는 담보물권자를 보호하기 위한 최소한의 배려인 것이다.

주택과 대지에 대한 경매가 따로 진행되는 경우에도 임차인은 각 경매절차에 참여하여 최우선변제를 받을 수 있는데, 이 경우 먼저 경매되는 목적물의 낙찰대금의 1/2 한도에서 최우선변제를 받고, 잔여 보증금이 있으면 후에 경매되는 목적물의 낙찰대금의 1/2 한도에서 다시 최우선변제를 받을 수 있다.

또한 대지와 건물 모두에 저당권이 설정되어 경매가 실행되었으나, 대지부분만 낙찰된 경우에도 최우선변제는 가능하며(대판), 대지에 대하여만 저당권이 설정되었다가 경매가 실행되는 경우에도 저당권 설정 당시에 건물이 존재하였다면 대지의 낙찰대금에서 최우선변제를 받을 수 있다.

뿐만 아니라 대지에 저당권설정 당시 이미 건축 중이었던 경우에도 최우선변제는 가능하며(대판), 대지에 대한 저당권설정 당시 일반건물이었던 것을 설정후 주거용으로 용도를 변경한 경우에도 최우선변제는 가능하지만(서울지법 판결), 대지에 대한 저당권설정 당시에 건물이 있었으나 그후 멸실된 것을 다시 신축한 경우에는 최우선변제가 불가능하다(서울지법 판결).

3) 최우선변제의 순위

소액임차인의 최우선변제권은 순위에 상관없이 다른 담보물권자 기타 모든 조세채권보다도 우선하여 배당된다. 다만 최종 3월분 임금채권 및 최종 3년간의 퇴직금채권과는 동순위로 비율배당된다.

만일 배당 후 남은 잉여금이 있다면 원칙적으로 소유자에게 지급해야 하며, 다만 소액임차인이 일정액을 초과하는 부분에 대하여 가압류를 하거나 집행권원에 기하여 배당요구를 한 경우에 한하여 배당한다. 하지만 법원에 따라서는 먼저 배당을 한 후에 이해관계인의 이의신청에 따라서 해결하는 경우도 있다.

4. 최우선변제권의 예외

임차권등기명령의 집행에 의한 임차권등기가 경료된 주택(임대차 목적이 건물의 일부분인 경우에는 해당부분에 한한다)을 그 이후에 임차한 임차인은 최우선변제권이 없다(주택임대차보호법 제3조의3 제6항, 상가건물임대차보호법 제6조 제6항). 1999. 3. 1 이후의 민법에 의한 임차권등기의 경우에도 이와 동일하다. 이 규정의 입법취지는 아마도 먼저 임차한 사람도 보증금을 돌려받지 못하여 등기명령을 신청한 터에 또다시 소액

임차인이 세들어 산다는 것은, 첫째로 임차권등기가 난 상태에서 다시 세들어 산 것 자체가 설령 최우선변제를 받지 못한다 하더라도 임차인의 잘못이 크고, 둘째로 그보다 선순위자가 보증금을 받지 못하는 상태에서 다시 최선순위보증금으로 일정액을 떼낸다는 것이 등기명령을 신청한 사람에게 너무 가혹하다는 이유때문일 것으로 풀이된다.

따라서 임차인은 등기부를 확인하여 임차권등기명령으로 등기가 난 주택은 보증금이 아무리 소액이라도 입주하지 않는 것이 바람직할 것이다.

5. 가장임차인에 대한 이해관계인의 대책

경매실무상 최우선변제금을 노린 가장임차인(假裝賃借人)은 의외로 많은 편이다. 즉, 경매가 진행되기 시작될 무렵이 되면 가장임차인들이 하나둘씩 그 주택에 입주하기 시작하는 것이다.

과거에는 법원에서도 가장임차인에 대해서 별무관심했었으나 가장임차인에 의한 폐해가 심해지자 최근에는 단속하는 경향이 강하다.

가장 피해를 받는 사람은 물론 다른 권리자들이다. 그들 이해관계인들은 우선 가장임차인이라는 의심이 들면 배당기일에 참석하여 배당표에 대한 이의를 신청한 후 배당이의의 소를 제기해야 한다. 이때 주택의 내부구조, 임차인의 사용부분 및 사용인원, 계약의 과정과 입주경위의 특이성, 주민등록이 경매신청에 임박하여 이루어졌는지 여부, 소유자 또는 채무자와 임차인의 인적관계, 실제 거주하는지 여부, 종전 주민등록지의 거주현황등을 파악하여 가장임차인임을 입증함으로써 배당표를 정정할 수 있을 것이다.

또한 형사고발도 가능할 것이다. 가장임차인과 관련한 형벌은 사기죄, 기타 문서에 관한 죄등이 될 수 있을 것이다. 주택의 시가가 4,800만원 정도인 주택에 보증금 7,000만원에 계약한 것으로 임대차계약을 써서 제출한 처제를 가장임차인으로 판단한 서울지방법원의 판결이 있다.

보증금의 증감청구권(增減請求權)

약정한 보증금 또는 차임이 임차주택에 관한 조세, 공과금 기타 부담의 증감이나 경제사정의 변동으로 인하여 상당하지 아니하게 된 때에는 당사자는 장래에 대하여 그 증감을 청구할 수 있다.

다만 그 증액의 경우에는 주택의 경우 약정한 것의 1/20(상가의 경우에는 12/100) 이상의 금액을 청구하지 못하며 또 임대차계약이 있은 후 또는 그 증액이 있은 후 1년 이내에는 증액청구를 하지 못한다.

독자들은 90년대 IMF 경제 위기때 보증금 감액청구사건이 많았던 것을 기억할 텐데, 감액청구의 경우에는 그 제한이 없다는 것을 주의해야 한다.

한편 보증금의 전부 또는 일부를 월 단위의 차임으로 전환하는 경우에는 그 전환되는 금액에 주택의 경우 년 14%(상가의 경우에는 년 15%)를 곱한 월차임의 범위를 초과할 수 없다.

임차권의 승계

의 의

임차인이 사망하게 되면 임차권은 상속인에게 상속됨이 원칙이다. 그러나 이 원칙에 따르면 임차인과 동거하던 상속권없는 가족, 예컨대 사실혼 배우자같은 경우에는 삶의 터전을 잃게 되는 가혹한 결과가 되고 만다.

따라서 주택임대차보호법은 임차인의 사망 당시에 임차주택에서 가정공동생활을 하던 비상속권자인 사실상의 배우자의 주거생활의 안정을 보호하기 위해 임차권의 특별승계제도를 마련하고 있는 것이다. 기타의 경우는 상속의 일반원칙에 따라 해결하면 된다.

내 용

임차인이 상속권자 없이 사망한 경우에는 그 주택에서 가정공동생활을 하던 사실상의 혼인관계에 있는 자는 임차인의 권리와 의무를 승계한다. 만일 임차권자에게 상속권자가 있는 경우에는, 임차인 사망 당시 상속권자가 그 주택에서 가정공동생활을 하고 있지 않은 때는 그 주택에서 가정

공동생활을 하던 사실상의 혼인관계에 있는 자와 2촌 이내의 친족이 공동으로 임차인의 권리와 의무를 승계한다.

그리고 임차인 사망 당시에 동거하던 상속인이 있을 경우에는 그 동거 상속인이 사실혼 배우자에 우선하여 임차권을 승계하게 된다. 다만 승계권자가 임차인 사망 후 1월 이내에 임대인에 대해 승계포기의 의사를 표시한 경우에는 승계의 효과가 발생하지 않는다.

승계의 효과

임대차의 승계로 임대차관계에서 생긴 채권·채무는 승계인에게 귀속한다. 즉, 승계인은 임대차기간이 종료되면 집주인에게 임차보증금을 반환받을 권리가 있고 임차주택을 인도할 의무도 있다.

그리고 이 양자는 동시에 이행해야 한다.

상가임차권의 승계

상가건물의 임대차계약에는 이와 관련된 규정이 없으므로 민법상의 상속규정에 따라서 해결된다.

즉, 상가임차인이 사망하면, 임차인의 자녀가 있으면 임차인의 배우자와 자녀가 임차권을 공동상속할 것이며, 자녀가 없으면 임차인의 배우자와 부모가 공동상속할 것이다. 만일 임차인에게 자녀도 없고 부모도 없으면 배우자가 단독상속한다(민법 제1003조 제1항).

요컨대 사실혼 배우자는 상가임차권을 승계할 수 없는 것이다.

Q1. "매매가 임대차를 깨뜨린다"는 말은 무슨 뜻인가?(참조 238p)

Q2. 상가건물임대차보호법의 적용범위를 설명하라(참조 245p).

Q3. 주택임차권의 대항력의 의미는 무엇이며, 대항력의 발생시점은 언제인가?
(참조 246p)

Q4. 공동주택의 지번만 표시하고 동·호수를 표시하지 않은 경우 그리고 신축중인 연립주택의 임차인이 현관문의 표시대로 1층 201호로 표시했으나 후에 공부상 1층 101호로 등재된 경우 각각 대항력이 인정되는가?(참조 248p)

Q5. 임대기간의 만료 후 집주인이 그 집을 다른 사람에게 팔았을 경우 전 주인과의 임대차계약은 어떤 효력이 있는가?(참조 249p)

Q6. 임대인과 임차인과의 협의에 따라 임대기간을 1년으로 정했을 경우 그 임대차의 존속기간은 어떻게 되는가?(참조 251p)

Q7. 묵시적갱신이 이루어진 경우 임대차의 존속기간은 어떻게 되는가?(참조 252p)

Q8. 묵시적갱신의 요건은 무엇이며, 요건이 갖춰졌음에도 불구하고 묵시적갱신이 부정되는 경우는 어떤 경우인가? (참조 252p)

Q9. 상가임차인의 계약갱신요구권을 설명하라(참조 253p).

Q10. 임차인의 우선변제권의 발생시점을 설명하라(참조 260p).

Q11. 임차보증금의 증액과 우선변제권의 범위를 설명하라(참조 261p).

Q12. 임차권등기명령제에 따라 임차권의 등기가 난 경우, 이를 근거로 임차인은 경매
를 신청할 수 있는가?(참조 256p)

Q13. 임차권등기명령제도의 방법, 효력, 비용을 설명하라(참조 267p).

Q14. 임대차기간 종료 후 보증금을 일부만 받지 못했을 경우 임차권등기명령을 신청
할 수 있는가?(참조 268p)

Q15. 언제를 기준으로 소액임차인인가의 여부를 판단하는가?(참조 270p)

Q16. 임의경매에서 채무자겸 임차인은 배당요구할 수 있는가?(참조 271p)

Q17. 최우선변제권의 배당순위를 설명하라(참조 275p).

Q18. 최우선변제권의 예외를 설명하라(참조 275p).

Q19. 임차보증금의 증감청구권을 설명하라(참조 277p).

Q20. 주택 임차권자가 사실혼배우자도 있고 상속권자도 있는 상태에서 사망한 경우 임차권은 누구에게 승계되는가?(참조 278p).

Q21. 상가임차권자가 사망할 경우의 임차권승계를 설명하라(참조 279p).

제 9 장

소유자 및 임차인 대책방안

소유자 및 임차인 대책의 이해

　살던 집이 경매에 부쳐졌을 경우에 소유자나 임차인에게 어떤 대책이 있겠는가 하는 문제는 사실 권리분석의 정 반대의 입장에서의 대책, 즉 동전의 앞뒤면과 같은 문제이다.

　그런 의미에서 소유자 및 임차인의 대책은 권리분석 자체의 문제는 아니고 권리분석의 이면(裏面)의 문제인 것이다.

　하지만 예컨대 임차인이 보호되면 보호될수록 입찰자는 그에 대한 대책을 연구해야 하는 것이고, 또한 경매컨설팅업소를 운영하고자 하는 독자의 입장에서는 고객상담의 필요성도 있을 것이므로, 이하에서 이에 대해 검토하되 다만 연구의 범위를 경매절차를 지연시키는 합법적인 방법에 한정하기로 한다.

소유자 대책

경매가 진행 중인 경우의 소유자(채무자)대책이라면 어떻게 해서든지 채무를 변제함으로써 담보로 제공된 부동산을 경매절차로부터 해방시켜 다시 되찾을 수 있느냐 하는 것이 가장 중요한 문제이다.

이는 주로 채무변제를 위하여 자금을 융통할 때까지 어떠한 방법으로 절차의 지연을 도모하느냐 그리고 채무변제를 한 후 어떠한 방법으로 경매절차를 종결시키느냐 하는데 논의의 촛점이 있다.

경매개시결정에 대한 이의

1. 개 설

소유자는 경매개시결정에 대해 낙찰대금 완납시까지 집행법원(기록이 항고심에 있는 경우에도 집행법원에 이의)에 이의신청을 할 수 있다(민사집행법 제86조). 이유를 명시하여 서면으로 이의신청하게 되는데, 경매개시결정에 대한 이의는 집행정지의 효력은 없으므로 경매절차는 계속 진행된다.

2. 이의사유

1) 강제경매의 경우

① 경매신청방식의 적부, 신청인의 적격여부, 대리권의 존부, 목적부동산 표시의 불일치, 집행력있는 정본의 불일치, 집행채권의 미도래 등 경매개시결정 전의 절차상의 하자만이 이의사유가 된다.
② 집행권원 성립 후의 변제 등으로 인한 집행채권의 소멸이나 기한의 유예 등 실체적 권리관계에 관한 사유는 청구이의소(제3자는 제3자이의의소)를 제기하여 본안의 재판부로부터 집행정지결정을 받은 후 그 정본을 집행법원에 제출하여야 경매절차를 정지시킬 수 있다.
③ 최저매각가격의 결정, 매각기일의 공고, 통지 등 경매개시결정등기 후의 절차상의 하자는 경매개시결정에 대한 이의사유가 아니라 후술하는 집행에 관한 이의사유로 된다.

무효인 근저당권에 기해서 진행되는 경매절차를 취소시키는 방법

경매개시결정에 대한 이의를 제기하는 경우도 있지만 집행법원에서 이러한 실체적 권리를 심리하는 것은 사실상 곤란하다.
따라서 근저당권말소 청구소송을 제기한 후 그 본안 재판부로부터 집행정지결정을 받아 법원에 제출하여 절차를 정지시킨 후 승소확정판결을 받아 근저당권등기를 말소한 다음 그 등기부를 집행취소서류로 제출하는 것이 바람직하다.

2) 임의경매의 경우

실체상의 하자

강제경매와 달리 절차상의 하자 뿐만이 아니라, 저당권의 부존재·무효, 피담보채권의 불성립·무효, 변제 등으로 인한 피담보채권의 소멸, 피담보채권의 이행기 미도래 또는 이행의 유예 등 실체상의 사유도 경매개시결정에 대한 이의사유로 된다. 또한 경매개시결정 이후의 실체상의 하자도 이의사유로 된다.

변제해야 할 채무액

경매개시결정에 대한 이의를 하기 위해서 저당권등기를 소멸시키기려면 소유자가 채무자이기도 한 경우에는 채권최고액 뿐만 아니라 지연이자, 경매비용 기타 채무전액을 변제해야 이의신청할 수 있는 반면에(대판), 소유자가 물상보증인인 경우에는 채권최고액만 변제하면 된다(대판). 소유자가 제3취득자인 경우에는 채권최고액과 경매비용을 변제해야 한다(대판).

3. 재판 전의 가처분에 의한 집행정지

이의신청으로 강제집행이 당연히 정지되는 것은 아니지만 집행법원은 재판 전의 가처분으로서 직권명령으로 집행을 일시적으로 정지시킬 수 있다.

4. 재판에 대한 불복

경매개시결정에 대한 이의가 이유있다고 인정되면 법원은 경매개시결정을 취소하고 경매신청을 기각하며, 이의신청이 부적법하거나 이유없다고 인정되면 이의신청을 각하 또는 기각하게 된다. 이의신청을 각하 또는 기각하는 결정은 신청인에게만 고지하면 되지만, 경매개시결정을 취소하

거나 경매신청을 기각하는 결정은 경매신청채권자에게도 이를 고지하게
된다.

경매개시결정에 대한 이의신청에 대한 법원의 재판에 대하여 소유자는
재판고지일부터 1주일 내에 즉시항고할 수 있는데, 이 즉시항고 역시 집
행정지의 효력은 없다.

매각허가에 관한 이의신청(의견진술권)

1. 의 의

소유자는 매각결정기일에 출석하여 매각허부결정 선고시까지 매각허가
에 대한 이의를 진술할 수 있는데(민사집행법 제120조), 통상적으로는 서
면으로 제출한다.

2. 이의사유(민사집행법 제121조에 한정적열거)

1) 강제집행을 허가할 수 없거나 집행을 속행할 수 없을 때

강제집행을 허가할 수 없을 때

강제집행의 요건, 강제집행개시요건, 경매신청의 요건이 흠결된 경우로
서, 예컨대 경매대상건물이 다른 건물과 합동되어 건물로서의 독립성을
상실한 경우(대결), 전경락인에 대한 대금지급기일통지서의 송달이 적법
하지 않은 경우(대결) 등이 있다.

강제집행을 속행할 수 없을 때

집행절차 중에 집행법상 절차의 진행을 저해하는 사유가 발생한 경우로
서, 예컨대 강제집행의 정지 또는 취소사유가 있을 때, 경매신청의 취하가

있는 때, 경매개시결정을 채무자(임의경매에서는 소유자)에게 송달하지 않은 때 (대결), 이해관계인이 매각기일과 매각결정기일을 통지받지 못한 때, 집행정지 결정 정본이 제출된 경우 등이 있다. 과잉경매로 되는 때도 채권자의 선택에 따라 일부 부동산에 대한 매각을 불허해야 하지만 일괄경매의 경우에는 허가한다(대결).

2) 최고가매수신고인이 부동산을 매수할 능력이나 자격이 없을 때

매수능력이 없을 때

민법상의 행위무능력자(미성년자, 한정치산자, 금치산자)가 법정대리인 없이 최고가매수신고인이 된 때를 의미한다.

매수자격이 없을 때

법률의 규정에 의하여 경매부동산을 취득할 자격이 없거나 매각에 필요한 관청의 허가나 증명을 받지 못한 경우로서 전낙찰인, 집행관과 감정인 및 그 친족, 집행법원을 구성하는 법관, 담임법원사무관, 기타 채무자 등이 입찰하거나(외국인, 제3취득자, 물상보증인은 매수자격 있음), 농지경매에서 필요한 농지취득자격증명을 받지 못한 때 등이 있다.

3) 부동산을 매수할 자격이 없는 사람이 최고가매수신고인을 내세워 매수신고를 한 때

4) 최고가매수신고인이나 그 대리인 등이 경매장소 질서문란자인 경우

5) 최저매각가격의 결정, 일괄경매의 결정 또는 매각물건명세서의 작성에 중대한 흠이 있는 때

매각기일이 적법하게 열릴 수 없는 상태에서 그 매각기일에 입찰신고자가 없다는 이유로 최저매각가격을 저감하여 입찰한 경우(대결), 또는 선순위임차인의 주민등록에 대한 기재가 누락된 집행관의 임대차보고서 및 매각물건명세서의 하자(대결), 매각기일 이후에 선순위 근저당권의 소멸로 인하여 임차권의 대항력이 존속하는 것으로 변경된 때(대결) 등이 있다.

6) 천재지변, 그밖에 자기가 책임질 수 없는 사유로 부동산이 현저하게 훼손된 사실 또는 부동산에 관한 중대한 권리관계가 변동된 사실이 경매절차 진행 중에 밝혀진 때

7) 경매절차에 그밖에 중대한 잘못이 있는 때

이에는 최저매각가격 등 공고사항 기재의 누락이나 잘못 기재(대결), 법률에 규정한 방법에 의하지 않은 공고, 대지사용권이 존재함에도 집행법원이 대지사용권에 대한 조사없이 전유부분 및 공용부분에 대하여만 경매절차를 진행시킨 경우(대결), 경매종결시간과 경매종결의 고지규정을 위반한 때(집행관은 경매 가격신고 후 1시간 이상이 경과한 후에야 경매종결 가능 – 대결), 매수신청의 보증금규정에 위반하여 최고가매수인으로 지정한 때 등이 있을 것이다.

다만, 매각기일과 매각결정기일의 시간의 기재를 누락한 경우, 부동산의 표시에 다소 다른 점이 있어도 경매부동산의 동일성을 식별할 수 있다면 이의 사유가 되지 못한다.

3. 이의의 제한

1) 이의사유는 공익적 규정과 이의신청인 자신의 권리에 관한 위법만이 이의사유가 되고 다른 이해관계인의 권리에 관한 사유로는 이의할 수 없다.

2) 예컨대 다른 이해관계인에게 매각기일을 통지하지 않았다는 이유 기타 잉

여가망이 없다는 경우 등은 소유자가 이의할 수 없다(대결). 무잉여금지원 칙은 우선채권자를 보호하기 위한 규정이기 때문이다.

4. 이의에 대한 재판

1) 이의가 정당하면 매각불허가 결정을 하고, 이의가 부당하면 이의에 대해서 응답할 필요없이 매각허가결정을 내리게 된다.

2) 이의가 받아들여지지 않은 경우에도 불복항고는 불가능하고, 다만 매각허가결정에 대한 즉시항고만이 가능하다(대결).

매각허가결정에 대한 즉시항고

1. 서 설

① 매각허가결정에 대하여 소유자는 매각대금의 10%를 법원에 공탁하여 집행법원(항고법원이 아님)에 즉시항고할 수 있다(민사집행법 제130조). 이 때 집행에 관한 이의나 통상항고 기타 특별항고 등은 불가능하다.

② 공탁금없이 항고하면 법원에서는 항고장을 각하하게 되는데, 이 각하에 대하여는 재항고할 수 있다.

③ 소유자가 매각허가결정에 대하여 항고하는 것은 정당한 법적 권리이나, 권익보호를 빙자하여 상대방의 이익을 침해하거나, 별다른 이익없이 상대방에게 고통을 주기 위한 것이면 위법(대판)하다. 채무자아닌 다른 이해관계인은 채무자에 대한 경매개시결정을 송달하지 않은 위법을 항고사유로 삼을 수 있으나 채무자에 대한 입찰

기일의 송달에 하자가 있다는 이유로는 항고할 수 없다(대결).

④ 항고기간은 매각허부결정 선고일부터 1주일(불변기간)까지이다. 항고기간이 초과된 이후의 항고제기에 대하여는 원심 재판장은 명령으로 즉시항고장을 각하하고 경매절차를 속행하는데, 이 명령에 대하여 다시 즉시항고가 있는 때에는 기록을 항고법원에 송부하고 절차를 속행하게 된다. 항고기간이 초과된 이후라도 추완항고는 가능하다(민사소송법 제160조).

2. 항고의 이익

① 항고는 매각허가결정으로 손해를 받을 가능성이 있어야 제기가 가능한 바, 경매 개시결정 기입등기 당시의 소유자인 채무자는 법에 정한 위법사유를 주장하는 한 원칙적으로 손해를 받을 경우에 해당한다.

② 매각가격이 시가에 비해 현저하게 저렴하다는 이유, 임대차관계를

민사소송법 제 160조

당사자가 그 책임을 질 수 없는 사유로 인하여 불변기간을 준수할 수 없었던 경우에는 그 사유가 없어진 후 2주일 내에 해태된 소송행위를 추완할 수 있다.
다만, 그 사유가 없어질 당시 외국에 있는 당사자에 대하여는 그 기간을 30일로 한다(동조 제1항).

공고하지 않은 사유, 공유지분경매에서 다른 공유자에게 경매신청 사실을 통지하지 않은 사유, 잉여주의에 위반한 사유 등은 항고이익이 부정된다(대결). 대항력을 보유한 선순위 임차인은 매각허가결정에 대하여 하등의 불이익이 없으므로 항고이유 여하를 불문하고 항고이익은 부정된다.

③ 소유자는 매각불허가결정에 대하여는 항고이익이 부정된다.

④ 낙찰자는 무권대리인이 한 매수신고에 의하여 매각이 허가되었다는 주장이라든가, 매각결정에 기재된 특별매각조건이 매각기일에 고지받은 매각조건과 다르다는 것을 주장하는 경우, 매각결정에 기재된 매각대금이 자기가 신고한 대금액보다 많다고 주장하는 등의 경우에 항고이익이 긍정된다. 다만 낙찰자는 신고가격 이하로 매각허가할 것을 주장할 수는 없다.

⑤ 항고권자의 채권자는 항고이익이 없다(대결).

3. 항고이유

① 매각허가에 대한 이의의 원인이 있거나, 매각허가결정이 입찰조서의 취지에 저촉된 경우, 재심사유(민사소송법 제 422조)가 있는 경우에 한정된다. 재심사유가 있을 경우에는 매각허부결정이 확정된 이후에도 재심사유를 안 날부터 30일 내에 준재심을 신청할 수 있다. 다만 재심사유를 이미 즉시항고 이유로 주장한 경우에는 준재심사유로 삼을 수 없다.

② 매각허가결정 후 재판까지에 생긴 사유도 가능하다.

③ 항고장에 항고이유를 반드시 기재해야 하는 것은 아니다.

4. 즉시항고에 대한 재판

원심법원은 항고제기의 방식 및 기재사항을 위반하였거나 인지를 붙이지 않는 등의 경우에 상당한 기간을 정하여 보정을 명하고 그 흠결을 보정하지 않거나 항고기간을 도과한 것이 명백한 경우에는 명령으로 항고장을 각하하게 되는데, 이 명령에 대하여는 다시 즉시항고를 할 수 있다(대결).

이때 법원은 서류를 항고법원에 송부하고 경매절차를 속행시킨다.

공탁금을 제공한 증명서류를 첨부하지 않은 경우에도 원심법원은 접수일부터 7일이내에 항고장을 각하하는 결정을 한다. 다만 항고기간 내에는 각하할 수 없다.

또한 항고 제기기간 경과 후라도 각하결정 전에 보증금을 공탁하여 증명서류를 제출한 경우에는 공탁금하자가 치유되므로 항고장 각하결정을 취소하고 항고에 대한 결정이 확정될 때까지 경매절차를 정지해야 한다.

한편 원심법원은 심리결과 항고가 이유있으면 스스로 재판을 경정하고 이유없으면 의견서를 첨부하여 항고법원에 송부한다. 낙찰자의 책임없는

민사소송법 제 422조

민사소송법 제422조에서는 법률에 의하여 판결법원을 구성하지 아니할 때, 법률상 그 재판에 관여하지 못할 법관이 관여한 때, 법정대리권·소송대리권 또는 대리인이 소송행위를 함에 필요한 수권(授權)에 흠결이 있는 때, 재판에 관여한 법관이 그 사건에 관하여 직무에 관한 죄를 범한 때, 형사상 처벌을 받은 타인의 행위로 인하여 자백을 하였거나 판결에 영향을 미칠 공격 또는 방어방법의 제출이 방해된 때, 판결의 증거로 된 문서 기타 물건이 위조나 변조된 것인 때, 증인·감정인·통역인 또는 선서한 당사자나 법정대리인의 허위진술이 판결의 증거로 된 때 등 11가지 사유를 확정된 종국판결에 대한 재심사유로 정하고 있다.

사유로 목적물의 일부가 멸실되어 낙찰자가 항고한 경우에는 잔존부분이라도 매수할 의사가 있을 때에는 법원에서는 감정인의 의견을 들어 감액비율을 정하거나, 잔존부분에 대한 재평가를 거쳐 매각허가결정을 변경하여 대금감액을 할 수 있다.

또한 항고법원은 항고기각의 경우에는 항고인에게만, 원결정을 취소하고 새로운 결정을 하는 경우에는 항고인 외에 그 결정에 불복할 수 있는 이해관계인 전원에게 이를 고지하게 된다.

항고법원의 재판에 대하여는 대법원에 재항고할 수 있다. 만일 재항고인이 재항고이유를 기재하지 않은 경우에는 재항고기록의 접수통지를 받은 날부터 20일 안에 재항고 이유서를 제출해야 한다.

5. 항고기각 또는 항고취하 경우의 공탁금의 처리

현행 민사집행법에서는 구법과 달리 항고기각과 항고취하의 경우를 동일하게 처리하고 있다. 즉 소유자나 채무자의 항고의 경우에는 공탁금을 돌려 받지 못하며(이 경우의 공탁금은 배당금에 합산되어 처리된다), 기타의 경우에는 공탁금 중에서 항고일부터 항고기각결정이 확정될 때까지의 낙찰가에 대한 대법원규칙상의 이율에 의한 금액을 공제한 금액에 대해서는 반환을 청구할 수 있다(민사집행법 제130조 제6항, 제7항, 제8항). 즉 이자를 공제한 금액에 대하여는 반환을 청구할 수 있다는 의미이다.

집행에 관한 이의

1. 의의

강제집행의 절차에 관한 집행법원의 재판과 집행관의 집행행위의 처분 기타 집행관이 준수할 집행절차에 관한 위법부당을 이유로 매각대금완납 전까지 법원에 이의신청하는 것이다(민사집행법 제16조).

2. 이의의 대상

1) 집행법원의 재판으로서 즉시항고를 할 수 없는 것

집행법원의 재판에 대한 불복은 집행에 관한 이의신청이 원칙이고, 다만 즉시항고를 할 수 있는 특별한 재판에 대하여는 즉시항고로 불복할 수 있고 이의신청은 불가능하다.

2) 집행관의 집행행위의 처분 기타 집행관이 준수할 집행절차

3. 이의사유

1) 형식적·절차적사유만이 이의사유로 된다

① 집행권원의 흠결, 집행력있는 정본의 흠결, 집행위임의 흠결, 채무명의의 불송달, 집행처분을 당한 자와 채무명의에 표시된 자의 불일치 등이 이에 속한다.

② 강제집행의 정지사유가 있음에도 불구하고 경매법원이 이를 정지하지 않고 대금지급기일을 정하고 대금납부를 받는 등 경매절차를 진행하는 경우에 채무자는 집행에 관한 이의 기타 즉시항고로 시정할 수 있다(대판). 다만 이러한 불복의 절차없이 경매절차가 그대로 완결된 경우에는 그 집행으로 발생된 법률효과(소유권이전)를 부인할 수 없다(대판).

③ 집행계약상의 집행제한, 집행권원에 표시된 채권의 소멸, 압류재산이 제3자의 재산에 속한다는 것 등은 이의사유가 아니다. 이들 경우는 경우에 따라 청구이의의소는 가능할 것이다.

2) 임의경매에서의 특칙

① 절차상의 위법뿐만이 아니라 담보권의 부존재·소멸, 청구권의 부존재·소멸 등 실체법상의 하자도 이의사유로 된다.

② 임의경매개시결정에 표시된 신청채권액이 진정한 채권액보다 많다는 것은 이의사유가 안된다(대결). 이 경우 배당이의는 가능할 것이다.

4. 재판에 대한 불복

집행에 관한 이의에 대한 재판에 대해서는 즉시항고할 수 있다. 또한 법원은 재판전에 잠정처분으로 집행정지명령 또는 집행속행명령을 할 수 있다.

청구이의의 소

1. 의 의

① 채무자가 집행권원의 내용인 청구권이 현재의 실체상태와 일치하지 않는 것을 주장하여 그 채무명의가 가지는 집행력의 배제를 구하는 소로서(민사집행법 제44조), 집행권원 성립시부터 강제집행종료시까지 제기할 수 있다. 이는 강제경매에 한정되는 소송이다.

② 원칙적으로 모든 집행권원에 대해 인정되지만 가집행선고부판결로 인한 집행권원에 대해서는 가집행선고부판결이 확정되기 전에는 제기할 수 없고(대결), 가압류·가처분명령에 대하여도 제기할 수 없다.

2. 이의사유

집행권원에 표시된 청구권과 현재의 실체관계가 일치하지 않는다는 것을 주장하는 것이면 그 내용은 제한이 없다.

예컨대 변제, 대물변제, 상계 등 청구권소멸사유, 반사회질서 등 청구권 불발생사유, 청구권의 양도 등 청구권의 귀속변경사유, 기한의 유예 등 청구권의 효력정지사유, 불집행계약(다수설) 등이 있다.

3. 주장의 제한

1) 집행권원가 판결인 경우

이의사유는 그 원인이 기판력(旣判力)의 표준시점인 사실심 변론종결 이후에 발생한 때에 한정된다. 기판력의 표준시 이전에 존재하였던 형성권(形成權)을, 그 이후에 행사하여 이를 이의사유로 주장할 수는 없다(통설.판례). 다만 상계 (相計)는 상계의 의사표시를 한 때가 이의원인의 발생시기로 된다(대판).

2) 집행권원이 항고로만 불복을 신청할 수 있는 재판이나 기타 화해조서, 인락조서인 경우

재판 또는 조서의 성립 후에 발생한 이의사유에 한정된다.

3) 집행권원이 확정된 지급명령 또는 집행증서인 경우

이는 제한이 없으므로 청구권이 당초부터 불성립했다는 것도 이의사유로 된다. 왜냐하면 이 집행권원에는 기판력이 없기 때문이다.

4. 판결

청구이의소송을 인용할 경우에는 집행권원에 기한 집행을 일시적·영구적으로 불허하거나, 집행의 일부 내지 전부를 불허하는 판결을 하게 된다. 이 판결이 확정되면 집행권원의 집행력이 소멸하므로 집행문 부여를 막을 수 있고, 그 정본을 집행기관에 제출하여 집행개시의 속행을 저지할 수 있으며, 이미 행하여진 집행처분의 취소를 구할 수도 있다.

5. 잠정처분

수소법원은 채무자보호를 위해 집행의 일시정지 또는 취소를 명할 수 있고, 급박한 경우에는 재판장이나 집행법원도 위의 명령을 내릴 수 있다. 또한 수소법원은 이미 발한 처분을 취소, 변경, 인가할 수 있으며, 이들 사항에 대하여 직권으로 가집행선고를 해야 한다.

기판력

확정된 종국판결에 있어서의 판결내용은 당사자와 법원을 규율하는 새로운 구속력을 가지며, 뒤에 동일한 사항이 문제되면 당사자는 그에 반하는 소송이 허용되지 않고, 법원도 그와 모순·저촉되는 판단을 해서는 안된다는 구속력을 확정된 종국판결의 기판력이라고 한다.

기판력의 표준시점

종국판결은 사실심의 변론종결시까지 소송 당사자가 제출한 사실자료를 기초로 한 판결이므로 기판력의 표준시점은 사실심의 변론종결시이다(민사소송법 제505조).

형성권

권리자의 일방적 의사표시만으로 권리의 변동을 가져오는 권리로서, 이에는 취소권, 계약해제권, 상계권, 채권자취소권, 혼인취소권, 재판상이혼권 등이 있다.

상계

채무자가 채권자에 대하여 자기도 또한 동종의 채권을 갖는 경우에 그 채권과 채무를 대등액에서 소멸시키는 채무자의 일방적 의사표시를 상계라고 한다.
예컨대 갑이 을에게 8,000만원의 채권을 가지고 있고 반대로 을은 갑에 대하여 9,000만원의 채권을 가지고 있다면, 을이 8,000만원의 범위에서 상계의 의사표시를 하면 그 대등액 8,000만원의 범위에서는 채권이 소멸하게 된다.

6. 임의경매의 경우

임의경매에서도 청구이의의 소에 준하여 저당채무의 부존재 등을 이유로 채무이의의 소가 가능하다(대판).

7. 관할법원

확정판결에 대해서는 제1심 판결법원(항소심에서 확정되어도 동일), 확정된 지급명령에 대해서는 그 명령을 발한 법원, 청구의 인락조서 및 화해조서에 대해서는 제1심 수소법원, 집행증서에 대해서는 채무자의 보통재판적 소재지 법원이 관할법원이다.

낙찰으로 인한 소유권이전등기 말소청구소송

낙찰자가 잔금을 지불하면 곧바로 낙찰자 이름으로 소유권이전등기를 신청할 수 있다. 이때 소유자(채무자)는 그 말소청구소송을 제기할 수 있는가? 원칙적으로 불가능하다. 다만 다음과 같은 예외가 있다.

1. 강제경매의 경우

인감증명서가 위조되어 소유권이전등기가 되었고 다시 그에 기해서 다른 사람의 이름으로 소유권이전등기가 되었으며, 그 사람의 채권자가 강제경매를 신청한 경우와 같이 원인무효사유가 있는 경우에는 가능하다.

2. 임의경매의 경우

강제경매의 경우와 같은 경우에도 말소청구가 가능하지만, 나아가서 최초부터 저당권등기가 부존재 또는 원인무효인 경우에는 가능하다. 다만 저당권등기 자체는 유효하였지만 후에 채권이 소멸되어 무효로 된 경우와 같은 때에는 불가능하다.

경매절차의 정지·취소서류의 제출

1. 강제경매의 경우

1) 집행정지서류(반대채무명의)

① 집행할 판결 또는 그 가집행을 취소하는 취지나 강제집행을 허가하지 않거나 그 정지를 명하는 취지 또는 집행처분의 취소를 명한 취지를 기재한 집행력있는 재판의 정본

② 강제집행의 일시정지를 명한 취지를 기재한 재판의 정본

③ 집행을 면하기 위하여 담보를 제공한 증명서류(이는 가집행판결에 대한 것임)

④ 집행할 판결 후에 채권자가 변제를 받았거나 의무이행의 유예를 승낙한 취지를 기재한 증서
증서는 공정증서가 아닌 사서증서도 가능하며, 변제공탁서는 변제의 효력에 관하여 다툼이 있는 경우이므로 불가능하다. 변제증서의 제출에 의한 정지기간은 2월로 하며, 의무이행유예 승낙서의 제출에 의한 정지는 2회에 한하며 통산하여 6월을 초과할 수 없다.

⑤ 집행할 판결 기타의 재판이 소의 취하 기타의 사유에 의하여 실효되었음을 증명하는 조서등본 기타 법원사무관등이 작성한 증서(이는 가집행판결에 대한 것임)

⑥ 강제집행을 하지 않겠다는 취지 또는 강제집행의 신청이나 위임을 취하한다는 취지를 기재한 화해조서의 정본 또는 공정증서의 정본

2) 집행취소서류

위의 ①, ③, ⑤ , ⑥의 서류가 집행취소서류이다.

3) 제출시기

위의 ①, ②, ⑤의 경우

매각대금 완납 전까지 제출해야 한다.

위의 ④의 경우

매각기일에 매수신고 전까지 제출해야 한다. 그 이후에는 청구이의의
소를 제기하여 본안 법원으로부터 집행정지의 결정을 받아야 한다.

위의 ③, ⑥의 경우

경매취소를 위한 최고가매수인의 동의문제

최고가매수인이 결정된 이후에 경매의 취소신청을 위해서는 그 최고가매수
인의 동의가 필요하다. 하지만 최고가매수인은 동의해 주려고 하지 않을 것
이다. 입찰을 위해서 들어간 시간과 노력이 허사가 되기 때문이다.
하지만 이 매수인의 동의문제는 매우 형식적인 절차에 불과하다.
매수인이 동의해 주지 않아도 결국은 경매를 취소시킬 수 있는 방법이 있기
때문이다. 즉 강제경매의 경우에는 청구이의의소를 제기하여 본안 법원으로
부터 집행정지결정을 받아서 정지시킨 후 판결 결과에 따라 취소시킬 수 있
는 것이며, 임의경매의 경우에도 담보권등기를 말소시키고 경매개시결정에
대한 이의를 제기하여 경매절차를 취소시킬 수 있다.

매각대금 완납 전까지 제출해야 한다. 다만 매각기일에 매수신고인이 있었던 경우에는 그들의 동의가 필요하다. 만일 그들의 동의가 없으면 경매원인 등기를 말소시키고 집행정지신청과 청구이의소를 제기하여 승소해야만 경매를 취소시킬 수 있다.

4) 법원의 조치

위의 ②, ④의 서류가 제출된 경우

필연적으로 절차의 진행을 정지해야 한다. 매각기일이 지정된 경우는 그 기일지정을 취소하고, 매각허가결정 전이면 낙찰불허가 결정을 해야 하고, 낙찰허가 후이면 매각허가결정의 확정이 차단(대결)되고, 매각허가결정이 확정된 후라면 대금지급기일 등 그 후의 절차의 진행을 정지해야 한다. 다만 서류가 제출되었는데도 법원의 착오로 매각대금이 완납된 경우에는 대금납부의 효력이 발생하고 집행에 관한 이의, 즉시항고 기타 집행처분의 취소신청 등이 불가능하다(대결).

위의 ①, ③, ⑤, ⑥의 서류가 제출된 경우

이미 실시한 집행처분을 취소해야 한다. 경매절차를 취소하는 결정 외에 매각허가 결정 후이면 매각허가결정을 취소해야 하며, 대금지급 전이면 대금지급기일 지정을 취소해야 하고, 경매개시결정도 취소해야 하고, 이에 대하여는 집행에 관한 이의(대결) 외에 다른 불복신청은 불가능하다.

2. 임의경매의 경우

1) 집행정지서류

① 담보권등기가 말소된 등기부등본

② 담보권등기의 말소를 명한 확정판결의 정본

이에는 화해, 포기, 인낙조서 및 조정조서를 포함한다.

③ 담보권이 없거나 소멸되었다는 취지의 확정판결의 정본

이에는 저당권부존재 확인판결, 피담보채권 존재확인청구의 기각판결, 제3자이의소에서 청구인용의 확정판결 기타 확정판결과 동일한 효력이 있는 조서 등이 있다.

④ 채권자가 담보권의 실행을 하지 않기로 하거나 경매신청을 취하하겠다는 취지 또는 피담보채권의 변제를 받았거나 그 변제의 유예를 승낙한 취지를 기재한 서류

이들 서류는 사문서라도 무방하며, 변제공탁서도 가능하다.

⑤ 담보권 실행의 일시정지를 명한 재판의 정본

이에는 채무이의의 소에 따른 경매절차의 일시정지결정, 경매개시결정에 대한 이의신청에 따른 경매절차의 일시정지결정, 제3자이의의 소에 따른 집행의 일시정지결정 등이 있다.

2) 집행취소서류

위의 ①, ②, ③ 기타 ④의 서류 중 화해조서의 정본 또는 공정증서의 정본이 집행취소서류이다. 임의경매에서는 변제증서가 사문서로 제출된 경우에 절차의 정지사유가 되지만, 화해조서정본이나 공정증서정본 등 공문서인 경우에는 절차의 취소사유가 되므로 개시결정에 대한 이의를 제기할 필요가 없다. 취소결정은 정지의 경우와 달리 신청채권자와 상대방(소유자.채무자)에 통지해야 한다. 취소결정에 대하여는 즉시항고할 수 있다.

3) 서류제출의 시간적한계

서류는 매각대금완납 전까지 제출해야 한다.

다만 피담보채권의 변제를 받았거나, 그 변제의 유예를 승낙한 취지를 기재한 서류 기타 담보권실행을 하지 않기로 하거나 경매신청을 취하하겠

다는 취지를 기재한 서류는 입찰기일에 매수인의 신고가 있었던 경우에는 그의 동의가 필요하다. 만일 동의가 없으면 경매신청원인등기인 근저당권등기를 말소시키고, 집행정지가처분을 신청한 후 말소된 등기부등본을 첨부하여 경매개시결정에 대해 이의신청해야 한다. 또는 강제경매에 준하여 근저당권 말소청구소송이나 채무부존재 확인청구소송을 제기한 후 본안법원으로부터 집행정지 결정을 받아도 가능하다.

다만 주의해야 할 것은 대금납부 후에 정지·취소서류가 제출된 경우에는 낙찰자의 소유권취득에는 영향이 없기 때문에 집행취소서류가 제출된 경우에는 압류채권자 자신이 배당을 받을 수 없을 뿐고, 정지서류가 제출된 경우에는 압류채권자의 배당금이 공탁되는 경우가 있을 뿐이라는 점이다.

강제집행정지 가처분신청

소유자의 구제수단 중에는 절차가 정지되지 않음으로써 소유자에게 회복불가능한 손실이 되는 경우도 있다.

따라서 경매개시결정에 대한 이의나 청구이의의 소 기타 원인무효로 인한 저당권말소청구소송 등을 제기할 때에는 강제집행정지가처분신청을 하여 그 정지결정을 받아 경매법원에 제출하는 것이 바람직하다.

기 타

소유자의 구제수단으로는 이외에도 집행문부여에 대한 이의신청(집행문부여에 관련된 형식적 위법을 이유로 한 이의신청으로서 예컨대 판결이 확정되지도 않았는데 집행문을 부여한 경우 등에 제기한다), 집행문부여에 대한 이의의 소(집행문부여시에 증명된 조건의 성취 또는 승계 기타의 집행적격에 관한 실체법 상의 사유로 인한 소송) 등이 있다. 집행문부여의 소는 채권자가 제기하는 소이므로 소유자의 구제수단이 아니다.

경매진행절차 중에 채무자(소유자)가 사망하면 어떻게 되는가?

1. 경매개시 결정 전의 사망

1) 강제경매의 경우

사망자에 대한 경매개시결정의 송달은 무효이므로(대결), 채권자는 승계집행문을 부여받아 경매신청을 해야 하고, 이를 간과하고 경매신청을 하여 경매개시결정이 난 후 추후에 사망사실이 밝혀지면 법원은 경매개시결정을 취소하고 경매신청을 각하해야 한다. 압류의 효력발생 여부와 상관없이 경매개시결정의 고지없이는 유효하게 경매절차를 속행할 수 없다(대결).

2) 임의경매의 경우

그대로 절차를 속행하되, 법원에서 사망사실을 알게되었을 때에는 채무자의 표시를 정정하면 충분하다.

단, 상속인은 자신이 상속인임을 주장하여 절차에 관여할 수 있다. 상속인의 주장이 없는 이상 등기부상의 채무자나 소유자를 상대로 매각허가결정을 하여도 위법이 아니며(대결), 임의경매 신청시에 소유자의 사망사실 및 상속인들의 적법한 상속포기 신고사실이 확인될 경우에는 상속재산관리인을 상대로 하지 않은 이상 사망자나 상속인을 상대로 한 경매신청은 부적법하여 각하된다(서울지방법원의 실무).

2. 경매개시 결정 후의 사망

1) 강제경매의 경우

이때는 유산에 대해 그대로 속행시켜도 되고, 경매개시결정을 상속인에 송달해도 무방하다. 만일 상속인이 없거나 소재가 불명하면 법원은 특별 대리인을 선임하여 송달하게 된다.

2) 임의경매의 경우

경매개시결정 전의 사망의 경우와 동일하게 처리된다.

세입자의 대책

자신이 세를 들어 살고 있던 집이나 상가가 경매로 나오면 사람들은 당황하여 허둥거리는 경우가 많다.

사실 임대차보호법만이라도 제대로 알았다거나 아니면 그 건물을 중개한 중개업소가 무허가 영업소만 아니었더라도 경매로 나올만한 건물에 세를 들지 않았거나, 아니면 설령 경매로 나왔다고 하더라도 임차보증금 전액에 대하여 안전하게 법적 보호를 받을 수 있었을 것이다.

특히 1999년 3월부터는 주택임대차보호법이 개정되어 주택임차인의 보호가 좀더 강화되었고, 2002년 11월 1일부터는 상가건물임대차보호법이 시행되어 그동안 방치되었던 상가임차인도 보호받기에 이르렀으므로, 남의 건물에 세를 들고자 하는 사람이나 아니면 이미 세들어 있는 사람들은 아래에서 설명하는 보증금 확보방안 등 몇가지 대책을 잘 익혀두면 불의의 사고를 당했을 때 의연하게 대처할 수 있게 될 것이다.

보증금 확보 방안

계약 전에 반드시 등기부등본을 확인하여 가등기, 가압류, 가처분, 경매신청등기, 임차권등기명령에 따른 임차권등기 등이 있으면 절대로 임대차 계약을 체결해서는 안된다. 이런 경우는 보증금을 날릴 가능성이 매우 높다고 보면 틀림없다. 부동산에는 평생 모은 재산이 묻혀있는 경우가 많은데, 사소한 부주의로 일시에 다 날려버린 대서야 말이나 될 법한 일인가? 특히 임차권등기명령에 따라 임차권등기가 나있는 건물의 경우에는 임차인의 최우선변제권도 인정되지 않으므로 주의해야 한다.

등기부에 저당권등기가 설정되어 있으면 그 채권의 최고금액과 임차보증금을 합해서 아파트의 경우는 시가의 80%선, 연립의 경우는 시가의 70%선, 기타 단독주택이나 상가건물의 경우는 시가의 60%선 이하의 경우에만 계약해야 할 것이다. 또한 계약은 반드시 건물주인과 체결할 것이며, 계약후에는 주민등록(상가의 경우에는 사업자등록)을 옮겨놓고 계약서에는 확정일자를 받아 놓는다. 잔금지불 전에 다시 한번 등기부를 확인해야 하는 점도 잊어서는 안된다. 계약 후 잔금지불 전에 건물주인이 건물을 담보로 하여 은행에서 대출을 받았을 지도 모르기 때문이다.

입찰에 참여하여 상계제도(相計制度)를 이용하는 방법

세입자가 입찰에 참여해서 그 건물을 낙찰받는 방법도 있다. 예컨대 임차보증금 1억원에 남의 집에 세들어 살다가 그 집이 경매에 부쳐져서 6,000만원밖에 배당받을 수 없다면 사실상 큰 낭패가 아닐 수 없는데, 그 집을 시가보다 싸게 낙찰받을 수 있다면 손해를 다소간 줄일 수 있을 것이다. 이런 경우에 경매법원의 실무에서는 되도록 세입자가 낙찰받을 수 있도록 신경을 써주기도 하는데, 예를 들어 세입자가 아닌 경우에는 조금이라도 법에 위반되는 사항이 있어도 입찰을 무효로 처리하는데 반하여 세입자의 경우에는 법에 위반되는 사항이 있어도 웬만하면 유효로 처리하는 경향이 있다.

또한 세입자는 법원에 상계신청서를 제출하면 자기가 배당받을 수 있는 금액만큼 공제한 후 나머지를 잔금으로 납부하면 된다.

위의 예에서 낙찰가가 1억 5,000만원이라면 배당액 6,000만원을 공제한 9,000만원만 잔금으로 지불하면 되는 것이다. 즉, 1억 5,000만원을 먼저 납부한 후 다시 6,000만원을 배당받는 절차를 생략해 주는 것이다.

다만, 주의할 일은 자신이 직접 입찰에 참여할 자신이 없으면 반드시 많은 경력과 조직력을 갖춘 경매상담회사에 컨설팅을 의뢰하는 것이 좋을 것이다. 그래야만 법적보호를 제대로 받을 수 있기 때문이다. 세입자의 경우에는 명도의 문제가 생략되기 때문에 컨설팅수수료를 할인해 주기도 하므로 그다지 큰 비용이 들지는 않을 것이다.

한가지만 더 보충한다면 일반 낙찰자의 경우에는 잔금일에 잔금을 납부하게 되지만, 상계신청한 세입자의 경우에는 배당기일에 잔금을 납부한다는 점이다.

임차권등기명령제도(賃借權登記命令制度) 이용법

1. 의 의

임차권의 존속기간이 만료한 뒤에도 임대인이 보증금을 반환하지 않을 경우에 임차인이 임대인의 동의없이도 단독으로 임차권의 등기를 할 수 있는 제도가 임차권등기명령제도이다(주택임대차보호법 제3조의3, 상가건물임대차보호법 제6조).

기존의 임차권 등기는 임대인의 동의없이는 불가능하여 현실적으로는 임대인이 임차권등기에 협력하는 경우가 거의 없어 임차인의 지위가 매우 불안하였었는데, 주택의 경우에는 1999년 3월 1일부터, 상가의 경우에는 2002년 11월 1일부터 신설되어 임차인의 지위가 한층 더 강화되기에 이르렀다. 임차권등기명령제도는 실무에서도 많이 이용되고 있는 제도이므

이하에서는 상세히 설명하기로 하겠다.

2. 필요성

세들었던 건물이 경매에 부쳐졌을 경우에 임차인이 주민등록 또는 사업자등록을 옮긴 상태에서는 임차인이 그동안 가지고 있었던 대항력, 우선변제권, 최우선변제권 모두가 사라져 버리고 만다. 즉, 임차인은 대항력도 상실하고 또한 법원으로부터 배당을 받을 수도 없었다. 하지만 임차권등기를 해 놓으면 주민등록(상가의 경우에는 사업자등록)을 옮기더라도 대항력이 유지되고 법원으로부터 배당을 받을 수도 있다. 요컨대 임차권등기명령제도는 임차인의 거주이전의 자유를 보장하고 있는 것이다.

3. 요건 및 절차

① 임대차기간이 종료되어야 신청할 수 있다.
② 보증금을 반환받지 못한 임차인은 임차건물 소재지 관할 지방법원,

신청취지와 신청이유

"임차권등기를 명령해달라"는 식으로 임차인이 바라는 신청의 결론부분이 신청취지이고 그 신청취지와 더불어 이를 보충하여 등기사건의 일시, 장소, 관련 당사자 등 등기사건을 특정하기 위해 필요한 사실관계를 신청이유라고 이해하면 된다.

소명

법관이 일응 확실할 것이라는 추측을 얻도록 증거를 제출하는 당사자의 노력이 소명인데, 법관으로 하여금 확신을 얻도록 증거를 제출하는 당사자의 노력인 증명과 구별된다.

동 지원 또는 시·군법원에 임차권등기명령을 임차인 단독으로 신청할 수 있다. 보증금 중 일부만 받고 일부는 받지 못했다 하더라도 그 나머지 금액에 대해서 임차권등기명령을 신청할 수 있음은 물론이다.

③ 등기비용은 일단 임차인이 낸 뒤 집주인에게 비용을 청구할 수 있다.

④ 임차권등기명령을 신청할 때에는 신청의 취지와 이유, 임대차목적인 주택(임대차목적이 건물의 일부분일 경우에는 그 도면을 첨부), 임차권등기의 원인사실(대항력을 취득했거나 우선변제권을 취득했을 경우에는 그 원인사실)등을 기재해야 하고, 신청이유와 등기의 원인사실은 이를 소명(疎明)해야 한다.

⑤ 임차권등기의 원인사실을 소명하기 위한 자료로는 확정일자 찍힌 임대차계약서, 전입일자(상가의 경우에는 사업자등록일자)를 확인할 수 있는 주민등록등본(상가의 경우에는 사업자등록증), 전근명령서 등 이사해야 할 사유 등의 자료를 제출해야 한다.

⑥ 법원의 임차권등기명령에 대해서는 임대인은 이의신청을 할 수 있으며, 신청을 기각하는 결정에 대해서는 임차인이 항고할 수 있다.

4. 효 력

임차권등기명령의 집행에 의한 임차권등기가 경료되면 임차인은 그 때부터 대항력 및 우선변제권을 취득하게 되며, 임차권등기 이후에는 대항력요건(건물점유+주민등록·사업자등록)을 상실하더라도 이미 취득한 대항력 또는 우선변제권이 유지된다. 또한 주택의 경우에는 1999년 3월 1일 이후, 상가의 경우에는 2002년 11월 1일 이후에 민법규정에 의해서 임차권등기를 낸 경우에도 임대차보호법상의 임차권등기명령에 의한 등기와 동 일한 효력이 인정된다.

5. 등기의 해제방법

1) 집주인이 자발적으로 보증금을 내 줄 경우

세입자로부터 등기명령취하서나 등기말소관련서류를 받아서 해제하면 된다.

2) 경매를 통해서 보증금을 받을 경우

법원은 일단 보증금을 공탁한 후 세입자가 명도확인서를 제출하면 보증금을 내주고 임차권등기도 말소시킨다.

3) 등기가 유지되는 경우

보증금의 일부라도 반환받지 못한 경우에는 임차권등기가 유지된다.

6. 다른 권리자의 보호

임차권등기가 경료된 주택을 그 이후에 임차한 임차인은 주택임대차보호법 제8조의 규정에 의한 최우선변제권을 부정하는 규정을 둠으로써 다른 권리자를 보호하고 있다. 임차권등기를 낸 임차인의 최우선변제권이 부정되는 것이 아님을 주의해야 한다.

7. 문제점

임차권등기명령제도는 임차인의 지위를 강화하기 위한 획기적인 제도임에도 불구하고 학계에서는 다음과 같은 문제점이 지적되기도 한다.

1) 임차권등기명령의 결정에 대하여 임대인의 이의신청을 허용

임차권등기명령의 결정에 대하여는 임대인의 이의신청이 허용되고 있다. 즉, 임차인이 건물을 임대인에게 인도한 상태에서 임대인의 이의신청

이 인정되어 임차권등기가 말소되는 경우에는 그동안 가지고 있던 임차인
의 대항력과 우선변제권이 상실하는 결과를 초래할 수 있는 문제점이 지
적되고 있다.

2) 등기비용 청구절차의 미비

임차권등기명령제도의 비용은 임대인이 부담한다고 하면서도 그 비용
을 청구하는 절차가 미비되어 훗날 따로 소송을 통해서 반환받아야 한다.
처음부터 임차보증금에 포함시켜서 반환받을 수 있게 하는 방안도 검토될
만 하다.

3) 부유층만 보호되는 결과

자신이 세를 들어 있던 장소를 떠나서 다른 곳에서 또다른 주택이나 상
가를 임차한다는 것은 일반 세입자의 경우에는 상당히 어려울 것이라는
점에서 임차권등기명령제도는 부유층만 보호하는 결과가 된다는 문제점
이 지적되고 있다.

4) 재임대의 차단으로 보증금반환이 더욱 곤란

임차권등기 명령제도에 따라서 임차권등기가 나 있는 주택에 대한 임대
차계약에는 최우선변제권까지도 배제됨으로써 재임대는 철저히 차단될
것이므로 집주인의 보증금 반환이 더더욱 어려워질 것이라는 문제점도 지
적된다

5) 미등기건물이나 무허가건물에는 임차권등기명령제도 이용 불가

미등기건물이나 무허가건물에는 임차권등기를 낼 수 없으므로 임차권
등기명령제도 역시 이용될 수 없다는 문제점도 지적된다.

대위변제 이용법

1. 의 의

어떤 건물이 등기부상 다음과 같은 권리관계에 있을 경우에는 만일 세입자가 확정일자를 받아 놓지 않았다면 한푼도 배당을 못받고 쫓겨날 판이다. 그러나 대위변제를 이용하면 다소간 얼마라도 배당을 받을 수 있게 되는데, 바로 제1순위인 00은행의 500만원을 임차인이 갚아버리면 되는 것이다. 그렇게 되면 임차인이 선순위자로서 대항력이 생기는 점을 이용하는 것이다. 8,000만원을 고스란히 떼이는 것 보다는 500만원을 손해보고 8,000만원을 확보하면 7,500만원을 건지는 셈이 된다.

이때 손해본 500만원 조차도 나중에 채무자에게 받아 낼 가능성이 전혀 없는 것은 아니므로 당연히 대위변제를 이용해야 할 것이다.

순위	설정·전입일자	권리내용	낙찰자의 인수여부
1	93. 10. 5	○○은행 저당권 500만원	소멸
2	95. 10. 1	임대차 8,000만원	소멸
3	96. 5. 10	○○은행 저당권 5,000만원	소멸
4	98. 12.12	가압류	소멸
5	2002. 7. 1	압류	소멸

2. 주의사항

임차인이 대위변제를 이용하는데 있어서는 다음과 같은 두가지 점을 주의해야 한다.

즉, 하나는 선순위 저당 채권금액을 변제하였을 경우에는 반드시 말소된 저당권 등기부를 법원에 제출해야 민사집행법상의 대위변제가 된다는 점이고, 또 하나는 임차인보다 선순위인 담보물권자가 수인(數人)인 경우에 임차인이 대위변제를 이용하기 위해서는 그 여러 선순위 담보물권자의 채권을 모두 변제해야 가능하다는 점이다.

예컨대 1순위 저당권자, 제2순위 저당권자 다음으로 임차권자가 있을 경우, 제1순위의 저당 채권금액만을 변제할 경우에는 제2순위의 저당권자가 제1순위로 될 뿐 이고, 제2순위의 저당 채권만을 변제할 경우에는 경매로 제1순위의 저당권이 소멸하는 결과 임차권도 역시 소멸하는 것이므로 임차인의 변제도 아무런 의미가 없게 된다는 점을 주의해야 한다.

최우선변제 이용법

만일 세입자가 확정일자를 받아 놓지 않았으면서도 선순위 임차인도 아닐 경우, 그리고 확정일자는 받아 놓았으나 배당순위상 배당금액이 없는 경우에는 최우선변제권자로서 배당요구를 할 수 밖에 없을 것인데, 이 때 보증금은 얼마까지의 금액이어야 하는가? 그리고 최우선적으로 변제받을 수 있는 금액은 얼마까지인가?는 각 담보물권 설정 당시의 임대차보호법의 규정에 따른다는 점을 주의해야 한다.

담보물권 설정일	지 역	보증금 범위	최우선변제액
84.1.1 ~ 87.11.30	특별시, 광역시	300이하	300이하
	기타지역	200이하	200이하
87.12.1 ~ 90.2.18	특별시, 광역시	500이하	500이하
	기타지역	400이하	400이하
90.2.19 ~ 95.10.18	특별시, 광역시	2,000이하	700이하
	기타지역	1,500이하	500이하
95.10.19 ~	특별시, 광역시	3,000이하	1,200이하
	기타지역	2,000이하	800이하
2001.9.15 ~	수도권(서울, 인천, 의정부, 구리, 남양주, 하남, 고양(일산), 수원, 성남(분당), 안양, 부천, 과천)	4,000이하	1,600이하
	광역시(부산, 대구, 대전, 광주, 울산)	3,500이하	1,400이하
	기타지역	3,000이하	1,200이하

즉, 도표에서 보는 바와 같이 만일 제1순위 저당권이 1995년 10월 18일

설정되었고 제2순위 저당권이 2002년 7월 1일 설정된 집이라면 1999년 6월 30일 보증금 2,000만원에 세들어 사는 서울의 주택임차인은 제1순위 저당권자보다는 700만원만큼을 최우선변제받지만, 제2순위 저당권자보다는 1,600만원을 최우선적으로 배당받게 된다.

이사비용의 요구

임차인이 배당요구도 할 수 없고 그렇다고 해서 낙찰자에게 부담지울 금액도 전혀 없다면, 임차인으로서는 할 수 없이 낙찰자에게 이사비용이라도 요구할 수 밖에는 없을 것인데, 그 금액은 낙찰자가 세입자를 내보내는데 드는 시간과 비용 정도일 것이다. 이는 타협에 의할 수 밖에 없을 것이나 가능하다면 강제집행을 당하는 것은 피하는 것이 보기에도 좋을 것이고 가족의 정신건강에도 유익할 것이다.

한편으로 생각해 본다면 임차인이 이사비용을 요구할 수 있는 법적인 권리가 있는 것도 아니고, 또한 최근에는 경매가 대중화되어 있어 낙찰가도 많이 상승되어 있을 뿐만 아니라, 경매라는 것 자체도 일확천금을 얻는 사업이 아니라 단지 경쟁적 매매에 불과하므로, 어쩔 수 없는 경우라면 별론하고 이사비용을 요구하는 것은 정당하지 못하다는 결론도 나온다. 이러한 결론에 따르면 아무 소리없이 물러나는 것이 떳떳할 뿐만아니라, 하늘의 도움을 받아 오히려 더 빠른 시기에 재기할 것이라는 판단도 가능할 것이다.

즉시항고 이용법

만일 세입자가 돈도 전혀 없고 그렇다고 나가서 살수 있는 방도 한칸이 없으며, 낙찰자에게 몇 달간만이라도 더 살 수 있게 해달라고 사정을 해

보았어도 들어주지 않는 경우는 법원에 매각허가에 대한 즉시항고를 해서 몇 달간이라도 여유를 갖고 자금을 융통하여 집을 구해보는 방법도 있을 것이다. 다만 현행법에 따르면 경매절차의 신속을 꾀하기 위해서 매각대금의 10%를 공탁금으로 법원에 제출해야 하므로 구법에 비해서 이 제도를 이용하기가 결코 쉽지는 않을 것이다.

매각허가에 대한 즉시항고는 허가일로부터 1주일이며, 항고기각에 대한 재항고는 재판고지일부터 1주일이다. 이 기간은 불변기간(不變期間)이므로 반드시 지켜져야 하며, 기간초과 후의 항고는 항고장 각하사유가 된다. 경매신청등기 후에 주민등록을 옮긴 임차인은 이해관계인이 아니므로 비록 항고는 가능하지만 이 역시 항고장 각하사유로 된다.

다만, 항고장 각하 역시 집행법원에서는 할 수 없고 항고법원에서 각하하므로 기간연장의 사유는 될 수 있을 것이다.

Q1. 임의경매의 경우 경매개시결정에 대한 이의사유를 설명하라(참조 287p).

Q2. 매각허가에 관한 이의신청의 이의사유와 이의의 제한을 설명하라
(참조 288~290p).

Q3. 매각허가결정에 대한 즉시항고에서 항고이익과 항고이유를 설명하라
(참조 292~293p).

Q4. 매각허가결정에 대한 즉시항고가 기각 또는 취하되었을 경우에 법원에 제출한 공탁금은 항고자가 반환받을 수 있는가?(참조 294p)

Q5. 임의경매에서 집행에 관한 이의사유를 설명하라(참조 296p).

Q6. 청구이의소를 설명하고 그 주장의 제한에 언급하라(참조 297~298p).

Q7. 경매대상 목적물의 소유자였던 사람이 낙찰자를 상대로 소유권이전등기 말소청구소송을 제기할 수 있는가?(참조 300p)

Q8. 경매절차 취소를 위한 최고가매수인의 동의를 설명하라(참조 302p).

Q9. 경매절차 진행 중에 채무자가 사망하면 그 이후의 경매절차는 어떻게 되는가?
(참조 306p)

Q10. 살던 집이 경매에 부쳐졌을 경우에 임차인의 대책을 설명하라(참조 308p).

Q11. 임차권등기명령제도에는 어떤 문제점이 지적되고 있는가?(참조 313p)

제 10 장

권리분석 관련 대법원판례

권리분석 관련 대법원판례

(1) 민법 제365조에 기한 저당권자의 일괄경매청구권은 저당권 설정자가 건물을 축조하여 소유하고 있는 경우에 한한다(대결93마1736).

(2) 토지·건물에 대한 근저당권을 설정한 후, 그 토지와 인접한 토지 위에 건물을 증축한 경우 위 증축부분의 상당부분이 위 대지위에 축조되어 있으며 위 증축부분 전체가 불가분의 일체로서 소유권의 객체를 이루고 있다면, 위 대지에 대한 근저당권자는 위 증축부분 전부에 대하여 경매청구권이 있다(대판85다카246).

(3) 구분건물의 전유부분만에 관하여 설정된 저당권의 효력은 대지사용권의 분리처분가능 규약이 있는 등의 특별한 사정이 없는 한 그 전유부분의 소유자가 사후에라도 대지사용권을 취득하여 전유부분과 대지권이 동일 소유자의 소유에 속하게 되었다면 그 대지사용권에 미친다(대판94다12722).

(4) 근저당권자가 경매신청을 하는 경우에는 그 경매신청시에 피담보채권액이 확정되어 보통의 저당권으로 된다(대판97다25521).

(5) 피담보채권 중 일부 채권의 변제기가 도래하지 아니하여 경매신청
서에 피담보채권 중 일부만을 청구금액으로 기재한 경우에는 경매
신청채권자는 추후에 청구금액을 확장하는 채권계산서의 제출에
의하여 청구금액을 확장할 수 없다(대판95다15261).

(6) 건물의 일부에 대하여 전세권이 설정되어 있는 경우에 전세권의 목
적물이 아닌 나머지 건물부분에 대하여는 우선변제권을 별론으로
하고 경매신청권은 없다(대결91마257).

(7) 전세권에 대하여 저당권이 설정된 경우 전세기간이 만료되었다면
더 이상 전세권 자체에 대하여 저당권을 실행할 수는 없으며, 전세
금반환채권에 대하여 추심명령 또는 전부명령을 받거나 또는 제3
자가 신청한 경매절차에 참여하여 배당요구를 하는 방법으로 자신
의 권리를 행사할 수 있을 뿐이다(대판95마684).

(8) 민소법 제607조 제4호 소정의 이해관계인이 되는 임차인은 주택
의 인도와 주민등록을 마친 임차인이면 족하고 확정일자를 받은 임
차인이거나 주택임대차보호법 제8조 소정의 최우선변제권까지 존
재할 필요는 없다(대결 94마1466).

(9) 경매개시결정의 고지(송달)없이는 압류의 효력이 발생했는지의 여
부와 상관없이 유효하게 경매절차를 속행할 수 없다(대판93다
9477).

(10) 토지·건물 일괄경매의 경우 각 부동산별로 매각대금이나 집행비
용을 정할 필요가 있는 배당요구권자는 각 부동산별로 최저매각가
를 정하지 않았음을 들어 매각허가결정에 대하여 항고할 수 있다
(대결94마1729).

(11) 감정평가업자의 부실감정으로 인하여 손해를 입게 된 낙찰자는 부
실감정이 없었다면 낙찰받을 수 있었던 매각대금과 실제 지급한
매각대금의 차액을 불법행위로 인한 손해배상으로 감정평가업자
에게 청구할 수 있다(대판97다36293).

(12) 매각기일까지 임차인의 배당요구가 없어 낙찰자가 그 임대차를
승계하는 것으로 물건명세서가 작성되었으나 그 후 낙찰기일 전에
임차인이 배당요구를 하여 낙찰자가 그 임대차를 승계하지 않게
된 경우 그 보증금이 최저매각가의 80%를 초과하는 점에 비추어
매각불허가 사유에 해당된다(대결97마1612).

(13) 낙찰로 인하여 소멸하는 전세권자의 전세금반환채권이 압류채권
자의 채권에 우선하는 경우 전세권자는 무잉여금지원칙의 위반을
들어 매각허가에 대하여 이의할 수 있다(대결97마2935).

(14) 매각허가결정에 대한 항고장에 보증제공 증명서를 첨부하지 않았
다는 이유로 경매법원이 한 항고장각하결정에 대하여 다시 즉시항
고의 방법으로 불복할 수 있으나, 이로 인해서 강제집행절차가 정
지되는 것은 아니다(대결94마1961).

(15) 매각대금 지급기일 이전에 선순위 근저당권이 소멸함으로써 원래
는 소멸할 예정이던 후순위 임차권의 대항력이 소멸하지 않고 존
속하는 것으로 변경된 경우 낙찰자는 매각허가결정에 대해 취소신
청을 할 수 있다(대결98마1031).

(16) 경매 대상이 아닌 미등기 건물이 경매신청된 토지와 함께 감정평
가되어 경매된 결과 매각허가결정이 확정되었다 하더라도 채권자
에 의해 경매신청된 바도 없고 경매법원으로부터 경매개시결정을

받은 바도 없는 독립된 부동산에 대한 낙찰은 당연무효이므로 낙
찰자는 그 부동산의 소유권을 취득할 수 없다(대판91다20722).

(17) 낙찰자가 매각허가결정을 받아 매각대금을 모두 지급함으로써 소
유권을 취득하였다면 담보가등기권리는 소멸하였다고 보아야 하
며 그 후에 경료된 위 가등기에 기한 본등기는 원인을 결여한 무효
의 등기이며, 위 가등기에 의한 본등기가 종전 소유자와의 대물변
제의 합의에 기하여 이뤄진 것이라 하여도 이는 소유권을 낙찰자
가 취득한 후에 무효인 가등기를 유용하는 것에 해당하므로 역시
무효이다(대판93다52853).

(18) 확정된 종국판결에 터잡아 경매절차가 진행된 경우 그 후에 확정
판결이 재심소송에서 취소되었다 하더라도 그 경매절차를 미리 정
지시키거나 취소시키지 못한 채 경매절차가 계속 진행된 이상 매
각대금을 완납한 낙찰자는 경매목적물의 소유권을 적법히 취득한
다(대판96다42628).

(19) 매각대금 완납 후 경매 부동산에 관해 가등기에 기한 소유권이전
의 본등기가 경료되어 낙찰자가 소유권을 상실한 경우, 낙찰자는
민법 제578조와 제576조를 유추적용하여 담보책임을 추급할 수
있으며, 이러한 담보책임은 낙찰자가 경매절차 밖에서 별소에 의
하여 채무자 또는 채권자를 상대로 추급하는 것이 원칙이라 하겠
으나 아직 배당을 실시하기 전이라면 민소법 제613조를 유추적용
하여 집행법원에 대하여 경매에 의한 매매계약을 해제하고 매각대
금의 반환을 청구하는 방법으로 위 담보책임을 추급할 수 있다(대
결96그64).

(20) 경매절차가 무효로 된 경우 피고의 소유권이전등기의 말소의무와

원고의 배당금반환 의무는 동시이행관계에 있다(대판94다55071)

(21) 경매목적이 된 부동산의 소유자가 경매절차가 진행 중인 사실을 알면서도 그 경매의 기초가 된 근저당권 내지 채무명의인 공정증서가 무효임을 주장하여 경매절차를 저지하기 위한 조치를 취하지 않았을 뿐만 아니라 배당기일에 자신의 배당금을 이의없이 수령하고 낙찰자로부터 이사비용을 받고 부동산을 임의로 명도해 주기까지 하였다면 그 후 낙찰자에 대하여 위 근저당권이나 공정증서가 효력이 없음을 이유로 경매절차가 무효라고 주장하여 소유권이전등기의 말소를 청구하는 것은 금반언의 원칙 및 신의칙에 위반되어 허용될 수 없다(대판93다42603).

(22) 경매의 목적물에 대항력있는 임대차가 존재하는 경우에 낙찰자가 이를 알지 못한 때에는 낙찰자는 이로 인하여 계약목적을 달성할 수 없는 경우에 한하여 낙찰을 해제하고 채무자 또는 채무자에게 자력이 없는 때에는 채권자에게 그 대금의 전부나 일부의 반환을 구하거나 기타 손해배상을 청구할 수 있을 뿐 낙찰을 해제함이 없이 채무자나 배당받은 채권자를 상대로 임대차보증금에 해당하는 매각대금의 전부나 일부를 부당이득으로 반환을 청구할 수 있는 것은 아니다(대판96다7106).

(23) 근저당권설정등기가 위법하게 말소되어 아직 회복등기를 경료하지 못한 연유로 그 부동산에 대한 경매절차에서 전혀 배당받지 못한 근저당권자는 위 경매절차에서 실제로 배당받은 자에 대하여 부당이득으로서 그 배당금의 한도에서 반환청구를 할 수 있을 뿐이고 이미 소멸한 근저당권에 관한 말소등기의 회복등기를 위하여 현소유자를 상대로 그 승낙의 의사표시를 구할 수는 없다(대판

98다27197).

(24) 저당권설정자가 체납이 없는 상태에서 사망한 경우 그 상속인에
대하여 부관된 상속세는 당해세에 해당되지 않는다(대판96다
55204).

(25) 상대방의 채권이 가장된 것임을 주장하여 배당이의소송을 제기한
채권자는 이에 대하여 입증책임을 부담한다(대판97다32178).

(26) 매도인으로부터 매매계약의 해제를 해제조건부로 전세권한을 부
여받은 매수인이 주택을 임대한 후 매도인과 매수인 사이의 매매
계약이 해제됨으로써 해제조건이 성취되어 그때부터 매수인이 주
택을 전세놓을 권한을 상실하게 되었다면 임차인은 전세계약을
체결할 권한이 없는 자와 사이에 전세계약을 체결한 임차인과 마
찬가지로 매도인에 대한 관계에서 그 주택에 관한 사용수익권을
주장할 수 없게 되어 매도인의 명도청구에 대항할 수 없다(대판95
다32037).

(27) 소유권을 취득하였다가 계약해제로 인하여 소유권을 상실하게 된
임대인으로부터 그 계약이 해제되기 전에 주택을 임차받아 주택
의 인도와 주민등록을 마침으로써 임대차보호법 소정의 대항력요
건을 갖춘 임차인은 민법 제548조 제1항 단서 소정의 제3자에 해
당하므로 자신의 임차권을 새로운 소유자에게 대항할 수 있다(대
판96다17653).

(28) 임대차기간을 2년 미만으로 정한 임대차의 임차인이 스스로 그
약정 임대차기간이 만료되었음을 이유로 임차보증금의 반환을 구
하는 경우에는 그 약정이 임차인에게 불리하다고 할 수 없으므로

반환청구할 수 있다(대판95다22283).

(29) 임차인이 임대인의 승낙을 받아 전대한 경우 전차인이 주택을 인도받고(간접점유) 그의 주민등록을 마친 때부터 임차인은 제3자에 대하여 대항력을 취득하게 된다(대판94마2134).

(30) 주택의 양도담보의 경우에는 채권담보를 위하여 신탁적으로 양도담보권자에게 소유권이 이전될 뿐이어서 특별한 사정이 없는 한 양도담보권자가 주택의 사용수익권을 갖게 되는 것이 아니고 또 주택의 소유권이 양도담보권자에게 확정적·종국적으로 이전되는 것도 아니므로 양도담보권자는 임대인의 지위를 승계하는 양수인에 해당되지 않는다(대판93다4083).

(31) 대항력을 갖춘 임차인은 경매·공매시에 임차주택의 대지의 환가대금에서 후순위권리자 등보다 보증금을 우선변제받을 권리가 인정된다고 하여도 그 대지를 낙찰받은 자를 임대인의 지위를 승계하는 양수인이라고는 볼 수 없다(대판98다3286).

(32) 임대주택의 소유권이 양도되는 경우에는 그 양수인이 임대인의 지위를 승계하는 것이므로 이와 같이 양수인이 임차보증금채무를 부담하게 된 이후에 임차인이 주민등록을 다른 곳으로 옮겼다하여 이미 발생한 임차보증금반환채무가 소멸하는 것은 아니다(대판93다36615).

(33) 대항력을 갖춘 주택임차인이 임대인의 동의를 얻어 적법하게 임차권을 양도하거나 전대한 경우에는 양수인이나 전차인이 임차인의 주민등록퇴거일부터 주민등록법상의 전입신고기간 내에 전입신고를 마치고 주택을 인도받아 점유를 계속하고 있다면 비록 위

임차권의 양도나 전대에 의하여 임차권의 공시방법인 점유와 주민
등록이 변경되었다 하더라도 원래의 임차인이 갖는 대항력은 소멸
되지 아니하고 동일성을 유지한 채로 존속하는 것이므로 그로부터
위 주택을 전차한 제3자 또한 그의 동시이행항변권을 원용하여 위
임차인이 보증금을 반환받을 때까지는 위 주택을 적법하게 점유·
사용할 권리가 있다(대판87다카2509).

제 11 장

권리분석
핵심 사례연구 30선

핵심 사례연구 30선

지금까지 독자들은 권리분석이론을 충분히 습득했으리라고 본다. 그 지식을 토대로 다음과 같은 사례별 연습문제를 풀어 본다면 그 지식의 폭이 한층 더 넓어질 것이다.

정보지에 다음과 같은 내용이 실려 있을 때 독자들은 무엇을 조심해야 할 것인가? 충분히 검토해 본 후 해설을 보기 바란다.

(1) 제시외건물의 법정지상권

(2) 주택임차인에 대한 배당(1)

(3) 주택임차인에 대한 배당(2)

(4) 주택임차인에 대한 배당(3)

(5) 주택임차인에 대한 배당(4)

(6) 존속기간이 지났는데도 낙찰자가 인수부담하는 전세권등기

(7) 저당권자와 지상권자가 동일인인 경우

(8) 토지별도등기가 있는 경우

(9) 토지·건물의 권리가 다른 경우

(10) 건물과 토지의 최초 근저당권이 다른 경우

(11) 대항력·우선변제권 발생의 기준시점과 배당관계

제시외 건물의 법정지상권

| 용도 종별 | 사건번호 채권·채무 소유자 | 입찰일시 : 200×년 5월 29일 | | 경매 6계 | | 등기부상의 권리분석 임대차 |
		소재지	면적/평방(평)	감정평가액	결과 최저경매가	
대지	2000-×××× (임의) 자산관리 김관임 *	중구 신당동 xx-◯◯◯ ＊성동고교남측인근 위치 ＊북동측하향의 비교적급격한경사지 ＊부정형토지 ＊서측 3~4m 콘크리트 포장도로 접합 ＊차량출입불가능 ＊일반주거지역	대 50 제시외건물소재 법정지상권성립 여지있음 ＊공시 : 1,100,000 ＊단가 : 1,100,000	55,000,000 ＊이지감정 (2000.10.21)	2000.12.05 유찰 2001.01.29 유찰 2001.02.13 유찰 2001.03.20 유찰 2001.04.24 유찰 18,022,400	근저 91.10.28 자산관리 1,950만(인수관리3부) 가압 93.11.24 대한보증 압류 2000.4.12 중구청 임의 2000.10.07 한국자산관리공사 발급일자 2000.11.20 소유권이전 84.05.17

권리분석

이 사건은 대지에 대하여 근저당등기를 설정했던 한국자산관리공사가 경매를 신청한 임의경매사건으로서, 말소기준등기는 91년 10월 28일에 설정된 근저당권이므로 그 이후의 가압류·압류등기는 모두 말소되는 사건이다.

즉, 낙찰자가 인수부담해야 할 등기나 권리는 없어보이는 사건이다. 하지만 정보지에 보면 "제시외 건물소재"와 "법정지상권 성립여지있음"이라는 문구가 있으므로 그에 관한 분석없이는 입찰에 참여해서는 안된다. 이 사건의 논점은 두가지이다.

즉, 하나는 낙찰자가 제시외건물의 소유권을 취득하게 되느냐 하는 점이고 또 하나는 만일 낙찰자가 제시외건물의 소유권을 취득하는 것이 아니라면 법정지상권이 성립하겠느냐 하는 점이다.

제시외건물의 소유권이전여부

"제시외건물"이라는 문구가 있을 경우에는 통상적으로 그 건물이 미등기건물인 경우가 많다.

하지만 만사불여튼튼이라고 반드시 등기부를 확인해서 등기건물여부를 확인하고 만일 등기건물이라면, 소유자는 누구인지 그리고 그 건물도 이번 경매에서 경매되는 물건인지를 확인해야 한다. 대지가 경매로 나온 물건의 경우에도 예외적으로 그 지상의 건물까지 경매되는 경우가 종종 눈에 띄기 때문이다.

확인결과 등기건물이고 또한 경매 목적물에 포함되는 경우라면 낙찰자의 소유로 되는 경우이므로 법정지상권 성립여부를 검토할 필요도 없다. 하지만 등기건물이면서 경매 목적물이 아닌 경우에는 낙찰자의 소유로 되지 않는다. 그 건물의 소유권자가 따로 존재하기 때문이다. 건물의 소유자와 대지의 소유자가 동일하더라도 결과는 마찬가지이다. 이런 경우에는 법정지상권의 성립여부를 검토해야 하는 것이다.

확인결과 만일 미등기건물이라면 다시 경매 목적물의 종류를 검토해야 한다. 우선 경매 목적물이 토지라면 건물이 토지에 부합되는 일은 없으므로 그 미등기건물은 낙찰자의 소유로 되지 않는다. 따라서 입찰자는 이 경우에도 법정지상권의 성립여부를 검토해야 한다. 그런데 경매 목적물이 건물이라면 그 미등기건물이 경매 목적물인 건물에 부합(附合)되는지 아니면 경매 목적물인 건물의 종물(從物)인지를 검토해야 한다. 만일 미등기건물이 경매 목적물인 건물에 부합물도 아니고 종물도 아닌 경우에는 낙찰자는 역시 그 미등기건물의 소유권을 취득하지 못하는 경우이므로 법정지상권의 성립여부를 검토해야 하는 것이다.

제시외건물이 낙찰자의 소유로 되느냐 문제와 관련하여 다른 교과서에서는 감정평가가 되었으면 낙찰자의 소유이고 감정평가가 되어 있지 않다면 낙찰자의 소유가 아니라고 설명되어 있기도 하지만, 그것이 틀린 이론이라는 것은 이미 본문에서 설명한 바와 같다. 부합물·종물여부에 관한 판단이론은 본문을 참고하기 바란다.

법정지상권의 성립여부

법정지상권 성립여부에 관한 이론과 대법원판례는 본문에서 자세히 설명하였으므로 여기서는 관련된 몇가지만 정리하기로 한다.

첫째로 법정지상권의 성립은 건물이 등기·미등기, 허가·무허가건물인가 여부를 불문한다는 점이다. 제시외건물의 경우에는 미등기건물이 많지만 미등기건물이라고 하더라도 법정지상권은 성립될 수 있다는 점을 잊어서는 안된다.

둘째로 본 사건은 토지가 경매로 나온 경우이므로 법정지상권의 공통된 성립요건은, 토지에 최초로 저당권이 성립할 당시에 건물이 존재해야 하고, 토지에 최초로 저당권이 성립할 당시에 건물의 소유자와 토지의 소유자가 동일인이어야 한다는 것이 된다.

셋째로 만일 건물이 경매로 나오는 경우라면 법정지상권의 공통된 성립요건은 건물에 최초 저당권 설정 당시에 토지와 건물의 소유자가 동일인이어야 한다는 것이 될 것이다. 하지만 그 경우에 비록 건물을 위한 법정지상권이 성립된다고 하더라도 결국 토지도 경매로 나올 경우에는 다시 토지에 최초 저당권이 성립할 당시를 기준으로 법정지상권이 성립하지 않는다면 그 건물은 철거될 운명이 된다는 점을 주의해야 한다.

어떻든 이 사건은 여러 번 유찰된 것으로 보아 법정지상권이 성립되는 것이 아닌가 하는 추측이 가능하지만, 입찰자들은 일반적으로 "법정지상권 성립여지있음"이라는 문구 자체를 겁내서 입찰을 꺼려하는 경우도 있으므로 반드시 권리분석을 능통해야 투자수익도 그만큼 높아진다.

만일 권리분석 결과 법정지상권이 성립하는 것으로 판단되면 적어도 그 대지를 이용하려는 입찰자라면 그 물건에 입찰해서는 안될 것이다.

석회조건물의 경우에는 30년이라는 장구한 세월동안 그 대지를 사용할 수 없기 때문이다. 하지만 대지를 이용할 의사가 없는 입찰자라면 그리고 낙찰가가 한없이 떨어진 경우라면 입찰을 검토해도 될 것이다. 지료를 청구할 수 있기 때문이다.

주택임차인에 대한 배당 (1)

입찰일시 : 2000년 ○○월 ○○일 (10:00)			등 기 부 상 권 리 분 석	서울지방법원 경매 ○ 계	
사건번호	소재지	면 적(평방)		임 차 관 계 주민등록전입현황	감정평가액 최저경매가

2000-××××
 	
주택
농협중앙회
최정안
	노원구 공릉동 ○○-○○
	
	• 공릉초등학교서측위치
	• 차량출입가능
	• 버스정류장,전철역도보
	  1~2분 소요
	• 일반주거지역
	• 정방형토지
	• 서측20m포장도로접합
		대 137.2
		건1층 67.50
		 – 방3
		2층 54
		 – 방3
		지하 67.50
		 – 방3
		
		84.2.29 준공
			근저 95.6.20 농협중앙
			  7,200만(면목동)
			근저 96.12.3 유영분
			  6,000만
			임의 2000.5.4
			  농협중앙
				정일봉 3,000
				  95.6.20
				확정 95.6.20
				배당요구
				최경락 4,000
				  95.6.19
				확정 95.6.19
				배당요구
				우정수 4,000
				  95.6.19
				확정 95.6.20
				배당요구
					191,813,500
					122,760,640
					(64%)
					
					---------- 	
					
					2000. 7. 3 유찰
					2000. 7. 31 유찰

권리분석

본 사건은 주택이 경매로 나온 사건으로서, 말소기준등기는 95년 6월 20일에 설정된 농협중앙회의 근저당권등기이다. 따라서 그 근저당권등기 뿐만아니라 그 이후에 설정된 또 하나의 근저당권등기 역시 말소된다. 즉 낙찰자가 인수부담해야 할 등기는 없는 셈이다. 문제는 3인의 임차인이 선순위 임차인인가 하는 문제와 그들의 배당관계이다. 선순위 임차인이라면 배당금이 부족한 부분은 낙찰자가 인수부담해야 하기 때문이다.

한가지만 더 언급한다면 주택의 경우에는 대지의 등기부도 반드시 확인해야 한다는 점이다.

왜냐하면 대지는 경매로 나오지 않는 경우도 있는데, 그 경우에는 법정지상권의 성립여부를 검토해야 하기 때문이다.

또 하나의 이유가 있다면 건물과 대지가 일괄경매로 나오는 경우에도 경매로 건물의 등기부와 대지의 등기부가 그 내용상 다르다면 권리분석도 달라지는 경우가 많았기 때문이다. 요컨대 이 사건의 경우에도 대지의 등기부에 농협중앙회의 근저당권등기가 없다면 농협중앙회는 대지의 낙찰가에 대해서는 배당을 받을 수 없기 때문에 선순위 임차인의 배당금에 영향을 미치게 된다.

반대로 대지에만 저당권등기가 설정되어 있고 건물에는 저당권등기가 설정되어 있지 않다면 저당권자는 대지의 낙찰가에 대해서만 배당을 받아갈 수 있을 뿐만 아니라, 건물의 임차인은 전체가 선순위자이되므로 그 임차인들의 배당금이 부족한 부분은 낙찰자가 인수부담해야 되는 것이다. 즉, 임차인이 선순위 임차인인가 여부는 건물의 등기부를 중심으로 판단하는 것이다.

임차인들은 선순위 임차인인가?

선순위 임차인이란 저당권·근저당권·담보가등기·압류등기·가압류등기·경매신청등기보다 앞서서 주민등록과 주택의 점유를 마친 임차인이므로 본 사건의 선순위 임차인은 최경락과 우정수이다.

즉, 본문에서 자세히 설명한 바와 같이 그들의 대항력은 95년 6월 20일 오전 0시부터 발생하는데, 95년 6월 20일의 저당권등기는 동일 오전 0시 이전에는 설정될 수 없기 때문이다.

하지만 임차인 정일봉은 95년 6월 21일 오전 0시부터 대항력이 발생하므로 후순위 임차인이 된다.

최우선변제권자가 존재하는가?

이 사건의 경우와 마찬가지로 일반적으로는 부동산경매에서 최우선변제권자가 가장 먼저 배당을 받아간다. 따라서 최우선변제권자를 확인할 필요가 있다. 최우선변제권자가 존재하는가?

존재한다면 그들이 최우선변제받을 최우선변제금은 얼마인가? 하는 문제는 각 담보물권 설정 당시의 주택임대차보호법의 규정에 따른다.

따라서 농협중앙회보다 앞서서 최우선변제금을 받아 갈 임차인은 없으며, 두 번째 근저당권자인 유영분보다 앞서서 최우선변제를 받아 갈 임차인은 임차인 정일봉이고, 만일 저당권자 유영분이 배당받고도 남는 금액이 있다면 그 이후에는 나머지 두 임차인도 최우선변제권자가 된다.

이것이 이해되지 않는 독자가 있다면 반드시 본문을 참고하여 숙지해야 할 것이다.

본 사건의 배당관계

본 사건이 1억 3,000만원에 낙찰되고 경매비용이 없다는 가정하에 배당관계를 계산해 보자.

가장 먼저 배당받는 사람은 임차인 최경락이다.

따라서 1억 3,000만원에서 4,000만원을 공제하면 9,000만원이 남는다. 그 다음으로는 임차인 우정수와 농협중앙회에서 비율배당으로 배당을 받게 된다.

즉, 배당금 총액 중 나머지인 9,000만원을 두 권리자가 비율배당하면 임차인 우정수에게 배당되는 금액은 9,000만원에 4,000/11,200을 곱하면 되므로 약 3,214만원이다. 따라서 농협중앙회의 배당금도 부족하기 때문에 임차인 정일봉은 최우선변제금을 전혀 배당받지 못한다.

결론

임차인 우정수는 선순위 임차인이므로 결국 선순위 임차인이 배당받지 못한 약 786만원을 낙찰자가 부담하면 낙찰자는 이 물건을 1억3,786만원에 낙찰받는 셈이 되는 것이다.

주택임차인에 대한 배당 (2)

용도 종별	사건번호 채권 · 채무 소유자	입찰일시 : 2001년 5월 22일			경매 2계		등기부상의 권리분석 임대차
		소재지	물건	면적/평방 (평)	감정평가액	결과 최저경매가	
주택	99-×××× 임의 중흥3동 새마을금고 김우용＊	광주 소태동 ○○○ ＊대명아파트북동측 　약100m지점에 위 　치함 ＊진입로 폭 1~2m 　콘크리트 포장도로 ＊제반교통이용은 　편리함 ＊일반주거지역	12	대지 153(46) 1층주택 80.04 　　(24) 2층주택 70.19 　　(21) 부속변소1 미등기 　다용도실 23.8 　통로 　다용도실 6.4 　다용도실 8.1	53,550,000 54,082,800 120,000 595,000 192,000 243,000 108,782,800 경일감정 2000.02.02	2000.02.27 유찰 2001.04.10 유찰 60,918,360 일괄	근저 97.01.16 중흥3동 새마을 4,200만 97.01.16 　　　1,400만 97.02.20 전세권 안옥현 1,700만 97.02.27 안옥현전세권 근저당 한국석유공업 ▼ 임차관계 안옥현 97.02.28 전입 박화순 1,850만 　　전입 93.05.11 　　확정 98.10.10 　　배당 99.12.06

권리분석

이 사건의 말소기준등기는 97년 1월 16일에 설정된 새마을금고의 근저당권등기이다. 따라서 낙찰자가 인수부담해야 할 등기는 없는 셈이다.

하지만 임차인 안옥현은 후순위 임차인이기는 하지만 전세권등기까지 설정해 놓고 있기 때문에 그와 관련된 법적인 문제점은 없겠는가 하는 점

및 임차인 박화순은 선순위 임차인이기 때문에 그의 배당금이 얼마인지를
계산해 보아야 하는 것 등이 이 사건의 논점이 된다.

임차인이 전세권자인 경우의 문제점

본 사건의 전세권등기는 말소기준등기보다 후순위이므로 말소되는 전
세권등기에 불과하다. 따라서 전세권자는 배당요구를 하지 않아도 순위에
따른 배당금이 나감과 동시에 배당금여부와 무관하게 말소되는 것이다.

하지만 전세권자가 임차인으로서의 지위까지 구비한 경우에는 즉, 주민
등록과 주택의 점유를 하고 있으면 전세권자의 지위와 더불어 임차인으로
서의 지위까지 이중의 지위를 갖게 된다.

즉, 전세권자에게는 최우선변제권이 없지만 임차인에게는 최우선변제
권이 존재하므로 만일 전세권자 겸 임차인이 배당요구를 하지 않는다면
전세권자로서의 배당만 나가지만, 만일 배당요구를 한다면 최우선변제금
이 나가므로 배당관계가 달라질 수도 있는 것이다. 요컨대 전세권자겸 임
차인의 배당요구여부를 확인해야 한다.

선순위 임차인의 배당관계

임차인 박화순은 93년 5월 12일 오전 0시부터 대항력이 발생하므로 선
순위 임차인이다. 따라서 그 임차인의 배당금이 부족한 부분은 낙찰자가
인수부담해야 한다.

그런데 임차인의 확정일자가 98년 10월 10일이므로 우선변제권의 기준
시점은 98년 10월 10일이다. 따라서 근저당권자인 한국석유공업보다도
배당순위는 늦다. 그러나 한편 임차인이 배당요구를 하였으므로 최우선변
제권으로 인한 배당이 먼저 나가게 된다.

이 사건의 낙찰가가 8,000만원이고 전세권자도 배당요구를 하였으며, 경매비용이 없다고 가정하여 선순위임차인의 배당관계를 계산해 보도록 하자.

가장 먼저 두명의 임차인이 1,200만원을 최우선변제금으로 배당받아 간다. 그러면 배당금 총액은 5,600만원이 남는다. 그 다음으로 근저당권자인 새마을금고가 저당 채권 총액 5,600만원을 모두 배당받게 될 것이다. 결국 한국석유공업은 배당금이 없게 된다.

결 론

낙찰가가 8,000만원이라면 낙찰자는 인수부담하게 된 임차인 박화순의 보증금 650만원을 지불해야 하므로 이 물건을 8,650만원에 낙찰받는 결과가 될 것이다.

주택임차인에 대한 배당 (3)

입찰일시 : 2000년 6월 28일 (10 : 00)			등 기 부 상 권 리 관 계	북부지원 경매 6계	
사건번호	소재지	면적/평방(평)		임 차 관 계 주민등록전입현황	감정평가액 최저경매가
99–×××× 아파트 주택은행 정일미 우석민	노원구 하계동 273 장미(아) ○○○동 409호 ＊중현초등교북동측 위치 ＊버스정류장 인근소재 ＊도시가스난방	대 32.65/65,069.7 건 49.50 (22평형) – 방2 90.2.28 준공 15층 아파트	근저 93.2.20 주택은행 　　 4,000만(상계동) 근저 93.2.20 새한상호 　　 5,000만 임의 99.10.14 주택은행 발급일자 2000.1.21	김찬우 4,000 93.2.19 확정 　　　 93.2.20 배당요구	70,000,000 44,800,000 (64%) 서울감정 99.12.30 유찰 2000.2.9 유찰

권리분석

이 사건의 말소기준등기는 93년 2월 20일에 설정된 주택은행의 근저당권등기이다. 따라서 낙찰자가 인수부담해야 할 등기는 없다.

문제는 임차인이 선순위 임차인인가 하는 점이고, 만일 선순위 임차인이라면 그에 대한 배당은 얼마나 되겠느냐 하는 점이다. 선순위 임차인이라면 그의 임차 보증금 중에서 배당받지 못한 금액만큼은 낙찰자가 부담해야 하기 때문이다.

임차인의 우선변제권의 기준시점

확정일자가 주민등록(점유포함)보다 앞서는 경우에는 주민등록일 다음 날 오전 0시를 기준으로 우선변제권의 순위가 정해지며, 확정일자가 주민 등록보다 뒤지는 경우에는 확정일자일을 기준으로 우선변제권의 순위가 정해진다. 이 사건의 임차인은 주민등록일(93.2.19)보다 확정일자가 뒤지므로 우선변제권의 기준시점은 확정일자일인 93년 2월 20일이 된다. 문제는 동일한 날짜에 근저당권이 두 개나 설정되어 있다는 점이다.

임차인에 대한 배당

이 사건이 4,500만원에 낙찰되고 경매비용이 없다는 가정하에 임차인의 배당금을 계산해 보자.

우선 이 사건의 임차인은 93년 2월 20일 오전 0시부터 대항력이 발생하므로 선순위임차인이다.

그런데 93년 2월 20일 당시의 주택임대차보호법에 의하면 최우선변제금을 받기 위해서는 서울의 경우에 보증금은 2,000만원이하여야 하고 그때의 최우선변제금은 700만원 이하이다.

즉, 이 사건의 임차인은 보증금이 4,000만원이므로 최우선변제금을 받아 갈 수가 없다. 따라서 우선변제권의 기준시점에 따른 배당액을 계산해야 한다.

임차인의 우선변제권의 기준시점에 여러개의 저당권이 설정되어 있는 경우에는 그 임차인과 그 각각의 저당권자를 동일 순위의 배당권자로 보아 안분비례한 금액을 임차인이 배당받게 된다. 임차인에게 배당하고 남는 배당금 총액은 저당권자간에 순위에 따른 배당을 받는다.

따라서 이 사건의 임차인에게 배당되는 금액은 4,500만원×

4,000/13,000 = 약 1,385만원이 된다. 따라서 선순위 임차보증금 4,000
만원 중에서 배당받지 못하는 약 2,615만원은 낙찰자가 인수부담해야 한
다.

결국 낙찰자는 7,615만원에 낙찰받는 결과가 된다. 결국 감정가보다도
더 비싸게 낙찰받는 결과가 되므로 주의해야 한다.

더 유찰시킨 후 3000만원에 낙찰되었다고 가정하고 같은 식으로 다시
계산해 보면 낙찰자는 약 6,077만원에 낙찰받는 결과가 된다. 배당이론이
권리분석이론의 핵심일 수 밖에 없다는 점을 다시 한번 강조해 둔다.

주택임차인에 대한 배당 (4)

사건번호 채권·채무	소재지	면적(평방) 지 가	감정평가액 @ 최저경매가	임차금(만)–성명–입주일 ♠ 주민등록확인결과	등기부상의 권리관계

97-19145
------ 	
주택
 	
95-54080
충청은행
박용하
	성북 돈암동 ××–16
	동 소 ××–85, –16
	
	*철근콘크리트조
	 기와지붕
	*서측하향완경사지
	*동측3m보도블럭
	 포장도로 접함
	*심야전기보일러
	*성신여고남서측인근
	*BUS(정), 성신여대
	 입구역도보 10분
	*일반주거지역
		대 250
		
		1층 87.93(방3)
		2층 68.66
		지하실 42.21
		제시외건 14.4
		(69.12.29 보존)
		
		---------- 	
		표준공시지가 : 78만
		감정지가 : 75만원
			220,839,210
			한국감정
			@
			113,070,000
			-------- 	
			97.07.14 변경
			97.09.02 유찰
			97.10.07 유찰
			97.11.04 유찰
				1,900 최길만 96.04.30
				1,900 최정임 96.04.01
				(확정) 96.04.04
				2,700 김한수 96.03.29
				(확정) 96.10.25
				2,000 하광수 96.12.03
				(확정) 96.10.24
				1,200 주경애 96.12.10
				(확정) 6.12.10
				1,200 박재구 96.12.10
				(확정) 96.12.10
				지명선 92.06.30
				1,000 조보경 96.07.22
				월6만 (확정) 96.08.22
					가압 96.9.13 최판만
					    9,000만 외 6건
					    합 : 5,804만
					가등 96.11.18 최길만
					강제 96.12.14 최판만
					임의 97.05.12 충청은행
					저당 95.10.26 충청은행
					    13,000만 서울지점
					*발급일자 : 97.6.30
					♣ 주민등록열람확인필
					최길만 96.04.30 전입
					최정임 96.04.01 전입
					김한수 96.03.29 전입
					하광수 96.12.03 전입
					열람일자 : 97.08.16

권리분석

본 사건의 말소기준등기는 95년 10월 26일에 설정된 충청은행의 저당 권등기이다. 또한 주민 등록된 임차인 중에서 선순위 임차인은 한명도 없 다. 따라서 낙찰자가 인수부담해야 할 등기나 권리는 전혀 없다.

본 사건이 1억 2,000만원에 낙찰된다면 임차인들이 우선변제권에 따른 배당금을 받아갈 수는 없다.

임차인의 우선변제권 기준시점보다 앞선 저당채권금액이 이미 1억 3,000만원이기 때문이다. 따라서 임차인에 대한 배당문제는 최우선변제권만이 검토될 수 있을 뿐이다. 다만 이 사건은 주택이 경매로 나온 물건이므로 반드시 대지의 등기부도 확인하여 대지의 등기부상의 권리관계가 주택의 등기부상의 권리관계와 동일한지를 검토해야 한다.

예컨대 대지의 등기부에 저당권이 설정되어있지 않다면 저당권자는 대지의 낙찰가에 대해서는 배당되지 않는다는 점, 또한 주택이 건축되기 이전에 대지에 저당권이 설정되어 있을 경우에는 그 저당권자에 대하여는 임차인이 최우선변제권을 행사할 수 없다는 점 등을 주의해야 한다.

주택임차인의 최우선변제권

이에 관하여는 이미 본문에서 자세히 설명하였으므로 여기서는 몇가지 주의해야 할 점만을 정리하기로 한다.

① 임차인이 최우선변제권을 행사하기 위해서는 경매신청등기일 (97.5.12)까지 주민등록과 점유를 갖춰야 한다.
② 최우선변제금액은 각 담보물권 설정 당시의 주택임대차보호법의 규정에 따른다.
③ 여러 사람의 임차인이 최우선변제권자일 경우에 최우선변제금은 낙찰가의 1/2을 초과할 수 없다.
④ 여러 최우선변제권자의 최우선변제금이 낙찰가의 1/2을 초과할 경우에는 각 임차인의 임차보증금을 기준으로 하는 것이 아니라 그들이 배당받을 최우선변제금을 기준으로 낙찰가의 1/2을 안분배당한다.

결론

　본 사건의 대지 등기부도 주택의 등기부와 동일내용이며, 1억 2,000만원에 낙찰되고 경매비용이 없다는 가정이라면 주민등록을 옮긴 4인의 임차인에게 1,200만원씩 4,800만원이 최우선적으로 배당되고(저당권이 설정된 날짜인 95년 10월 26일의 주택임대차보호법에 따르면 서울의 경우 3,000만원 이하인 임차인은 1,200만원까지 최우선변제금을 받을 수 있다) 나머지 7,200만원은 충청은행에 배당될 것이다.

존속기간이 지났는데도 낙찰자가 인수부담하는 전세권등기

입찰일시 : 2000년 ○○월 ○○일 (10:00)			등기부상 권리분석	서울지방법원 경매 ○계	
사건번호	소재지	면적 (평방)		임 차 관 계 주민등록전입현황	감정평가액 최저경매가

2000-××××
 	
다가구
만리동(새)
정만우
	중구 만리동2가 ×××-66
	
	＊환일중 고교 남측인근
	＊버스정류장 도보
	 2분소요
	＊일반주거지역
	＊도시가스난방
		대94.6(28.61평)
		건1층 53.75 - 방3
		2층 52.49-방3
		지층 51.70-방3
		옥탑 6.60
		
		92.6.25 준공
		2층 다가구
			전세 95.3.9 박상일
			     3,500만
			근저 95.7.13 만리동(새)
			     4,200만
			근저 97.4.10 만리동(새)
			     2,800만
			
			임의 2000.2.3 만리동(새)
				(지하)
				이병철 2,500 95.4.2
				(1층)
				박상일 3,500 95.3.9
					174,963,200
					111,912,440
					(64%)
					
					명문감정
					감정 : 2000.2.28
					---------- 	
					2000.6.14 유찰
					2000.7.12 유찰

권리분석

　본 사건의 말소기준등기는 95년 7월 13일에 설정된 만리동(새)의 근저당권등기이다. 혹자는 그보다 앞서서 설정된 95년 3월 9일의 전세권등기를 말소기준등기라고 주장하기도 하지만 사실이 아니다.

　즉, 존속기간이 만료되어 소멸되는 전세권등기(등기부를 확인해야 할 것이지만 통상적으로 전세권등기는 2년을 존속기간으로 설정하므로 존속기간이 지났다고 가정)라고 하더라도 그 등기가 말소기준등기가 되는 것은 아닌 것이다.

만일 말소되는 전세권등기를 말소기준등기로 본다면 이 사건의 두명의 임차인은 후순위임차인이 되는 것이지만, 이미 밝힌 바와 같이 두명의 임차인 모두가 선순위임차인일 뿐이다. 문제는 말소기준등기보다 앞서서 설정된 존속기간이 경과한 전세권등기가 말소되느냐 아니면 낙찰자가 인수부담해야 하는 등기이냐에 있다.

말소기준등기보다 앞선 존속기간이 경과한 전세권등기는 낙찰자가 인수부담

현행 민사집행법이 시행되기 이전인 구법 즉, 민사소송법에 의하면 경매신청기입등기일 이후에 6개월 이내에 만료되는 전세권등기는 말소된다고 규정하고 있었다.

따라서 과거의 권리분석에서는 존속기간이 경과한 전세권등기는 그것이 선순위 전세권자라고 하더라도 말소되었었다. 하지만 현행 민사집행법에서는 그러한 규정을 삭제하였다. 그 대신 말소기준등기보다 앞선 전세권등기자가 배당요구종기일 이전에 배당요구를 하면 전세권이 소멸하는 것으로 규정하고 있는 것이다(민사집행법 제91조 제4항).

결국 말소기준등기보다 앞선 전세권등기는 존속기간이 만료되든 만료되지 않든 상관없이 전세권자가 배당요구를 하는 때에 한해서 말소되는 등기인 것이다. 따라서 이 사건의 경우에 전세권자와 임차인 모두가 배당요구를 하지 않았다면 낙찰자는 6,000만원을 부담해야 하는 사건이다.

물론 그 전세권자가 임의경매를 신청한 사건의 경우에는 배당요구와 동일한 효력이 있는 것이므로 말소되는 것은 당연한 일이다.

임차인 이병철이 배당요구를 했을 경우

임차인 이병철은 확정일자가 없으므로 우선변제권으로서는 배당금이 나가지 못한다.

결국 최우선변제권으로서의 배당을 검토해야 하는 것이다. 95년 7월 13일 설정된 근저당권자보다는 최우선변제금을 받아 갈 수 없고, 97년 4월 10일 설정된 근저당권자보다는 1,200만원을 최우선변제받을 수 있으며, 그리고도 배당금 총액이 남는다면 현행법에 따라서 1,600만원을 최우선변제금으로 배당받을 것이다.

이 계산이 이해되지 않는 독자가 있다면 본문 내용을 다시 복습하기 바란다.

관련 대법원판례에 대한 분석

대법원은 건물의 일부를 목적으로 하는 전세권은 그 목적물인 건물 부분에 한하여 그 효력을 미치므로, 건물 중 일부(2층부분)를 목적으로 하는 전세권이 임차인이 대항력을 취득하기 이전에 설정되었다가 경매로 인하여 소멸하였다고 하더라도 임차인의 임차권이 전세권의 목적물로 되어 있지 아니한 주택부분(1층의 일부)을 그 목적물로 하고 있었던 이상 경매로 인하여 소멸한다고 볼 수는 없다고 한다(96다53628, 91마256.257).

그러나 이 대법원판례는 당연한 법이론을 판결한 것에 불과하고, 전세권등기가 건물 전체에 설정되어 있었다거나 아니면 전세권자가 임차권자로서의 지위까지 겸하는 경우라고 하더라도 결론을 달리하는 것이 아니다.

저당권자와 지상권자가 동일인인 경우

사건번호 채권 · 채무	소재지	면적(평방) 지 가	감정평가액 @ 최저경매가	임차금(만)-성명-입주일 ♠ 주민등록확인결과	등기부상의 권리관계
2002- ×××× 주택 김제민 심병철외1 심병철＊	동작 사당동 ×××−1＊ 벽돌조 슬래브지붕위 기와 총신대입구 전철역 남서측 인근 도시가스 난방	대　205(62평) 건　92.34(방3) (32평형 − 방3) (96.8.31 보존)	·180,000,000 대한감정 @ 92,160,000 02.03.26 유찰 02.04.23 유찰 02.06.03 유찰	김은분 10,000 96.4.30 (확정)　96.8.30	지상권 96.5.25　김제민 임의　01.10.2 저당　96.5.25　김제민 　　　　　　　10,000 저당　96.9.30　김제민 　　　　　　　10,000 ＊ 발급일자 02.2.23

권리분석

　이 사건의 말소기준등기는 96년 5월 25일에 설정된 김제민의 저당권등
기이다. 따라서 임차인 김은분은 선순위 임차인이므로 제1회 입찰기일까
지 배당요구를 하지 않는 한 낙찰자가 그 임차보증금 1억원을 인수부담해·
야 한다. 문제는 말소기준등기 날짜와 동일한 날짜에 지상권이 설정되었
다는 사실과 지상권자가 동시에 저당권자라는 점이다.

말소기준등기 날짜와 동일한 날짜에 지상권이 설정된 경우

만일 지상권등기가 말소기준등기보다 선순위라면 말소되지 않는 등기
가 되고 후순위라면 당연히 말소되는 등기가 된다.

따라서 지상권등기가 말소기준등기와 동일한 날짜에 설정된 경우라면
그 순위 결정이 중요한데, 이런 경우에는 등기부 을구 좌측에 기재되어 있
는 순위번호의 순으로 그 순위가 결정된다.

저당권자와 지상권자가 동일인인 경우

이미 언급한 바와 같이 말소기준등기보다 후순위의 지상권등기라면 동
일인의 것이라도 소멸함은 당연하며, 선순위의 지상권등기라면 말소되지
않는 것이 원칙이다.

하지만 저당권자와 지상권자가 동일인이라면 사정이 다르다. 저당권자
가 토지에 저당권을 설정하면서 지상권을 설정하는 이유는 저당권자의 승
낙없이 그 지상에 건물을 건축하지 못하도록 하기 위함이다.

그 지상에 토지 소유자가 건물을 건축한다면 저당권자는 일괄경매를 신
청할 수 있으므로 저당가치에 문제가 없지만, 타인이 건물을 건축한다면
일괄경매를 신청할 수 없기 때문에 나대지인 상태보다 담보가치의 손상을
가져오기 때문에 지상권등기를 해 놓는 경우가 많은 것이다.

만일 담보가치의 손상을 막기 위해서 지상권등기를 해놓는 경우라면 경
매와 더불어 그 지상권등기도 말소되므로 입찰참여자는 저당권자에 문의
하여 지상권등기의 소멸여부를 확인해야 할 것이다.

그리고 지상권등기가 말소되지 않는다면 입찰참여자가 없거나 낙찰가
가 한없이 저렴한 가격으로 낙찰될 것이기 때문에, 저당권자의 입장에서
도 친절히 안내해 주는 경우가 대부분이다.

토지별도등기가 있는 경우

(단위 : 만원)

종목	사건번호 채권 · 채무자	물건조사 내역	감정평가액 @ 최저경매가	임대차현황 주민등록 전입	등기부상의 권리관계
다세대	95-＊＊＊＊ 국민은행 김선길 보증금 20%	인천 남구 주안동 ×× 가나빌라 B동 201호 (현 107) 대지 30.1 / 434.4 건물 47.07(14.2평) ＊철근콘크리트, 슬래브 보존 : 94.6.10 6월 : 2,600 낙찰	4,600 2,254 --------- 96.4.8　유찰 96.5.6　유찰 96.6.10　낙찰	임대차 없음	＊근저당　94.6.15 　국민은행 2,700 ＊임의　95.11.10 　국민은행 (토지 별도등기 있음. 　열람 바람)

권리분석

이 사건의 말소기준등기는 94년 6월 15일에 설정된 국민은행의 근저당 권등기이다.

임차인도 없으므로 깨끗한 물건처럼 보인다. 한번 낙찰되었던 물건이 다시 경매로 나온 물건인 것으로 보아 전 낙찰자가 권리분석에 실패했거 나 대금마련이 어려워 잔금을 지불하지 못했던 물건이다.

이 문제의 논점은 "토지별도등기 있음"에 있다.

토지별도등기

이미 언급한 바와 같이 입찰에 참여하기 위해서는 반드시 등기부등본을 확인해야 하는데, 건물 뿐만아니라 토지에 관해서도 확인해야 한다.

이 물건은 비록 대지권등기가 되어 있지만 낙찰자가 잔금을 지불하지 않은 것으로 보아 토지에 건물과 다른 내용의 등기가 있어 보인다.

즉, 토지소유자가 건물을 짓기 전에 토지를 저당잡히고 자금을 융통한 후 변제를 하지 않았다든지, 아니면 토지소유자의 채권자가 토지에 대해 가압류등기를 설정해 놓았을 확률이 높다.

이 사건의 물건은 집합건물이므로 비록 건물과 분리해서 대지권을 처분할 수는 없는 일이지만, 만일 이전 소유자의 채무로 인해서 토지가 경매에 붙여진다면 그것까지 막는 방법은 없다. 결국 토지사용료를 따로 지불하거나 법정지상권이 성립되지 않는 경우에는 건물을 철거당할 수도 있으며, 나아가서 지료지급을 계속 거부하는 경우에는 토지소유자는 건물에 대해 강제경매를 신청할 수도 있으므로 토지에 관한 별도등기가 있다면 세심한 분석이 필요하다. 또한 대지권이 소유권 대지권인지 아니면 지상권 대지권인지 아니면 임차권 대지권인지 등도 확인해야 할 것이다.

어떻든 토지별도등기의 경우에 법원실무에서는 토지에 대한 저당권 등을 낙찰자가 인수한다는 인수조건(특별매각조건)을 붙이거나, 인수조건을 붙이지 않고 토지의 저당권자로 하여금 채권신고를 하게 하여 그 중 경매대상 구분건물의 대지권비율반큼 토지저당권을 말소시키고 있다.

따라서 입찰자로서는 토지저당권을 낙찰자가 인수한다는 조건이 붙은 물건은 낙찰받지 않는 것이 바람직하며, 토지저당권자가 채권신고를 한 경우에만 입찰하는 것이 현명할 것이다.

토지·건물의 권리가 다른 경우

| 내용
용도 | 물 | | | 권리분석 | 경 | | 매 |
	사건번호	소재지	면적/평방(평)		임차관계	결 과	감정평가액 최저경매가
근린 주택	94-XXXX ----- 길음2(새) 조성현 최덕영 3,000만	노원구 상계동 XXX-73 1호 ＊노원역 동측 400m ＊남서측 10m, 남동 　측 4m 도로접함 ＊주택및 점포부지 ＊일반주거지역 ＊서민용단독다세대 　근린소재	대 83 1층 40.29　소매점 2층 37.05　　주택 3층 25.65　　주택 4층 10.8　　　옥탑 지층 52.75　　다방 제시외보일러실 및 부엌 18.45 (91.8.28 준공)	저당 91.12.3 길음2(새) …건물등기부… 4,200만 저당 92.8.27 유정순 3,900만 …토지등기부…	강성용 2,000 　94.08.09 김철수 2,500 　93.04.08 송동숙 3,000 　93.07.04 김정훈 2,500 　92.09.03 박윤희 1,300 　94.05.25	94.11.14 유찰	183,489,300 146,791,440

권리분석

　채권자인 길음2동 새마을금고에서 저당권에 기해 임의경매를 신청했다. 즉, 채무자 조성현이 길음2동 새마을금고에서 채권 최고금액을 4200만원으로 하는 금전을 대출받으면서 최덕영의 소유 부동산에 저당권등기를 설정한 사건으로서, 최덕영은 부동산의 소유자이면서 소위 물상보증인이다. 이 사건의 말소기준등기는 1991년의 저당권등기이며, 낙찰자가 부담해야 할 타인의 권리는 없다.

다만 문제가 있다면 이 물건이 집합건물이 아닌 단독주택이라는 점하고, 건물의 등기와 토지의 등기가 그 내용에 있어서 다르다는 점에 있다.

토지·건물등기의 권리가 다른 경우

① 집합건물과 단독주택의 다른 점

아파트, 연립주택, 다세대주택 등의 집합건물은 그 건물의 대지권을 건물과 분리하여 처분할 수 없다.

하지만 단독주택의 경우에는 그것이 가능하다. 이 사건의 근린주택은 단독주택의 범위에 속하므로 대지권을 건물과 분리해서 처분할 수 있는 것이다.

② 이 사건에서는 건물의 저당권에서는 새마을 금고가 선순위이고 토지의 저당권에서는 유정순의 순위가 선순위이다. 결국 권리의 내용이 서로 다르기 때문에 주택의 경매에서는 주택에 설정된 권리의 순위에 따라 배당이 이뤄져야 한다.

③ 배당의 방법은 건물과 토지의 낙찰가격에서 감정가격의 비율로 나누어 건물만의 낙찰가격으로 계산되는 금액을 가지고 권리의 순위에 따라 배당이 이뤄진다.

④ 배당순서는 최우선변제권자인 소액임차인인 강성용과 박윤희가 700만원씩 받게 되며, 그후에 저당권자들이 받게 되고, 임차인이 확정일자를 받은 경우에는 그 순서대로 배당받게 된다. 임차인 5인 중에서 두사람만이 최선순위의 보증금제도의 적용을 받는 이유는 1991년 12월 3일 당시에 적용되는 주택임대차보호법의 규정을 따르기 때문이다.

⑤ 만일 임차인들이 배당받아 갈 금액이 없다면 명도에 다소 어려움이 따를 것을 감안해야 할 것이다.

⑥ 낙찰자가 부담해야 할 부동산상의 부담은 없다.

즉, 이 사건의 경우 토지까지도 감정평가가 된 사건이므로 토지의 소유권까지도 경매에 붙여진 것이며, 다만 토지·건물의 권리의 내용이 다른 관계로 배당만 특이할 뿐이다.

건물과 토지의 최초 근저당권이 다른 경우

용도	사건번호 96-XXXX	소재지	면적(평방)	권리분석	임차관계	결과	감정평가액 최저경매가
근린 주택	주택은행 민장기	경기 광주군 광주읍 XXX-5 *벽돌콘크리트조 및 벽돌조슬래브 지붕 *광주종교 북동측인근 *버스(정) 도보5분 *북6m콘크리트포장 도로접	전100(현 : 대) 1층 55.34 (16.7평 방3) 2층 55.34 (16.7평 방3) 지층 보일러실 및 창고 55.34(16.7평) 제시외건 12.7 (92.10.24 준공) 표준공시지가 : 40만	가등 96.4.26 한기광 가압 96.6.8 대한보증 585만 임의 96.10.17 주택은행 저당 93.6.18 광주은행 3,000만(새) 저당 93.7.19 주택은행 3,900만 이천지점 저당 95.12.6 백용욱 2,000만 (토지등기부)	유선희 93.10.27 2,700	96.11.12 연기 97.1.14 변경 97.2.11 유찰	108,012,660 86,400,000

권리분석

360P 문제와 매우 유사한 사건이다. 당연한 얘기가 되겠지만 입찰에 참여하기 위해서는 항상 필요한 서류를 직접 떼서 확인해야 하는데, 이 사건의 경우에도 정보지상에 나와 있는 권리분석난의 내용은 단지 토지등기부의 내용일 뿐이다.

따라서 좀더 중요한 것은 이 사건이 건물경매사건이므로 건물등기부를 좀더 중시해야 한다는 점이다.

즉, 원칙적으로 정보지 상에 나와 있는 내용은 권리분석의 보조자료는 될 지언정 확실한 자료는 아니다. 따라서 건물등기부를 떼서 확인해야 하는 것이다. 따라서 토지등기부만을 보고 임차인이 후순위라고 단정해서는 안된다. 물론 이 사건은 토지까지도 감정평가가 되어 있기 때문에 토지등기부의 내용도 깨끗이 정리된다.

건물과 토지의 최초 근저당권이 다른 경우

본 자료에는 표시되어 있지 않지만 건물등기부를 확인해 보면 최초 근저당권이 1993년 11월 17일에 설정되어 있다.

만일 토지등기부를 기준으로 한다면 임차인이 후순위이지만 건물등기부를 기준으로 한다면 임차인은 선순위로서 대항력을 주장할 수 있을 것이다. 그리고 이 사건은 근린주택에 관한 사건이므로 당연히 건물등기부를 기준으로 해야 하는 것이고, 또한 임차인이 주택임대차보호법의 적용을 받을 수 있는 것인지는 이 건물이 주로 어느 용도로 사용되고 있는 건물인가에 따라 다르다. 정보지상으로 볼 때에는 주택임대차보호법의 적용을 받을 수 있을 것으로 보여진다.

어떻든 이 물건은 1억 8백만원에 낙찰된 사건인데 낙찰자로서는 2,700만원을 별도로 부담할 것으로 보여지기 때문에 결국은 시세보다 더 비싸게 산셈이 된다.

지목과 현황이 다른 경우의 문제

이 물건은 지목이 전(田)이다. 이런 경우는 특별한 경우가 아닌 한 농지취득자격증명이 필요하다. 하지만 이 사건은 법원에서 농지취득자격증명을 요구하지 않았다. 아마도 현황이 대지라는 점을 중시한 때문인 듯하다.

그러나 최근에는 현황이 대지라고 하더라도 농지취득자격증명을 요구하는 경우도 많아서 그 문제는 그때 그때 언론의 향방 그리고 법의 가치변화 등에 따라 법원이 결정하는 문제인 듯하다.

즉, 토지의 불법전용이 사회적으로 문제가 되는 시절이라면 농지취득자격 증명을 엄격하게 요구하게 되는 것이다.

대항력 · 우선변제권발생의 시점과 배당관계

(단위 : 만원)

종목	사건번호 채권 · 채무자	물건조사 내역	감정평가액 @ 최저경매가	임대차현황 주민등록 전입	등기부상의 권리관계

주택	2000-××××
	국민은행
	성장경
		노원구 공릉 ××
		대지 146
		건물 1층 74 – 방3
		  2층 62 – 방2
		  지하 74 – 방3
		＊공릉초교 남측
		＊버스정류장, 전철역 도보1분
		＊일반주거지역
		＊정방형 토지
		＊동쪽 2m포장도로
		＊86.3.10 준공
			2억 210만
			1억2,934만(64%)
			
			2000.8.12 유찰
			2000.9.11 유찰
				＊3,000 조정호
				  95.8.10
				확정 95.8.10
				배당요구
				＊3,500 최일성
				  95.8.9
				확정 95.8.9
				배당요구
				＊4,000 김소식
				  95.8.9
				확정 95.8.10
				배당요구
					＊근저 95.8.10 국민은행
					  7,150
					＊가압 96.11.26 이난숙
					  5,500
					＊임의 2000.6.5 국민은행

권리분석

이 사건에 있어서 말소기준등기는 95년 8월 10일에 설정된 국민은행의
저당권등기이다. 그런데 임차인이 모두 3인이고, 그들 모두가 배당요구를
한 상태이다. 또한 1995년 8월 9일에 주민등록을 옮긴 임차인이 최일성과
김소식 두명이 있다.

대항력요건은 주민등록과 주택의 점유(이사)이지만, 실무에서는 주민등

록일을 기준으로 주택임대차보호법 적용상의 대항력여부를 판별하고 점유에 대해서는 이해관계인의 주장이 있을 때 한해서 그 시비를 가리고 있다. 결국 이 사건에 있어서는 최일성과 김소식 두 사람이 선순위 임차인인가 하는 점과, 그들이 선순위 임차인일 경우에는 법원에서의 배당금이 부족한 금액만큼은 여전히 낙찰자의 부담이 되므로 개략적으로나마 배당금을 계산해 보아야 한다.

대항력과 우선변제권의 기준시점

대항력의 기준시점은 주민등록과 점유 중 나중일자의 다음날 오전 0시이다. 또한 우선변제권의 기준시점은 대항력의 기준시점과 확정일자일 중 나중의 일시이다.

예컨대 2002년 7월 1일 오전 0시가 대항력의 기준시점일 경우에 확정일자를 2002년 7월 5일에 받았으면 2002년 7월 5일이 우선변제권의 기준시점이 되는 것이고, 2002년 6월 25일에 확정일자를 받았다면 2002년 7월 1일 오전 0시가 우선변제권의 기준시점이 되는 것이다.

따라서 이 사건에서 최일성과 김소식의 대항력 기준시점은 모두 1995년 8월 10일 오전 0시이며, 우선변제권의 기준시점은 최일성의 경우에는 95년 8월 10일 오전 0시이고, 김소식의 경우에는 95년 8월 10일이다. 그런데 저당권등기는 아무리 빨라도 오전 9시 이전에는 등기될 수 없는 것이므로 저당권자보다 앞선 임차인이 되는 것이고, 결국 그 두사람의 임차인은 선순위 임차인이 되는 셈이다. 선순위 임차인이 배당요구를 하지 않았다면 임차보증금 모두가 낙찰자가 인수부담해야 할 금액이 되겠지만, 배당요구를 한 상태이기 때문에 법원에서의 배당금이 모자라는 부분에 대해서만 낙찰자가 부담하면 된다.

따라서 이하에서는 배당금을 계산해 보기로 한다.

임차인의 배당금

국민은행의 저당권등기의 날짜가 95년 8월 10일이므로 그 당시의 주택임대차보호법에 의할 때 국민은행에 앞서 최우선변제금을 받아 갈 수 있는 임차인은 한명도 없다.

즉, 그 당시의 법령에 의하면 서울의 경우, 임차보증금이 2,000만원 이하의 경우에만 최우선변제금을 받을 수 있었다.

따라서 이 사건의 경우에는 최일성의 우선변제기준시점이 가장 앞서므로 최일성의 임차보증금 3,500만원이 가장 먼저 배당될 것이다.

그 다음의 배당순위는 국민은행과 김소식이므로 그 두 사람은 같은 순위로 비율배당된다. 예컨대 경매비용이 없다는 가정으로 낙찰가가 1억5천만원이라면 3,500만원은 최일성의 배당금이 되고 나머지 1억 1,500만원을 국민은행과 김소식이 같은 순위로 비율배당되는 것이다. 그런데 두 사람의 채권액이 1억 1,500만원에 미치지 못하기 때문에 두 사람 모두 전액 배당될 것이다.

결 론

이 사건에서는 최일성은 보증금 전액이 배당되므로 낙찰자가 신경쓸 필요는 없고, 낙찰가가 예컨대 1억 이하의 경우라면 김소식의 배당금이 모자라게 되어 그 모자라는 금액은 낙찰자가 부담해야 한다는 점을 주의해야 한다. 또한 임차인 조정호는 대항력 기준시점이 95년 8월 11일 오전 0시로서 후순위 임차인이 되므로 역시 낙찰자가 신경쓸 필요가 없다.

다만 이 사건의 경우에는 조정호의 최우선변제금이 없는 경우이지만, 만일 최우선변제금으로 예컨대 1,600만원이 배당된다면 그만큼 김소식의 배당금이 모자라게 된다는 점도 주의해야 할 것이다.

　요컨대 선순위 임차인의 경우에는 그 임차인의 배당금이 어느 정도가 될 것인가와 입찰자가 얼마의 금액으로 입찰가를 쓸 것인가가 상호 유기적 연관관계에 있음을 알아야 한다.

　또한 이 사건은 주택이기 때문에 토지의 권리관계도 매우 중요하다는 점을 기억해야 한다. 지금까지의 결론은 토지의 경우에도 건물과 동일하게 권리가 설정되어 있는 경우의 권리분석인 것이다.

특수주소변경의 경우

입찰일시 : 2000년 ○○월 ○○일 (10:00)			등 기 부 상 권 리 분 석	서부지원 경매 ○ 계	
사건번호	소재지	면적 (평방)		임 차 관 계 주민등록전입현황	감정평가액 최저경매가

99-××××
 	
다세대
갈현동(새)
이정식
	은평구갈현동 ×××-8
	삼정빌라 2층 나호
	
	＊하나병원서측직선
	  400m 지점위치
	＊차량출입가능
	＊대중교통보통
	＊도시가스난방
	＊일반주거지역
		대 26.11 / 235
		건 36.43
		(11평형) – 방2
		
		86.12.5 준공
		2층다세대
			근저 97.10.21 갈현동(새)
			  1,120만
			임의 99.11.18 갈현동(새)
			
			발급일자 2000.5.20
				(실제 302호)
				오환영 2,100 96. 7.12
				확정 96.7.13
				– 특수주소변경 99.7.21
				배당요구
				-------------- 	
				＊주민등본전입확인필
				오환영 96.7.12 전입
				– 99.7.21 특수주소변경
				  (2층나호)
				열람일자 2000.5.22
					34,000,000
					21,760,000
					(64%)
					
					한국감정
					감정 : 1999.11.2
					--------- 	
					2000.6.7 유찰
					2000.7.4 유찰

권리분석

이 사건의 말소기준등기는 97년 10월 21일에 설정된 갈현동(새)의 저당
권등기이다. 따라서 임차인 오환경은 마치 선순위 임차인처럼 보인다. 즉
임차인은 96년 7월 13일 오전 0시부터 대항력을 갖으며, 96년 7월 13일
에 확정일자를 구비하였고 배당요구까지 하였으므로 96년 7월 13일 기준
으로 우선변제권을 갖는 것으로 일응 보인다.

따라서 낙찰가에 따라서는 무잉여금지원칙에 저촉되어 경매가 취소될 가능성도 엿보인다. 하지만 특수주소변경의 경우에는 이와는 다른 문제가 있다.

특수주소변경의 경우

특수주소변경은 공동주택의 경우에 동·호수의 변경을 가르키는 용어로서, 특수주소변경이 이뤄지면 원칙적으로 그 변경일이 주민등록일이 된다. 이 사건의 경우는 다세대주택 즉, 공동주택이 경매로 나온 것이며 99년 7월 21일에 특수주소변경이 이뤄졌으므로 임차인은 99년 7월 22일오전 0시부터 대항력을 갖는 것이고, 따라서 후순위 임차인에 불과한 것이다.

임차인은 그나마 경매기입등기일(99.11.18) 이전에 특수주소변경이 이뤄졌으므로 최우선변제금으로 1,200만원은 배당받아 갈 것이지만 임차보증금 중 나머지 900만원에 대해서는 낙찰자에 대하여 대항력행사도 불가능하고, 또한 법원에서 배당금도 받아 갈 수 없다.

참고로 세가지만 더 언급한다면, 첫째로 특수주소변경이 공무원의 착오로 일어난 일이라면 임차인은 보호된다는 점이다. 또 하나는 특수주소변경은 공동주택의 경우에만 적용되는 것이므로 예컨대 다가구주택의 경우에는 임차인은 지번만 정확히 주민등록한다면 동·호수가 틀리더라도 유효한 주민등록이 된다는 점이다.

셋째로 임차인의 입장에서는 새로 신축하는 공동주택에 입주할 때에는 준공검사가 나면서 즉시로 정확한 동·호수를 확인해서, 소유자가 편의상 정해놓은 기존의 동·호수와 틀릴 경우에는 주민등록을 다시 옮겨야 한다는 점이다.

최우선변제권자인 임차인

(단위 : 만원)

종목	사건번호 채권 · 채무자	물건조사 내역	감정평가액 @ 최저경매가	임대차현황 주민등록 전입	등기부상 권리		
다세대	99-×××× 인천상호 윤기숙	인천계양구 효성동 ×× 아트빌라 나동 101 대지 38.54/715 건물 59.51(18평) *철근콘크리트, 슬라브 보존등기 : 95.9.10	8,500 4,165 --------- 98.10.14 유찰 98.11.16 유찰	2,500 우숙희 96.8.18 확정 97.11.1 1,200 윤종숙 98.3.20 (동·호수 표기 정정 : 정정일 : 98.7.2)	*근저당 95.9.18 인천상호 2,000 *근저당 97.10.15 김상준 4,500 *임의 98.4.8 인천상호		

권리분석

말소기준등기는 95년 9월 18일에 설정된 인천상호의 저당권등기이다. 따라서 임차인은 모두 후순위 임차인이며, 낙찰자가 인수부담해야 할 보증금은 없다. 단지 명도와의 관련 때문에 임차인의 배당금을 검토해 보자는 것 뿐이다. 그런데 임차인 윤종숙은 확정일자가 없으므로 우선변제권을 행사할 수 없다.

또한 임차인 우숙희 역시 우선변제권 기준일이 97년 11월 1일이므로 배당금이 나갈 수 없다. 두 저당채권금액 6,500만원을 배당하고 나면 남는 금액이 없을 것이기 때문이다. 따라서 결국은 최우선변제금을 검토할 수 밖에 다른 도리가 없는 것이다.

최우선변제금액

1995년 9월 18일 당시의 주택임대차보호법에 따르면 최우선변제금을 받기 위해서는 인천의 경우에 임차보증금이 2,000만원 이하여야 하고, 최우선변제금으로 받아 갈 수 있는 금액은 700만원까지이다.

따라서 임차인 윤종숙은 최우선변제금으로 700만원을 배당받아 갈 것처럼 보인다. 하지만 이 사건의 목적물은 다세대주택으로서 공동주택이므로 특수주소변경이 이뤄질 경우에 정정일에야 비로소 주민등록을 전입한 것으로 된다.

주지하는 바와 같이 최우선변제권을 행사하기 위해서는 경매기입등기일 이전에 주민등록을 이전해야 하기 때문에 결국 윤종숙도 최우선변제금을 받아 갈 수 없다. 따라서 가장 먼저 인천상호가 2,000만원을 배당받아 간다. 그 다음으로는 97년 10월 15일 당시의 주택임대차보호법의 규정을 또다시 검토해야 한다. 그 당시에 최우선변제금을 받기 위해서는 인천의 경우에 임차보증금이 3,000만원 이하여야 하고, 최우선변제금으로 받아 갈 수 있는 금액은 1,200만원까지이다.

따라서 우숙희는 1,200만원의 최우선변제금을 받을 수 있다. 나머지 금액이 있다면 97년 10월 15일에 설정된 저당권자 김상준이 배당받아 갈 것이다.

낙찰가와 대항력의 연관성

입찰일시 : 2000년 7월 3일 (10:00)			등 기 부 상 권 리 분 석	북부지원 경매 7 계	
사건번호	소재지	면적 (평방)		임 차 관 계 주민등록전입현황	감정평가액 최저경매가
2000-×××× **다세대** 구로3동(새) 장영자	중랑구 중화동 ××-8 삼진아트빌라 ×××호 ＊중화역동측인근위치 ＊중화역, 버스정류장 　인근소재 ＊차량출입가능 ＊도시가스난방 ＊부정형토지 ＊남동측4m일부접함	대 38.32/429 건 47.41 (14.34평)-방2 91.10.31 준공 4층다세대 토지 : 26,400,000 건물 : 39,600,000	근저　95.10.25 구로3동 　　　1,500만(새) 전세권 96.11.21 오장호 　　　4,000만 근저　97.5.22　국민은행 　　　1,200만(서소문) 가압　98.7.11　제일은행 　　　614만(독산동) 가압　99.7.14　국민은행 　　　990만(시흥동) 임의　2000.4.7 구로3동 　　　(새) 발급일자 2000.5.19	오장호 4,000 　　　95.3.7 배당요구	66,000,000 42,240,000 중앙감정 감정 : 99.4.10 - - - - - - - - 2000.6.5 유찰 2000.7.6 유찰

권리분석

　이 사건의 말소기준등기는 95년 10월 25일에 설정된 구로 3동의 저당권등기이다. 따라서 임차인 오장호는 선순위임차인이 된다.

　즉, 오장호의 임차보증금 중에서 배당금이 부족한 범위에서는 낙찰자가 인수부담해야 하는 것이다. 한편 임차인은 확정일자가 없으므로 임차인으로서는 배당을 받을 수 없다.

단지 최우선변제금으로 배당을 받을 수는 있겠지만 그나마도 현행 주택임대차보호법 시행령의 적용시점인 2001년 9월 15일보다 앞선 다른 권리자들이 많아 최우선변제금을 받기도 불가능해 보인다. 하지만 임차인은 전세권등기를 해 놓았다.

따라서 전세권자로서 배당에 참가했다가 배당금이 부족한 부분은 낙찰자에게 대항력을 행사하게 될 것이다.

요컨대 임차인이 전세권등기까지 구비한 경우에는 임차인으로서의 지위와 전세권자로서의 지위, 즉 이중의 지위를 갖는 것이므로, 전세권자가 임차인으로서의 대항력요건인 주민등록과 점유를 마친 경우라면 전세권자로서 배당에 참가했다가 보증금 중에서 배당금이 부족한 부분에 대해서는 낙찰자에게 대항력을 행사할 수 있다는 것이 대법원판례의 입장인 것이다.

낙찰가와 대항력의 연관성

이 물건에 대하여 낙찰가가 4,500만원인 경우와 5,000만원인 경우와 5,500만원인 경우를 비교해 보자.

경매비용이 없다는 가정하에서 낙찰가가 4,500만원인 경우에는 근저당권자인 구로 3동에서 먼저 1,500만원을 배당받아 갈 것이고, 임차인이 나머지 3,000만원을 배당받을 것이므로 임차인은 보증금 중에서 나머지 금액인 1,000만원에 대해서는 낙찰자에게 대항할 것이다.

결국 낙찰자는 5,500만원에 이 물건을 매입하는 결과가 되는 것이다.

같은 식으로 계산해 보면, 낙찰가가 5,000만원일 경우에도 낙찰자는 이 물건을 5,500만원에 매입하는 결과가 되고, 또한 낙찰가가 5,500만원인 경우에도 낙찰자는 임차인으로부터 대항력행사를 받지 않는 관계로 역시 이 물건을 5,500만원에 매입하는 결과가 된다.

이 물건의 가치가 5,500만원에 미치지 못한다면 모르겠거니와, 그 정도로 매입할 의사가 있다면 입찰자의 입장에서는 처음부터 5,500만원을 낙찰가로 하는 것이 현명할 것이다. 어차피 5,500만원에 매입하는 결과이므로 굳이 4,500만원에 입찰하여 다른 사람에게 이 물건을 뺏기게 된다면, 이는 권리분석을 공부한 사람으로서는 지혜롭지 못하다는 평가를 받아서 마땅할 것이다.

전소유자의 가압류등기

용도 종별	사건번호 채권·채무 소유자*	입찰일시 : 2001년 7월 11일		경매 6계		등기부상의 권리분석 임대차
		소재지	면적/평방(평)	감정평가액	결 과 최저경매가	
주택	2000-×××× (강제) 서울보증 김희수 김희수*	광주 북구 우산동 ○○○-13 *동신중고교 북서측 *일반주거지역 *지적상 맹지이나 　실제동측 1~15m 　도로접합 *차량출입불가능 *버스(정) 7분거리 *대중교통조건양호 *벽돌조시멘트기와 　지붕 　공시지가(원/m²) 　　　　300,000	대 76 (23평형) 주택 40.33(12평) 부속건물 　광 0.66 (현장실) 제시외세면장 　　　　2.5 주방, 방 6.5 현관 4.6 사다리형완경사 유류보일러난방	토지 28,120,000 건물 6,775,440 50,820 30,000 370,500 248,400 35,595,160 *21세기 감정 (2001.12.06)	2001.04.18 유찰 2001.05.30 유찰 19,933,280	강제 00.10.23 서울보증 가압 97.09.18 임희숙 　1,600만 가압 98.07.28 제일은행 　5,000만 가압 98.08.10 대한보증 　813만 가압 99.07.23 서울보증 　1억 5,000만 ▼ 임차관계 이장엽 98.06.23 800 *임희숙 전소유자에게 가압류

권리분석

　경매실무를 하다 보면 시간의 부족 등으로 순간적인 실수를 하는 경우가 허다하다.

　이 사건의 경우에도 권리분석을 심도있게 하지 않으면 실수하기 쉬운 사례이다. 즉 말소기준등기를 97년 9월 18일의 가압류등기로 보아서는 안되는 것이다. 이 사건의 현 소유자인 김희수는 97년 9월 18일 전소유자인 전이남으로부터 소유권을 이전받았으므로 임희숙의 가압류등기는 전소유자의 가압류등기인 것이다. 여기에 복병이 있었다.

전소유자의 가압류등기

소유자는 가압류등기가 설정된 상태에서도 그 부동산의 소유권을 타인에게 넘길 자유와 권리가 있다. 가압류등기 역시 말소기준등기로서 원칙적으로 자신의 등기를 포함해서 그 이후의 모든 등기가 말소되는 것이지만, 이 사건의 경우처럼 전소유자의 가압류등기는 말소되지 않는다.

즉 이 사건의 경우에서의 말소기준등기는 98년 7월 28일에 설정된 가압류등기인 것이다. 이 사건의 경우에는 가압류자인 임희숙은 배당에 참가할 수도 없고, 그 가압류등기가 말소되지도 않는다. 하지만 전소유자의 가압류등기라고 하여도 말소되는 예외적인 경우도 있다.

그 첫째가 전소유자의 가압류자가 경매를 신청하는 경우이다.

이런 경우에는 전소유자의 채권자들이 먼저 배당을 받고(전소유자의 일반 채권자들은 배당불가), 남는 금액에 한해서 현 소유자의 채권자들이 배당을 받게 된다.

또 한가지의 경우는 전소유자의 가압류등기에 앞서서 저당권등기가 설정되어 있는 경우이다. 이 경우에는 누가 경매를 신청했느냐와 상관없이 경매가 완결되면 가압류등기 역시 말소된다. 배당은 저당권자가 가장 먼저 배당을 받고 남는 금액이 있으면 가압류자가 배당을 받으며, 그 나머지를 현 소유자의 채권자들이 배당을 받는다. 이 경우 역시 전소유자의 일반 채권자들은 배당에 참가할 수 없다. 어떻든 입찰자는 가압류등기의 경우에는 언제 소유권등기가 이전되었는지를 항상 신경써야 할 것이다.

선순위 전세권자의 운명

(단위 : 만원)

종목	사건번호 채권 · 채무자	물건조사 내역	감정평가액 최저경매가	임 대 차 현 황 주민등록 전입	등기부상 권리
근린 주택	2000-**** 김순자 최수창	인천 연수구 선학동 ×× 대지 360(108평) 1층 50.8 1층 46.4 2층 104.5 (31.6평) 부합창고 15.4 　· 토지감정　9,200 　· 건물감정 5,050 제시외 750 ＊피시조 및 경량철골조 　패널 위 아스팔트 싱글지붕 ＊문학경기장 동측 인근 　보존등기 : 97.11.6	1억 5,000 　7,350 -------- 2000.4.1 유찰 2000.5.1 유찰	5,000 홍영식 97.12.4 (전세기간 : 97.12.5 　~ 2000.12.4)	＊전세　　97.12.5 　홍영식　5,000 ＊가등기　98.1.10 　이정출　5,000 ＊근저당　98.2.7 　김순자　1,000 ＊가등기 가압류 　99.6.4 최선행 ＊임의 2000.1.6 김순자

권리분석

이 사건의 말소기준등기는 98년 1월 10일에 설정된 이정출의 담보가등기이다. 정보지상의 가등기를 담보가등기로 보는 이유는 5,000만원의 채권이 신고되어 있기 때문이다.

따라서 97년 12월 5일에 설정된 홍영식의 전세권등기를 제외하고는 모두 말소되는 등기이다. 99년 6월 4일에 최선행은 앞의 담보가등기에 대하여 가압류등기를 했지만, 그것은 이정출의 배당액이 법원에 공탁된 후 이정출과 최선행의 소송결과에 따라 그 공탁금의 향방이 결정될 것이라는 의미뿐이다. 문제는 말소기준등기보다 선순위의 전세권등기가 말소되느냐 하는 문제만이 남아 있다.

선순위 전세권자의 운명

선순위 전세권등기의 경우에 과거의 민사소송법과 법원실무에서는 전세권의 존속기간이 경매기입등기 이후 6개월 이내에 종료되느냐 아니면 6개월 이후에 종료되느냐에 따라서 그 운명을 달리 취급하였다.

즉, 전세권의 존속기간이 이미 만료했거나, 전세권자가 경매를 신청했거나, 전세권의 묵시적갱신이 이뤄졌거나, 아니면 경매기입등기 이후 6개월 이내에 존속기간이 만료되는 전세권등기의 경우에는 말소시켰던 것이다.

그리고 6개월 이후에 만료되는 전세권등기라고 하여도 경매절차의 지연으로 인해서 낙찰기일이 되기 전에 만료되는 전세권등기의 경우에는 말소시키는 법원실무예도 많았었다. 그런 이유 때문에 선순위 전세권등기의 경우에는 권리분석이 어려운 면이 있었던 것이다. 심지어 말소되는 전세권등기는 말소기준등기로서의 기능까지 갖는다는 잘못된 교재도 허다하였던 것이다.

이러한 문제점을 극복하기 위하여 2002년 7월 1일부터 시행되고 있는 현행 민사집행법에서는 전세권등기에 관한 획기적인 입법을 함으로써 획일적인 권리분석이 가능하도록 규정하고 있다.

즉, 과거의 6개월 관련 규정을 삭제해 버림과 동시에 말소기준등기보다 뒤지는 등기는 말소시키고 말소기준등기보다 앞서는 등기는 무조건 낙찰자에게 인수시키되, 만일 그 선순위 전세권자가 법원에 배당요구종기일까지 배당요구를 하는 경우에는 전세권등기를 말소시키고 있는 것이다(민사집행법 제91조 제3항,제4항). 늦으나마 입찰자의 권리분석을 쉽게 해준 매우 타당한 입법이다. 따라서 위의 사례는 비록 구법시대의 사례이지만 현행법에 따른다면 전세권자 홍영식이 법원에 배당요구를 했느냐에 따라 배당요구를 했으면 법원에서 배당이 나갈 것이니 낙찰자가 신경쓸 필요가 없는 것이고, 배당요구를 하지 않았으면 낙찰자가 인수부담해야 하는 등기가 되는 것이다.

이 사건의 경우에는 경매기입등기보다 6개월 이후에 종료되는 사례이지만 6개월 이내에 종료되는 경우에도 동일한 결론임을 주의해야 한다.

한가지만 더 언급한다면 만일 전세권자가 임차인으로서의 대항력요건(주민등록과 점유)까지도 말소기준등기보다 앞서서 갖췄다면 전세권자의 배당금이 부족한 부분은 역시 낙찰자가 인수부담해야 한다는 점을 반드시 기억해야 할 것이다.

대법원에서는 전세권자와 주택임차인으로서의 2중의 지위를 인정하고 있기 때문이다. 또한 전세권자의 경우에는 이 사건처럼 공동주택이 아닌 경우에는 대지의 낙찰대금에 대해서는 배당을 받을 수 없다는 점도 아울러 기억하기 바란다.

근저당말소 예고등기

(단위 : 만원)

종목	사건번호 채권·채무자	물건조사 내역	감정평가액 @ 최저경매가	임대차현황 주민등록 전입	등기부상의 권리관계
아파트	98-**** 종익건설 김선기	서울 영등포구 여의도동 30 삼부아파트 11동 ×××호 대지 25.81/10741 건물 146.68(51평형, 방5) 15층 준공 : 77. 6. 29 *여의도 고교 남서측	3억 5,600 1억 8,227 - - - - - - - - - 98.8.6 유찰 98.9.9 유찰 98.10.8 유찰		*근저당 94.4.7 　종익건설 2억 5,000 *예고 98.7.6 　북부지원 　(근저당권 말소 예고등기) *임의 98.7.4 종익건설

권리분석

이 사건의 말소기준등기는 94년 4월 7일에 설정된 종익건설의 저당권
등기이다. 따라서 권리분석상 문제될 것이 전혀 없어 보이지만 근저당권
말소 예고등기가 되어 있는 점이 문제이다.

근저당권말소 예고등기

경매에서 문제되는 예고등기는 통상적으로 소유권분쟁과 관련된 예고등기와 저당권분쟁과 관련된 예고등기 두가지가 있다.

저당권등기도 부동산에 관한 권리로서, 이에 관하여 말소예고등기가 되어 있다면 입찰하지 않는 것이 바람직하다. 만일 부동산의 소유자가 저당권자를 상대로 한 저당권말소 청구소송에서 승소한다면 그 저당권등기는 무효인 등기인 것이고, 이러한 무효인 저당권등기를 원인으로해서 진행된 경매절차 역시 무효이므로, 낙찰자는 후에 소유권을 상실할 가능성이 높고, 이미 잔금을 지불한 상태라면 배당받아 간 채권자들을 상대로 부당이득반환청구를 할 수 밖에 다른 도리가 없다. 자신의 주머니에서 금전이 빠져 나간 대신에 타인을 상대로 부당이득반환청구권이라는 채권만이 남는다면 이는 참으로 불행한 일일 것이다.

이에 관하여 좀더 구체적으로 검토해 본다면, 저당권이 무효인 시점이 언제냐에 따라서 경매절차에 미치는 영향은 다른 면이 있다.

즉, 저당권이 무효인 시점이 경매기입등기 이전의 경우라면(예컨대 경매기입등기 이전에 이미 채무자가 부채를 청산했을 경우), 낙찰자가 잔금을 완납한 경우라도 소유권을 취득할 수 없다.

이 경우 소유자가 근저당권말소청구소송을 경매기입등기 이후에 제기했느냐 여부에 따라 결론을 달리 하지는 않는다.

하지만 경매기입등기까지는 유효한 저당권등기였다가 그 이후에 채무를 변제하는 등으로 저당권등기가 무효로 된다면 그 경매절차 내에서 소유자가 경매절차를 정지시키는 등의 조치를 취하지 않는 한, 낙찰자가 잔금을 완납하게 되면 낙찰자는 유효하게 소유권을 취득하는 것이다. 소유자의 입장에서 주의를 요하는 대목이다.

임차인이 전소유자인 경우

(단위 : 만원)

종목	사건번호 채권 · 채무자	물건조사 내역	감정평가액 @ 최저경매가	임대차현황 주민등록 전입	등기부상의 권리관계
주택	98-＊＊＊＊ 서울은행 경일산업	서울 종로구 원서동 ××× 대지 530.1 1층 245 (방4, 실내수영장) 2층 245 (방7) 3층 245 (방4) ＊현대빌딩 북측 인근 ＊서측 10m도로 접	8억　　1522 4억　　1741 (51.2%) ---------- 98.4.18　유찰 99.513　유찰 99.6.10　유찰	1억 5000 조성방　　89.4.10 확정　　　98.2.26 (전소유자로서 소유권 이전등기일 98.2.26)	＊가압　　　98.1.10 　현대할부　　1,300 ＊근저당　　89.5.16 　서울은행　　3억 ＊근저당　　89.12.20 　서울은행　　3억 ＊임의　　　98.11.10 　서울은행

권리분석

　이 사건의 말소기준등기는 89년 5월 16일에 설정된 서울은행의 저당권 등기이다. 따라서 임차인 조성방은 선순위 임차인 것처럼 보이며, 서울은행의 두가지 저당채권금액 6억원(3억원의 채권금액으로 토지와 주택에 공동담보를 설정했을 가능성도 있음)이 가장 먼저 배당되고 나면 임차인에게 배당될 금액은 없어 보이고, 따라서 낙찰자가 그 임차보증금 1억 5천만원을 인수부담해야 할 것처럼 보인다.

　하지만 문제는 다른 곳에 있다.

임차인이 98년 2월 26일 이전까지 이 주택의 소유자

이 주택의 현재의 소유자는 경일산업이지만, 98년 2월 26일 이전까지의 소유자는 현재의 임차인인 조성방이었다. 비록 임차인의 주민등록일은 89년 4월 10일이지만, 그 당시에는 이 주택의 소유자였으므로 임차인이 아니었다. 그러면 조성방이 임차인으로 되는 시점은 언제부터인가?

그것은 바로 소유권등기가 이전된 98년 2월 26일부터이다.

따라서 후순위 임차인이 되는 것이며, 낙찰자가 인수부담해야 할 보증금은 없다. 따라서 안전한 물건인 것이다. 그런데 사실 문제는 한가지 더 있다. 그것은 다름 아니라 전소유자 상태에서 가압류등기가 설정되어 있다는 점이다. 전소유자의 가압류등기는 말소되지 않는 것이 원칙이지만 이 사건의 경우처럼 전소유자의 채권자가 경매를 시청한 사건에서는 말소된다. 어떻든 안전한 물건임에는 분명하다.

그런데도 많이 유찰된 것은 아마도 임차인 조성방을 선순위 임차인으로 착각한 듯 하다. 입찰자가 소유권이전등기 일자를 신경써야 할 필요성이 바로 여기에 있다.

채무자가 선순위 임차인인 경우

(단위 : 만원)

종목	사건번호 채권 · 채무자	물건조사 내역	감정평가액 @ 최저경매가	임대차현황 주민등록 전입	등기부상의 권리관계
주택	96-＊＊＊＊ 국민은행 김준기 이대술	서울 서대문구 북아현동 ×× 대지 63 1층 31.5(방2) 2층 31.5(방2) 지층 35.2(방3) ＊추계예술대 북동측 ＊도시가스 난방 보존 : 93.11.10	1억　801 　6,913 　(64%) ---------- 96.11.12　연기 97.1.4　변경 97.2.11　유찰 97.3.15　유찰	3,000 김준기　93.11.5 　확정　93.11.5 　배당요구	＊근저당　93.6.18 　부산은행　3,500 ＊근저당　93.11.19 　국민은행　7,000 ＊임의 96.1.8 국민은행 　(이상 토지등기부) ＊근저당 93.11.19 　국민은행 7,000 ＊임의 96.1.8 국민은행 　(이상 건물등기부)

권리분석

　이 사건처럼 단독주택의 경우에는 토지와 건물의 권리관계가 다르면 권리분석도 각별로 해야 한다. 즉 토지등기부의 경우에는 말소기준등기가 93년 6월 18일에 설정된 부산은행의 저당권등기이고, 건물등기부의 경우에는 93년 11월 19일에 설정된 국민은행의 저당권등기가 말소기준등기로 된다. 또한 임차인분석은 건물등기부를 중심으로 고찰하게 된다. 따라서 93년 11월 19일에 설정된 국민은행의 저당권등기를 중심으로 고찰할 때

임차인 김준기는 선순위 임차인이 되는 것이다.

하지만 선순위 임차인이 확정일자도 갖추었고, 또한 배당요구도 한 상태이므로 낙찰자가 인수부담해야 할 금액은 없어 보인다.

즉, 93년 6월 18일에 설정된 저당권등기인 부산은행이 낙찰가 중에서 토지분에 해당하는 금액에서 가장 먼저 배당받아 갈 것이지만, 그 금액이 3,500만원밖에 되지 않으므로 임차인의 배당금이 부족할 가능성은 별무하다. 그런데 채무자가 또한 김준기임을 주시할 필요가 있다.

채무자가 선순위 임차인

채무자가 선순위 임차인이라고 해도 가장임차인이 아닌 한 권리분석에 있어서나 아니면 배당관계에서 전혀 다를 것이 없다.

즉 채무자라고 하여도 배당요구를 할 수 있는 것이며, 임차인으로서의 모든 권리를 행사할 수 있다. 과거에는 채무자가 선순위 임차인일 경우에 그 자가 즉시항고를 할 때에 법원에 공탁금을 지불해야 할 필요가 없다는 실무예가 있었으나, 현재의 민사집행법에서는 모든 항고인에게 공탁금이 필요한 것으로 규정되어 있기 때문에 채무자의 항고와 다를 것이 없다.

또한 설령 채무자가 배당금을 받을 수 있다고 하더라도 자신의 채권금액의 만족을 얻지 못한 채권자가 채무자의 배당금액을 압류한다면 결국 채무자겸 임차인은 배당받지 못할 것이다.

임차보증금의 인상

(단위 : 만원)

종목	사건번호 채권 · 채무자	물건조사 내역	감정평가액 @ 최저경매가	임대차현황 주민등록 전입	등기부상의 권리관계
주택	2000-**** 주택은행 이민희	인천 계양구 계산동 ×× 궁전빌라 3××호 대 40 / 1,380 건55.4 방3 철근콘크리트 슬라브 98.3.15 보존 ＊남향 ＊버스정류장 전철역 1분 ＊도시가스 개별난방	7,000 4,900 (70%) 2000.3.2 유찰	2,100　최분임 　　　98.5.11 확정　98.5.30 배당요구 2,400 재계약 　　　99.6.5 (최분임 동거인 김남수 전입 99.7.5)	＊근저당　98.5.15 　주택은행　1,950 ＊근저당　98.5.25 　국민은행　5,200 　(임의 2000.1.5) 　주택은행

권리분석

　이 사건의 말소기준등기는 98년 5월 15일에 설정된 주택은행의 저당권 등기이다. 따라서 임차인 최분임은 선순위 임차인이 된다. 따라서 배당금이 부족한 부분은 낙찰자가 인수부담해야 한다. 또한 임차인은 99년 6월 5일에 재계약을 맺으면서 보증금을 2,100만원에서 2,400만원으로 인상하였다. 문제는 임차인의 확정일자가 늦어 우선변제권자로서는 배당받기가 거의 불가능하다는 점이다.

　따라서 최우선변제금으로 얼마나 배당될 것인가를 계산해 보고 나머지 금액이 있다면 낙찰자가 부담할 각오로 입찰해야 할 것이다.

임차보증금의 인상

　임대차기간이 만료한 후 임차보증금을 인상하는 경우가 더러 있다. 그 경우에도 다시 확정일자를 받아야 그 확정일자를 기준으로 인상된 보증금이 우선변제를 받을 수 있다. 그런데 이 사건의 경우에는 보증금을 300만원 인상하면서 확정일자를 받지 않은 관계로 그 300만원에 대해서는 대항력도 없고 우선변제권도 없다. 오로지 최우선변제금을 검토할 수 밖에 없다.

임차인의 최우선변제금

　임차보증금이 최우선변제권의 요건을 충족하느냐 하는 보증금 기준은 경매기입등기일이다.
　이 사건의 경우에는 경매기입등기일이 2000년 1월 5일이므로 그당시의 보증금은 2,400만원이었다. 그런데 주택은행의 저당권 설정 당시인 98년 5월 15일 당시의 주택임대차보호법에 의하면 인천의 경우에는 3,000만원 이하의 보증금이면 최우선변제권자가 될 수 있고, 최우선으로 배당받아 갈 수 있는 금액은 1,200만원으로 규정되어 있다. 따라서 최분임은 최우선변제금으로 1,200만원을 배당받을 수 있는 것이다.
　결국 임차인은 보증금 2,400만원 중에서 1,200만원을 배당받을 수 없다는 결론이 된다. 물론 그 중에서 900만원은 낙찰자가 인수부담해야 하는 금액이므로 임차인은 300만원의 손실을 보게 되는 셈이다. 어떻든 이 사건의 경우에 입찰자는 900만원을 인수부담할 생각으로 입찰해야 한다.

관리비가 체납된 아파트

용도	사건번호 96-XXXX	소재지	면적(평방)	권리분석	임차관계	결과	감정평가액 최저경매가
아파트	국민은행 우진모피 박주식	광명시 철산동 241 ○○○동 X층 502호	대 57.82/1372335 건 83.52 15층 아파트 86.11.7 준공	가압 96.10.30 기술신용 그외 후순위가압 3건 압류 96.11.22 광명세무 임의 96.12.6 국민은행 근저 87.6.15 주택은행 779만 외 779만 근저 95.2.13 국민은행 1억 5,000만			135,000,000

권리 분석

채무자 우진모피가 국민은행으로부터 돈을 빌리면서 박주식 소유의 아파트에 근저당권을 설정해 놓았는데, 후에 채무자가 빚을 갚지 않자 채권자인 국민은행에서 경매를 신청한 사건이다.

지금까지 이 교재에서 같이 공부한 독자들은 아파트 소유자 박주식이라는 사람이 비록 채무자는 아니지만 소위 물상보증인(物上保證人)이라는 것을 알고 있을 것이다. 어떻든 이 사건에서 말소기준등기는 제 1순위 저당권등기인 1987년에 설정된 저당권등기이다. 따라서 경매가 완료되면 등기부는 전체가 깨끗해진다.

다만 임대차난이 공난으로 되어 있는데, 이는 입찰참여자가 직접 확인해 보아야 한다. 이 물건처럼 신건(新件)의 경우에는 임대차 사항난이 백지인 경우가 대부분이다. 만일 임차인이 없는 물건이고 시세가 1억3천5백만원을 훨씬 웃도는 물건이라면 입찰 참여를 고려해 볼 만하다.

관리비의 체납

문제는 이 아파트의 관리비가 약 250만원이나 체납되어 있었다는 점이다. 소유자 또는 임차인의 관리비 체납에 대해서 누가 책임쳐야 할까?

이전 소유자인 박주식인가? 아니면 새로운 소유자인 낙찰자인가?

아니면 관리실에서 관리 소홀로 인한 책임인가? 이에 대해서 대법원은 1998년 4월 10일에 명쾌한 입장을 밝힌 바 있다.

즉, 원고 입주자회가 관리비가 체납된 아파트의 매수인인 피고에게 밀린 관리비를 요구했으나 거부당하자 "아파트 관리규약상 매수자는 매도인이 체납한 관리비를 지급할 의무가 있다."며 제기한 소송에서 대법원은 "아파트 관리규약은 당사자의 승인없이 타인의 채무를 강제로 인수시킬 수 없다는 민법상의 채무인수의 법리에 비추어 볼 때 아파트의 승계취득자가 전 소유자의 관리비 지급채무를 인수하겠다는 명시적 또는 묵시적 승낙이 있는 경우에만 적용된다고 보아야 한다." 면서 "피고가 소유권 이전등기를 경료함으로써 아파트 입주자의 지위를 승계하였다는 사실만으로는 당연히 전 소유자의 채무를 인수하겠다는 승낙이 있었다고는 볼 수 없다."고 판결했던 것이다.

매우 타당한 법리이다. 그런데 이와는 내용이 다른 대법원판례까 2001년 9월 20일에 나왔다. 즉, 그 판례에 의하면 공유부분은 낙찰자가, 전유부분 관리비는 사용자가 부담해야 한다는 것이다(2001다8677). 이전의 대법원판례가 타당하다고 본다.

다만 실무에서는 여전히 문제가 남는다. 왜냐하면 밀린 연체금을 납부하지 않을 때 전기나 가스, 기타 물을 관리실에서 공급하지 않는 경우가 많기 때문이다. 이런 때에는 다음과 같이 세가지 방법을 순차적으로 고려하는 것이 좋겠다.

즉 첫째는 어차피 살고 있던 사람을 내 보내기 위해서는 강제집행비용이 드는 것이고 또 그 비용의 범위에서 살 던 사람에게 이사비 조로 얼마간의 금전을 지불하는 것이 보통이므로, 이사비를 요구하는 입주자에 대해서 밀린 관리비를 대신 내 줄 터이니 집을 비워달라고 협상해 볼 수 있을 것이다.

둘째로는 아파트 관리실에 대법원판례를 보여 주면서 낙찰자의 부담이 아니니 전기 등을 사용했던 사람에게 관리비를 청구해 보라고 설득하는 일이다. 만일 그 말이 통하지 않는 경우에는 먼저 관리비를 지불한 이후에 다시 관리실을 상대로 관리비와 소송비용을 법원에 청구할 수 밖에 없을 것이다.

세입자의 상계신청

사건번호 채권-채무자	소 재 지	면적(평방미터) 지　　가	감정평가액 @최저경매가	임차금(만)-성명-입주일 ♠주민등록확인결과	등기부상의 권리관계
98-×××× ------ 아파트 99-2150 신성철 이상범	경기 고양시 주엽동 12 문촌마을 ××동 402호 ＊BUS(정)인근소재 ＊중앙 공급식 난방 ＊일반주거지역 ＊문촌초등교서측 ＊감정일자 : 99.01.08	대 36.891/34634 건 59.92 (23평형-방3) (15층-94.8.18 보존)	90,000,000 한국감정 @ 72,000,000 -------- 99.04.13 유찰	5,000 신성철 96.10.08	가압 98.1.21 삼성카드 　　　272만 가압 98.6.25 제일은행 　　　500만　신일산 강제 98.12.22 신성철 임의 99.1.15 주택은행 저당 94.10.24 주택은행 　　　1,560만 서소문 저당 95.11.2 주택은행 　　　1,560만 서소문 저당 97.2.19 외환은행 　　　3,900만 일산지점 ＊ 열람일자 : 99.3.30

권리분석

　이 물건의 경우 말소기준등기는 1994년 10월 24일에 설정된 주택은행
의 저당권등기이다.

　따라서 그 등기를 비롯해서 그 이후에 설정된 등기 전체가 경매의 완료
와 더불어 말소된다. 임차인의 주민증록일도 96년도이므로 대위변제를
하지 않는 한 후순위 세입자이므로 낙찰자의 부담이 아니다.

그런데 이 물건은 임차인이 경매신청을 했다는 점이 특이한 점이다. 원래 임차인은 경매신청권이 없는 것이지만, 법원의 확정판결을 얻는다면 그 판결의 효력으로써 경매를 신청할 수 있으며, 그런 경우의 경매를 강제경매라고 한다는 것은 이미 공부한 바와 같다. 이 사건 역시 임차인이 강제경매를 신청한 사건이다.

세입자의 상계신청

이미 밝힌 바와 같이 세입자는 살던 집이 경매에 부쳐지면 상계제도이용법, 임차권등기명령제도이용법, 대위변제이용법, 최우선변제이용법, 즉시항고이용법 등 여러가지 방법이 있으나 이 물건은 임차인이 직접 입찰에 참여한 물건으로서, 임차인은 낙찰이 확정되면 법원에 상계신청을 할 수 있는데, 이런 경우 예컨대 8,000만원에 낙찰되면 자신의 채권액 5,000만원 전액을 배당받을 수 있다면, 그 금액을 공제한 3,000만원만 법원에 지불하면 되는 것이다.

물론 자신의 채권액 5,000만원 중 2,000만원을 배당받을 수 있다면 그 2000만원만 공제한 6,000만원을 지불해야 한다. 다만 잔금지급일이 따로 지정되는 것이 아니라 배당일에 잔금을 지급하면 된다. 즉 일반적인 경우보다 잔금지급이 약 15일 이상 뒤로 미루어지는 것이다.

강제경매신청한 세입자의 배당순위

이 사건은 세입자가 후순위자이므로 별 문제될 것이 없는 사건이지만 선순위자로서 확정일자를 받지 않은 경우에는 경매신청한 세입자의 배당순위는 매우 중요하다. 배당순위기준일이 주민등록일인지 아니면 판결확정일인지 아니면 경매시청등기일인지에 따라 낙찰자의 인수부담여부가

결정되기 때문이다.

확정일자없는 임차인이 확정판결을 통해서 경매를 신청하는 경우라고 하더라도 그 배당순위는 단지 일반 채권자와 동순위가 된다는 점을 기억할 필요가 있다. 따라서 확정일자 없는 임차인이 최우선변제 금액 이외의 나머지 보증금을 배당받으려면 가압류라도 등기해 놓는 것이 현명할 것이다. 다만 확정일자까지 받은 경우라면 우선변제권의 기준시점이 배당순위 기준일이 된다.

이 사건은 주민등록일에 확정일자까지 받아놓은 사건이므로 96년 10월 8일 오전 0시가 배당순위 기준일이 된다.

핵폭탄 대위변제

용도	사건번호 96-××××	소재지	면적(평방)	권리분석		임차관계	결과	감정평가액 최저경매가
압	하일균 김용욱	경기 용인시 남사면 봉명리 ×××-1	542평 농지취득자격 증명	가등 89.9.1 가압 95.10.20 강제 96.9.10 저당 85.8.18 450만	한상인 하일균 하일균 조분순			28,272,000 28,672,000

권리분석

이 물건에서의 말소기준등기는 1985년 8월 18일에 설정된 조분순의 저당권등기이다. 면적이 300평이 넘기때문에 농지취득자격증명은 쉽게 받을 수 있다.

따라서 겉으로 보기에는 아무런 문제가 없는 물건처럼 보이고, 결국 투자가치가 있다고 판단된다면 입찰에 참여하고 싶은 마음이 들 것이다. 하지만 다음과 같은 대위변제의 맹점이 있다는 점을 주의해야 한다.

대위변제의 문제점

먼저 이 물건에 입찰하기 위해서는 가등기의 정체를 파악해야 한다.

즉, 1989년도에 설정된 한상인의 가등기가 담보가등기인지 아니면 보전가등기인지를 파악해야 하는 것이다(파악하는 방법에 관해서는 이미 설명한 바 있음). 만일 담보가등기라면 문제가 되지 않는다. 왜냐하면 담보가등기는 경매에서 저당권과 같이 취급되기 때문이다. 즉, 2순위로 배당을 받는 것이다.

그러나 소유권이전청구권의 보존을 위한 가등기라면 문제가 다르다.

즉, 말소기준등기 이후의 등기이기 때문에 경매의 완료와 더불어 깨끗하게 말소되는 등기인 것이다. 이 사건의 경우는 보전가등기였는데, 입찰 참여자의 입장에서는 과연 그 가등기권자가 어떤 대책을 강구할 것인가를 검토해야 한다.

즉 그 가등기권자는 자신의 가등기가 아무런 대가없이 권리가 소멸되느니 차라리 자신보다 선순위인 1985년에 설정된 저당권의 채권액을 채무자를 대신해서 변제한 후 최선순위로서의 권리를 행사하는 것이 현명할 것이라는 점이다.

여기서 대위변제의 법이론을 간단히 정리해 보기로 한다.

대위변제는 선순위 저당권의 지위를 대신 이어 받는 것이 아니다. 저당권등기는 그 채무액을 변제하면 법적으로 당연히 무효가 되는 것이고, 그 등기가 무효가 되면 당연히 그 다음의 등기가 선순위가 되는 것 뿐이다.

그렇다면 선순위 저당금액을 대신 변제한 가등기권자는 누구한테 그 450만원을 보상받느냐 하는 문제가 남는데 그것은 후에 채무자한테 청구할 수 있을 것이다. 물론 채무자가 부채를 청산할 경제력이 없다면 그 돈은 받을 길이 없는 것이고, 만일 능력이 있는데도 갚지 않는다면 소송을 통해서 강제집행할 수 있다.

어떻든 위의 사건에서는 대위변제가 되어 있는 줄도 모르고 입찰에 참여한 사건으로서, 후에 가등기권자가 그 가등기에 기한 본등기를 신청하자 낙찰자는 소유권을 잃게 되었다. 물론 그 낙찰자는 후순위인데도 배당받아간 채권자들을 상대로 부당이득을 청구할 수도 있을 것이지만 그것은 어디까지나 채권에 불과하기 때문에 낙찰대금을 받아 낸다는 보장은 전혀 없는 것이다.

따라서 입찰참여자의 입장에서는 첫째로, 대위변제의 가능성을 면밀히 검토할 수 있는 능력을 길러야 하겠고, 둘째는 법대열람을 통해서 대위변제된 사건인지를 명확히 파악해야 하며, 셋째는 만일 대위변제된 사건이라는 것을 모르고 입찰했을 경우에 어떤 대책이 있는지, 그리고 입찰 당일 날은 대위변제되지 않았으나 그 후에 대위변제가 이루어진 사건에 대해서는 어떻게 대처할 것인지를 본 교재 본문을 통해서 확실히 연구해 두어야 한다.

또하나의 핵폭탄 세대합가(世帶合家)

사건번호 채권 · 채무자	소재지	면적(평방) 지가	감정평가액 @최저경매가	임차금(만)-성명-입주일 ♠ 주민등록확인결과	등기부상의 권리관계
97-×××× －－－－－－ 아파트 국민은행 이주호 원장희	광진 자양동 761 외 3 자양2차 현대 ×××호 • 신양초등학교동측인접 • BUS(정) 도보 2~3분 • 2호선 (건대역) 도보 　10분거리 • 일반주거지역 • 도시계획도로접합 • 철근콘크리트 벽식조 　평슬래브지붕 • 자양3차 APT주변에 공사중 　98년 6월입주 예정 • 중앙공급식 난방 • 가스보일러	대 30.83/7366.8 건 84.66 (37평형－방3) (19층－95.05.31)	210,000,000 한국감정 @107,520,000 －－－－－－－－ 97.11.22 유찰 97.12.20 낙찰 98.02.28 유찰 98.03.28 유찰	12,800　　김경수 　　　　　96.08.29 월6만 (확정)　　96.08.22	임의　　97.09.23 　　　　국민은행 저당　　96.08.28 　　　　국민은행 10,800만 등촌동 • 발급일자 　　　　97.12.03

권리분석

이 사건에서의 말소기준등기는 1996년 8월 28일에 설정된 국민은행의 저당권등기이다. 그런데 임차인은 그보다 하루 늦은 8월 29일에 주민등록을 이전하였다.

결국 임차인의 대항력은 주민등록 이전일의 다음 날 부터인 8월 30일부터 발생하므로 선순위가 아니며, 확정일자가 8월 22일 이라고 해서 대항력에 영향을 미치는 것은 아니다. 만일 임차인의 주민등록이 8월 28에 이전된 경우라고 하더라도 대항력은 8월 29일부터 발생하므로 후순위임에는 변함이 없다. 다만 확정일자를 받아 놓았기 때문에 순위에 따른 배당은 받을 수 있겠지만 배당금은 거의 없어 보인다. 어떻든 입찰자의 입장에서는 아무런 문제가 없는 좋은 물건이라는 생각이 들겠지만 여기에는 세대합가라는 커다란 문제가 도사리고 있다.

세대합가의 문제

후순위 임차인이 선순위 임차인으로 튀어 오르는 경우가 두가지 경우가 있는데, 그 하나가 이미 설명한 대위변제이고 또 다른 하나가 여기서의 세대합가의 문제다.

즉 이 사건의 경우, 주민등록등본을 확인해 보면 김경수의 모(母)인 정효숙이 세대를 합가한 것으로 나타난다.

하지만 정효숙의 전입일자는 나타나 있지 않으므로 반드시 정효숙의 주민등록초본을 떼서 확인해 보아야 하는데, 초본 상에는 1995년 5월 3일에 전입한 것으로 나타나 있다. 그런데 문제는 가족 중의 누가 먼저 입주를 했더라도 가장 먼저 입주한 사람의 입주일이 법적으로 대항력을 발생시키는 전입일이라는 점이다. 이는 대법원 판례에서도 인정하고 있다.

결국 입찰참여자의 입장에서는 주민등록등본상 세대합가가 나타나는 경우에는 반드시 주민등록초본을 확인해야 한다.

따라서 이 사건의 경우에는 경매가 완료된 후에 1억 2천 8백만원을 추가로 부담해도 될 만한 금액으로 최저입찰가가 떨어질 때까지 기다릴 수밖에 없는 물건이다. 다만, 경우에 따라서는 공무원들의 착오로 인해서 세대합가가 주민등록등본상 나타나지 않는 경우도 있으므로 항상 주민등록초본을 떼어보는 자세가 필요할 것이다.

세입자가 소유자의 친인척

사건번호 채권 · 채무자	소 재 지	면적(평방) 지가	감정평가액 @최저경매가	임차금(만)–성명–입주일 ♠ 주민등록확인결과	등기부상의 권리관계
98–×××× ------ 아파트 협신상호 김종석	경기고양시 마두동 719 백마마을 606동 1801호 *백마역 북서측인근 *BUS(정)소재 *열병합발전지역난방 *단지내포장도로접합 *일반주거지역 *감정일자 : 98.12.07	대 84.0575/26264.9 건 134.9 (50평형 – 방4) (19층 – 94.9.13 보존)	260,000,000 대한감정 @208,000,000 -------- 99.07.02 유찰	------------ ♠주민등록열람확인필 김종석 97.02.25 이경숙 97.07.04 전입 홍나윤 99.02.12 전입 열람일자 : 99.07.05	가등 97.12.02 이인상 가압 97.12.08 기술신용 1억외 7건합 : 12,502만 압류 98.04.02 경기4의보 일산구청외 4건 가등가압 98.05.30 대한보증 729만 선릉지점 임의 98.12.04 협신상호 저당 97.03.29 협신상호

권리분석

이 물건의 말소기준등기는 1997년 3월 29일에 설정된 협신상호의 저당
권등기이다. 따라서 모든 등기가 말소되는 물건이다. 또한 선순위로 주민
등록이 되어있는 김종석씨는 물건의 소유자이므로 문제되지 않는다.

그러나 문제가 있다. 즉, 입찰 전에 주민등록등본을 확인해보니 김종석
이라는 이름은 없고, 대신 김용수라는 이름이 1997년 2월 25일에 입주한
것으로 나타나있기 때문이다. 만일 정보지만 보고 입찰에 참여한 사람이

라면 크게 문제될 수도 있는 물건인 것이다. 하지만 조사결과 김용수라는 사람은 김종석의 아들로 밝혀졌다.

즉, 소유자는 아들을 남겨놓은 채 1999년 7월 12일에 다른 곳으로 전출했던 것이다. 그렇다면 선순위인 김용수라는 사람을 선순위 임차인으로 인정해야 할 것인가?

세입자가 소유자의 친인척

만일 선순위로 인정된다면 그 보증금을 부담하고도 입찰에 참여할 수 있을만큼 더 유찰되기를 기다려야 할 것이고, 선순위 임차인으로 인정되지 않을 물건이라면 금번에 입찰해도 될 물건인 것이다.

여기서 일반인의 입장에서는 다소간 고민에 빠질 것이다.

하지만 이에 관해서는 확립된 대법원 판례가 없다. 결국 사안에 따라 다를 것이지만 일반적으로는 부부간에는 임대차를 인정하지 않는 경향이 있다. 그 이외의 경우 즉, 부자관계나 형제관계, 그리고 기타 친인척의 경우에는 사례별로 임대차여부를 판단하는데, 필자의 생각으로는 적어도 이 사건의 경우처럼 부자관계에서는 임대차관계를 인정하기 어려울 것으로 본다. 특히나 본 건의 경우처럼 소유자가 살고있다가 퇴거한 경우는 더욱 임대차가 인정되기는 어려울 것이다.

하지만 상대방 측에서 선순위 임차인이라고 주장하면서 주택의 명도를 거부한다면 낙찰자의 입장에서는 법원에서 다툴 수 밖에는 다른 도리가 없다. 법률관계에 자신이 있다면 스스로 소송을 해보는 것이고 만일 자신이 없다면 변호사를 사는 것이 좋을 것이다. 이 사건은 2억 3천 860만원에 낙찰된 것으로 보아 소유자가 살고 있는 것으로 생각했거나, 아니면 소송에서 이길 자신이 있었던 사람이 입찰한 것으로 보여진다.

결국 이 사건에서 우리가 배워야 할 점은, 첫째로 결코 정보지만 믿고 입찰에 참여해서는 안된다는 점, 둘째로 소유자와 임차인과의 관계를 분명히 파악해야 한다는 점, 마지막으로는 거짓으로 선순위 임차인임을 주장하면서 소송을 제기하는 사람에 대한 대책을 마련해 놓아야 한다는 점 등이다.

임대차 사항이 백지인 경우

사건번호 채권 · 채무자	소 재 지	면적(평방) 지가	감정평가액 @최저경매가	임차금(만)-성명-입주일 ♠ 주민등록확인결과	등기부상의 권리관계

98-××××
------ 	
연 립
 	
평화은행
김삼용
이봉화*
	경기 고양시 일산동
	583-42
	삼남빌라 가동 ×층 ○○○호
	*철근콘크리트벽돌조
	 슬래브지붕
	*주공APT동측인근
	*BUS(정) 도보5분
	*도시가스보일러
	*일반주거지역
	*감정일자 : 98.7.13
	 (4월 : 23,000,000원
	 – 낙찰)
		대 51.24/1450
		건 43.74(방3)
		부속지층10호창고
		16.5
		(19.9평)
		(3층–86.7.30 보존)
			5,500,000
			 한국감정
			@ 14,417,920
			--------- 	
			98.11.04 유찰
			98.12.09 유찰
			99.01.13 변경
			99.02.22 유찰
			99.03.24 유찰
			99.04.28 낙찰
			99.06.02 유찰
					가압 98.4.6 평화은행
					   1,687만 내발산동
					임의 98.7.10 평화은행
					저당 94.10.29 평화은행
					   1,820만외 1,920만
					
					*발급일자 : 98.10.21

권리분석

이 사건의 말소기준등기는 당연히 평화은행의 저당권등기이며, 그 평화은행에서 경매를 신청한 임의경매사건이다. 부동산의 소유자는 이봉화이며 채무자는 김삼용이다.

즉 채무자가 은행에서 대출을 받고 싶은데 담보가 없어서 다른 사람의 부동산을 담보로 대출을 받은 것이다. 다만 이 물건에서는 임대차 사항난이 공란이라는 점과, 이미 4월에 한번 낙찰이 되었다가 다시 나오게 된 물건이라는 점이 특이하다.

낙찰되었다가 다시 나오는 물건은 잔금을 미처 준비하지 못해서 다시 나오는 경우도 있고, 권리분석에 실패하여 추가로 부담해야 할 금전이 너무 많아 그냥 보증금 230만원만 손해보고 마는 경우도 있다. 이 물건의 경우는 어떤 경우일까?

임대차 사항난이 백지

이미 공부한 바와 같이 임대차 사항난이 백지인 경우는 두가지 경우가 있다. 즉 하나는 신건의 경우이고, 또 하나는 법원에서 임대차관계를 조사하지 못한 경우이다.

신건의 경우는 감정평가가 잘못된 경우와 같은 특별한 경우가 아닌 한 응찰할 필요가 없을 것이다. 문제는 법원에서 임대차 사항을 조사하지 못한 경우인데, 이에는 다시 두가지 경우가 있을 수 있다.

그 하나는 법원의 직무유기의 가능성이고, 또 하나는 세입자가 여러 가지 방법을 동원하여 법원의 조사에 불응하는 경우도 있을 수 있다.

어떻든 이 사건의 경우는 필자가 조사한 바로는 1993년 11월 5일에 전세금 2,500만원으로 세들어 살고 있는 선순위 세입자가 있는 물건이었고, 따라서 4월에 낙찰받았던 사람은 그 사실을 모르고 낙찰받았다가 무려 4,820만원에 낙찰받은 결과가 되는 것을 알고 잔금을 포기했을 것으로 보여진다. 결국 누누히 강조하지만 경매정보지만 보고 무턱대고 입찰하는 일은 피해야 한다.

참고로 한가지만 더 언급하기로 한다.

은행에서 담보를 받고 대출해주기 위해서는 일반적으로 그 담보가치에 대한 평가를 하게 마련인데, 이 때 세입자가 여러 가지 이유로 자신이 세입자가 아니라는 둥, 또는 세입자가 아닐 뿐만 아니라 설령 세입자라고 하더라도 경매절차에서 보증금을 요구하지 않겠다는 확인서를 써주는 경우도 있다.

이는 아마도 세입자가 있다고 하면 대출이 나가지 않거나 아니면 소액만이 대출될 것을 염려하여 소유자와 짜고서 그런 말을 하는 경우이겠으나, 대법원은 이에 대해서 보증금을 요구하지 않겠다는 확인서까지 써 준 경우에는 세입자가 경매에서 배당요구를 하는 것은 신의칙에 위반되지만, 단지 임대차사실이 없다는 내용의 서류에 서명, 날인한 것 만으로는 신의칙위반이 아니라는 판결을 내렸으므로 입찰참여자는 주의해야 한다.

임차인의 담합

사건번호 채권·채무자	소 재 지	종별	면적 (m²)	입주자-임차금(만) -입주일	감정평가액 경매결과	등기부상의 권리관계

95-××××
------ 	
태광산업
조석호
	서대문구 홍제동
	×××-78
	• 홍제역 북동측 300m
	• 남측 2m도로 접합
	• 유류보일러
	동소 ×××-27은 인접지
	인 ×××-78 토지를 통
	하여 출입가능하고 일단
	지로 이용중임
	• 일반주거지역
	• 주차장 정비지구
		주택	대 321(97.1평)
			1층 102.13
			(30.89평형-방2)
			2층 48.79
			(14.76평형-방2)
			제시외건 80.6
			(66.12.31. 준공)
			• 재감정
				김복준 2100 94.10.21
				(확정) 96.6.22
				오기선 2100 93.9.25
				(확정) 93.7.26
				구본석 2200 92.9.17
				(확정) 95.6.16
				서세훈 2100 93.7.31
				(확정) 93.8.9
				원영수 2200 92.9.10
				(확정) 95.6.20
					387,061,920
					대한감정
					-------- 	
					95.10.26 유찰
					95.11.23 유찰
					95.12.28 유찰
					96.1.25 유찰
					-------- 	
					최저경매가
					158,540,550
						가압 95.3.28 삼천리유
						가압 95..4.6 한국보증
						임의 95.6.9 태광산업
						저당 91.4.30 태광산업
						              5,000만
						저당 91.6.25 삼성생명
						              9,000만
						저당 92.5.22 해태전자
						              1억

권리분석

이 사건의 말소기준등기는 1991년 4월 30일에 설정된 태광산업의 저당권등기이며, 바로 그 태광산업에서 경매를 신청한 임의경매사건이다.

따라서 모든 등기는 말소되며, 또한 5인의 임차인 모두가 후순위 임차인으로서, 최선순위소액보증금에도 해당되지 않아 법적인 보호를 전혀 받을 수 없다. 최선순위소액보증금제도를 이용하기 위해서는 최선순위 저당권이 설정될 당시인 1991년 4월 30일에 적용되는 주택임대차보호법의 적용을 받기 때문이다. 그렇다고 해서 대위변제를 할 수 있는 상황도 아니다. 2억이 넘는 돈을 지불하면서 대위변제를 할 수는 없을 것이다.

즉, 대위변제의 이익이 없는 것이다. 5인의 임차인 모두가 확정일자는 받아 놓았지만 선순위 저당권자가 배당받으면 남는 것이 없을 것이다. 아마도 무허가 중개업자로부터 물건을 소개받았거나 아니면 중개수수료를 아끼기 위해 중개업소의 소개없이 입주한 경우가 아닌가 생각된다. 어떻든 입찰참가자의 입장에서는 권리분석 상의 하자는 없다고 판단된다.

임차인의 담합

후순위 임차인으로서, 아무런 법적인 권리가 없으므로 같은 처지에 있는 임차인끼리 모여 여러차례 협상도 하고 논의도 했을 것이다.

하지만 대한민국은 법치국가로서, 영원히 주택의 인도를 거절할 수도 없을 것이고 또한 낙찰자에게 과도한 이사비를 요구할 수도 없을 것이나,

그들은 최소한 그 부동산을 공동으로 낙찰받아서 계속 그 집에서 살기를 희망할 확률이 높다.

즉, 천원 한 장 받지 못하고 쫓겨나느니 차라리 그 집을 싸게 낙찰받아 시세차익으로 보증금의 손실을 어느 정도 보상받을 수 있을 뿐만 아니라. 나아가서 살던 집에서 쫓겨나지 않게 되니 어찌보면 그 선택 밖에 다른 도리가 없어 보이기도 한다. 결국 임차인들이 많이 사용하는 방법으로는 입찰 당일날 법원에 프랭카드를 들고 나타나서 입찰참여자들에게 자신들의 딱한 사정을 알리면서 제발 입찰하지 말아 달라고 호소하는 방법이 있다.

이제 입찰참여자의 입장에서 정리해 본다면, 이런 사건의 경우처럼 많은 가난한 임차인들이 보증금을 전혀 받지 못하게 되어 법원에 나와서까지 호소하는 경우는 가능한 입찰하지 않음으로써, 그들이 낮은 가격으로 낙찰받아 갈 수 있도록 배려하는 것이 좋다고 본다. 아니면 입찰하더라도

그들에게 이사비를 충분히 줄 수 있도록 배려하는 마음이 필요하다.

법원에서도 이런 경우는 입찰자의 사소한 잘못까지 문제삼아 입찰을 무효화시킴으로써 영세한 세입자를 보호하고 있다.

소유자 및 임차인 담합

용도	사건번호 95-12691	소 재 지	면적(평방)	권리분석	임차관계	결 과	감정평가액 / 최저경매가
연립	김재숙외 1 하미란 나승봉 보증금 30%	경기 광명시 광명동 ○○○-19 109호 • 개별도시가스난방 • 동측6m포장도로접 • 벽돌조 및 시멘돌조 (3월 : 37,300,000낙찰) (6월 : 35,030,000낙찰) (8월 : 35,030,000낙찰) (11월 : 31,300,000낙찰)	대 48.175/192.7 건 57.2 (계단식) 지하실 15.6 (22평 방3개) (2층 81.5.18 준공)	가압 94.10.27 김평기 신용보증, 대한보증 임의 95.4.27 김재숙외1 저당 93.11.12 나승동 990만 저당 94.10.5 김재숙 3000만 임숙자	없음	95.11.03 유찰 95.12.08 유찰 96.1.8 유찰 96.3.5 유찰 96.6.25 낙찰 96.8.21 낙찰 96.11.6 낙찰 96.12.11 변경 96.1.15 유찰 96.2.25 유찰	60,000,000 19,800,000

권리분석

이 물건 역시 임차인이 없는 것으로 나타나 겉으로 보기에는 괜찮은 물건처럼 보인다.

즉, 말소기준등기가 1993년 11월 12일에 설정된 나승동의 저당권등기이기 때문에 일단 모든 등기는 말소된다. 다만 4회씩이나 낙찰되었다가 다시 나오는 점이 수상쩍은 점이며 따라서 보증금이 30%인 점이 다른 사건과 다른 점이다. 그렇다면 왜 많은 사람들이 낙찰받았다가 포기했을까?

모두가 잔금을 마련하지 못해서일까?

소유자와 임차인의 담합

비록 법원의 자료에 임차인이 없다고 되어 있어도 반드시 주민등록등본을 열람해서 확인해야 한다.

이 사건의 경우는 주민등본상에 1994년 6월 9일에 소유자 아닌 사람이 입주해서 살고 있었다. 그래도 후순위가 아니냐 하고 안심해서는 안된다. 왜냐하면 대위변제의 가능성이 농후하기 때문이다. 즉 임차보증금이 3,500만원이라고 주장하고 있는데, 그 돈을 버리느니 차라리 990만원을 버리고 3,500만원을 살리는 것이 현명하지 않겠느냐 하는 판단을 내려야 한다. 결국 이 사건은 임차인으로 주장하는 사람이 대위변제를 하게 된 사건이다. 그래서 많은 사람들이 입찰에 참여했다가 보증금만 날린 채 잔금 납입을 포기한 것이다.

경매 업무를 처리하다 보면 법의 맹점이 여러군데 눈에 띈다.

이 사건의 경우에도 임차인이 소유자의 친척으로 되어 있는데, 만일 친인척간에 임차금이 지불되었다면 별문제 아니겠으나 임차금이 지불되지 않고 호의적으로 친척집에 살고 있는 경우라면, 그 임차인은 소위 가짜 임차인으로서, 그 임차인과 소유자가 담합해서 법원의 임대차현황조사에서는 임차인이 없다고 해놓고, 낙찰이 되면 낙찰자의 낙찰을 포기하게 유도하면 그 보증금만큼 채무를 더 변제할 수 있게 되어 소유자의 이익으로 돌아간다. 거기다가 임차인이 임차 보증금을 지불하지 않은 경우라면 그 보증금에 해당하는 금액만큼 집을 싸게 구입할 수도 있어, 경매의 대중화에 장애가 되고 있다.

그렇다면 우리 입찰참여자는 어떻게 대처할 것인가? 항상하는 얘기지만 권리분석에 관한 완벽한 실력을 마스터하는 수 밖에 다른 도리가 없다.

이런 사건의 경우에도 주민등록등본과 주민등록초본을 확인하고 나아가
서 대위변제에 관한 확실한 이론을 터득해야 하며, 또한 실수를 범해서 높
은 가격에 낙찰을 받았는데도 임차보증금 3,500만원을 물어줘야 하는 상
황이라면 임차인을 상대로 허위 임대차를 증명한다거나 아니면 사기죄 또
는 문서에 관한 죄로 형사고발하는 방안 등 여러가지를 염두에 두어야 한
다.

전(前) 소유자의 채무액

용도	사건번호 95-18072	소 재 지	면적(평방)	권 리 분 석	임 차 관 계	결 과	감정평가액 최저경매가
다 세 대	김형윤 김기석	관악구 신림동 300-4 진흥하이츠빌라 ×층 ○○○호 • 신대방역남동측 150m • 버스정류장 4~5분거리 • 장방형의 평탄한 토지 • 일반주거지역	대 32.92/329.3 건 59.63 방3개 90.1.3일 준공 동향	가압 91.3.5 고일석 임의 96.5.6 김형윤 근저 93.2.24 국민은행 3,900만 근저 95.6.26 김형윤 1,950만 근저 95.3.24 김형윤 900만	권영선 95.4.9 6,000만 95.5.2(확정) 96.8.20 (배당요구)	95.12.24 유찰	95,000,000 76,000,000

권리분석

이 사건에서의 말소기준등기는 1991년에 설정된 가압류등기이다.

따라서 모든 등기는 말소되며, 또한 임차인 역시 후순위로서, 확정일자를 받았으므로 순위에 따른 배당을 받을 수는 있겠으나 확인 결과 가압류의 채권금액이 8,000만원이나 되기 때문에 배당금은 없어 보인다.

이미 공부한 바 있지만 복습하는 의미에서 이 사건의 배당관계를 잠시 검토해 보기로 한다. 이 사건은 8,500만원에 낙찰되었는데, 그 중에서 경매비용으로 780만원이 빠져나가고 나머지 7,720만원을 가지고 가압류권자와 3인의 근저당권자 그리고 임차인 총 5인이 비율배당으로 할당된 금액 중에서 가압류권자에 비율배당되는 약 2,600만원이 법원에 공탁되고 그 나머지인 약 5,120만원이 3인의 근저당권자와 임차권자가 순위에 따라 배당받게 된다. 결국 임차인은 약 320만원 밖에 배당받을 수 없게 된다. 다만 이러한 계산은 근저당권자의 채권잔액이 정보지상의 채권담보 최고금액을 기준으로 계산한 금액이다. 따라서 채권잔액이 그보다 적다면 임차권자는 좀더 배당받을 수도 있을 것이다.

또한 가압류권자가 소송에서 패한다면 법원에 공탁된 금액이 배당금액으로 합산될 것이다. 적어도 형식적으로 보면 그렇다. 그런데 문제는 다른 곳에 있었다.

전 소유자의 채무액

말소기준등기가 저당권이 아닌 가압류등기일 경우에는 반드시 등기부등본을 확인하여 가압류등기 이후에 소유권이 이전된 사실이 있는지를 확인해야 한다. 즉, 정보지 상에는 현 소유자가 김기석으로 되어 있는데, 만일 김기석의 소유권이 1991년 3월 5일 이후에 바뀐 것이라면 결국 가압류등기는 김기석을 상대로 등기된 것이 아니라 그 이전 소유자를 상대로 등기된 것이며, 이런 경우에는 그 가압류등기가 말소기준등기도 아닐 뿐만 아니라 경매가 완료되어도 두가지 예외적인 경우를 제외하고는 말소되지 않는 다는 점이다. 이에 관해서는 이미 공부한 바와 같다.

우리가 어떤 부동산을 사고자 할 때는 사기 전에 부동산 등기부등본을 반드시 확인해야 한다.

이 사건의 경우는 김기석이라는 사람이 그 이전 소유자가 진 빚을 안고 샀거나 아니면 가압류등기가 나 있는 줄도 모르고 매입한 경우일 것이다. 가압류등기가 나 있는 사실을 알았더라면 가격 조정이 가능했을 것이나 만일 그 사실을 모르고 매입했다면, 나중에 가압류권자가 소송에서 이겨서 그 물건에 경매를 신청하면 소유권을 잃게 될 것이며, 소유권을 잃지 않기 위해서는 그 가압류권자의 채권금액인 8,000만원을 대신 물어 주어야 하는 것이다.

어떻든 이 사건의 경우는 입찰자가 8,500만원에 낙찰받았으므로 훗날 가압류권자가 이전 소유자를 상대로 소송을 제기하여 승소한다면 낙찰자로서는 8,000만원을 물어주든지 아니면 소유권을 잃게 될 것이 분명하다.

이상을 정리해 본다면 입찰참여자의 입장에서는 등기부등본을 확인하는 것을 생활해 해야 한다는 점과, 가압류가 설정된 물건의 경우는 가압류 설정 당시의 소유권자와 현재의 소유권자가 동일한 물건인지를 반드시 확인해야 한다는 점이다. 그 두가지 점만 조심한다면 권리분석에서 실수할 이유가 없다.

아파트 전세권이 저당권이 목적

사건번호 채권·채무자	소 재 지	면적(평방미터) 지 가	감정평가액 @최저경매가	임차금(만)-성명-입주일 ♠주민등록 확인결과	등기부상의 권리관계
99-10342 ------ 아파트 삼환상호 손선아 이민언*	경기 고양시 주엽동 38 강선마을 경남 ○○○동 ×××호 *문화초등교 남동측 120m *BUS(정)인근소재 *열병합발전지역난방 *남측8m도로접합 *감정일자 : 99.2.23	대 76.197 / 49370.2 건 129.09 (47평형-방4) (19층-94.12.13 보존)	87,000,000 신한감정 @ 69,600,000 --------- 99.05.26 유찰	8,500 손선아 97.11.4 ------------ ♠주민등록열람확인필 진영천 97.11.14 전입 열람일자 : 99.5.28	임의 99.2.13 삼환상호 전세 97.11.4 손선아 8,500만 - 존속기간 : 99.11.3 전세저당 97.11.4 삼환상호 5,800만 *발급일자 : 99.5.12

권리분석

　이 사건이 정보지에 공개되자 필자의 회사에 꽤 많은 문의전화가 있었다. 즉, 무슨 아파트의 감정가가 8,700만원인 아파트가 있느냐 하는 것이었다. 정보지에 미스 프린트가 난 것이 아니냐 하는 것이었다.

　우선 우리가 공부한 대로만 권리분석을 해 본다면 이 사건의 말소기준등기는 97년 11월 4일에 설정된 전세저당권등기이다. 따라서 전세권자는 선순위이고 임차인 진영철은 후순위임차인인 것처럼 보인다. 그러나 이

사건 역시 문제는 다른 곳에 있었다.

아파트 전세권이 저당권의 목적

우선 지적하고 싶은 것이 있다면 정보지에 문제가 있었다는 점이다. 즉, 이 물건은 아파트가 경매로 나온 것이 아니라 아파트의 전세권이 경매로 나온 물건인데도 정보지에는 "아파트"로 표시되어 있기 때문이다. 엄밀하게는 "아파트 전세권"인 것이다. 다시 말한다면 이 사건의 경우는 아파트의 소유자인 이민언과는 아무런 상관이 없고 다만 손선아의 전세권만이 문제로 되는 사건인 것이다.

먼저 우리는 저당권의 목적물이 부동산에만 있는 것이 아니라, 일정한 권리에도 저당권이 설정될 수 있다는 것을 알아야 하겠다. 즉 부동산 전세권이나 또는 지상권(地上權)에도 저당권을 설정할 수 있는 것이며, 이런 경우에는 경매기입등기(사건번호)는 등기부 을구에 나타나게 된다.

이 사건 역시 채무자 손선아가 자신의 전세권을 담보로 삼환상호로부터 대출을 받고 그 전세권에 저당권을 설정해 놓았다가 채무자가 대출금을 상환하지 못하자 채권자인 삼환상호가 전세권을 경매신청한 사건인 것이다.

따라서 이 물건을 낙찰받는 사람은 전세권의 양도에 관한 법이론을 적용받을 것이므로 결국 낙찰자는 1999년 11월 3일까지만 이 집에서 살 수 있는 것이고, 또한 설령 이 전세권을 1억에 낙찰받는다고 하더라도 기간만료시 소유자에게 받아 나갈 수 있는 금액은 8,500만원에 불과하게 된다. 물론 집주인이 전세권의 명시적, 묵시적 갱신이 이뤄지면 기간이 만료되어도 더 살 수는 있는 것이나 그 권리는 오로지 집주인에게 있는 것이므로 낙찰자가 입주한 때로부터 2년을 살고자 해도 2년이 보장된다는 법이 없다.

필자는 이 사건의 진행 결과가 매우 궁굼했었는데, 8,500만원에 낙찰된 것으로 나타났다. 하지만 어떤 큰 이익이 있어 보이지는 않는다.

즉, 등기비용 그리고 이사비용, 또한 컨설팅수수료비용, 그리고 사는 사람을 내 보내는데 약간의 비용이 들어간다고 보면 불과 몇 달을 살기 위해 그런 비용을 낭비할 이유가 없어 보이기 때문이다. 결국 우리는 물건 값이 싸게 나올 때에는 그 이유를 검토할 수 있어야 하고, 법률이론도 평소에 충실히 공부해 놓아야 한다.

권리분석 객관식 모의고사 40문항

독자 여러분!

어려운 권리분석이론을 독파하시느라 얼마나 수고가 많으셨습니까?

지금까지 공부하신 것을 토대로 모의고사를 풀어 보십시오.

90점 이상이면 스스로 권리분석하여 입찰하셔도 될 것으로 판단됩니다.

1. 다음 중 말소기준등기가 아닌 것은?

① 담보가등기

② 가압류등기

③ 가처분등기

④ 경매신청기입등기

⑤ 압류등기

2. 다음 중 담보가등기에 관한 설명 중 틀린 것은?

① 담보가등기라도 경매신청등기 이전에 청산절차를 마쳤으면 보전가등기로 된다.

② 보전가등기에는 부동산등기법이 적용된다.

③ 가등기권자가 채권신고를 했으면 담보가등기이다.

④ 담보가등기도 보전가등기로 등기된다.

⑤ 1984년 1월 1일 이전에 설정된 가등기는 무조건 담보가등기이다.

3. 다음 중 담보가등기에 관한 설명 중 틀린 것은?

① 담보가등기는 말소기준등기이다.

② 청구권보전가등기는 말소기준등기보다 앞선 경우에는 낙찰자가 인수부담하게 된다.

③ 법원은 가등기권자에게 어떤 종류의 가등기인지를 법원에 신고하라고 최고한다.

④ 가등기권자가 법원에 아무런 신고를 하지 않은 경우에는 그 가등기를 담보가등기로 보고 권리분석을 해야 한다.

⑤ 가등기담보법에서는 경매가 진행될 경우에 담보가등기를 저당권등기로 취급한다.

4. 다음 중 말소되는 전세권등기는?

① 존속기간의 정함이 없는 전세권

② 매각기일 이후에 6개월 이내에 그 기간이 만료되는 전세권

③ 묵시적갱신된 전세권

④ 경매신청기입등기 후 1개월 이내에 그 기간이 만료되는 전세권

⑤ 경매신청자의 전세권

5. 다음 중 전세권의 묵시적갱신과 임차권등기없는 주택임차권의 묵시적갱신과의 비교에 관한 설명 중 틀린 것은?

① 전세권의 묵시적갱신을 막기 위해서는 집주인은 기간 만료 전 6개월에서 1개월 사이에 전세권자에게 조건변경의 통지를 해야 한다.

② 전세권의 묵시적갱신이 이뤄진 후 전세권자가 전세권의 해지통고를 하면 상대방이 통고받은 날부터 3개월이 경과하면 전세권은 소멸한다.

③ 주택임차권의 묵시적갱신이 이뤄진 후 임차인이 임차권의 해지통고를 하면 상대방이 통고를 받은 날로부터 3개월이 경과하면 임대차계약은 해지된다.

④ 주택임차권의 묵시적갱신이 이뤄지면 임대인이 해지통고를 하더라도 임대인에게는 2년의 기간이 의무로 된다.

⑤ 주택임차권의 묵시적갱신은 전세권의 묵시적갱신과 달리 묵시적갱신의 제한에 관한 규정이 있다.

6. 전세권과 확정일자부 주택임차권의 비교에 관한 다음 설명 중 틀린 것은?

① 양자 모두에게 우선변제권이 인정된다.

② 전세권자는 경매신청권이 있다.

③ 주택임차인은 공동주택에 한하여 대지의 매각대금에 대해서도 배당받을 수 있다.

④ 전세권자는 주민등록을 퇴거한 상태에서 경매를 신청할 수도 있고 낙찰대금에서 배당금을 수령할 수도 있다.

⑤ 대항력있는 임차인이 다시 전세권등기를 한 경우에 저당권의 실행으로 전세권이 소멸하더라도 이미 확보된 대항력까지 소멸하는 것은 아니다.

7. 가압류등기에 관한 다음 설명 중 틀린 것은?

① 법원은 가압류권자에게 매각기일과 배당기일을 통지해야 한다.

② 전소유자의 가압류등기는 원칙적으로 말소되지 않는다.

③ 전소유자의 가압류등기라도 그 가압류자가 경매를 신청한 경우라면 말소된다.

④ 전소유자의 가압류등기라도 그 가압류등기에 앞서서 저당권등기까지 설정된 경우라

면 말소된다.

⑤ 전소유자의 가압류권자가 경매를 신청할 경우에도 전소유자의 일반채권자들은 배당 받을 자격이 없다.

8. 2002년 1월 1일 주택을 점유하고 동년 1월 15일에 확정일자를 받았으며 동년 1월 20일에 주민등록을 이전한 경우라면 우선변제권의 기준시점으로 가장 타당한 것은?

① 2002년 1월 15일
② 2002년 1월 20일 오전 0시
③ 2002년 1월 20일
④ 2002년 1월 21일 오전 0시
⑤ 2002년 1월 21일

9. 다음 중 등기끼리의 우선순위에 관한 설명 중 틀린 것은?

① 원칙적으로 순위번호 순위로 우선순위가 결정된다.
② 부기등기의 순위는 주등기의 순위에 따른다.
③ 가등기에 의해 본등기가 이뤄진 경우에는 본등기의 순위는 가등기의 순위에 따른다.
④ 부기등기 상호간의 순위는 부기등기의 순위에 따른다.
⑤ 접수일이 동일할 경우에 별구의 순위는 접수번호의 순위에 따른다.

10. 다음 중 유치권에 관한 설명 중 틀린 것은?

① 임차인의 필요비에 관하여 유치권이 성립된다.
② 임차인의 유익비에 관하여 유치권이 성립된다.
③ 건축대금과 관련해서도 유치권이 성립될 수 있다.
④ 부속물매수청구권과 관련해서도 유치권이 성립된다.
⑤ 유익비는 그 가액의 증가가 현존하는 경우에 한하여 비용지출자는 소유자의 선택에 좇 아 지출금액 이나 증가액의 상환을 청구할 수 있다.

11. 예고등기에 관한 다음 설명 중 틀린 것은?

① 예고등기는 단순히 제3자에게 경고를 줄 목적으로 하는 등기이다.
② 예고등기가 되어 있어도 소유권자는 타인에게 그 물건을 양도할 수 있다.

③ 등기원인의 취소에 의한 소에 관하여는 그 취소를 가지고 선의의 제3자에게 대항할 수 있는 경우에만 예고등기가 가능하다.

④ 경매가 완결되면 말소기준등기보다 후순위의 예고등기는 말소된다.

⑤ 근저당권말소 예고등기의 경우에도 원고가 승소하면 낙찰자는 낙찰받은 물건의 소유권을 상실할 수 있다.

12. 낙찰자가 잔금을 지불했는데도 불구하고 소유권을 상실할 수 있는 경우가 아닌 것은?

① 말소기준등기에 앞서서 보전가등기가 경료되어 있었던 경우

② 말소기준등기에 앞서서 환매등기가 경료되어 있었던 경우

③ 예고등기가 되어 있는 경우

④ 후순위 임차인이 대위변제를 함으로써 선순위 임차인으로 된 경우

⑤ 저당권의 피담보채권액이 경매신청등기 이전에 변제된 경우

13. 다음 중 주택임대차보호법의 적용을 받는 주택에 관한 설명 중 틀린 것은?

① 미등기건물이라도 무방하다.

② 무허가건물이라도 무방하다.

③ 본건물 뿐만 아니라 부속건물이라도 무방하다.

④ 오피스텔이라도 실질적으로 일상의 주거생활을 하는 한 임대차보호법이 적용된다.

⑤ 다가구주택의 옥탑이 불법으로 용도변경되어 임대된 경우에는 임대차법이 적용되지 않는다.

14. 다음 중 겸용주택에 관한 대법원판례와 일치되지 않는 것은?

① 임차인의 점유부분 중 일부분은 영업용 휴게실설비로 예정된 홀 1칸이 있지만 그 절반 가량이 주거용으로 쓰이는 방 2칸, 부엌 1칸, 화장실 1칸, 살림용 창고 1칸, 복도로 되어 있고 그 홀마저 각 방의 생활공간으로 쓰여지고 있으며, 또다른 일부분에 위 방들의 난방시설이 설치되어 있는 경우는 위 주거용 부분에 한해서는 주택에 해당한다.

② 여인숙을 경영할 목적으로 임차하여 방 10개 중 현관 앞의 방은 임차인이 내실로 사용하면서 여관·여인숙이란 간판을 걸고 여인숙업을 경영한 경우는 주택이 아니다.

③ 면적의 절반정도는 방 2칸으로, 나머지 절반정도는 영업을 위한 홀로 건축되어 있었으

며, 임차인이 이를 임차한 상태에서 방의 벽을 허물고 방 1칸으로 만들어 그 중간에 장롱으로 방을 구분하여 가족들과 함께 거주하면서 음식점 영업을 하여 왔으며, 그 중 방 부분은 음식점 영업시에는 손님을 받는 곳으로 사용하고 그 외에는 주거용으로 사용하였고, 가족 4인 모두 그 외에는 다른 주택이 없었던 경우를 주택으로 판단하였다.

④ 임차면적 30.94 평방미터는 주거 및 과자점 경영목적으로 사용하기 위해 임차한 것이고 임차 후 그의 처 및 3자녀를 데리고 입주하였으며, 방 1칸 약 9.2평 방미터, 방입구 출입부분 약 5.74평방미터와 제과점 16평방미터로 나뉘어 있는 데, 건물의 전 소유자가 각 방에 보일러시설과 수도시설을 하여 주었으며 임차인은 입주 후 소유자의 승낙하에 방과 점포의 천정 위로 약 5.2평방미터의 다락을 설치하고 취학 중인 자녀들의 공부방으로 사용하고 있으며, 각 방에 연접하여 폭 1.6미터의 시멘트 가건물을 짓고 이를 부엌으로 사용한 경우를 주택으로 판단하였다.

⑤ 임차인이 점포의 양 도로 측면에 두개의 커다란 양복점 간판을 걸고 진열대를 설치하여 그 점유부분에서 양복마춤 등의 영업을 해오고 있으며, 또한 임차인의 점유부분은 그 넓이가 총 57.4평방미터인데 그 중에서 임차인이 주거용으로 사용하는 방 및 부엌부분은 합계 10.23평방미터에 불과하고, 그 중 방은 불과 4.97평방미터에 불과하여 점포 및 작업실로 사용되는 47.17평방미터에 비하여 아주 적은 경우에 점유부분 전체를주택이 아니라고 판단하였다.

15. 등기안된 주택임차권의 대항력 발생시점 중 가장 정확한 것은?

① 주민등록이 이전된 날의 다음날

② 주택을 인도받은 다음날

③ 주민등록이 이전된 날과 주택을 인도받은 날 중 나중의 일자

④ 주민등록이 이전된 날과 주택을 인도받은 날 중 나중의 일자의 다음 날 오전 0시

⑤ 주민등록이 이전된 날과 주택을 인도받은 날 중 나중의 일자의 다음 날

16. 말소기준등기에 앞서서 대항력을 구비한 주택임차권에 관한 다음 설명 중 틀린 것은?

① 확정일자가 없으면 임차인의 우선변제권을 이유로 해서는 배당을 요구할 수 없다.

② 확정일자가 없어도 낙찰자로부터 보증금을 반환받지 않는 한 주택을 인도할 의무가 없다.

③ 확정일자가 있으면 반드시 법원에 배당을 요구해야 한다.

④ 확정일자를 갖춘 임차인이 법원에 배당을 요구하였으나, 임차보증금 중 일부만 배당

받은 경우에는 그 나머지 보증금액에 대하여 낙찰자에 대항할 수 있다.

⑤ 확정일자가 없어도 법원에 배당요구를 할 수는 있다.

17. 임차인의 법원에 대한 배당요구는 언제까지 해야 하는가?

① 경매신청기입등기일
② 매각기일
③ 매각결정기일
④ 잔금납부일
⑤ 배당기일 3일 전까지

18. 임차보증금이 5,000만원인 선순위임차인이 확정일자까지 갖추고 법원에 배당요구를 하였으나 3,000만원밖에 배당받을 수 없다면 입찰참여자로서는 어떻게 해야할까?

① 임차보증금을 무시하고 입찰할 수 있다.
② 임차보증금 5,000만원을 인수한다는 계산하에 입찰해야 한다.
③ 임차보증금 2,000만원을 인수한다는 계산하에 입찰해야 한다.
④ 임차보증금 3,000만원을 인수한다는 계산하에 입찰해야 한다.
⑤ 원래의 입찰예정가에서 3,000만원을 더해서 입찰해야 한다.

19. 후순위 주택임차인에 관한 다음 설명 중 틀린 것은?

① 확정일자를 갖춘 경우에는 우선변제를 받기 위해 법원에 배당요구할 수 있다.
② 배당받지 못한 금액에 대하여는 낙찰자에게 대항할 수 있다.
③ 소액보증금에 대하여는 법이 정한 일정한 금액에 대하여 최우선변제청구권이 있다.
④ '③'을 청구하기 위해서는 배당요구종기일까지 배당요구를 해야 한다.
⑤ 최우선변제권을 행사하기 위해서는 경매신청기입등기 전까지 대항력 요건을 구비해야 한다.

20. 다음 주택임차인의 대항력에 관한 설명 중 틀린 것은?

① 임대차계약 체결 이후에 주민등록과 점유이전을 마쳤으나 비주거용 건물이었다면 임대인과의 합의하에 주거용으로 개조된 날부터 대항력을 취득한다.
② 외국인도 출입국관리법에 의한 외국인등록표에 등록하면 임대차보호법이 적용된다.

③ 가족의 주민등록을 남겨둔 채 임차인만 일시적으로 주민등록을 다른 곳으로 옮긴 경우에는 대항력이 유지된다.

④ 임차인이 입주하지 않은 상태에서 임대인의 승낙을 얻어 주택을 전대하고 그 전차인이 주택을 인도받아 주민등록을 마치면 임차인과 전차인 모두가 그 다음 날부터 대항력을 취득한다.

⑤ 소유자가 임차인으로 계속 거주하는 경우인 점유개정도 주택의 인도로서 유효하므로 그 주택에 처음 입주한 날을 기준으로 대항력을 갖는다.

21. 주택임차인의 대항력의 내용에 관한 다음 설명 중 틀린 것은?

① 낙찰자는 임대인으로서의 권리를 행사할 수 있다.

② 낙찰자는 임대인으로서의 의무도 부담한다.

③ 임차인은 낙찰자에게 부속물의 매수를 청구할 수 있다.

④ 낙찰자는 임대인의 지위를 특정승계한다.

⑤ 종전의 임대인은 보증금반환채무로부터 면제된다.

22. 주택임차인의 우선변제 요건으로서의 확정일자에 관한 다음 설명 중 틀린 것은?

① 확정일자는 임차인이 아닌 사람이 대신 받아도 된다.

② 확정일자는 낙찰기일까지 구비해야 한다.

③ 확정일자는 원칙적으로 계약서에 받아야 한다.

④ 확정일자를 받는 계약서에는 아파트의 명칭이나 동·호수가 반드시 명시되어야 한다.

⑤ 확정일자부 임대차계약서를 분실하더라도 일정한 요건하에 우선변제권을 행사할 수 있다는 것이 대법원판례의 태도이다.

23. 주택임차인의 우선변제권에 관한 다음 설명 중 틀린 것은?

① 법원에서 배당을 받기 위해서는 반드시 배당요구를 해야 한다.

② 임차인은 배당요구를 하지 않음으로써 대신 배당받아 간 후순위 채권자를 상대로 부당이득반환청구를 할 수 없다.

③ 임차인 자신이 경매를 신청한 경우라면 배당요구를 하지 않아도 배당된다.

④ 배당요구의 시기는 압류의 효력발생시 이후이다.

⑤ 배당을 받기 위해서는 대항력요건을 구비해야 하는 바, 대항력행사까지 고려한다면 대항력요건은 배당기일까지 존속시켜야 한다.

24. 선순위 임차인에 관한 다음 설명 중 틀린 것을 지적하라.

① 선순위 임차인이란 임차주택에 관하여 저당권이나 압류·가압류의 등기가 경료되기 이전에 주택의 인도와 주민등록을 마친 자를 의미한다.

② 임차인은 우선변제받을 권리와 임대차기간 동안 임대차관계의 존속을 주장할 수 있는 권리를 선택할 수 있다.

③ 임차인의 배당요구를 임대차계약의 해지의 의사표시로 해석하는 대법원판례가 있다.

④ 임차인의 배당요구의 통지가 임대인에게 도달하는 즉시로 임대차계약이 해지된다는 대법원판례가 있다.

⑤ 배당요구종기일 이후에는 배당요구의 철회가 인정되지 않는다.

25. 선순위 임차인에 관한 다음 설명 중 틀린 것은?

① 2002년 7월 1일 이전에는 선순위 임차인이 매각기일에 배당요구를 하지 않고 있다가 매각결정기일 이전에 배당요구를 하게 되면 법원은 통상적으로 매각불허가를 결정하였다.

② 2002년 7월 1일 이전에는 선순위 임차인이 입찰기일 이전에 배당요구를 했다가 매각기일이전에 배당요구를 철회한 경우에도 법원은 통상적으로 매각불허가를 결정하였다.

③ 선순위 임차인의 배당요구에 대하여 보증금 전액이 배당되는 것으로 배당표에 기재되었으나 후순위 채권자가 배당이의소송을 제기한 경우에는 임차인은 배당표가 확정될 때까지 명도에 불응할 동시이행항변권이 존재한다.

④ '③'의 경우에 임차인은 잔금납부시부터 명도시까지 낙찰자에 대하여 부당이득반환의무가 있다.

⑤ '③'의 경우에 후순위채권자는 낙찰자에 대하여 소정의 부당이득반환의무가 있다.

26. 선순위 임차보증금이 8,000만원이고 배당받을 수 있는 금액은 3,000만원이었는데 법원의 잘못으로 전혀 배당을 받지 못한 경우에 임차인의 낙찰자에 대한 대항력행사 가능금액은 얼마인가?

① 0원
② 2,000만원
③ 3,000만원
④ 5,000만원
⑤ 8,000만원

27. 주택임차인의 우선변제권의 기준시점과 관련한 다음 설명 중 틀린 것은?

① 확정일자부 임차인의 우선변제권은 담보물권에 준한 순서로 배당된다.

② 당해세보다는 항상 후순위로 배당된다.

③ 확정일자부 임차인이 최우선변제권자로서의 지위를 겸하는 때에는 먼저 소액임차인으로서 배당받고 나머지 금액에 대해서는 우선변제권의 기준 시점에 따라 배당된다.

④ 입주와 전입신고를 마친 날에 확정일자를 갖췄는데, 그 다음 날 저당권이 설정되었다면 저당권자와 임차인은 비율배당된다.

⑤ 대항력요건을 갖춘 후 확정일자를 구비한 날에 여러 개의 저당권이 설정된 경우에는 먼저 각 채권을 같은 순위로 보아 비율배당을 한 후 저당권 상호간에는 흡수배당된다.

28. 주택임차인의 우선변제권에 관한 다음 설명 중 틀린 것은?

① 저당채무액을 전부 변제하였으나 등기부를 말소하지 않은 상태에서 임차인이 대항력요건과 확정일자를 구비하였는 바, 집주인이 그 말소되지 않은 저당권등기를 이용하여 다시 돈을 빌려 쓴 경우에는 임차인이 저당권자에 우선하여 배당된다.

② 무효인 저당권등기의 유용은 이해관계있는 제3자가 없을 때에만 가능하다.

③ 우선변제를 받는 대상은 대지를 포함한 주택의 환가대금의 전부가 그 대상이 된다.

④ 증액에 관한 계약서에 확정일자가 없는 한 증액부분은 우선변제받을 수 없다.

⑤ 대지에만 저당권이 설정된 관계로 대지만이 경매된 경우에는 보증금 중 감정가의 비율로 감액한 금액에 한해서 우선배당된다.

29. 소액임차인의 최우선변제권에 관한 다음 설명 중 틀린 것은?

① 현행 법령상 소액임차인은 그 보증금이 수도권 4,000만원, 광역시 3,500만원, 기타 3,000만원 이하인 경우이다.

② 기준 범위를 초과한 금액에 대하여는 기준 범위 내의 금액에 대하여도 최우선변제가 불가능하다.

③ 수인의 임차인이 가정 공동생활을 하는 경우에는 그들을 1인의 임차인으로 보아 각 보증금을 합산하여 소액임차인 여부를 판별하다.

④ 계약체결 당시에는 기준 범위를 초과하였으나 압류의 효력발생 이전에 보증금의 감액이 이뤄져 기준 금액에 해당하는 때에는 최우선변제권이 부정된다.

⑤ 광역시의 경우 최우선변제를 받을 수 있는 금액은 1,400만원 이하이다.

30. 소액임차인의 최우선변제권에 관한 다음 설명 중 틀린 것은?

① 공동임대인 중 1인의 공유지분이 경매로 나온 경우에도 임차보증금 전액을 기준으로 소액임차인 여부를 판별한다.

② 임차인보다 앞선 담보물권자에 대하여는 그 담보물권 설정 당시의 임대차법에 의하여 판단한다.

③ 임차인의 전입신고는 기존의 임차인과 동거인으로 전입신고를 해도 무방하다.

④ 하나의 주택에 소액임차인이 2인 이상이고 그 각 소액보증금 중 일정액의 합산액이 낙찰가의 반을 초과하는 경우에는 그 소액보증금의 합산액에 대한 각 임차인의 소액 보증금 비율로 비율배당한다.

⑤ 낙찰자에게 대항할 수 있는 임차인은 배당요구를 하지 않더라도 대항력까지 포기하는 것은 아니다.

31. 소액임차인의 최우선변제권에 관한 다음 설명 중 틀린 것은?

① 배당받기 위해서는 대항력요건을 매각결정기일까지 존속시켜야 한다.

② 최우선변제권은 경매.공매의 경우에만 인정되는 제도이다.

③ 낙찰자에게 대항할 수 없는 임차인이라도 배당요구를 하지 않은 경우에 낙찰자를 상대로 부당이득반환청구는 가능하다.

④ 매각기일 이후에 임차인이 배당요구를 취하한 경우에도 대항력까지 포기하는 것이 아니라는 대법원판례가 있다.

⑤ 전차인은 전대인과 전차인 모두가 소액임차인에 해당할 때에만 최우선변제권을 행사할 수 있다.

32. 채무자 겸 임차인에 관한 다음 설명 중 틀린 것은?

① 채무자가 물상보증인과 임대차계약을 체결한 경우의 문제이다.

② 배당요구를 할 수 있다.

③ 다만 가장임차인의 가능성은 크다.

④ 임차인이 전 소유자라면 소유권이전일부터 임차인이 된다.

⑤ 원칙적으로 인도명령의 대상이나 선순위 임차인의 경우에는 명도소송의 대상이 된다.

33. 주택임차인의 최우선변제권의 내용에 관한 다음 설명 중 틀린 것은?

① 최우선변제금은 낙찰가의 반을 초과할 수 없다.

② 임차보증금 중 최우선변제를 받고도 남는 금액에 대해서는 가압류등기를 한 경우 또는 확정일자를 갖추거나 또는 집행권원을 얻어 배당요구를 한 경우에 한해서 각각 순위에 따른 배당을 받을 수 있다.

③ 주택과 대지가 따로 경매가 진행되는 경우에도 임차인은 각 경매절차에 참여하여 최우선변제를 받을 수 있다.

④ 대지와 건물 모두에 저당권이 설정되어 경매가 실행되었으나 대지부분만 낙찰된 경우에도 최우선변제권의 행사가 가능하다.

⑤ 대지에 대한 저당권 설정 당시에 일반 건물이었던 것을 설정 후 주거용으로 용도를 변경한 경우에는 대지에 대하여는 최우선변제를 받을 수 없다.

34. 1995년 1월 1일에 1번 저당권이 설정되고, 1997년 1월 1일에 2번 저당권이 설정된 날에 서울에서 임차인 갑(1,500만원)과 을(2,500만원)이 주민등록을 옮기고 입주한 경우 2번 저 당권자보다 앞서서 갑이 최우선변제를 받을 수 있는 금액은 얼마인가?

① 0원
② 500만원
③ 700만원
④ 1,200만원
⑤ 1,600만원

35. 주택임차인의 최우선변제권과 관련한 다음 판례 중 틀린 것은?

① 대지에 저당권 설정 당시 이미 건물이 건축 중이었다면 대지에 대하여도 최우선변제가 가능하다.

② 저당권이 설정된 후에 건물이 신축되었다면 대지에 대하여는 최우선변제가 불가능하다.

③ 대지에 대한 저당권 설정 당시에 건물이 있었으나 그후 멸실된 것을 다시 신축한 경우에도 대지에 대해 최우선변제가 가능하다.

④ 대항력 요건은 매각결정기일까지 존속시켜야 한다.

배당받아간 후순위 채권자를 상대로 부당이득반환청구는 가능하다.

36. 다음 중 관습법상의 법정지상권이 성립하는 경우는 어느 것인가?

① 토지와 건물이 동일인에게 속하는 동안에 건물에 대하여만 전세권을 설정한 후 토지소유자가 변경된 경우
② 토지와 건물이 동일인에게 속하는 동안에 어느 한쪽에만 저당권이 설정된 후 경매로 인하여 토지와 건물의 소유자가 다르게 된 경우
③ 토지와 건물이 동일인에게 속하는 동안에 어느 한쪽에만 가등기담보권이 설정된 후 담보권의 실행으로 토지와 건물의 소유자가 다르게 된 경우
④ 토지와 건물이 동일인에게 속하는 동안에 그 건물 또는 토지만이 매각되어 양자의 소유자가 다르게 된 경우
⑤ 토지와 입목이 동일인에게 속하는 동안에 경매 기타의 사유로 토지와 입목의 소유자 가 다르게 된 때

37. 가처분등기 – 예고등기 – 임차권등기 – 가압류등기 – 강제경매신청등기 순으로 등기가 되어 있다면 경매가 완결되었을 때 낙찰자가 인수부담해야 하는 등기로서 가장 타당한 것은 무엇인가?

① 가처분등기, 예고등기, 임차권등기, 가압류등기, 강제경매신청등기
② 가처분등기, 예고등기, 임차권등기, 가압류등기
③ 가처분등기, 예고등기, 임차권등기
④ 가처분등기, 예고등기
⑤ 가처분등기

38. 다음 중 배당요구를 하지 않아도 배당이 가능한 사람은?

① 경매신청등기 이전에 등기한 가압류권자
② 판결문 등 집행력있는 정본을 받은 채권자
③ 법령상 우선변제권이 인정되는 채권자
④ 낙찰기일 이전에 대항력요건과 확정일자를 갖춘 주택임차인
⑤ 경매신청등기 이후에 등기한 저당권자

39. 다음 중 채권계산서에 대한 설명 중 틀린 것은?

39. 다음 중 채권계산서에 대한 설명 중 틀린 것은?

① 채권계산서를 제출하지 않으면 배당요구가 금지된다.

② 채권계산서를 제출하지 않으면 법원에서는 집행기록에 첨부되어 있는 서류와 증빙에 의하여 채권을 계산한다.

③ 채권계산서를 제출한 채권자가 그 계산서에 오기(誤記)를 발견한 경우에 보정할 수 있다.

④ 경매신청채권자가 경매신청서에 채권의 일부만을 청구한 때에는 그 경매절차에서는 청구금액의 확장이 허용되지 않는다.

⑤ 임의경매절차에서 신청채권자 아닌 근저당권자는 매각대금 완납시까지 발생한 채권이라면 매각결정기일 이전에 제출한 채권계산서상의 피담보채권액을 매각결정기일 이후에 증액할 수 있다.

40. 가압류채권액 800만원, 저당권채권액 400만원, 당해세가 아닌 조세 600만원, 가압류채권액 200만원 순서로 권리가 설정되어 있을 때 경매비용 없이 1,000만원이 배당된다면 1순위 가압류자에게는 얼마의 배당금이 돌아가겠는가?

① 0원
② 200만원
③ 400만원
④ 600만원
⑤ 800만원

■ 정답

1. ③	2. ⑤	3. ④	4. ⑤	5. ②	6. ③	7. ①	8. ④
9. ①	10.④	11.④	12.④	13.⑤	14.①	15.④	16.③
17.②	18.③	19.②	20.⑤	21.④	22.④	23.⑤	24.②
25.④	26.④	27.④	28.⑤	29.④	30.④	31.③	32.⑤
33.⑤	34.④	35.③	36.④	37.③	38.①	39.①	40.①

부록
민사집행법

민사집행법

[개정 2005.1.27 법률 제7358호]

제1편 총칙

제1조 (목적)

이 법은 강제집행, 담보권실행을 위한 경매, 민법·상법, 그 밖의 법률의 규정에 의한 경매(이하 "민사집행"이라 한다) 및 보전처분의 절차를 규정함을 목적으로 한다.

제2조 (집행실시자)

민사집행은 이 법에 특별한 규정이 없으면 집행관이 실시한다.

제3조 (집행법원)

① 이 법에서 규정한 집행행위에 관한 법원의 처분이나 그 행위에 관한 법원의 협력사항을 관할하는 집행법원은 법률에 특별히 지정되어 있지 아니하면 집행절차를 실시할 곳이나 실시한 곳을 관할하는 지방법원이 된다.

② 집행법원의 재판은 변론 없이 할 수 있다.

제4조 (집행신청의 방식)

민사집행의 신청은 서면으로 하여야 한다.

제5조 (집행관의 강제력 사용)

① 집행관은 집행을 하기 위하여 필요한 경우에는 채무자의 주거·창고, 그 밖의 장소를 수색하고, 잠근 문과 기구를 여는 등 적절한 조치를 할 수 있다.

② 제1항의 경우에 저항을 받으면 집행관은 경찰 또는 국군의 원조를 요청할 수 있다.

③ 제2항의 국군의 원조는 법원에 신청하여야 하며, 법원이 국군의 원조를 요청하는 절차는 대법원규칙으로 정한다.

제6조 (참여자)

집행관은 집행하는 데 저항을 받거나 채무자의 주거에서 집행을 실시하려는데 채무자나 사리를 분별할 지능이 있는 그 친족·고용인을 만나지 못한 때에는 성년 두 사람이나 특별시·광역시의 구 또는 동 직원, 시·읍·면 직원(도농복합형태의 시의 경우 동지역에서는 시 직원, 읍·면지역에서는 읍·면 직원) 또는 경찰공무원 중 한 사람을 증인으로 참여하게 하여야 한다.

제7조 (집행관에 대한 원조요구)

① 집행관 외의 사람으로서 법원의 명령에 의하여 민사집행에 관한 직무를 행하는 사람은 그 신분 또는 자격을 증명하는 문서를 지니고 있다가 관계인이 신청할 때에는 이를 내보여야 한다.

② 제1항의 사람이 그 직무를 집행하는 데 저항을 받으면 집행관에게 원조를 요구할 수 있다.

③ 제2항의 원조요구를 받은 집행관은 제5조 및 제6조에 규정된 권한을 행사할 수 있 다.

제8조 (공휴일·야간의 집행)

① 공휴일과 야간에는 법원의 허가가 있어야 집행행위를 할 수 있다.

② 제1항의 허가명령은 민사집행을 실시할 때에 내보여야 한다.

제9조 (기록열람·등본부여)

집행관은 이해관계 있는 사람이 신청하면 집행기록을 볼 수 있도록 허가하고, 기록에 있는 서류의 등본을 교부하여야 한다.

제10조 (집행조서)

① 집행관은 집행조서(執行調書)를 작성하여야 한다.

② 제1항의 조서(調書)에는 다음 각호의 사항을 밝혀야 한다.

　1. 집행한 날짜와 장소
　2. 집행의 목적물과 그 중요한 사정의 개요
　3. 집행참여자의 표시
　4. 집행참여자의 서명날인
　5. 집행참여자에게 조서를 읽어 주거나 보여 주고, 그가 이를 승인하고 서명날인한 사실
　6. 집행관의 기명날인 또는 서명

③ 제2항제4호 및 제5호의 규정에 따라 서명날인할 수 없는 경우에는 그 이유를 적어야 한다.

제11조 (집행행위에 속한 최고, 그 밖의 통지)

① 집행행위에 속한 최고(催告) 그 밖의 통지는 집행관이 말로 하고 이를 조서에 적어야 한다.

② 말로 최고나 통지를 할 수 없는 경우에는 민사소송법 제181조·제182조 및 제187조의 규정을 준용하여 그 조서의 등본을 송달한다. 이 경우 송달증서를 작성하지 아니한 때에는 조서에 송달한 사유를 적어야 한다.

③ 집행하는 곳과 법원의 관할구역안에서 제2항의 송달을 할 수 없는 경우에는 최고나 통지를 받을 사람에게 대법원규칙이 징하는 방법으로 조서의 등본을 발송하고 그 사유를 조서에 적어야 한다.

제12조 (송달·통지의 생략)

채무자가 외국에 있거나 있는 곳이 분명하지 아니한 때에는 집행행위에 속한 송달이나 통지를 하지 아니하여도 된다.

제13조 (외국송달의 특례)

① 집행절차에서 외국으로 송달이나 통지를 하는 경우에는 송달이나 통지와 함께 대한민국안에 송달이나 통지를 받을 장소와 영수인을 정하여 상당한 기간 이내에 신고하도록 명할 수 있다.

② 제1항의 기간 이내에 신고가 없는 경우에는 그 이후의 송달이나 통지를 하지 아니할 수 있다.

제14조 (주소 등이 바뀐 경우의 신고의무)

① 집행에 관하여 법원에 신청이나 신고를 한 사람 또는 법원으로부터 서류를 송달받은 사람이 송달받을 장소를 바꾼 때에는 그 취지를 법원에 바로 신고하여야 한다.

② 제1항의 신고를 하지 아니한 사람에 대한 송달은 달리 송달할 장소를 알 수 없는 경우에는 법원에 신고된 장소 또는 종전에 송달을 받던 장소에 대법원규칙이 정하는 방법으로 발송할 수 있다.

③ 제2항의 규정에 따라 서류를 발송한 경우에는 발송한 때에 송달된 것으로 본다.

제15조 (즉시항고)

① 집행절차에 관한 집행법원의 재판에 대하여는 특별한 규정이 있어야만 즉시항고(卽時抗告)를 할 수 있다.

② 항고인(抗告人)은 재판을 고지받은 날부터 1주의 불변기간 이내에 항고장(抗告狀)을 원심법원에 제출하여야 한다.

③ 항고장에 항고이유를 적지 아니한 때에는 항고인은 항고장을 제출한 날부터 10일 이내에 항고이유서를 원심법원에 제출하여야 한다.

④ 항고이유는 대법원규칙이 정하는 바에 따라 적어야 한다.

⑤ 항고인이 제3항의 규정에 따른 항고이유서를 제출하지 아니하거나 항고이유가 제4항의 규정에 위반한 때 또는 항고가 부적법하고 이를 보정(補正)할 수 없음이 분명한 때에는 원심법원은 결정으로 그 즉시항고를 각하하여야 한다.

⑥ 제1항의 즉시항고는 집행정지의 효력을 가지지 아니한다.
다만, 항고법원(재판기록이 원심법원에 남아 있는 때에는 원심법원)은 즉시항고에 대한 결정이 있을 때까지 담보를 제공하게 하거나 담보를 제공하게 하지 아니하고 원심재판의 집행을 정지하거나 집행절차의 전부 또는 일부를 정지하도록 명할 수 있고, 담보를 제공하게 하고 그 집행을 계속하도록 명할 수 있다.

⑦ 항고법원은 항고장 또는 항고이유서에 적힌 이유에 대하여서만 조사한다.
다만, 원심재판에 영향을 미칠 수 있는 법령위반 또는 사실오인이 있는지에 대하여 직권으로 조사할 수 있다.

⑧ 제5항의 결정에 대하여는 즉시항고를 할 수 있다.

⑨ 제6항 단서의 규정에 따른 결정에 대하여는 불복할 수 없다.

⑩ 제1항의 즉시항고에 대하여는 이 법에 특별한 규정이 있는 경우를 제외하고는 민사소송법 제3편 제3장중 즉시항고에 관한 규정을 준용한다.

제16조 (집행에 관한 이의신청)

① 집행법원의 집행절차에 관한 재판으로서 즉시항고를 할 수 없는 것과, 집행관의 집행처분, 그밖에 집행관이 지킬 집행절차에 대하여서는 법원에 이의를 신청할 수 있다.

② 법원은 제1항의 이의신청에 대한 재판에 앞서, 채무자에게 담보를 제공하게 하거나 제공하게 하지 아니하고 집행을 일시정지하도록 명하거나, 채권자에게 담보를 제공하게 하고 그 집행을 계속하도록 명하는 등 잠정처분(暫定處分)을 할 수 있다.

③ 집행관이 집행을 위임받기를 거부하거나 집행행위를 지체하는 경우 또는 집행관이 계산한 수수료에 대하여 다툼이 있는 경우에는 법원에 이의를 신청할 수 있다.

제17조 (취소결정의 효력)

① 집행절차를 취소하는 결정, 집행절차를 취소한 집행관의 처분에 대한 이의신청을 기각·각하하는 결정 또는 집행관에게 집행절차의 취소를 명하는 결정에 대하여는 즉시항고를 할 수 있다.

② 제1항의 결정은 확정되어야 효력을 가진다.

제18조 (집행비용의 예납 등)

① 민사집행의 신청을 하는 때에는 채권자는 민사집행에 필요한 비용으로서 법원이 정하는 금액을 미리 내야 한다. 법원이 부족한 비용을 미리 내라고 명하는 때에도 또한 같다.

② 채권자가 제1항의 비용을 미리 내지 아니한 때에는 법원은 결정으로 신청을 각하하거나 집행절차를 취소할 수 있다.

③ 제2항의 규정에 따른 결정에 대하여는 즉시항고를 할 수 있다.

제19조 (담보제공·공탁 법원)

① 이 법의 규정에 의한 담보의 제공이나 공탁은 채권자나 채무자의 보통재판적(普通裁判籍)이 있는 곳의 지방법원 또는 집행법원에 할 수 있다.

② 당사자가 담보를 제공하거나 공탁을 한 때에는, 법원은 그의 신청에 따라 증명서를 주어야 한다.

③ 이 법에 규정된 담보에는 특별한 규정이 있는 경우를 제외하고는 민사소송법 제122조·제123조·제125조 및 제126조의 규정을 준용한다.

제20조 (공공기관의 원조)

법원은 집행을 하기 위하여 필요하면 공공기관에 원조를 요청할 수 있다.

제21조 (재판적)

이 법에 정한 재판적(裁判籍)은 전속관할(專屬管轄)로 한다.

제22조 (시·군법원의 관할에 대한 특례)

다음 사건은 시·군법원이 있는 곳을 관할하는 지방법원 또는 지방법원지원이 관할한다.

1. 시·군법원에서 성립된 화해·조정(민사조정법 제34조제4항의 규정에 따라 재판상의 화해와 동일한 효력이 있는 결정을 포함한다. 이하 같다) 또는 확정된 지급명령에 관한 집행문부여의 소, 청구에 관한 이의의 소 또는 집행문부여에 대한 이의의 소로서 그 집행권원에서 인정된 권리가 소액사건심판법의 적용대상이 아닌 사건
2. 시·군법원에서 한 보전처분의 집행에 대한 제3자이의의 소
3. 시·군법원에서 성립된 화해·조정에 기초한 대체집행 또는 간접강제
4. 소액사건심판법의 적용대상이 아닌 사건을 본안으로 하는 보전처분

제23조 (민사소송법의 준용 등)

① 이 법에 특별한 규정이 있는 경우를 제외하고는 민사집행 및 보전처분의 절차에 관하여는 민사소송법의 규정을 준용한다.

② 이 법에 정한 것 외에 민사집행 및 보전처분의 절차에 관하여 필요한 사항은 대법원규칙으로 정한다.

제 2 편　강제집행

■ **제1장 총칙**

제24조 (강제집행과 종국판결)

강제집행은 확정된 종국판결(終局判決)이나 가집행의 선고가 있는 종국판결에 기초하여 한다.

제25조(집행력의 주관적 범위)

① 판결이 그 판결에 표시된 당사자 외의 사람에게 효력이 미치는 때에는 그 사람에 대하여 집행하거나 그 사람을 위하여 집행할 수 있다. 다만, 민사소송법 제71조의 규정에 따른 참가인에 대하여는 그러하지 아니하다.

② 제1항의 집행을 위한 집행문(執行文)을 내어 주는데 대하여는 제31조 내지 제33조의 규정을 준용한다.

제26조 (외국판결의 강제집행)

① 외국법원의 판결에 기초한 강제집행은 대한민국 법원에서 집행판결로 그 적법함을 선고하여야 할 수 있다.

② 집행판결을 청구하는 소(訴)는 채무자의 보통재판적이 있는 곳의 지방법원이 관할하며, 보통재판적이 없는 때에는 민사소송법 제11조의 규정에 따라 채무자에 대한 소를 관할하는 법원이 관할한다.

제27조 (집행판결)

① 집행판결은 재판의 옳고 그름을 조사하지 아니하고 하여야한다.

② 집행판결을 청구하는 소는 다음 각호 가운데 어느 하나에 해당하면 각하하여야 한다.

　1. 외국법원의 판결이 확정된 것을 증명하지 아니한 때
　2. 외국판결이 민사소송법 제217조의 조건을 갖추지 아니한 때

제28조 (집행력 있는 정본)

① 강제집행은 집행문이 있는 판결정본(이하 "집행력 있는 정본"이라 한다)이 있어야 할 수 있다.

② 집행문은 신청에 따라 제1심 법원의 법원서기관·법원사무관·법원주사 또는 법원주사보(이하 "법원사무관등"이라 한다)가 내어 주며, 소송기록이 상급심에 있는 때에는 그 법원의 법원사무관등이 내어 준다.

③ 집행문을 내어 달라는 신청은 말로 할 수 있다.

제29조 (집행문)

① 집행문은 판결정본의 끝에 덧붙여 적는다.

② 집행문에는 "이 정본은 피고 아무개 또는 원고 아무개에 대한 강제집행을 실시하기 위하여 원고 아무개 또는 피고 아무개에게 준다." 라고 적고 법원사무관등이 기명날인하여야 한다.

제30조 (집행문부여)

① 집행문은 판결이 확정되거나 가집행의 선고가 있는 때에만 내어 준다.

② 판결을 집행하는 데에 조건이 붙어 있어 그 조건이 성취되었음을 채권자가 증명하여야 하는 때에는 이를 증명하는 서류를 제출하여야만 집행문을 내어 준다. 다만, 판결의 집행이 담보의 제공을 조건으로 하는 때에는 그러하지 아니하다.

제31조 (승계집행문)

① 집행문은 판결에 표시된 채권자의 승계인을 위하여 내어 주거나 판결에 표시된 채무자의 승계인에 대한 집행을 위하여 내어 줄 수 있다. 다만, 그 승계가 법원에 명백한 사실이거나, 증명서

로 승계를 증명한 때에 한한다.

② 제1항의 승계가 법원에 명백한 사실인 때에는 이를 집행문에 적어야 한다.

제32조 (재판장의 명령)

① 재판을 집행하는 데에 조건을 붙인 경우와 제31조의 경우에는 집행문은 재판장(합의부의 재판 장 또는 단독판사를 말한다. 이하 같다)의 명령이 있어야 내어 준다.

② 재판장은 그 명령에 앞서 서면이나 말로 채무자를 심문(審問) 할 수 있다.

③ 제1항의 명령은 집행문에 적어야 한다.

제33조 (집행문부여의 소)

제30조제2항 및 제31조의 규정에 따라 필요한 증명을 할 수 없는 때에는 채권자는 집행문을 내어 달라는 소를 제1심 법원에 제기할 수 있다.

제34조 (집행문부여 등에 관한 이의신청)

① 집행문을 내어 달라는 신청에 관한 법원사무관등의 처분에 대하여 이의신청이 있는 경우에는 그 법원사무관등이 속한 법원이 결정으로 재판한다.

② 집행문부여에 대한 이의신청이 있는 경우에는 법원은 제16조제2항의 처분에 준하는 결정을 할 수 있다.

제35조 (여러 통의 집행문의 부여)

① 채권자가 여러 통의 집행문을 신청하거나 전에 내어 준 집행문을 돌려주지 아니하고 다시 집행 문을 신청한 때에는 재판장의 명령이 있어야만 이를 내어 준다.

② 재판장은 그 명령에 앞서 서면이나 말로 채무자를 심문할 수 있으며, 채무자를 심문하지 아니하 고 여러 통의 집행문을 내어 주거나 다시 집행문을 내어준 때에는 채무자에게 그 사유를 통지 하여야 한다.

③ 여러 통의 집행문을 내어 주거나 다시 집행문을 내어 주는 때에는 그 사유를 원본과 집행문에 적어야 한다.

제36조 (판결원본에의 기재)

집행문을 내어 주는 경우에는 판결원본 또는 상소심 판결정본에 원고 또는 피고에게 이를 내어 준 다는 취지와 그 날짜를 적어야 한다.

제37조 (집행력 있는 정본의 효력)

집행력 있는 정본의 효력은 전국 법원의 관할구역에 미친다.

제38조 (여러 통의 집행력 있는 정본에 의한 동시집행)

채권자가 한 지역에서 또는 한가지 방법으로 강제집행을 하여도 모두 변제를 받을 수 없는 때에는 여러통의 집행력 있는 정본에 의하여 여러지역에서 또는 여러 가지 방법으로 동시에 강제집행을 할 수 있다.

제39조 (집행개시의 요건)

① 강제집행은 이를 신청한 사람과 집행을 받을 사람의 성명이 판결이나 이에 덧붙여 적은 집행문 에 표시되어 있고 판결을 이미 송달하였거나 동시에 송달한 때에만 개시할 수 있다.

② 판결의 집행이 그 취지에 따라 채권자가 증명할 사실에 매인 때 또는 판결에 표시된 채권자의 승계인을 위하여 하는 것이거나 판결에 표시된 채무자의 승계인에 대하여 하는 것일 때에는 집행할 판결 외에, 이에 덧붙여 적은 집행문을 강제집행을 개시하기 전에 채무자의 승계인에게 송달하여야 한다.

③ 증명서에 의하여 집행문을 내어 준 때에는 그 증명서의 등본을 강제집행을 개시하기 전에 채무자에게 송달하거나 강제집행과 동시에 송달하여야 한다.

제40조 (집행개시의 요건)

① 집행을 받을 사람이 일정한 시일에 이르러야 그 채무를 이행하게 되어 있는 때에는 그 시일이 지난 뒤에 강제집행을 개시할 수 있다.

② 집행이 채권자의 담보제공에 매인 때에는 채권자는 담보를 제공한 증명서류를 제출하여야 한다. 이 경우의 집행은 그 증명서류의 등본을 채무자에게 이미 송달하였거나 동시에 송달하는 때에만 개시할 수 있다.

제41조 (집행개시의 요건)

① 반대의무의 이행과 동시에 집행할 수 있다는 것을 내용으로 하는 집행권원의 집행은 채권자가 반대의무의 이행 또는 이행의 제공을 하였다는 것을 증명하여야만 개시할 수 있다.

② 다른 의무의 집행이 불가능한 때에 그에 갈음하여 집행할 수 있다는 것을 내용으로 하는 집행권원의 집행은 채권자가 그 집행이 불가능하다는 것을 증명하여야만 개시할 수 있다.

제42조 (집행관에 의한 영수증의 작성 · 교부)

① 채권자가 집행관에게 집행력 있는 정본을 교부하고 강제집행을 위임한 때에는 집행관은 특별한 권한을 받지 못하였더라도 지급이나 그 밖의 이행을 받고 그에 대한 영수증서를 작성하고 교부할 수 있다. 집행관은 채무자가 그 의무를 완전히 이행한 때에는 집행력 있는 정본을 채무자에게 교부하여야 한다.

② 채무자가 그 의무의 일부를 이행한 때에는 집행관은 집행력 있는 정본에 그 사유를 덧붙여 적고 영수증서를 채무자에게 교부하여야 한다.

③ 채무자의 채권자에 대한 영수증 청구는 제2항의 규정에 의하여 영향을 받지 아니한다.

제43조 (집행관의 권한)

① 집행관은 집행력 있는 정본을 가지고 있으면 채무자와 제3자에 대하여 강제집행을 하고 제42조에 규정된 행위를 할 수 있는 권한을 가지며, 채권자는 그에 대하여 위임의 흠이나 제한을 주장하지 못한다.

② 집행관은 집행력 있는 정본을 가지고 있다가 관계인이 요청할 때에는 그 자격을 증명하기 위하여 이를 내보여야 한다.

제44조 (청구에 관한 이의의 소)

① 채무자가 판결에 따라 확정된 청구에 관하여 이의하려면 제1심 판결법원에 청구에 관한 이의의 소를 제기하여야 한다.

② 제1항의 이의는 그 이유가 변론이 종결된 뒤(변론없이 한 판결의 경우에는 판결이 선고된 뒤)에 생긴 것이어야 한다.

③ 이의이유가 여러 가지인 때에는 동시에 주장하여야 한다.

제45조 (집행문부여에 대한 이의의 소)

제30조제2항과 제31조의 경우에 채무자가 집행문부여에 관하여 증명된 사실에 의한 판결의 집행력을 다투거나, 인정된 승계에 의한 판결의 집행력을 다투는 때에는 제44조의 규정을 준용한다. 다만, 이 경우에도 제34조의 규정에 따라 집행문부여에 대하여 이의를 신청할 수 있는 채무자의 권한은 영향을 받지 아니한다.

제46조 (이의의 소와 잠정처분)

① 제44조 및 제45조의 이의의 소는 강제집행을 계속하여 진행하는 데에는 영향을 미치지 아니한다.

② 제1항의 이의를 주장한 사유가 법률상 정당한 이유가 있다고 인정되고, 사실에 대한 소명(疎明)이 있을 때에는 수소법원(受訴法院)은 당사자의 신청에 따라 판결이 있을 때까지 담보를 제공하게 하거나 담보를 제공하게 하지 아니하고 강제집행을 정지하도록 명할 수 있으며, 담보를 제공하게 하고 그 집행을 계속하도록 명하거나 실시한 집행처분을 취소하도록 명할 수 있다.

③ 제2항의 재판은 변론 없이 하며 급박한 경우에는 재판장이 할 수 있다.

④ 급박한 경우에는 집행법원이 제2항의 권한을 행사할 수 있다. 이 경우 집행법원은 상당한 기간 이내에 제2항에 따른 수소법원의 재판서를 제출하도록 명하여야 한다.

⑤ 제4항 후단의 기간을 넘긴 때에는 채권자의 신청에 따라 강제집행을 계속하여 진행한다.

제47조 (이의의 재판과 잠정처분)

① 수소법원은 이의의 소의 판결에서 제46조의 명령을 내리고 이미 내린 명령을 취소·변경 또는 인가할 수 있다.

② 판결중 제1항에 규정된 사항에 대하여는 직권으로 가집행의 선고를 하여야 한다.

③ 제2항의 재판에 대하여는 불복할 수 없다.

제48조 (제3자이의의 소)

① 제3자가 강제집행의 목적물에 대하여 소유권이 있다고 주장하거나 목적물의 양도나 인도를 막을 수 있는 권리가 있다고 주장하는 때에는 채권자를 상대로 그 강제집행에 대한 이의의 소를 제기할 수 있다. 다만, 채무자가 그 이의를 다투는 때에는 채무자를 공동피고로 할 수 있다.

② 제1항의 소는 집행법원이 관할한다. 다만, 소송물이 단독판사의 관할에 속하지 아니할 때에는 집행법원이 있는 곳을 관할하는 지방법원의 합의부가 이를 관할한다.

③ 강제집행의 정지와 이미 실시한 집행처분의 취소에 대하여는 제46조 및 제47조의 규정을 준용한다. 다만, 집행처분을 취소할 때에는 담보를 제공하게 하지 아니할 수 있다.

제49조 (집행의 필수적 정지·제한)

강제집행은 다음 각호 가운데 어느 하나에 해당하는 서류를 제출한 경우에 정지하거나 제한하여야 한다.

1. 집행할 판결 또는 그 가집행을 취소하는 취지나, 강제집행을 허가하지 아니하거나 그 정지를 명하는 취지 또는 집행처분의 취소를 명한 취지를 적은 집행력 있는 재판의 정본
2. 강제집행의 일시정지를 명한 취지를 적은 재판의 정본
3. 집행을 면하기 위하여 담보를 제공한 증명서류
4. 집행할 판결이 있은 뒤에 채권자가 변제를 받았거나, 의무이행을 미루도록 승낙한 취지를 적은 증서
5. 집행할 판결, 그 밖의 재판이 소의 취하 등의 사유로 효력을 잃었다는 것을 증명하는 조서등본 또는

법원사무관등이 작성한 증서

6. 강제집행을 하지 아니한다거나 강제집행의 신청이나 위임을 취하한다는 취지를 적은 화해조서(和解調書)의 정본 또는 공정증서(公正證書)의 정본

제50조 (집행처분의 취소·일시유지)

① 제49조제1호·제3호·제5호 및 제6호의 경우에는 이미 실시한 집행처분을 취소하여야 하며, 같은 조 제2호 및 제4호의 경우에는 이미 실시한 집행처분을 일시적으로 유지하게 하여야 한다.

② 제1항에 따라 집행처분을 취소하는 경우에는 제17조의 규정을 적용하지 아니한다.

제51조 (변제증서 등의 제출에 의한 집행정지의 제한)

① 제49조제4호의 증서 가운데 변제를 받았다는 취지를 적은 증서를 제출하여 강제집행이 정지되는 경우 그 정지기간은 2월로 한다.

② 제49조제4호의 증서 가운데 의무이행을 미루도록 승낙하였다는 취지를 적은 증서를 제출하여 강제집행이 정지되는 경우 그 정지는 2회에 한하며 통산하여 6월을 넘길 수 없다.

제52조 (집행을 개시한 뒤 채무자가 죽은 경우)

① 강제집행을 개시한 뒤에 채무자가 죽은 때에는 상속재산에 대하여 강제집행을 계속하여 진행한다.

② 채무자에게 알려야 할 집행행위를 실시할 경우에 상속인이 없거나 상속인이 있는 곳이 분명하지 아니하면 집행법원은 채권자의 신청에 따라 상속재산 또는 상속인을 위하여 특별대리인을 선임하여야 한다.

③ 제2항의 특별대리인에 관하여는 민사소송법 제62조제3항 내지 제6항의 규정을 준용한다.

제53조 (집행비용의 부담)

① 강제집행에 필요한 비용은 채무자가 부담하고 그 집행에 의하여 우선적으로 변상을 받는다.

② 강제집행의 기초가 된 판결이 파기된 때에는 채권자는 제1항의 비용을 채무자에게 변상하여야 한다.

제54조 (군인 · 군무원에 대한 강제집행)

① 군인·군무원에 대하여 병영·군사용 청사 또는 군용 선박에서 강제집행을 할 경우 법원은 채권자의 신청에 따라 군판사 또는 부대장(部隊長)이나 선장에게 촉탁하여 이를 행한다.

② 촉탁에 따라 압류한 물건은 채권자가 위임한 집행관에게 교부하여야 한다.

제55조 (외국에서 할 집행)

① 외국에서 강제집행을 할 경우에 그 외국 공공기관의 법률상 공조를 받을 수 있는 때에는 제1심 법원이 채권자의 신청에 따라 외국 공공기관에 이를 촉탁하여야 한다.

② 외국에 머물고 있는 대한민국 영사(領事)에 의하여 강제집행을 할 수 있는 때에는 제1심 법원은 그 영사에게 이를 촉탁하여야 한다.

제56조 (그 밖의 집행권원)

강제집행은 다음 가운데 어느 하나에 기초하여서도 실시할 수 있다.

1. 항고로만 불복할 수 있는 재판

        2. 가집행의 선고가 내려진 재판
        3. 확정된 지급명령
        4. 공증인이 일정한 금액의 지급이나 대체물 또는 유가증권의 일정한 수량의 급여를 목적으로 하는 청구
           에 관하여 작성한 공정증서로서 채무자가 강제집행을 승낙한 취지가 적혀 있는 것
        5. 소송상 화해, 청구의 인낙(認諾) 등 그 밖에 확정판결과 같은 효력을 가지는 것

제57조 (준용규정)

제56조의 집행권원에 기초한 강제집행에 대하여는 제58조 및 제59조에서 규정하는 바를 제외하고 는 제28조 내지 제55조의 규정을 준용한다.

제58조 (지급명령과 집행)

① 확정된 지급명령에 기한 강제집행은 집행문을 부여받을 필요없이 지급명령 정본에 의하여 행한 다. 다만, 다음 각호 가운데 어느 하나에 해당하는 경우에는 그러하지 아니하다.

1. 지급명령의 집행에 조건을 붙인 경우
2. 당사자의 승계인을 위하여 강제집행을 하는 경우
3. 당사자의 승계인에 대하여 강제집행을 하는 경우

② 채권자가 여러 통의 지급명령 정본을 신청하거나, 전에 내어준 지급명령 정본을 돌려주지 아니 하고 다시 지급명령 정본을 신청한 때에는 법원사무관등이 이를 부여한다. 이 경우 그 사유를 원본과 정본에 적어야 한다.

③ 청구에 관한 이의의 주장에 대하여는 제44조제2항의 규정을 적용하지 아니한다.

④ 집행문부여의 소, 청구에 관한 이의의 소 또는 집행문부여에 대한 이의의 소는 지급명령을 내린 지방법원이 관할한다.

⑤ 제4항의 경우에 그 청구가 합의사건인 때에는 그 법원이 있는 곳을 관할하는 지방법원의 합의 부에서 재판한다.

제59조 (공정증서와 집행)

① 공증인이 작성한 증서의 집행문은 그 증서를 보존하는 공증인이 내어 준다.

② 집행문을 내어 달라는 신청에 관한 공증인의 처분에 대하여 이의신청이 있는 때에는 그 공증인 의 사무소가 있는 곳을 관할하는 지방법원 단독판사가 결정으로 재판한다.

③ 청구에 관한 이의의 주장에 대하여는 제44조제2항의 규정을 적용하지 아니한다.

④ 집행문부여의 소, 청구에 관한 이의의 소 또는 집행문부여에 대한 이의의 소는 채무자의 보통재 판적이 있는 곳의 법원이 관할한다. 다만, 그러한 법원이 없는 때에는 민사소송법 제11조의 규 정에 따라 채무자에 대하여 소를 제기할 수 있는 법원이 관할한다.

제60조 (과태료의 집행)

① 과태료의 재판은 검사의 명령으로 집행한다.

② 제1항의 명령은 집행력 있는 집행권원과 같은 효력을 가진다.

■ 제2장 금전채권에 기초한 강제집행

제1절 재산명시절차 등

제61조 (재산명시신청)

① 금전의 지급을 목적으로 하는 집행권원에 기초하여 강제집행을 개시할 수 있는 채권자는 채무자의 보통재판적이 있는 곳의 법원에 채무자의 재산명시를 요구하는 신청을 할 수 있다. 다만, 민사소송법 제213조에 따른 가집행의 선고가 붙은 판결 또는 같은 조의 준용에 따른 가집행의 선고가 붙어 집행력을 가지는 집행권원의 경우에는 그러하지 아니하다.

② 제1항의 신청에는 집행력 있는 정본과 강제집행을 개시하는데 필요한 문서를 붙여야 한다.

제62조 (재산명시신청에 대한 재판)

① 재산명시신청에 정당한 이유가 있는 때에는 법원은 채무자에게 재산상태를 명시한 재산목록을 제출하도록 명할 수 있다.

② 재산명시신청에 정당한 이유가 없거나, 채무자의 재산을 쉽게 찾을 수 있다고 인정한 때에는 법원은 결정으로 이를 기각하여야 한다.

③ 제1항 및 제2항의 재판은 채무자를 심문하지 아니하고 한다.

④ 제1항의 결정은 신청한 채권자 및 채무자에게 송달하여야 하고, 채무자에 대한 송달에서는 결정에 따르지 아니할 경우 제68조에 규정된 제재를 받을 수 있음을 함께 고지하여야 한다.

⑤ 제4항의 규정에 따라 채무자에게 하는 송달은 민사소송법 제187조 및 제194조에 의한 방법으로는 할 수 없다.

⑥ 제1항의 결정이 채무자에게 송달되지 아니한 때에는 법원은 채권자에게 상당한 기간을 정하여 그 기간 이내에 채무자의 주소를 보정하도록 명하여야 한다.

⑦ 채권자가 제6항의 명령을 받고도 이를 이행하지 아니한 때에는 법원은 제1항의 결정을 취소하고 재산명시신청을 각하하여야 한다.

⑧ 제2항 및 제7항의 결정에 대하여는 즉시항고를 할 수 있다.

⑨ 채무자는 제1항의 결정을 송달받은 뒤 송달장소를 바꾼 때에는 그 취지를 법원에 바로 신고하여야 하며, 그러한 신고를 하지 아니한 경우에는 민사소송법 제185조제2항 및 제189조의 규정을 준용한다.

제63조 (재산명시명령에 대한 이의신청)

① 채무자는 재산명시명령을 송달받은 날부터 1주 이내에 이의신청을 할 수 있다.

② 채무자가 제1항에 따라 이의신청을 한 때에는 법원은 이의신청사유를 조사할 기일을 정하고 채권자와 채무자에게 이를 통지하여야 한다.

③ 이의신청에 정당한 이유가 있는 때에는 법원은 결정으로 재산명시명령을 취소하여야 한다.

④ 이의신청에 정당한 이유가 없거나 채무자가 정당한 사유 없이 기일에 출석하지 아니한 때에는 법원은 결정으로 이의신청을 기각하여야 한다.

⑤ 제3항 및 제4항의 결정에 대하여는 즉시항고를 할 수 있다.

제64조 (재산명시기일의 실시)

① 재산명시명령에 대하여 채무자의 이의신청이 없거나 이를 기각한 때에는 법원은 재산명시를 위한 기일을 정하여 채무자에게 출석하도록 요구하여야 한다. 이 기일은 채권자에게도 통지하여

야 한다.

② 채무자는 제1항의 기일에 강제집행의 대상이 되는 재산과 다음 각호의 사항을 명시한 재산목록을 제출하여야 한다.

1. 재산명시명령이 송달되기 전 1년 이내에 채무자가 한 부동산의 유상양도(有償讓渡)
2. 재산명시명령이 송달되기 전 1년 이내에 채무자가 배우자, 직계혈족 및 4촌 이내의 방계혈족과 그 배우자, 배우자의 직계혈족과 형제자매에게 한 부동산 외의 재산의 유상양도
3. 재산명시명령이 송달되기 전 2년 이내에 채무자가 한 재산상 무상처분(無償處分). 다만, 의례적인 선물은 제외한다.

③ 재산목록에 적을 사항과 범위는 대법원규칙으로 정한다.

④ 제1항의 기일에 출석한 채무자가 3월 이내에 변제할 수 있음을 소명한 때에는 법원은 그 기일을 3월의 범위내에서 연기할 수 있으며, 채무자가 새 기일에 채무액의 3분의 2 이상을 변제하였음을 증명하는 서류를 제출한 때에는 다시 1월의 범위내에서 연기할 수 있다.

제65조 (선서)

① 채무자는 재산명시기일에 재산목록이 진실하다는 것을 선서하여야한다.

② 제1항의 선서에 관하여는 민사소송법 제320조 및 제321조의 규정을 준용한다. 이경우 선서서(宣誓書)에는 다음과 같이 적어야 한다.

"양심에 따라 사실대로 재산목록을 작성하여 제출하였으며, 만일 숨긴 것이나 거짓
작성한 것이 있으면 처벌을 받기로 맹세합니다."

제66조 (재산목록의 정정)

① 채무자는 명시기일에 제출한 재산목록에 형식적인 흠이 있거나 불명확한 점이 있는 때에는 제65조의 규정에 의한 선서를 한 뒤라도 법원의 허가를 얻어 이미 제출한 재산목록을 정정할 수 있다.

② 제1항의 허가에 관한 결정에 대하여는 즉시항고를 할 수 있다.

제67조 (재산목록의 열람·복사)

채무자에 대하여 강제집행을 개시할 수 있는 채권자는 재산목록을 보거나 복사할 것을 신청할 수 있다.

제68조 (채무자의 감치 및 벌칙)

① 채무자가 정당한 사유 없이 다음 각호 가운데 어느 하나에 해당하는 행위를 한 경우에는 법원은 결정으로 20일 이내의 감치(監置)에 처한다.

1. 명시기일 불출석
2. 재산목록의 제출 거부
3. 선서 거부

② 채무자가 법인 또는 민사소송법 제52조의 사단이나 재단인 때에는 그 대표자 또는 관리인을 감치에 처한다.

③ 법원은 감치재판기일에 채무자를 소환하여 제1항 각호의 위반행위에 대하여 정당한 사유가 있는지 여부를 심리하여야 한다.

④ 제1항의 결정에 대하여는 즉시항고를 할 수 있다.

⑤ 채무자가 감치의 집행중에 재산명시명령을 이행하겠다고 신청한 때에는 법원은 바로 명시기일

을 열어야 한다.

⑥ 채무자가 제5항의 명시기일에 출석하여 재산목록을 내고 선서하거나 신청채권자에 대한 채무를 변제하고 이를 증명하는 서면을 낸 때에는 법원은 바로 감치결정을 취소하고 그 채무자를 석방하도록 명하여야 한다.

⑦ 제5항의 명시기일은 신청채권자에게 통지하지 아니하고도 실시할 수 있다. 이 경우 제6항의 사실을 채권자에게 통지하여야 한다.

⑧ 제1항 내지 제7항의 규정에 따른 재판절차 및 그 집행 그 밖에 필요한 사항은 대법원규칙으로 정한다.

⑨ 채무자가 거짓의 재산목록을 낸 때에는 3년 이하의 징역 또는 500만원 이하의 벌금에 처한다.

⑩ 채무자가 법인 또는 민사소송법 제52조의 사단이나 재단인 때에는 그 대표자 또는 관리인을 제9항의 규정에 따라 처벌하고, 채무자는 제9항의 벌금에 처한다.

제69조 (명시신청의 재신청)

재산명시신청이 기각·각하된 경우에는 그 명시신청을 한 채권자는 기각·각하사유를 보완하지 아니하고서는 같은 집행권원으로 다시 재산명시신청을 할 수 없다.

제70조 (채무불이행자명부 등재신청)

① 채무자가 다음 각호 가운데 어느 하나에 해당하면 채권자는 그 채무자를 채무불이행자명부(債務不履行者名簿)에 올리도록 신청할 수 있다.

　　1. 금전의 지급을 명한 집행권원이 확정된 후 또는 집행권원을 작성한 후 6월 이내에 채무를 이행하지 아니하는 때. 다만, 제61조 제1항 단서에 규정된 집행권원의 경우를 제외한다.
　　2. 제68조제1항 각호의 사유 또는 같은 조제9항의 사유 가운데 어느 하나에 해당하는 때

② 제1항의 신청을 할 때에는 그 사유를 소명하여야 한다.

③ 제1항의 신청에 대한 재판은 제1항제1호의 경우에는 채무자의 보통재판적이 있는 곳의 법원이 관할하고, 제1항제2호의 경우에는 재산명시절차를 실시한 법원이 관할한다.

제71조 (등재신청에 대한 재판)

① 제70조의 신청에 정당한 이유가 있는 때에는 법원은 채무자를 채무불이행자명부에 올리는 결정을 하여야 한다.

② 등재신청에 정당한 이유가 없거나 쉽게 강제집행할 수 있다고 인정할 만한 명백한 사유가 있는 때에는 법원은 결정으로 이를 기각하여야 한다.

③ 제1항 및 제2항의 재판에 대하여는 즉시항고를 할 수 있다. 이 경우 민사소송법 제447조의 규정은 준용하지 아니한다.

제72조 (명부의 비치)

① 채무불이행자명부는 등재결정을 한 법원에 비치한다.

② 법원은 채무불이행자명부의 부본을 채무자의 주소지(채무자가 법인인 경우에는 주된 사무소가 있는 곳) 시(구가 설치되지 아니한 시를 말한다. 이하 같다)·구·읍·면의 장(도농복합형태의 시의 경우 동지역은 시·구의 장, 읍·면지역은 읍·면의 장으로 한다. 이하 같다)에게 보내야 한다.

③ 법원은 채무불이행자명부의 부본을 대법원규칙이 정하는 바에 따라 일정한 금융기관의 장이나 금융기관 관련단체의 장에게 보내어 채무자에 대한 신용정보로 활용하게 할 수 있다.

④ 채무불이행자명부나 그 부본은 누구든지 보거나 복사할 것을 신청할 수 있다.

⑤ 채무불이행자명부는 인쇄물 등으로 공표되어서는 아니된다.

제73조 (명부등재의 말소)

① 변제, 그 밖의 사유로 채무가 소멸되었다는 것이 증명된 때에는 법원은 채무자의 신청에 따라 채무불이행자명부에서 그 이름을 말소하는 결정을 하여야 한다.

② 채권자는 제1항의 결정에 대하여 즉시항고를 할 수 있다. 이 경우 민사소송법 제447조의 규정은 준용하지 아니한다.

③ 채무불이행자명부에 오른 다음 해부터 10년이 지난 때에는 법원은 직권으로 그 명부에 오른 이름을 말소하는 결정을 하여야 한다.

④ 제1항과 제3항의 결정을 한 때에는 그 취지를 채무자의 주소지(채무자가 법인인 경우에는 주된 사무소가 있는 곳) 시·구·읍·면의 장 및 제72조제3항의 규정에 따라 채무불이행자명부의 부본을 보낸 금융기관 등의 장에게 통지하여야 한다.

⑤ 제4항의 통지를 받은 시·구·읍·면의 장 및 금융기관 등의 장은 그 명부의 부본에 오른 이름을 말소하여야 한다.

제74조 (재산조회)

① 재산명시절차의 관할 법원은 다음 각호의 어느 하나에 해당하는 경우에는 그 재산명시를 신청한 채권자의 신청에 따라 개인의 재산 및 신용에 관한 전산망을 관리하는 공공기관·금융기관·단체 등에 채무자명의의 재산에 관하여 조회할 수 있다.

  1. 재산명시절차에서 채권자가 제62조제6항의 규정에 의한 주소보정명령을 받고도 민사소송법 제194조제1항의 규정에 의한 사유로 인하여 채권자가 이를 이행할 수 없었던 것으로 인정되는 경우
  2. 재산명시절차에서 채무자가 제출한 재산목록의 재산만으로는 집행채권의 만족을 얻기에 부족한 경우
  3. 재산명시절차에서 제68조제1항 각호의 사유 또는 동조제9항의 사유가 있는 경우

② 채권자가 제1항의 신청을 할 경우에는 조회할 기관·단체를 특정하여야 하며 조회에 드는 비용을 미리 내야 한다.

③ 법원이 제1항의 규정에 따라 조회할 경우에는 채무자의 인적 사항을 적은 문서에 의하여 해당 기관·단체의 장에게 채무자의 재산 및 신용에 관하여 그 기관·단체가 보유하고 있는 자료를 한꺼번에 모아 제출하도록 요구할 수 있다.

④ 공공기관·금융기관·단체 등은 정당한 사유 없이 제1항 및 제3항의 조회를 거부하지 못한다.

제75조 (재산조회의 결과 등)

① 법원은 제74조제1항 및 제3항의 규정에 따라 조회한 결과를 채무자의 재산목록에 준하여 관리하여야 한다.

② 제74조제1항 및 제3항의 조회를 받은 기관·단체의 장이 정당한 사유 없이 거짓 자료를 제출하거나 자료를 제출할 것을 거부한 때에는 결정으로 500만원 이하의 과태료에 처한다.

③ 제2항의 결정에 대하여는 즉시항고를 할 수 있다.

제76조 (벌칙)

① 누구든지 재산조회의 결과를 강제집행 외의 목적으로 사용하여서는 아니된다.

② 제1항의 규정에 위반한 사람은 2년 이하의 징역 또는 500만원 이하의 벌금에 처한다.

제77조 (대법원규칙)

제74조제1항 및 제3항의 규정에 따라 조회를 할 공공기관·금융기관·단체 등의 범위 및 조회절차, 제74조제2항의 규정에 따라 채권자가 내야 할 비용, 제75조제1항의 규정에 따른 조회결과의 관리에 관한 사항, 제75조제2항의 규정에 의한 과태료의 부과절차 등은 대법원규칙으로 정한다.

제2절 부동산에 대한 강제집행

제 1 관 통 칙

제78조 (집행방법)

① 부동산에 대한 강제집행은 채권자의 신청에 따라 법원이 한다.

② 강제집행은 다음 각호의 방법으로 한다.

   1. 강제경매   2. 강제관리

③ 채권자는 자기의 선택에 의하여 제2항 각호 가운데 어느 한가지 방법으로 집행하게 하거나 두 가지 방법을 함께 사용하여 집행하게 할 수 있다.

④ 강제관리는 가압류를 집행할 때에도 할 수 있다.

제79조 (집행법원)

① 부동산에 대한 강제집행은 그 부동산이 있는 곳의 지방법원이 관할한다.

② 부동산이 여러 지방법원의 관할구역에 있는 때에는 각 지방법원에 관할권이 있다. 이 경우 법원이 필요하다고 인정한 때에는 사건을 다른 관할 지방법원으로 이송할 수 있다.

제 2 관 강 제 경 매

제80조 (강제경매신청서)

강제경매신청서에는 다음 각호의 사항을 적어야 한다.

   1. 채권자·채무자와 법원의 표시
   2. 부동산의 표시
   3. 경매의 이유가 된 일정한 채권과 집행할 수 있는 일정한 집행권원

제81조 (첨부서류)

① 강제경매신청서에는 집행력 있는 정본 외에 다음 각호 가운데 어느 하나에 해당하는 서류를 붙여야 한다.

   1. 채무자의 소유로 등기된 부동산에 대하여는 등기부등본
   2. 채무자의 소유로 등기되지 아니한 부동산에 대하여는 즉시 채무자명의로 등기할 수 있다는 것을 증명할 서류. 다만, 그 부동산이 등기되지 아니한 건물인 경우에는 그 건물이 채무자의 소유임을 증명할 서류, 그 건물의 지번·구조·면적을 증명할 서류 및 그 건물에 관한 건축허가 또는 건축신고를 증명할 서류

② 채권자는 공적 장부를 주관하는 공공기관에 제1항 제2호 단서의 사항들을 증명하여 줄 것을 청구할 수 있다.

③ 제1항 제2호 단서의 경우에 건물의 지번·구조·면적을 증명하지 못한 때에는, 채권자는 경매신

청과 동시에 그 조사를 집행법원에 신청할 수 있다.

④ 제3항의 경우에 법원은 집행관에게 그 조사를 하게 하여야 한다.

⑤ 강제관리를 하기 위하여 이미 부동산을 압류한 경우에 그 집행기록에 제1항 각호 가운데 어느 하나에 해당하는 서류가 붙어 있으면 다시 그 서류를 붙이지 아니할 수 있다.

제82조 (집행관의 권한)

① 집행관은 제81조제4항의 조사를 위하여 건물에 출입할 수 있고, 채무자 또는 건물을 점유하는 제3자에게 질문하거나 문서를 제시하도록 요구할 수 있다.

② 집행관은 제1항의 규정에 따라 건물에 출입하기 위하여 필요한 때에는 잠긴 문을 여는 등 적절한 처분을 할 수 있다.

제83조 (경매개시결정 등)

① 경매절차를 개시하는 결정에는 동시에 그 부동산의 압류를 명하여야 한다.

② 압류는 부동산에 대한 채무자의 관리·이용에 영향을 미치지 아니한다.

③ 경매절차를 개시하는 결정을 한 뒤에는 법원은 직권으로 또는 이해관계인의 신청에 따라 부동산에 대한 침해행위를 방지하기 위하여 필요한 조치를 할 수 있다.

④ 압류는 채무자에게 그 결정이 송달된 때 또는 제94조의 규정에 따른 등기가 된 때에 효력이 생긴다.

⑤ 강제경매신청을 기각하거나 각하하는 재판에 대하여는 즉시항고를 할 수 있다.

제84조 (배당요구의 종기결정 및 공고)

① 경매개시결정에 따른 압류의 효력이 생긴 때(그 경매개시결정전에 다른 경매개시결정이 있은 경우를 제외한다)에는 집행법원은 절차에 필요한 기간을 감안하여 배당요구를 할 수 있는 종기(終期)를 첫 매각기일 이전으로 정한다.

② 배당요구의 종기가 정하여진 때에는 법원은 경매개시결정을 한 취지 및 배당요구의 종기를 공고하고, 제91조제4항 단서의 전세권자 및 법원에 알려진 제88조제1항의 채권자에게 이를 고지하여야 한다.

③ 제1항의 배당요구의 종기결정 및 제2항의 공고는 경매개시결정에 따른 압류의 효력이 생긴 때부터 1주 이내에 하여야 한다.

④ 법원사무관등은 제148조제3호 및 제4호의 채권자 및 조세, 그 밖의 공과금을 주관하는 공공기관에 대하여 채권의 유무, 그 원인 및 액수(원금·이자·비용, 그 밖의 부대채권(附帶債權)을 포함한다)를 배당요구의 종기까지 법원에 신고하도록 최고하여야 한다.

⑤ 제148조제3호 및 제4호의 채권자가 제4항의 최고에 대한 신고를 하지 아니한 때에는 그 채권자의 채권액은 등기부등본 등 집행기록에 있는 서류와 증빙(證憑)에 따라 계산한다. 이 경우 다시 채권액을 추가하지 못한다.

⑥ 법원은 특별히 필요하다고 인정하는 경우에는 배당요구의 종기를 연기할 수 있다.

⑦ 제6항의 경우에는 제2항 및 제4항의 규정을 준용한다. 다만, 이미 배당요구 또는 채권신고를 한 사람에 대하여는 같은 항의 고지 또는 최고를 하지 아니한다.

제85조 (현황조사)

① 법원은 경매개시결정을 한 뒤에 바로 집행관에게 부동산의 현상, 점유관계, 차임(借賃) 또는 보

증금의 액수, 그 밖의 현황에 관하여 조사하도록 명하여야 한다.

② 집행관이 제1항의 규정에 따라 부동산을 조사할 때에는 그 부동산에 대하여 제82조에 규정된 조치를 할 수 있다.

제86조 (경매개시결정에 대한 이의신청)

① 이해관계인은 매각대금이 모두 지급될 때까지 법원에 경매개시결정에 대한 이의신청을 할 수 있다.

② 제1항의 신청을 받은 법원은 제16조제2항에 준하는 결정을 할 수 있다.

③ 제1항의 신청에 관한 재판에 대하여 이해관계인은 즉시항고를 할 수 있다.

제87조 (압류의 경합)

① 강제경매절차 또는 담보권 실행을 위한 경매절차를 개시하는 결정을 한 부동산에 대하여 다른 강제경매의 신청이 있는 때에는 법원은 다시 경매개시결정을 하고, 먼저 경매개시결정을 한 집행절차에 따라 경매한다.

② 먼저 경매개시결정을 한 경매신청이 취하되거나 그 절차가 취소된 때에는 법원은 제91조제1항의 규정에 어긋나지 아니하는 한도 안에서 뒤의 경매개시결정에 따라 절차를 계속 진행하여야 한다.

③ 제2항의 경우에 뒤의 경매개시결정이 배당요구의 종기 이후의 신청에 의한 것인 때에는 집행법원은 새로이 배당요구를 할 수 있는 종기를 정하여야 한다.
이 경우 이미 제84조 제2항 또는 제4항의 규정에 따라 배당요구 또는 채권신고를 한 사람에 대하여는 같은 항의 고지 또는 최고를 하지 아니한다.

④ 먼저 경매개시결정을 한 경매절차가 정지된 때에는 법원은 신청에 따라 결정으로 뒤의 경매개시결정(배당요구의 종기까지 행하여진 신청에 의한 것에 한한다)에 기초하여 절차를 계속하여 진행할 수 있다. 다만, 먼저 경매개시결정을 한 경매절차가 취소되는 경우 제105조 제1항 제3호의 기재사항이 바뀔 때에는 그러하지 아니하다.

⑤ 제4항의 신청에 대한 재판에 대하여는 즉시항고를 할 수 있다.

제88조 (배당요구)

① 집행력 있는 정본을 가진 채권자, 경매개시결정이 등기된 뒤에 가압류를 한 채권자, 민법·상법, 그 밖의 법률에 의하여 우선변제청구권이 있는 채권자는 배당요구를 할 수 있다.

② 배당요구에 따라 매수인이 인수하여야 할 부담이 바뀌는 경우 배당요구를 한 채권자는 배당요구의 종기가 지난 뒤에 이를 철회하지 못한다.

제89조 (이중경매신청 등의 통지)

법원은 제87조제1항 및 제88조제1항의 신청이 있는 때에는 그 사유를 이해관계인에게 통지하여야 한다.

제90조 (경매절차의 이해관계인)

경매절차의 이해관계인은 다음 각호의 사람으로한다.

1. 압류채권자와 집행력 있는 정본에 의하여 배당을 요구한 채권자
2. 채무자 및 소유자
3. 등기부에 기입된 부동산 위의 권리자

4. 부동산 위의 권리자로서 그 권리를 증명한 사람

제91조 (인수주의와 잉여주의의 선택 등)

① 압류채권자의 채권에 우선하는 채권에 관한 부동산의 부담을 매수인에게 인수하게 하거나, 매각대금으로 그 부담을 변제하는 데 부족하지 아니하다는 것이 인정된 경우가 아니면 그 부동산을 매각하지못한다.

② 매각부동산 위의 모든 저당권은 매각으로 소멸된다.

③ 지상권·지역권·전세권 및 등기된 임차권은 저당권·압류채권·가압류채권에 대항할 수 없는 경우에는 매각으로 소멸된다.

④ 제3항의 경우 외의 지상권·지역권·전세권 및 등기된 임차권은 매수인이 인수한다. 다만, 그중 전세권의 경우에는 전세권자가 제88조에 따라 배당요구를 하면 매각으로 소멸된다.

⑤ 매수인은 유치권자(留置權者)에게 그 유치권(留置權)으로 담보하는 채권을 변제할 책임이 있다.

제92조 (제3자와 압류의 효력)

① 제3자는 권리를 취득할 때에 경매신청 또는 압류가 있다는 것을 알았을 경우에는 압류에 대항하지 못한다.

② 부동산이 압류채권을 위하여 의무를 진 경우에는 압류한 뒤 소유권을 취득한 제3자가 소유권을 취득할 때에 경매신청 또는 압류가 있다는 것을 알지 못하였더라도 경매절차를 계속하여 진행하여야 한다.

제93조 (경매신청의 취하)

① 경매신청이 취하되면 압류의 효력은 소멸된다.

② 매수신고가 있은 뒤 경매신청을 취하하는 경우에는 최고가매수신고인 또는 매수인과 제114조의 차순위매수신고인의 동의를 받아야 그 효력이 생긴다.

③ 제49조제3호 또는 제6호의 서류를 제출하는 경우에는 제1항 및 제2항의 규정을, 제49조제4호의 서류를 제출하는 경우에는 제2항의 규정을 준용한다.

제94조 (경매개시결정의 등기)

① 법원이 경매개시결정을 하면 법원사무관등은 즉시 그 사유를 등기부에 기입하도록 등기관(登記官)에게 촉탁하여야 한다.

② 등기관은 제1항의 촉탁에 따라 경매개시결정사유를 기입하여야 한다.

제95조 (등기부등본의 송부)

등기관은 제94조에 따라 경매개시결정사유를 등기부에 기입한 뒤 그 등기부의 등본을 법원에 보내야 한다.

제96조 (부동산의 멸실 등으로 말미암은 경매취소)

① 부동산이 없어지거나 매각 등으로 말미암아 권리를 이전할 수 없는 사정이 명백하게 된 때에는 법원은 강제경매의 절차를 취소하여야 한다.

② 제1항의 취소결정에 대하여는 즉시항고를 할 수 있다.

제97조 (부동산의 평가와 최저매각가격의 결정)

① 법원은 감정인(鑑定人)에게 부동산을 평가하게 하고 그 평가액을 참작하여 최저매각가격을 정하여야 한다.

② 감정인은 제1항의 평가를 위하여 필요하면 제82조제1항에 규정된 조치를 할 수 있다.

③ 감정인은 제7조의 규정에 따라 집행관의 원조를 요구하는 때에는 법원의 허가를 얻어야 한다.

제98조 (일괄매각결정)

① 법원은 여러 개의 부동산의 위치·형태·이용관계 등을 고려하여 이를 일괄매수하게 하는 것이 알맞다고 인정하는 경우에는 직권으로 또는 이해관계인의 신청에 따라 일괄매각하도록 결정할 수 있다.

② 법원은 부동산을 매각할 경우에 그 위치·형태·이용관계 등을 고려하여 다른 종류의 재산(금전채권을 제외한다)을 그 부동산과 함께 일괄매수하게 하는 것이 알맞다고 인정하는 때에는 직권으로 또는 이해관계인의 신청에 따라 일괄매각하도록 결정할 수 있다.

③ 제1항 및 제2항의 결정은 그 목적물에 대한 매각기일 이전까지 할 수 있다.

제99조 (일괄매각사건의 병합)

① 법원은 각각 경매신청된 여러 개의 재산 또는 다른 법원이나 집행관에 계속된 경매사건의 목적물에 대하여 제98조 제1항 또는 제2항의 결정을 할 수 있다.

② 다른 법원이나 집행관에 계속된 경매사건의 목적물의 경우에 그 다른 법원 또는 집행관은 그 목적물에 대한 경매사건을 제1항의 결정을 한 법원에 이송한다.

③ 제1항 및 제2항의 경우에 법원은 그 경매사건들을 병합한다.

제100조 (일괄매각사건의 관할)

제98조 및 제99조의 경우에는 민사소송법 제31조에 불구하고 같은 법 제25조의 규정을 준용한다. 다만, 등기할 수 있는 선박에 관한 경매사건에 대하여서는 그러하지 아니하다.

제101조 (일괄매각절차)

① 제98조 및 제99조의 일괄매각결정에 따른 매각절차는 이 관의 규정에 따라 행한다. 다만, 부동산 외의 재산의 압류는 그 재산의 종류에 따라 해당되는 규정에서 정하는 방법으로 행하고, 그 중에서 집행관의 압류에 따르는 재산의 압류는 집행법원이 집행관에게 이를 압류하도록 명하는 방법으로 행한다.

② 제1항의 매각절차에서 각 재산의 대금액을 특정할 필요가 있는 경우에는 각 재산에 대한 최저매각가격의 비율을 정하여야 하며, 각 재산의 대금액은 총대금액을 각 재산의 최저매각가격비율에 따라 나눈 금액으로 한다. 각 재산이 부담할 집행비용액을 특정할 필요가 있는 경우에도 또한 같다.

③ 여러 개의 재산을 일괄매각하는 경우에 그 가운데 일부의 매각대금으로 모든 채권자의 채권액과 강제집행비용을 변제하기에 충분하면 다른 재산의 매각을 허가하지 아니한다. 다만, 토지와 그 위의 건물을 일괄매각하는 경우나 재산을 분리하여 매각하면 그 경제적 효용이 현저하게 떨어지는 경우 또는 채무자의 동의가 있는 경우에는 그러하지 아니하다.

④ 제3항 본문의 경우에 채무자는 그 재산 가운데 매각할 것을 지정할 수 있다.

⑤ 일괄매각절차에 관하여 이 법에서 정한 사항을 제외하고는 대법원규칙으로 정한다.

제102조 (남을 가망이 없을 경우의 경매취소)

① 법원은 최저매각가격으로 압류채권자의 채권에 우선하는 부동산의 모든 부담과 절차비용을 변제하면 남을 것이 없겠다고 인정한 때에는 압류채권자에게 이를 통지하여야 한다.

② 압류채권자가 제1항의 통지를 받은 날부터 1주 이내에 제1항의 부담과 비용을 변제하고 남을 만한 가격을 정하여 그 가격에 맞는 매수신고가 없을 때에는 자기가 그 가격으로 매수하겠다고 신청하면서 충분한 보증을 제공하지 아니하면, 법원은 경매절차를 취소하여야 한다.

③ 제2항의 취소 결정에 대하여는 즉시항고를 할 수 있다.

제103조 (강제경매의 매각방법)

① 부동산의 매각은 집행법원이 정한 매각방법에 따른다.

② 부동산의 매각은 매각기일에 하는 호가경매(呼價競賣), 매각기일에 입찰 및 개찰하게 하는 기일입찰 또는 입찰기간 이내에 입찰하게 하여 매각기일에 개찰하는 기간입찰의 세가지 방법으로 한다.

③ 부동산의 매각절차에 관하여 필요한 사항은 대법원규칙으로 정한다.

제104조 (매각기일과 매각결정기일 등의 지정)

① 법원은 최저매각가격으로 제102조제1항의 부담과 비용을 변제하고도 남을 것이 있다고 인정하거나 압류채권자가 제102조제2항의 신청을 하고 충분한 보증을 제공한 때에는 직권으로 매각기일과 매각결정기일을 정하여 대법원규칙이 정하는 방법으로 공고한다.

② 법원은 매각기일과 매각결정기일을 이해관계인에게 통지하여야 한다.

③ 제2항의 통지는 집행기록에 표시된 이해관계인의 주소에 대법원규칙이 정하는 방법으로 발송할 수 있다.

④ 기간입찰의 방법으로 매각할 경우에는 입찰기간에 관하여도 제1항 내지 제3항의 규정을 적용한다.

제105조 (매각물건명세서 등)

① 법원은 다음 각호의 사항을 적은 매각물건명세서를 작성하여야 한다.

  1. 부동산의 표시
  2. 부동산의 점유자와 점유의 권원, 점유할 수 있는 기간, 차임 또는 보증금에 관한 관계인의 진술
  3. 등기된 부동산에 대한 권리 또는 가처분으로서 매각으로 효력을 잃지 아니하는 것
  4. 매각에 따라 설정된 것으로 보게 되는 지상권의 개요

② 법원은 매각물건명세서·현황조사보고서 및 평가서의 사본을 법원에 비치하여 누구든지 볼 수 있도록 하여야 한다.

제106조 (매각기일의 공고내용)

매각기일의 공고내용에는 다음 각호의 사항을 적어야 한다.

  1. 부동산의 표시
  2. 강제집행으로 매각한다는 취지와 그 매각방법
  3. 부동산의 점유자, 점유의 권원, 점유하여 사용할 수 있는 기간, 차임 또는 보증금약정 및 그 액수
  4. 매각기일의 일시·장소, 매각기일을 진행할 집행관의 성명 및 기간입찰의 방법으로 매각할 경우에는 입찰기간·장소
  5. 최저매각가격

6. 매각결정기일의 일시·장소

7. 매각물건명세서·현황조사보고서 및 평가서의 사본을 매각기일 전에 법원에 비치하여 누구든지 볼 수 있도록 제공한다는 취지

8. 등기부에 기입할 필요가 없는 부동산에 대한 권리를 가진 사람은 채권을 신고하여야 한다는 취지

9. 이해관계인은 매각기일에 출석할 수 있다는 취지

제107조 (매각장소)

매각기일은 법원안에서 진행하여야 한다. 다만, 집행관은 법원의 허가를 얻어 다른 장소에서 매각기일을 진행할 수 있다.

제108조 (매각장소의 질서유지)

집행관은 다음 각호 가운데 어느 하나에 해당한다고 인정되는 사람에 대하여 매각장소에 들어오지 못하도록 하거나 매각장소에서 내보내거나 매수의 신청을 하지 못하도록 할 수 있다.

1. 다른 사람의 매수신청을 방해한 사람

2. 부당하게 다른 사람과 담합하거나 그 밖에 매각의 적정한 실시를 방해한 사람

3. 제1호 또는 제2호의 행위를 교사(教唆)한 사람

4. 민사집행절차에서의 매각에 관하여 형법 제136조·제137조·제140조·제140조의2·제142조·제315조 및 제323조 내지 제327조에 규정된 죄로 유죄판결을 받고 그 판결확정일부터 2년이 지나지 아니한 사람

제109조 (매각결정기일)

① 매각결정기일은 매각기일부터 1주 이내로 정하여야 한다.

② 매각결정절차는 법원안에서 진행하여야 한다.

제110조 (합의에 의한 매각조건의 변경)

① 최저매각가격 외의 매각조건은 법원이 이해관계인의 합의에 따라 바꿀 수 있다.

② 이해관계인은 배당요구의 종기까지 제1항의 합의를 할 수 있다.

제111조 (직권에 의한 매각조건의 변경)

① 거래의 실상을 반영하거나 경매절차를 효율적으로 진행하기 위하여 필요한 경우에 법원은 배당요구의 종기까지 매각조건을 바꾸거나 새로운 매각조건을 설정할 수 있다

② 이해관계인은 제1항의 재판에 대하여 즉시항고를 할 수 있다.

③ 제1항의 경우에 법원은 집행관에게 부동산에 대하여 필요한 조사를 하게 할 수 있다.

제112조 (매각기일의 진행)

집행관은 기일입찰 또는 호가경매의 방법에 의한 매각기일에는 매각물건명세서·현황조사보고서 및 평가서의 사본을 볼 수 있게 하고, 특별한 매각조건이 있는 때에는 이를 고지하며, 법원이 정한 매각방법에 따라 매수가격을 신고하도록 최고하여야 한다.

제113조 (매수신청의 보증)

매수신청인은 대법원규칙이 정하는 바에 따라 집행법원이 정하는 금액과 방법에 맞는 보증을 집행관에게 제공하여야 한다.

제114조 (차순위매수신고)

① 최고가매수신고인 외의 매수신고인은 매각기일을 마칠 때까지 집행관에게 최고가매수신고인이

대금지급기한까지 그 의무를 이행하지 아니하면 자기의 매수신고에 대하여 매각을 허가하여
달라는 취지의 신고(이하 "차순위매수신고"라 한다)를 할 수 있다.

② 차순위매수신고는 그 신고액이 최고가매수신고액에서 그 보증을 뺀 금액을 넘는 때에만 할 수
있다.

제115조 (매각기일의 종결)

① 집행관은 최고가매수신고인의 성명과 그 가격을 부르고 차순위매수신고를 최고한 뒤, 적법한
차순위매수신고가 있으면 차순위매수신고인을 정하여 그 성명과 가격을 부른 다음 매각기일을
종결한다고 고지하여야 한다.

② 차순위매수신고를 한 사람이 둘 이상인 때에는 신고한 매수가격이 높은 사람을 차순위매수신고
인으로 정한다. 신고한 매수가격이 같은 때에는 추첨으로 차순위매수신고인을 정한다.

③ 최고가매수신고인과 차순위매수신고인을 제외한 다른 매수신고인은 제1항의 고지에 따라 매수
의 책임을 벗게 되고, 즉시 매수신청의 보증을 돌려 줄 것을 신청할 수 있다.

④ 기일입찰 또는 호가경매의 방법에 의한 매각기일에서 매각기일을 마감할 때까지 허가할 매수가
격의 신고가 없는 때에는 집행관은 즉시 매각기일의 마감을 취소하고 같은 방법으로 매수가격
을 신고하도록 최고할 수 있다.

⑤ 제4항의 최고에 대하여 매수가격의 신고가 없어 매각기일을 마감하는 때에는 매각기일의 마감
을 다시 취소하지 못한다.

제116조 (매각기일조서)

① 매각기일조서에는 다음 각호의 사항을 적어야 한다.

　　1. 부동산의 표시
　　2. 압류채권자의 표시
　　3. 매각물건명세서·현황조사보고서 및 평가서의 사본을 볼 수 있게 한 일
　　4. 특별한 매각조건이 있는 때에는 이를 고지한 일
　　5. 매수가격의 신고를 최고한 일
　　6. 모든 매수신고가격과 그 신고인의 성명·주소 또는 허가할 매수가격의 신고가 없는 일
　　7. 매각기일을 마감할 때까지 허가할 매수가격의 신고가 없어 매각기일의 마감을 취소하고 다시 매수가
　　　 격의 신고를 최고한 일
　　8. 최종적으로 매각기일의 종결을 고지한 일시
　　9. 매수하기 위하여 보증을 제공한 일 또는 보증을 제공하지 아니하므로 그 매수를 허가하지 아니한 일
　　10. 최고가매수신고인과 차순위매수신고인의 성명과 그 가격을 부른 일

② 최고가매수신고인 및 차순위매수신고인과 출석한 이해관계인은 조서에 서명날인하여야 한다.
그들이 서명날인할 수 없을 때에는 집행관이 그 사유를 적어야 한다.

③ 집행관이 매수신청의 보증을 돌려 준 때에는 영수증을 받아 조서에 붙여야 한다.

제117조 (조서와 금전의 인도)

집행관은 매각기일조서와 매수신청의 보증으로 받아 돌려주지 아니한 것을 매각기일부터 3일 이내
에 법원사무관등에게 인도하여야 한다.

제118조 (최고가매수신고인 등의 송달영수인신고)

① 최고가매수신고인과 차순위매수신고인은 대한민국안에 주소·거소와 사무소가 없는 때에는 대
한민국안에 송달이나 통지를 받을 장소와 영수인을 정하여 법원에 신고하여야 한다.

② 최고가매수신고인이나 차순위매수신고인이 제1항의 신고를 하지 아니한 때에는 법원은 그에 대한 송달이나 통지를 하지 아니할 수 있다.

③ 제1항의 신고는 집행관에게 말로 할 수 있다. 이 경우 집행관은 조서에 이를 적어야 한다.

제119조 (새 매각기일)

허가할 매수가격의 신고가 없이 매각기일이 최종적으로 마감된 때에는 제91조제1항의 규정에 어긋나지 아니하는 한도에서 법원은 최저매각가격을 상당히 낮추고 새 매각기일을 정하여야 한다. 그 기일에 허가할 매수가격의 신고가 없는 때에도 또한 같다.

제120조 (매각결정기일에서의 진술

① 법원은 매각결정기일에 출석한 이해관계인에게 매각허가에 관한 의견을 진술하게 하여야 한다.

② 매각허가에 관한 이의는 매각허가가 있을 때까지 신청하여야 한다. 이미 신청한 이의에 대한 진술도 또한 같다.

제121조 (매각허가에 대한 이의신청사유)

매각허가에 관한 이의는 다음 각호 가운데 어느 하나에 해당하는 이유가 있어야 신청할 수 있다.

1. 강제집행을 허가할 수 없거나 집행을 계속 진행할 수 없을 때
2. 최고가매수신고인이 부동산을 매수할 능력이나 자격이 없는 때
3. 부동산을 매수할 자격이 없는 사람이 최고가매수신고인을 내세워 매수신고를 한 때
4. 최고가매수신고인, 그 대리인 또는 최고가매수신고인을 내세워 매수신고를 한 사람이 제108조 각호 가운데 어느 하나에 해당되는 때
5. 최저매각가격의 결정, 일괄매각의 결정 또는 매각물건명세서의 작성에 중대한 흠이 있는 때
6. 천재지변, 그 밖에 자기가 책임을 질 수 없는 사유로 부동산이 현저하게 훼손된 사실 또는 부동산에 관한 중대한 권리관계가 변동된 사실이 경매절차의 진행중에 밝혀진 때
7. 경매절차에 그 밖의 중대한 잘못이 있는 때

제122조 (이의신청의 제한)

이의는 다른 이해관계인의 권리에 관한 이유로 신청하지못한다.

제123조 (매각의 불허)

① 법원은 이의신청이 정당하다고 인정한 때에는 매각을 허가하지 아니한다.

② 제121조에 규정한 사유가 있는 때에는 직권으로 매각을 허가하지 아니한다. 다만, 같은 조 제2호 또는 제3호의 경우에는 능력 또는 자격의 흠이 제거되지 아니한 때에 한한다.

제124조 (과잉매각되는 경우의 매각불허가)

① 여러 개의 부동산을 매각하는 경우에 한 개의 부동산의 매각대금으로 모든 채권자의 채권액과 강제집행비용을 변제하기에 충분하면 다른 부동산의 매각을 허가하지 아니한다. 다만, 제101조 제3항 단서에 따른 일괄매각의 경우에는 그러하지 아니하다.

② 제1항 본문의 경우에 채무자는 그 부동산 가운데 매각할 것을 지정할 수 있다.

제125조 (매각을 허가하지 아니할 경우의 새 매각기일)

① 제121조와 제123조의 규정에 따라 매각을 허가하지 아니하고 다시 매각을 명하는 때에는 직권으로 새 매각기일을 정하여야 한다.

② 제121조제6호의 사유로 제1항의 새 매각기일을 열게 된 때에는 제97조 내지 제105조의 규정을 준용한다.

제126조 (매각허가여부의 결정선고)

① 매각을 허가하거나 허가하지 아니하는 결정은 선고하여야 한다.

② 매각결정기일조서에는 민사소송법 제152조 내지 제154조와 제156조 내지 제158 조 및 제164조의 규정을 준용한다.

③ 제1항의 결정은 확정되어야 효력을 가진다.

제127조 (매각허가결정의 취소신청)

① 제121조제6호에서 규정한 사실이 매각허가결정의 확정 뒤에 밝혀진 경우에는 매수인은 대금을 낼 때까지 매각허가결정의 취소신청을 할 수 있다.

② 제1항의 신청에 관한 결정에 대하여는 즉시항고를 할 수 있다.

제128조 (매각허가결정)

① 매각허가결정에는 매각한 부동산, 매수인과 매각가격을 적고 특별한 매각조건으로 매각한 때에는 그 조건을 적어야 한다.

② 제1항의 결정은 선고하는 외에 대법원규칙이 정하는 바에 따라 공고하여야 한다.

제129조 (이해관계인 등의 즉시항고)

① 이해관계인은 매각허가여부의 결정에 따라 손해를 볼 경우에만 그 결정에 대하여 즉시항고를 할 수 있다.

② 매각허가에 정당한 이유가 없거나 결정에 적은 것 외의 조건으로 허가하여야 한다고 주장하는 매수인 또는 매각허가를 주장하는 매수신고인도 즉시항고를 할 수 있다.

③ 제1항 및 제2항의 경우에 매각허가를 주장하는 매수신고인은 그 신청한 가격에 대하여 구속을 받는다.

제130조 (매각허가여부에 대한 항고)

① 매각허가결정에 대한 항고는 이 법에 규정한 매각허가에 대한 이의신청사유가 있다거나, 그 결정절차에 중대한 잘못이 있다는 것을 이유로 드는 때에만 할 수 있다.

② 민사소송법 제451조제1항 각호의 사유는 제1항의 규정에 불구하고 매각허가 또는 불허가결정에 대한 항고의 이유로 삼을 수 있다.

③ 매각허가결정에 대하여 항고를 하고자 하는 사람은 보증으로 매각대금의 10분의 1에 해당하는 금전 또는 법원이 인정한 유가증권을 공탁하여야 한다.

④ 항고를 제기하면서 항고장에 제3항의 보증을 제공하였음을 증명하는 서류를 붙이지 아니한 때에는 원심법원은 항고장을 받은 날부터 1주 이내에 결정으로 이를 각하하여야 한다.

⑤ 제4항의 결정에 대하여는 즉시항고를 할 수 있다.

⑥ 채무자 및 소유자가 한 제3항의 항고가 기각된 때에는 항고인은 보증으로 제공한 금전이나 유가증권을 돌려 줄 것을 요구하지 못한다.

⑦ 채무자 및 소유자 외의 사람이 한 제3항의 항고가 기각된 때에는 항고인은 보증으로 제공한 금전이나, 유가증권을 현금화한 금액 가운데 항고를 한 날부터 항고기각결정이 확정된 날까지의

매각대금에 대한 대법원규칙이 정하는 이율에 의한 금액(보증으로 제공한 금전이나, 유가증권을 현금화한 금액을 한도로 한다)에 대하여는 돌려 줄 것을 요구할 수 없다. 다만, 보증으로 제공한 유가증권을 현금화하기 전에 위의 금액을 항고인이 지급한 때에는 그 유가증권을 돌려 줄 것을 요구할 수 있다.

⑧ 항고인이 항고를 취하한 경우에는 제6항 또는 제7항의 규정을 준용한다.

제131조 (항고심의 절차)

① 항고법원은 필요한 경우에 반대진술을 하게 하기 위하여 항고인의 상대방을 정할 수 있다.

② 한 개의 결정에 대한 여러 개의 항고는 병합한다.

③ 항고심에는 제122조의 규정을 준용한다.

제132조 (항고법원의 재판과 매각허가여부결정)

항고법원이 집행법원의 결정을 취소하는 경우에 그 매각허가여부의 결정은 집행법원이 한다.

제133조 (매각을 허가하지 아니하는 결정의 효력)

매각을 허가하지 아니한 결정이 확정된 때에는 매수인과 매각허가를 주장한 매수신고인은 매수에 관한 책임이 면제된다.

제134조 (최저매각가격의 결정부터 새로할 경우)

제127조의 규정에 따라 매각허가결정을 취소한 경우에는 제97조 내지 제105조의 규정을 준용한다.

제135조 (소유권의 취득시기)

매수인은 매각대금을 다 낸 때에 매각의 목적인 권리를 취득한다.

제136조 (부동산의 인도명령 등)

① 법원은 매수인이 대금을 낸 뒤 6월 이내에 신청하면 채무자·소유자 또는 부동산 점유자에 대하여 부동산을 매수인에게 인도하도록 명할 수 있다. 다만, 점유자가 매수인에게 대항할 수 있는 권원에 의하여 점유하고 있는 것으로 인정되는 경우에는 그러하지 아니하다.

② 법원은 매수인 또는 채권자가 신청하면 매각허가가 결정된 뒤 인도할 때까지 관리인에게 부동산을 관리하게 할 것을 명할 수 있다.

③ 제2항의 경우 부동산의 관리를 위하여 필요하면 법원은 매수인 또는 채권자의 신청에 따라 담보를 제공하게 하거나 제공하게 하지 아니하고 제1항의 규정에 준하는 명령을 할 수 있다.

④ 법원이 채무자 및 소유자 외의 점유자에 대하여 제1항 또는 제3항의 규정에 따른 인도명령을 하려면 그 점유자를 심문하여야 한다. 다만, 그 점유자가 매수인에게 대항할 수 있는 권원에 의하여 점유하고 있지 아니함이 명백한 때 또는 이미 그 점유자를 심문한 때에는 그러하지 아니하다.

⑤ 제1항 내지 제3항의 신청에 관한 결정에 대하여는 즉시항고를 할 수 있다.

⑥ 채무자·소유자 또는 점유자가 제1항과 제3항의 인도명령에 따르지 아니할 때에는 매수인 또는 채권자는 집행관에게 그 집행을 위임할 수 있다.

제137조 (차순위매수신고인에 대한 매각허가여부결정)

① 차순위매수신고인이 있는 경우에 매수인이 대금지급기한까지 그 의무를 이행하지 아니한 때에는 차순위매수신고인에게 매각을 허가할 것인지를 결정하여야 한다. 다만, 제142조제4항의 경우에는 그러하지 아니하다.

② 차순위매수신고인에 대한 매각허가결정이 있는 때에는 매수인은 매수신청의 보증을 돌려 줄 것을 요구하지 못한다.

제138조 (재매각)

① 매수인이 대금지급기한 또는 제142조제4항의 다시 정한 기한까지 그 의무를 완전히 이행하지 아니하였고, 차순위매수신고인이 없는 때에는 법원은 직권으로 부동산의 재매각을 명하여야 한다.

② 재매각절차에도 종전에 정한 최저매각가격, 그 밖의 매각조건을 적용한다.

③ 매수인이 재매각기일의 3일 이전까지 대금, 그 지급기한이 지난 뒤부터 지급일까지의 대금에 대한 대법원규칙이 정하는 이율에 따른 지연이자와 절차비용을 지급한 때에는 재매각절차를 취소하여야 한다. 이 경우 차순위매수신고인이 매각허가결정을 받았던 때에는 위 금액을 먼저 지급한 매수인이 매매목적물의 권리를 취득한다.

④ 재매각절차에서는 전의 매수인은 매수신청을 할 수 없으며 매수신청의 보증을 돌려 줄 것을 요구하지 못한다.

제139조 (공유물지분에 대한 경매)

① 공유물지분을 경매하는 경우에는 채권자의 채권을 위하여 채무자의 지분에 대한 경매개시결정이 있음을 등기부에 기입하고 다른 공유자에게 그 경매개시결정이 있다는 것을 통지하여야 한다. 다만, 상당한 이유가 있는 때에는 통지하지 아니할 수 있다.

② 최저매각가격은 공유물 전부의 평가액을 기본으로 채무자의 지분에 관하여 정하여야 한다. 다만, 그와 같은 방법으로 정확한 가치를 평가하기 어렵거나 그 평가에 부당하게 많은 비용이 드는 등 특별한 사정이 있는 경우에는 그러하지 아니한다.

제140조 (공유자의 우선매수권)

① 공유자는 매각기일까지 제113조에 따른 보증을 제공하고 최고매수신고가격과 같은 가격으로 채무자의 지분을 우선매수하겠다는 신고를 할 수 있다.

② 제1항의 경우에 법원은 최고가매수신고가 있더라도 그 공유자에게 매각을 허가하여야 한다.

③ 여러 사람의 공유자가 우선매수하겠다는 신고를 하고 제2항의 절차를 마친 때에는 특별한 협의가 없으면 공유지분의 비율에 따라 채무자의 지분을 매수하게 한다.

④ 제1항의 규정에 따라 공유자가 우선매수신고를 한 경우에는 최고가매수신고인을 제114조의 차순위매수신고인으로 본다.

제141조 (경매개시결정등기의 말소)

경매신청이 매각허가 없이 마쳐진 때에는 법원사무관등은 제94조와 제139조제1항의 규정에 따른 기입을 말소하도록 등기관에게 촉탁하여야 한다.

제142조 (대금의 지급)

① 매각허가결정이 확정되면 법원은 대금의 지급기한을 정하고, 이를 매수인과 차순위매수신고인에게 통지하여야 한다.

② 매수인은 제1항의 대금지급기한까지 매각대금을 지급하여야 한다.

③ 매수신청의 보증으로 금전이 제공된 경우에 그 금전은 매각대금에 넣는다.

④ 매수신청의 보증으로 금전 외의 것이 제공된 경우로서 매수인이 매각대금중 보증액을 뺀 나머지

지 금액만을 낸 때에는, 법원은 보증을 현금화하여 그 비용을 뺀 금액을 보증액에 해당하는 매각대금 및 이에 대한 지연이자에 충당하고, 모자라는 금액이 있으면 다시 대금지급기한을 정하여 매수인으로 하여금 내게 한다.

⑤ 제4항의 지연이자에 대하여는 제138조제3항의 규정을 준용한다.

⑥ 차순위매수신고인은 매수인이 대금을 모두 지급한 때 매수의 책임을 벗게 되고 즉 시 매수신청의 보증을 돌려 줄 것을 요구할 수 있다.

제143조 (특별한 지급방법)

① 매수인은 매각조건에 따라 부동산의 부담을 인수하는 외에 배당표(配當表)의 실시에 관하여 매각대금의 한도에서 관계채권자의 승낙이 있으면 대금의 지급에 갈음하여 채무를 인수할 수 있다.

② 채권자가 매수인인 경우에는 매각결정기일이 끝날 때까지 법원에 신고하고 배당받아야 할 금액을 제외한 대금을 배당기일에 낼 수 있다.

③ 제1항 및 제2항의 경우에 매수인이 인수한 채무나 배당받아야 할 금액에 대하여 이의가 제기된 때에는 매수인은 배당기일이 끝날 때까지 이에 해당하는 대금을 내야 한다.

제144조 (매각대금 지급 뒤의 조치)

① 매각대금이 지급되면 법원사무관등은 매각허가결정의 등본을 붙여 다음 각호의 등기를 촉탁하여야 한다.

1. 매수인 앞으로 소유권을 이전하는 등기
2. 매수인이 인수하지 아니한 부동산의 부담에 관한 기입을 말소하는 등기
3. 제94조 및 제139조제1항의 규정에 따른 경매개시결정등기를 말소하는 등기

② 제1항의 등기에 드는 비용은 매수인이 부담한다.

제145조 (매각대금의 배당)

① 매각대금이 지급되면 법원은 배당절차를 밟아야 한다.

② 매각대금으로 배당에 참가한 모든 채권자를 만족하게 할 수 없는 때에는 법원은 민법·상법, 그 밖의 법률에 의한 우선순위에 따라 배당하여야 한다.

제146조 (배당기일)

매수인이 매각대금을 지급하면 법원은 배당에 관한 진술 및 배당을 실시할 기일을 정하고 이해관계인과 배당을 요구한 채권자에게 이를 통지하여야 한다. 다만, 채무자가 외국에 있거나 있는 곳이 분명하지 아니한 때에는 통지하지 아니한다.

제147조 (배당할 금액 등)

① 배당할 금액은 다음 각호에 규정한 금액으로 한다.

1. 대금
2. 제138조제3항 및 제142조제4항의 경우에는 대금지급기한이 지난 뒤부터 대금의 지급·충당까지의 지연이자
3. 제130조제6항의 보증(제130조제8항에 따라 준용되는 경우를 포함한다.)
4. 제130조제7항 본문의 보증 가운데 항고인이 돌려줄 것을 요구하지 못하는 금액 또는 제130조제7항 단서의 규정에 따라 항고인이 낸 금액(각각 제130조제8항에 따라 준용되는 경우를 포함한다.)
5. 제138조 제4항의 규정에 의하여 매수인이 돌려줄 것을 요구할 수 없는 보증(보증이 금전 외의 방법으로 제공되어 있는 때에는 보증을 현금화하여 그 대금에서 비용을 뺀 금액)

② 제1항의 금액 가운데 채권자에게 배당하고 남은 금액이 있으면, 제1항제4호의 금액의 범위안에서 제1항제4호의 보증 등을 제공한 사람에게 돌려준다.

③ 제1항의 금액 가운데 채권자에게 배당하고 남은 금액으로 제1항제4호의 보증 등을 돌려주기 부족한 경우로서 그 보증 등을 제공한 사람이 여럿인 때에는 제1항제4호의 보증 등의 비율에 따라 나누어 준다.

제148조 (배당받을 채권자의 범위)

제147조제1항에 규정한 금액을 배당받을 채권자는 다음 각호에 규정된 사람으로 한다.

1. 배당요구의 종기까지 경매신청을 한 압류채권자
2. 배당요구의 종기까지 배당요구를 한 채권자
3. 첫 경매개시결정등기전에 등기된 가압류채권자
4. 저당권·전세권, 그 밖의 우선변제청구권으로서 첫 경매개시결정등기전에 등기되었고 매각으로 소멸하는 것을 가진 채권자

제149조 (배당표의 확정)

① 법원은 채권자와 채무자에게 보여 주기 위하여 배당기일의 3일전에 배당표원안(配當表原案)을 작성하여 법원에 비치하여야 한다.

② 법원은 출석한 이해관계인과 배당을 요구한 채권자를 심문하여 배당표를 확정하여야 한다.

제150조 (배당표의 기재 등)

① 배당표에는 매각대금, 채권자의 채권의 원금, 이자, 비용, 배당의 순위와 배당의 비율을 적어야 한다.

② 출석한 이해관계인과 배당을 요구한 채권자가 합의한 때에는 이에 따라 배당표를 작성하여야 한다.

제151조 (배당표에 대한 이의)

① 기일에 출석한 채무자는 채권자의 채권 또는 그 채권의 순위에 대하여 이의할 수 있다.

② 제1항의 규정에 불구하고 채무자는 제149조제1항에 따라 법원에 배당표원안이 비치된 이후 배당기일이 끝날 때까지 채권자의 채권 또는 그 채권의 순위에 대하여 서면으로 이의할 수 있다.

③ 기일에 출석한 채권자는 자기의 이해에 관계되는 범위 안에서는 다른 채권자를 상대로 그의 채권 또는 그 채권의 순위에 대하여 이의할 수 있다.

제152조 (이의의 완결)

① 제151조의 이의에 관계된 채권자는 이에 대하여 진술하여야 한다.

② 관계인이 제151조의 이의를 정당하다고 인정하거나 다른 방법으로 합의한 때에는 이에 따라 배당표를 경정(更正)하여 배당을 실시하여야 한다.

③ 제151조의 이의가 완결되지 아니한 때에는 이의가 없는 부분에 한하여 배당을 실시하여야 한다.

제153조 (불출석한 채권자)

① 기일에 출석하지 아니한 채권자는 배당표와 같이 배당을 실시하는 데에 동의한 것으로 본다.

② 기일에 출석하지 아니한 채권자가 다른 채권자가 제기한 이의에 관계된 때에는 그 채권자는 이

의를 정당하다고 인정하지 아니한 것으로 본다.

제154조 (배당이의의 소 등)

① 집행력 있는 집행권원의 정본을 가지지 아니한 채권자(가압류채권자를 제외한다)에 대하여 이 의한 채무자와 다른 채권자에 대하여 이의한 채권자는 배당이의의 소를 제기하여야 한다.

② 집행력 있는 집행권원의 정본을 가진 채권자에 대하여 이의한 채무자는 청구이의의 소를 제기 하여야 한다.

③ 이의한 채권자나 채무자가 배당기일부터 1주 이내에 집행법원에 대하여 제1항의 소를 제기한 사실 을 증명하는 서류를 제출하지 아니한 때 또는 제2항의 소를 제기한 사실을 증명하는 서류와 그 소 에 관한 집행정지재판의 정본을 제출하지 아니한 때에는 이의가 취하된 것으로 본다.

제155조 (이의한 사람 등의 우선권 주장)

이의한 채권자가 제154조제3항의 기간을 지키지 아니한 경우에도 배당표에 따른 배당을 받은 채권 자에 대하여 소로 우선권 및 그 밖의 권리를 행사하는 데 영향을 미치지 아니한다.

제156조 (배당이의의 소의 관할)

① 제154조제1항의 배당이의의 소는 배당을 실시한 집행법원이 속한 지방법원의 관할로 한다. 다 만, 소송물이 단독판사의 관할에 속하지 아니할 경우에는 지방법원의 합의부가 이를 관할한다.

② 여러 개의 배당이의의 소가 제기된 경우에 한 개의 소를 합의부가 관할하는 때에는 그 밖의 소 도 함께 관할한다.

③ 이의한 사람과 상대방이 이의에 관하여 단독판사의 재판을 받을 것을 합의한 경우에는 제1항 단 서와 제2항의 규정을 적용하지 아니한다.

제157조 (배당이의의 소의 판결)

배당이의의 소에 대한 판결에서는 배당액에 대한 다툼이 있는 부분에 관하여 배당을 받을 채권자 와 그 액수를 정하여야 한다. 이를 정하는 것이 적당하지 아니하다고 인정한 때에는 판결에서 배당 표를 다시 만들고 다른 배당절차를 밟도록 명하여야 한다.

제158조 (배당이의의 소의 취하간주)

이의한 사람이 배당이의의 소의 첫 변론기일에 출석하지 아니한 때에는 소를 취하한 것으로 본다.

제159조 (배당실시절차 · 배당조서)

① 법원은 배당표에 따라 제2항 및 제3항에 규정된 절차에 의하여 배당을 실시하여야 한다.

② 채권 전부의 배당을 받을 채권자에게는 배당액지급증을 교부하는 동시에 그가 가진 집행력 있 는 정본 또는 채권증서를 받아 채무자에게 교부하여야 한다.

③ 채권 일부의 배당을 받을 채권자에게는 집행력 있는 정본 또는 채권증서를 제출하게 한 뒤 배당 액을 적어서 돌려주고 배당액지급증을 교부하는 동시에 영수증을 받아 채무자에게 교부하여야 한다.

④ 제1항 내지 제3항의 배당실시절차는 조서에 명확히 적어야 한다.

제160조 (배당금액의 공탁)

① 배당을 받아야 할 채권자의 채권에 대하여 다음 각호 가운데 어느 하나의 사유가 있으면 그에

대한 배당액을 공탁하여야 한다.

1. 채권에 정지조건 또는 불확정기한이 붙어 있는 때
2. 가압류채권자의 채권인 때
3. 제49조제2호 및 제266조제1항제5호에 규정된 문서가 제출되어 있는 때
4. 저당권설정의 가등기가 마쳐져 있는 때
5. 제154조제1항에 의한 배당이의의 소가 제기된 때
6. 민법 제340조제2항 및 같은 법 제370조에 따른 배당금액의 공탁청구가 있는 때

② 채권자가 배당기일에 출석하지 아니한 때에는 그에 대한 배당액을 공탁하여야 한다.

제161조 (공탁금에 대한 배당의 실시)

① 법원이 제160조제1항의 규정에 따라 채권자에 대한 배당액을 공탁한 뒤 공탁의 사유가 소멸한 때에는 법원은 공탁금을 지급하거나 공탁금에 대한 배당을 실시하여야 한다.

② 제1항에 따라 배당을 실시함에 있어서 다음 각호 가운데 어느 하나에 해당하는 때에는 법원은 배당에 대하여 이의하지 아니한 채권자를 위하여서도 배당표를 바꾸어야 한다.

1. 제160조제1항제1호 내지 제4호의 사유에 따른 공탁에 관련된 채권자에 대하여 배당을 실시할 수 없게 된 때
2. 제160조제1항제5호의 공탁에 관련된 채권자가 채무자로부터 제기당한 배당이의의 소에서 진 때
3. 제160조제1항제6호의 공탁에 관련된 채권자가 저당물의 매각대가로부터 배당을 받은 때

③ 제160조제2항의 채권자가 법원에 대하여 공탁금의 수령을 포기하는 의사를 표시한 때에는 그 채권자의 채권이 존재하지 아니하는 것으로 보고 배당표를 바꾸어야 한다.

④ 제2항 및 제3항의 배당표변경에 따른 추가 배당기일에 제151조의 규정에 따라 이의할 때에는 종전의 배당기일에서 주장할 수 없었던 사유만을 주장할 수 있다.

제162조 (공동경매)

여러 압류채권자를 위하여 동시에 실시하는 부동산의 경매절차에는 제80조 내지 제161조의 규정을 준용한다.

제 3 관 강 제 관 리

제163조 (강제경매규정의 준용)

강제관리에는 제80조 내지 제82조, 제83조제1항·제3항 내지 제5항, 제85조 내지 제89조 및 제94조 내지 제96조의 규정을 준용한다.

제164조 (강제관리개시결정)

① 강제관리를 개시하는 결정에는 채무자에게는 관리사무에 간섭하여서는 아니되고 부동산의 수익을 처분하여서도 아니된다고 명하여야 하며, 수익을 채무자에게 지급할 제3자에게는 관리인에게 이를 지급하도록 명하여야 한다.

② 수확하였거나 수확할 과실(果實)과, 이행기에 이르렀거나 이르게 될 과실은 제1항의 수익에 속한다.

③ 강제관리개시결정은 제3자에게는 결정서를 송달하여야 효력이 생긴다.

④ 강제관리신청을 기각하거나 각하하는 재판에 대하여는 즉시항고를 할 수 있다.

제165조 (강제관리개시결정 등의 통지)

법원은 강제관리를 개시하는 결정을 한 부동산에 대하여 다시 강제관리의 개시결정을 하거나 배당요구의 신청이 있는 때에는 관리인에게 이를 통지하여야 한다.

제166조 (관리인의 임명 등)

① 관리인은 법원이 임명한다. 다만, 채권자는 적당한 사람을 관리인으로 추천할 수 있다.

② 관리인은 관리와 수익을 하기 위하여 부동산을 점유할 수 있다. 이 경우 저항을 받으면 집행관에게 원조를 요구할 수 있다.

③ 관리인은 제3자가 채무자에게 지급할 수익을 추심(推尋)할 권한이 있다.

제167조 (법원의 지휘·감독)

① 법원은 관리에 필요한 사항과 관리인의 보수를 정하고, 관리인을 지휘·감독한다.

② 법원은 관리인에게 보증을 제공하도록 명할 수 있다.

③ 관리인에게 관리를 계속할 수 없는 사유가 생긴 경우에는 법원은 직권으로 또는 이해관계인의 신청에 따라 관리인을 해임할 수 있다. 이 경우 관리인을 심문하여야 한다.

제168조 (준용규정)

제3자가 부동산에 대한 강제관리를 막을 권리가 있다고 주장하는 경우에는 제48조의 규정을 준용한다.

제169조 (수익의 처리)

① 관리인은 부동산수익에서 그 부동산이 부담하는 조세, 그 밖의 공과금을 뺀 뒤에 관리비용을 변제하고, 그 나머지 금액을 채권자에게 지급한다.

② 제1항의 경우 모든 채권자를 만족하게 할 수 없는 때에는 관리인은 채권자 사이의 배당협의에 따라 배당을 실시하여야 한다.

③ 채권자 사이에 배당협의가 이루어지지 못한 경우에 관리인은 그 사유를 법원에 신고하여야 한다.

④ 제3항의 신고가 있는 경우에는 제145조·제146조 및 제148조 내지 제161조의 규정을 준용하여 배당표를 작성하고 이에 따라 관리인으로 하여금 채권자에게 지급하게 하여야 한다.

제170조 (관리인의 계산보고)

① 관리인은 매년 채권자·채무자와 법원에 계산서를 제출하여야 한다. 그 업무를 마친 뒤에도 또한 같다.

② 채권자와 채무자는 계산서를 송달받은 날부터 1주 이내에 집행법원에 이에 대한 이의신청을 할 수 있다.

③ 제2항의 기간이내에 이의신청이 없는 때에는 관리인의 책임이 면제된 것으로 본다.

④ 제2항의 기간 이내에 이의신청이 있는 때에는 관리인을 심문한 뒤 결정으로 재판하여야 한다. 신청한 이의를 매듭 지은 때에는 법원은 관리인의 책임을 면제한다.

제171조 (강제관리의 취소)

① 강제관리의 취소는 법원이 결정으로 한다.

② 채권자들이 부동산수익으로 전부 변제를 받았을 때에는 법원은 직권으로 제1항의 취소결정을 한다.

③ 제1항 및 제2항의 결정에 대하여는 즉시항고를 할 수 있다.

④ 강제관리의 취소결정이 확정된 때에는 법원사무관등은 강제관리에 관한 기입등기를 말소하도록 촉탁하여야 한다.

제3절 선박 등에 대한 강제집행

제172조 (선박에 대한 강제집행)

등기할 수 있는 선박에 대한 강제집행은 부동산의 강제경매에 관한 규정에 따른다. 다만, 사물의 성질에 따른 차이가 있거나 특별한 규정이 있는 경우에는 그러하지 아니하다.

제173조 (관할법원)

선박에 대한 강제집행의 집행법원은 압류 당시에 그 선박이 있는 곳을 관할하는 지방법원으로 한다.

제174조 (선박국적증서 등의 제출)

① 법원은 경매개시결정을 한 때에는 집행관에게 선박국적증서 그 밖에 선박운행에 필요한 문서(이하 "선박국적증서등"이라 한다)를 선장으로부터 받아 법원에 제출하도록 명하여야 한다.

② 경매개시결정이 송달 또는 등기되기 전에 집행관이 선박국적증서등을 받은 경우에는 그 때에 압류의 효력이 생긴다.

제175조 (선박집행신청전의 선박국적증서등의 인도명령)

① 선박에 대한 집행의 신청전에 선박국적증서등을 받지 아니하면 집행이 매우 곤란할 염려가 있을 경우에는 선적(船籍)이 있는 곳을 관할하는 지방법원(선적이 없는 때에는 대법원규칙이 정하는 법원)은 신청에 따라 채무자에게 선박국적증서등을 집행관에게 인도하도록 명할 수 있다. 급박한 경우에는 선박이 있는 곳을 관할하는 지방법원도 이 명령을 할 수 있다.

② 집행관은 선박국적증서등을 인도받은 날부터 5일 이내에 채권자로부터 선박집행을 신청하였음을 증명하는 문서를 제출받지 못한 때에는 그 선박국적증서등을 돌려 주어야 한다.

③ 제1항의 규정에 따른 재판에 대하여는 즉시항고를 할 수 있다.

④ 제1항의 규정에 따른 재판에는 제292조제2항 및 제3항의 규정을 준용한다.

제176조 (압류선박의 정박)

① 법원은 집행절차를 행하는 동안 선박이 압류 당시의 장소에 계속 머무르도록 명하여야 한다.

② 법원은 영업상의 필요, 그 밖에 상당한 이유가 있다고 인정할 경우에는 채무자의 신청에 따라 선박의 운행을 허가할 수 있다. 이경우 채권자·최고가매수신고인·차순위매수신고인 및 매수인의 동의가 있어야 한다.

③ 제2항의 선박운행허가결정에 대하여는 즉시항고를 할 수 있다.

④ 제2항의 선박운행허가결정은 확정되어야 효력이 생긴다.

제177조 (경매신청의 첨부서류)

① 강제경매신청을 할 때에는 다음 각호의 서류를 내야 한다.

    1. 채무자가 소유자인 경우에는 소유자로서 선박을 점유하고 있다는 것을, 선장인 경우에는 선장으로서 선박을 지휘하고 있다는 것을 소명할 수 있는 증서

    2. 선박에 관한 등기사항을 포함한 등기부의 초본 또는 등본

② 채권자는 공적 장부를 주관하는 공공기관이 멀리 떨어진 곳에 있는 때에는 제1항제2호의 초본 또는 등본을 보내주도록 법원에 신청할 수 있다.

제178조 (감수·보존처분)

① 법원은 채권자의 신청에 따라 선박을 감수(監守)하고 보존하기 위하여 필요한 처분을 할 수 있다.

② 제1항의 처분을 한 때에는 경매개시결정이 송달되기 전에도 압류의 효력이 생긴다.

제179조 (선장에 대한 판결의 집행)

① 선장에 대한 판결로 선박채권자를 위하여 선박을 압류하면 그 압류는 소유자에 대하여도 효력이 미친다. 이 경우 소유자도 이해관계인으로 본다.

② 압류한 뒤에 소유자나 선장이 바뀌더라도 집행절차에는 영향을 미치지 아니한다.

③ 압류한 뒤에 선장이 바뀐 때에는 바뀐 선장만이 이해관계인이 된다.

제180조 (관할위반으로 말미암은 절차의 취소)

압류 당시 선박이 그 법원의 관할안에 없었음이 판명된 때에는 그 절차를 취소하여야 한다.

제181조 (보증의 제공에 의한 강제경매절차의 취소)

① 채무자가 제49조제2호 또는 제4호의 서류를 제출하고 압류채권자 및 배당을 요구한 채권자의 채권과 집행비용에 해당하는 보증을 매수신고전에 제공한 때에는 법원은 신청에 따라 배당절차 외의 절차를 취소하여야 한다.

② 제1항에 규정한 서류를 제출함에 따른 집행정지가 효력을 잃은 때에는 법원은 제1항의 보증금을 배당하여야 한다.

③ 제1항의 신청을 기각한 재판에 대하여는 즉시항고를 할 수 있다.

④ 제1항의 규정에 따른 집행취소결정에는 제17조제2항의 규정을 적용하지 아니한다.

⑤ 제1항의 보증의 제공에 관하여 필요한 사항은 대법원규칙으로 정한다.

제182조 (사건의 이송)

① 압류된 선박이 관할구역 밖으로 떠난 때에는 집행법원은 선박이 있는 곳을 관할하는 법원으로 사건을 이송할 수 있다.

② 제1항의 규정에 따른 결정에 대하여는 불복할 수 없다.

제183조 (선박국적증서등을 넘겨받지 못한 경우의 경매절차취소)

경매개시결정이 있은 날부터 2월이 지나기까지 집행관이 선박국적증서등을 넘겨받지 못하고, 선박이 있는 곳이 분명하지 아니한 때에는 법원은 강제경매절차를 취소할 수 있다.

제184조 (매각기일의 공고)

매각기일의 공고에는 선박의 표시와 그 정박한 장소를 적어야 한다.

제185조 (선박지분의 압류명령)

① 선박의 지분에 대한 강제집행은 제251조에서 규정한 강제집행의 예에 따른다.

② 채권자가 선박의 지분에 대하여 강제집행신청을 하기 위하여서는 채무자가 선박의 지분을 소유하고 있다는 사실을 증명할 수 있는 선박등기부의 등본이나 그 밖의 증명서를 내야 한다.

③ 압류명령은 채무자 외에 상법 제760조에 의하여 선임된 선박관리인(이하 이 조에서 "선박관리인"이라 한다)에게도 송달하여야 한다.

④ 압류명령은 선박관리인에게 송달되면 채무자에게 송달된 것과 같은 효력을 가진다.

제186조 (외국선박의 압류)

외국선박에 대한 강제집행에는 등기부에 기입할 절차에 관한 규정을 적용하지 아니한다.

제187조 (자동차 등에 대한 강제집행)

자동차·건설기계 및 항공기에 대한 강제집행절차는 제2절 내지 제4절의 규정에 준하여 대법원규칙으로 정한다.

제4절 동산에 대한 강제집행

제1관 통 칙

제188조 (집행방법, 압류의 범위)

① 동산에 대한 강제집행은 압류에 의하여 개시한다.

② 압류는 집행력 있는 정본에 적은 청구금액의 변제와 집행비용의 변상에 필요한 한도안에서 하여야 한다.

③ 압류물을 현금화하여도 집행비용 외에 남을 것이 없는 경우에는 집행하지 못한다.

제2관 유체동산에 대한 강제집행

제189조 (채무자가 점유하고 있는 물건의 압류)

① 채무자가 점유하고 있는 유체동산의 압류는 집행관이 그 물건을 점유함으로써 한다. 다만, 채권자의 승낙이 있거나 운반이 곤란한 때에는 봉인(封印), 그 밖의 방법으로 압류물임을 명확히 하여 채무자에게 보관시킬 수 있다.

② 다음 각호 가운데 어느 하나에 해당하는 물건은 이 법에서 유체동산으로 본다.

　　1. 등기할 수 없는 토지의 정착물로서 독립하여 거래의 객체가 될 수 있는 것
　　2. 토지에서 분리하기 전의 과실로서 1월이내에 수확할 수 있는 것
　　3. 유가증권으로서 배서가 금지되지 아니한 것

③ 집행관은 채무자에게 압류의 사유를 통지하여야 한다.

제190조 (부부공유 유체동산의 압류)

채무자와 그 배우자의 공유로서 채무자가 점유하거나 그 배우자와 공동으로 점유하고 있는 유체동산은 제189조의 규정에 따라 압류할 수 있다.

제191조 (채무자 외의 사람이 점유하고 있는 물건의 압류)

채권자 또는 물건의 제출을 거부하지 아니하는 제3자가 점유하고 있는 물건은 제189조의 규정을

준용하여 압류할 수 있다.

제192조 (국고금의 압류)

국가에 대한 강제집행은 국고금을 압류함으로써 한다.

제193조 (압류물의 인도)

① 압류물을 제3자가 점유하게 된 경우에는 법원은 채권자의 신청에 따라 그 제3자에 대하여 그 물건을 집행관에게 인도하도록 명할 수 있다.

② 제1항의 신청은 압류물을 제3자가 점유하고 있는 것을 안 날부터 1주 이내에 하여야 한다.

③ 제1항의 재판은 상대방에게 송달되기 전에도 집행할 수 있다.

④ 제1항의 재판은 신청인에게 고지된 날부터 2주가 지난 때에는 집행할 수 없다.

⑤ 제1항의 재판에 대하여는 즉시항고를 할 수 있다.

제194조 (압류의 효력)

압류의 효력은 압류물에서 생기는 천연물에도 미친다.

제195조 (압류가 금지되는 물건)

다음 각호의 물건은 압류하지 못한다.

1. 채무자 및 그와 같이 사는 친족(사실상 관계에 따른 친족을 포함한다. 이하 이 조에서 "채무자등"이라 한다)의 생활에 필요한 의복·침구·가구·부엌기구, 그 밖의 생활필수품
2. 채무자등의 생활에 필요한 2월간의 식료품·연료 및 조명재료
3. 채무자등의 생활에 필요한 1월간의 생계비로서 대통령령이 정하는 액수의 금전
4. 주로 자기 노동력으로 농업을 하는 사람에게 없어서는 아니될 농기구·비료·가축·사료·종자, 그 밖에 이에 준하는 물건
5. 주로 자기의 노동력으로 어업을 하는 사람에게 없어서는 아니될 고기잡이 도구·어망·미끼·새끼고기, 그 밖에 이에 준하는 물건
6. 전문직 종사자·기술자·노무자, 그 밖에 주로 자기의 정신적 또는 육체적 노동으로 직업 또는 영업에 종사하는 사람에게 없어서는 아니 될 제복·도구, 그 밖에 이에 준하는 물건
7. 채무자 또는 그 친족이 받은 훈장·포장·기장, 그 밖에 이에 준하는 명예증표
8. 위패·영정·묘비, 그 밖에 상례·제사 또는 예배에 필요한 물건
9. 족보·집안의 역사적인 기록·사진첩, 그 밖에 선조숭배에 필요한 물건
10. 채무자의 생활 또는 직무에 없어서는 아니 될 도장·문패·간판, 그 밖에 이에 준하는 물건
11. 채무자의 생활 또는 직업에 없어서는 아니 될 일기장·상업장부, 그 밖에 이에 준하는 물건
12. 공표되지 아니한 저작 또는 발명에 관한 물건
13. 채무자등이 학교·교회·사찰, 그 밖의 교육기관 또는 종교단체에서 사용하는 교과서·교리서·학습용구, 그 밖에 이에 준하는 물건
14. 채무자등의 일상생활에 필요한 안경·보청기·의치·의수족·지팡이·장애보조용 바퀴의자, 그 밖에 이에 준하는 신체보조기구
15. 채무자등의 일상생활에 필요한 자동차로서 자동차관리법이 정하는 바에 따른 장애인용 경형자동차
16. 재해의 방지 또는 보안을 위하여 법령의 규정에 따라 설비하여야 하는 소방설비·경보기구·피난시설, 그 밖에 이에 준하는 물건

제196조 (압류금지 물건을 정하는 재판)

① 법원은 당사자가 신청하면 채권자와 채무자의 생활형편, 그 밖의 사정을 고려하여 유체동산의

전부 또는 일부에 대한 압류를 취소하도록 명하거나 제195조의 유체동산을 압류하도록 명할 수 있다.

② 제1항의 결정이 있은 뒤에 그 이유가 소멸되거나 사정이 바뀐 때에는 법원은 직권으로 또는 당사자의 신청에 따라 그 결정을 취소하거나 바꿀 수 있다.

③ 제1항 및 제2항의 경우에 법원은 제16조제2항에 준하는 결정을 할 수 있다.

④ 제1항 및 제2항의 결정에 대하여는 즉시항고를 할 수 있다.

⑤ 제3항의 결정에 대하여는 불복할 수 없다.

제197조 (일괄매각)

① 집행관은 여러 개의 유체동산의 형태, 이용관계 등을 고려하여 일괄매수하게 하는 것이 알맞다고 인정하는 때에는 직권으로 또는 이해관계인의 신청에 따라 일괄하여 매각할 수 있다.

② 제1항의 경우에는 제98조제3항, 제99조, 제100조, 제101조제2항 내지 제5항의 규정을 준용한다.

제198조 (압류물의 보존)

① 압류물을 보존하기 위하여 필요한 때에는 집행관은 적당한 처분을 하여야 한다.

② 제1항의 경우에 비용이 필요한 때에는 채권자로 하여금 이를 미리 내게 하여야 한다. 채권자가 여럿인 때에는 요구하는 액수에 비례하여 미리 내게 한다.

③ 제49조제2호 또는 제4호의 문서가 제출된 경우에 압류물을 즉시 매각하지 아니하면 값이 크게 내릴 염려가 있거나, 보관에 지나치게 많은 비용이 드는 때에는 집행관은 그 물건을 매각할 수 있다.

④ 집행관은 제3항의 규정에 따라 압류물을 매각하였을 때에는 그 대금을 공탁하여야 한다.

제199조 (압류물의 매각)

집행관은 압류를 실시한 뒤 입찰 또는 호가경매의 방법으로 압류물을 매각하여야 한다.

제200조 (값비싼 물건의 평가)

매각할 물건 가운데 값이 비싼 물건이 있는 때에는 집행관은 적당한 감정인에게 이를 평가하게 하여야 한다.

제201조 (압류금전)

① 압류한 금전은 채권자에게 인도하여야 한다.

② 집행관이 금전을 추심한 때에는 채무자가 지급한 것으로 본다. 다만, 담보를 제공하거나 공탁을 하여 집행에서 벗어날 수 있도록 채무자에게 허가한 때에는 그러하지 아니하다.

제202조 (매각일)

압류일과 매각일 사이에는 1주 이상 기간을 두어야 한다. 다만, 압류물을 보관하는 데 지나치게 많은 비용이 들거나, 시일이 지나면 그 물건의 값이 크게 내릴 염려가 있는 때에는 그러하지 아니하다.

제203조 (매각장소)

① 매각은 압류한 유체동산이 있는 시·구·읍·면(도농복합형태의 시의 경우 동지역은 시·구, 읍·면지역은 읍·면)에서 진행한다. 다만, 압류채권자와 채무자가 합의하면 합의된 장소에서 진행한다.

② 매각일자와 장소는 대법원규칙이 정하는 방법으로 공고한다. 공고에는 매각할 물건을 표시하여

야 한다.

제204조 (준용규정)

매각장소의 질서유지에 관하여는 제108조의 규정을 준용한다.

제205조 (매각·재매각)

① 집행관은 최고가매수신고인의 성명과 가격을 말한 뒤 매각을 허가한다.

② 매각물은 대금과 서로 맞바꾸어 인도하여야 한다.

③ 매수인이 매각조건에 정한 지급기일에 대금의 지급과 물건의 인도청구를 게을리 한 때에는 재매각을 하여야 한다. 지급기일을 정하지 아니한 경우로서 매각기일의 마감에 앞서 대금의 지급과 물건의 인도청구를 게을리 한 때에도 또한 같다.

④ 제3항의 경우에는 전의 매수인은 재매각절차에 참가하지 못하며, 뒤의 매각대금이 처음의 매각대금보다 적은 때에는 그 부족한 액수를 부담하여야 한다.

제206조 (배우자의 우선매수권)

① 제190조의 규정에 따라 압류한 유체동산을 매각하는 경우에 배우자는 매각기일에 출석하여 우선매수할 것을 신고할 수 있다.

② 제1항의 우선매수신고에는 제140조제1항 및 제2항의 규정을 준용한다.

제207조 (매각의 한도)

매각은 매각대금으로 채권자에게 변제하고 강제집행비용을 지급하기에 충분하게 되면 즉시 중지하여야 한다. 다만, 제197조제2항 및 제101조제3항 단서에 따른 일괄매각의 경우에는 그러하지 아니하다.

제208조 (집행관이 매각대금을 영수한 효과)

집행관이 매각대금을 영수한 때에는 채무자가 지급한 것으로 본다. 다만, 담보를 제공하거나 공탁을 하여 집행에서 벗어날 수 있도록 채무자에게 허가한 때에는 그러하지 아니하다.

제209조 (금·은붙이의 현금화)

금·은붙이는 그 금·은의 시장가격 이상의 금액으로 일반 현금화의 규정에 따라 매각하여야 한다. 시장가격 이상의 금액으로 매수하는 사람이 없는 때에는 집행관은 그 시장가격에 따라 적당한 방법으로 매각할 수 있다.

제210조 (유가증권의 현금화)

집행관이 유가증권을 압류한 때에는 시장가격이 있는 것은 매각하는 날의 시장가격에 따라 적당한 방법으로 매각하고 그 시장가격이 형성되지 아니한 것은 일반 현금화의 규정에 따라 매각하여야 한다.

제211조 (기명유가증권의 명의개서)

유가증권이 기명식인 때에는 집행관은 매수인을 위하여 채무자에 갈음하여 배서 또는 명의개서에 필요한 행위를 할 수 있다.

제212조 (어음 등의 제시의무)

① 집행관은 어음·수표 그 밖의 금전의 지급을 목적으로 하는 유가증권(이하 "어음등"이라 한다)으

로서 일정한 기간 안에 인수 또는 지급을 위한 제시 또는 지급의 청구를 필요로 하는 것을 압류
하였을 경우에 그 기간이 개시되면 채무자에 갈음하여 필요한 행위를 하여야 한다.

② 집행관은 미완성 어음등을 압류한 경우에 채무자에게 기한을 정하여 어음등에 적을 사항을 보
충하도록 최고하여야 한다.

제213조 (미분리과실의 매각)

① 토지에서 분리되기 전에 압류한 과실은 충분히 익은 다음에 매각하여야 한다.

② 집행관은 매각하기 위하여 수확을 하게 할 수 있다.

제214조 (특별한 현금화 방법)

① 법원은 필요하다고 인정하면 직권으로 또는 압류채권자, 배당을 요구한 채권자 또는 채무자의
신청에 따라 일반 현금화의 규정에 의하지 아니하고 다른 방법이나 다른 장소에서 압류물을 매
각하게 할 수 있다. 또한 집행관에게 위임하지 아니하고 다른 사람으로 하여금 매각하게 하도
록 명할 수 있다.

② 제1항의 재판에 대하여는 불복할 수 없다.

제215조 (압류의 경합)

① 유체동산을 압류하거나 가압류한 뒤 매각기일에 이르기 전에 다른 강제집행이 신청된 때에는
집행관은 집행신청서를 먼저 압류한 집행관에게 교부하여야 한다. 이 경우 더 압류할 물건이
있으면 이를 압류한 뒤에 추가압류조서를 교부하여야 한다.

② 제1항의 경우에 집행에 관한 채권자의 위임은 먼저 압류한 집행관에게 이전된다.

③ 제1항의 경우에 각 압류한 물건은 강제집행을 신청한 모든 채권자를 위하여 압류한 것으로 본다.

④ 제1항의 경우에 먼저 압류한 집행관은 뒤에 강제집행을 신청한 채권자를 위하여 다시 압류한다
는 취지를 덧붙여 그 압류조서에 적어야 한다.

제216조 (채권자의 매각최고)

① 상당한 기간이 지나도 집행관이 매각하지 아니하는 때에는 압류채권자는 집행관에게 일정한 기
간 이내에 매각하도록 최고할 수 있다.

② 집행관이 제1항의 최고에 따르지 아니하는 때에는 압류채권자는 법원에 필요한 명령을 신청할
수 있다.

제217조 (우선권자의 배당요구)

민법·상법, 그 밖의 법률에 따라 우선변제청구권이 있는 채권자는 매각대금의 배당을 요구할 수 있
다.

제218조 (배당요구의 절차)

제217조의 배당요구는 이유를 밝혀 집행관에게 하여야 한다.

제219조 (배당요구 등의 통지)

제215조제1항 및 제218조의 경우에는 집행관은 그 사유를 배당에 참가한 채권자와 채무자에게 통
지하여야 한다.

제220조 (배당요구의 시기)

① 배당요구는 다음 각호의 시기까지 할 수 있다.

   1. 집행관이 금전을 압류한 때 또는 매각대금을 영수한 때

   2. 집행관이 어음·수표 그 밖의 금전의 지급을 목적으로 한 유가증권에 대하여 그 금전을 지급받은 때

② 제198조제4항에 따라 공탁된 매각대금에 대하여는 동산집행을 계속하여 진행할 수 있게 된 때까지, 제296조제5항 단서에 따라 공탁된 매각대금에 대하여는 압류의 신청을 한 때까지 배당요구를 할 수 있다.

제221조 (배우자의 지급요구)

① 제190조의 규정에 따라 압류한 유체동산에 대하여 공유지분을 주장하는 배우자는 매각대금을 지급하여 줄 것을 요구할 수 있다.

② 제1항의 지급요구에는 제218조 내지 제220조의 규정을 준용한다.

③ 제219조의 통지를 받은 채권자가 배우자의 공유주장에 대하여 이의가 있는 때에는 배우자를 상대로 소를 제기하여 공유가 아니라는 것을 확정하여야 한다.

④ 제3항의 소에는 제154조제3항, 제155조 내지 제158조, 제160조제1항제5호 및 제161조제1항·제2항·제4항의 규정을 준용한다.

제222조 (매각대금의 공탁)

① 매각대금으로 배당에 참가한 모든 채권자를 만족하게 할 수 없고 매각허가된 날부터 2주 이내에 채권자 사이에 배당협의가 이루어지지 아니한 때에는 매각대금을 공탁하여야 한다.

② 여러 채권자를 위하여 동시에 금전을 압류한 경우에도 제1항과 같다.

③ 제1항 및 제2항의 경우에 집행관은 집행절차에 관한 서류를 붙여 그 사유를 법원에 신고하여야 한다.

제 3관 채권과 그 밖의 재산권에 대한 강제집행

제223조 (채권의 압류명령)

제3자에 대한 채무자의 금전채권 또는 유가증권, 그 밖의 유체물의 권리이전이나 인도를 목적으로 한 채권에 대한 강제집행은 집행법원의 압류명령에 의하여 개시한다.

제224조 (집행법원)

① 제223조의 집행법원은 채무자의 보통재판적이 있는 곳의 지방법원으로 한다.

② 제1항의 지방법원이 없는 경우 집행법원은 압류한 채권의 채무자(이하 "제3채무자"라 한다)의 보통재판적이 있는 곳의 지방법원으로 한다. 다만, 이 경우에 물건의 인도를 목적으로 하는 채권과 물적 담보권 있는 채권에 대한 집행법원은 그 물건이 있는 곳의 지방법원으로 한다.

③ 가압류에서 이전되는 채권압류의 경우에 제223조의 집행법원은 가압류를 명한 법원이 있는 곳을 관할하는 지방법원으로 한다.

제225조 (압류명령의 신청)

채권자는 압류명령신청에 압류할 채권의 종류와 액수를 밝혀야 한다.

제226조 (심문의 생략)

압류명령은 제3채무자와 채무자를 심문하지 아니하고 한다.

제227조 (금전채권의 압류)

① 금전채권을 압류할 때에는 법원은 제3채무자에게 채무자에 대한 지급을 금지하고 채무자에게 채권의 처분과 영수를 금지하여야 한다.

② 압류명령은 제3채무자와 채무자에게 송달하여야 한다.

③ 압류명령이 제3채무자에게 송달되면 압류의 효력이 생긴다.

④ 압류명령의 신청에 관한 재판에 대하여는 즉시항고를 할 수 있다.

제228조 (저당권이 있는 채권의 압류)

① 저당권이 있는 채권을 압류할 경우 채권자는 채권압류사실을 등기부에 기입하여 줄 것을 법원사무관등에게 신청할 수 있다. 이 신청은 채무자의 승낙 없이 법원에 대한 압류명령의 신청과 함께 할 수 있다.

② 법원사무관등은 의무를 지는 부동산 소유자에게 압류명령이 송달된 뒤에 제1항의 신청에 따른 등기를 촉탁하여야 한다.

제229조 (금전채권의 현금화방법)

① 압류한 금전채권에 대하여 압류채권자는 추심명령(推尋命令)이나 전부명령(轉付命令)을 신청할 수 있다.

② 추심명령이 있는 때에는 압류채권자는 대위절차(代位節次)없이 압류채권을 추심할 수 있다.

③ 전부명령이 있는 때에는 압류된 채권은 지급에 갈음하여 압류채권자에게 이전된다.

④ 추심명령에 대하여는 제227조제2항 및 제3항의 규정을, 전부명령에 대하여는 제227조제2항의 규정을 각각 준용한다.

⑤ 전부명령이 제3채무자에게 송달될 때까지 그 금전채권에 관하여 다른 채권자가 압류·가압류 또는 배당요구를 한 경우에는 전부명령은 효력을 가지지 아니한다.

⑥ 제1항의 신청에 관한 재판에 대하여는 즉시항고를 할 수 있다.

⑦ 전부명령은 확정되어야 효력을 가진다.

⑧ 전부명령이 있은 뒤에 제49조제2호 또는 제4호의 서류를 제출한 것을 이유로 전부명령에 대한 즉시항고가 제기된 경우에는 항고법원은 다른 이유로 전부명령을 취소하는 경우를 제외하고는 항고에 관한 재판을 정지하여야 한다.

제230조 (저당권이 있는 채권의 이전)

저당권이 있는 채권에 관하여 전부명령이 있는 경우에는 제228조의 규정을 준용한다.

제231조 (전부명령의 효과)

전부명령이 확정된 경우에는 전부명령이 제3채무자에게 송달된 때에 채무자가 채무를 변제한 것으로 본다. 다만, 이전된 채권이 존재하지 아니한 때에는 그러하지 아니하다.

제232조 (추심명령의 효과)

① 추심명령은 그 채권전액에 미친다. 다만, 법원은 채무자의 신청에 따라 압류채권자를 심문하여 압류액수를 그 채권자의 요구액수로 제한하고 채무자에게 그 초과된 액수의 처분과 영수를 허가할 수 있다.

② 제1항 단서의 제한부분에 대하여 다른 채권자는 배당요구를 할 수 없다.

③ 제1항의 허가는 제3채무자와 채권자에게 통지하여야 한다.

제233조 (지시채권의 압류)

어음·수표 그 밖에 배서로 이전할 수 있는 증권으로서 배서가 금지된 증권채권의 압류는 법원의 압류명령으로 집행관이 그 증권을 점유하여 한다.

제234조 (채권증서)

① 채무자는 채권에 관한 증서가 있으면 압류채권자에게 인도하여야 한다.

② 채권자는 압류명령에 의하여 강제집행의 방법으로 그 증서를 인도받을 수 있다.

제235조 (압류의 경합)

① 채권 일부가 압류된 뒤에 그 나머지 부분을 초과하여 다시 압류명령이 내려진 때에는 각 압류의 효력은 그 채권 전부에 미친다.

② 채권 전부가 압류된 뒤에 그 채권 일부에 대하여 다시 압류명령이 내려진 때 그 압류의 효력도 제1항과 같다.

제236조 (추심의 신고)

① 채권자는 추심한 채권액을 법원에 신고하여야 한다.

② 제1항의 신고전에 다른 압류·가압류 또는 배당요구가 있었을 때에는 채권자는 추심한 금액을 바로 공탁하고 그 사유를 신고하여야 한다.

제237조 (제3채무자의 진술의무)

① 압류채권자는 제3채무자로 하여금 압류명령을 송달받은 날부터 1주 이내에 서면으로 다음 각호의 사항을 진술하게 하도록 법원에 신청할 수 있다.

  1. 채권을 인정하는지의 여부 및 인정한다면 그 한도
  2. 채권에 대하여 지급할 의사가 있는지의 여부 및 의사가 있다면 그 한도
  3. 채권에 대하여 다른 사람으로부터 청구가 있는지의 여부 및 청구가 있다면 그 종류
  4. 다른 채권자에게 채권을 압류당한 사실이 있는지의 여부 및 그 사실이 있다면 그 청구의 종류

② 법원은 제1항의 진술을 명하는 서면을 제3채무자에게 송달하여야 한다.

③ 제3채무자가 진술을 게을리한 때에는 법원은 제3채무자에게 제1항의 사항을 심문할 수 있다.

제238조 (추심의 소제기)

채권자가 명령의 취지에 따라 제3채무자를 상대로 소를 제기할 때에는 일반규정에 의한 관할법원에 제기하고 채무자에게 그 소를 고지하여야 한다. 다만, 채무자가 외국에 있거나 있는 곳이 분명하지 아니한 때에는 고지할 필요가 없다.

제239조 (추심의 소홀)

채권자가 추심할 채권의 행사를 게을리 한 때에는 이로써 생긴 채무자의 손해를 부담한다.

제240조 (추심권의 포기)

① 채권자는 추심명령에 따라 얻은 권리를 포기할 수 있다. 다만, 기본채권에는 영향이 없다.

② 제1항의 포기는 법원에 서면으로 신고하여야 한다. 법원사무관등은 그 등본을 제3채무자와 채무자에게 송달하여야 한다.

제241조 (특별한 현금화방법)

① 압류된 채권이 조건 또는 기한이 있거나, 반대의무의 이행과 관련되어 있거나 그 밖의 이유로 추심하기 곤란할 때에는 법원은 채권자의 신청에 따라 다음 각호의 명령을 할 수 있다.

  1. 채권을 법원이 정한 값으로 지급함에 갈음하여 압류채권자에게 양도하는 양도명령
  2. 추심에 갈음하여 법원이 정한 방법으로 그 채권을 매각하도록 집행관에게 명하는 매각명령
  3. 관리인을 선임하여 그 채권의 관리를 명하는 관리명령
  4. 그 밖에 적당한 방법으로 현금화하도록 하는 명령

② 법원은 제1항의 경우 그 신청을 허가하는 결정을 하기 전에 채무자를 심문하여야 한다. 다만, 채무자가 외국에 있거나 있는 곳이 분명하지 아니한 때에는 심문할 필요가 없다.

③ 제1항의 결정에 대하여는 즉시항고를 할 수 있다.

④ 제1항의 결정은 확정되어야 효력을 가진다.

⑤ 압류된 채권을 매각한 경우에는 집행관은 채무자를 대신하여 제3채무자에게 서면으로 양도의 통지를 하여야 한다.

⑥ 양도명령에는 제227조제2항·제229조제5항·제230조 및 제231조의 규정을, 매각명령에 의한 집행관의 매각에는 제108조의 규정을, 관리명령에는 제227조제2항의 규정을, 관리명령에 의한 관리에는 제167조, 제169조 내지 제171조, 제222조제2항·제3항의 규정을 각각 준용한다.

제242조 (유체물인도청구권 등에 대한 집행)

부동산·유체동산·선박·자동차·건설기계·항공기 등 유체물의 인도나 권리이전의 청구권에 대한 강제집행에 대하여는 제243조 내지 제245조의 규정을 우선적용하는 것을 제외하고는 제227조 내지 제240조의 규정을 준용한다.

제243조 (유체동산에 관한 청구권의 압류)

① 유체동산에 관한 청구권을 압류하는 경우에는 법원이 제3채무자에 대하여 그 동산을 채권자의 위임을 받은 집행관에게 인도하도록 명한다.

② 채권자는 제3채무자에 대하여 제1항의 명령의 이행을 구하기 위하여 법원에 추심명령을 신청할 수 있다.

③ 제1항의 동산의 현금화에 대하여는 압류한 유체동산의 현금화에 관한 규정을 적용한다.

제244조 (부동산청구권에 대한 압류)

① 부동산에 관한 인도청구권의 압류에 대하여는 그 부동산소재지의 지방법원은 채권자 또는 제3채무자의 신청에 의하여 보관인을 정하고 제3채무자에 대하여 그 부동산을 보관인에게 인도할 것을 명하여야 한다.

② 부동산에 관한 권리이전청구권의 압류에 대하여는 그 부동산소재지의 지방법원은 채권자 또는 제3채무자의 신청에 의하여 보관인을 정하고 제3채무자에 대하여 그 부동산에 관한 채무자명의의 권리이전등기절차를 보관인에게 이행할 것을 명하여야 한다.

③ 제2항의 경우에 보관인은 채무자명의의 권리이전등기신청에 관하여 채무자의 대리인이 된다.

④ 채권자는 제3채무자에 대하여 제1항 또는 제2항의 명령의 이행을 구하기 위하여 법원에 추심명령을 신청할 수 있다.

제245조 (전부명령 제외)

유체물의 인도나 권리이전의 청구권에 대하여는 전부명령을 하지 못한다.

제246조 (압류금지채권)

① 다음 각호의 채권은 압류하지 못한다.

1. 법령에 규정된 부양료 및 유족부조료(遺族扶助料)
2. 채무자가 구호사업이나 제3자의 도움으로 계속 받는 수입
3. 병사의 급료
4. 급료·연금·봉급·상여금·퇴직연금, 그 밖에 이와 비슷한 성질을 가진 급여채권의 2분의 1에 해당하는 금액. 다만, 그 금액이 국민기초생활보장법에 의한 최저생계비를 감안하여 대통령령이 정하는 금액에 미치지 못하는 경우 또는 표준적인 가구의 생계비를 감안하여 대통령령이 정하는 금액을 초과하는 경우에는 각각 당해 대통령령이 정하는 금액으로 한다.
5. 퇴직금 그 밖에 이와 비슷한 성질을 가진 급여채권의 2분의 1에 해당하는 금액

② 법원은 당사자가 신청하면 채권자와 채무자의 생활형편, 그 밖의 사정을 고려하여 압류명령의 전부 또는 일부를 취소하거나 제1항의 압류금지채권에 대하여 압류명령을 할 수 있다.

③ 제2항의 경우에는 제196조제2항 내지 제5항의 규정을 준용한다.

제247조 (배당요구)

① 민법·상법, 그 밖의 법률에 의하여 우선변제청구권이 있는 채권자와 집행력 있는 정본을 가진 채권자는 다음 각호의 시기까지 법원에 배당요구를 할 수 있다.

1. 제3채무자가 제248조제4항에 따른 공탁의 신고를 한 때
2. 채권자가 제236조에 따른 추심의 신고를 한 때
3. 집행관이 현금화한 금전을 법원에 제출한 때

② 전부명령이 제3채무자에게 송달된 뒤에는 배당요구를 하지 못한다.

③ 제1항의 배당요구에는 제218조 및 제219조의 규정을 준용한다.

④ 제1항의 배당요구는 제3채무자에게 통지하여야 한다.

제248조 (제3채무자의 채무액의 공탁)

① 제3채무자는 압류에 관련된 금전채권의 전액을 공탁할 수 있다.

② 금전채권에 관하여 배당요구서를 송달받은 제3채무자는 배당에 참가한 채권자의 청구가 있으면 압류된 부분에 해당하는 금액을 공탁하여야 한다.

③ 금전채권중 압류되지 아니한 부분을 초과하여 거듭 압류명령 또는 가압류명령이 내려진 경우에 그 명령을 송달받은 제3채무자는 압류 또는 가압류채권자의 청구가 있으면 그 채권의 전액에 해당하는 금액을 공탁하여야 한다.

④ 제3채무자가 채무액을 공탁한 때에는 그 사유를 법원에 신고하여야 한다. 다만, 상당한 기간 이내에 신고가 없는 때에는 압류채권자, 가압류채권자, 배당에 참가한 채권자, 채무자, 그 밖의 이해관계인이 그 사유를 법원에 신고할 수 있다.

제249조 (추심의 소)

① 제3채무자가 추심절차에 대하여 의무를 이행하지 아니하는 때에는 압류채권자는 소로써 그 이행을 청구할 수 있다.

② 집행력 있는 정본을 가진 모든 채권자는 공동소송인으로 원고 쪽에 참가할 권리가 있다.

③ 소를 제기당한 제3채무자는 제2항의 채권자를 공동소송인으로 원고 쪽에 참가하도록 명할 것을 첫 변론기일까지 신청할 수 있다.

④ 소에 대한 재판은 제3항의 명령을 받은 채권자에 대하여 효력이 미친다.

제250조 (채권자의 추심최고)

압류채권자가 추심절차를 게을리 한 때에는 집행력 있는 정본으로 배당을 요구한 채권자는 일정한 기간내에 추심하도록 최고하고, 최고에 따르지 아니한 때에는 법원의 허가를 얻어 직접 추심할 수 있다.

제251조 (그 밖의 재산권에 대한 집행)

① 앞의 여러 조문에 규정된 재산권 외에 부동산을 목적으로 하지 아니한 재산권에 대한 강제집행은 이 관의 규정 및 제98조 내지 제101조의 규정을 준용한다.

② 제3채무자가 없는 경우에 압류는 채무자에게 권리처분을 금지하는 명령을 송달한 때에 효력이 생긴다.

제 4 관　배당절차

제252조 (배당절차의 개시)

법원은 다음 각호 가운데 어느 하나에 해당하는 경우에는 배당절차를 개시한다.

1. 제222조의 규정에 따라 집행관이 공탁한 때
2. 제236조의 규정에 따라 추심채권자가 공탁하거나 제248조의 규정에 따라 제3채무자가 공탁한 때
3. 제241조의 규정에 따라 현금화된 금전을 법원에 제출한 때

제253조 (계산서 제출의 최고)

법원은 채권자들에게 1주 이내에 원금·이자·비용, 그 밖의 부대채권의 계산서를 제출하도록 최고하여야 한다.

제254조 (배당표의 작성)

① 제253조의 기간이 끝난 뒤에 법원은 배당표를 작성하여야 한다.

② 제1항의 기간을 지키지 아니한 채권자의 채권은 배당요구서와 사유신고서의 취지 및 그 증빙서류에 따라 계산한다. 이 경우 다시 채권액을 추가하지 못한다.

제255조 (배당기일의 준비)

법원은 배당을 실시할 기일을 지정하고 채권자와 채무자에게 이를 통지하여야 한다. 다만, 채무자가 외국에 있거나 있는 곳이 분명하지 아니한 때에는 통지하지 아니한다.

제256조 (배당표의 작성과 실시)

배당표의 작성, 배당표에 대한 이의 및 그 완결과 배당표의 실시에 대하여는 제149조 내지 제161조의 규정을 준용한다.

■ 제3장 금전채권외의 채권에 기초한 강제집행

제257조 (동산인도청구의 집행)

채무자가 특정한 동산이나 대체물의 일정한 수량을 인도하여야 할 때에는 집행관은 이를 채무자로부터 빼앗아 채권자에게 인도하여야 한다.

제258조 (부동산 등의 인도청구의 집행)

① 채무자가 부동산이나 선박을 인도하여야 할 때에는 집행관은 채무자로부터 점유를 빼앗아 채권자에게 인도하여야 한다.

② 제1항의 강제집행은 채권자나 그 대리인이 인도받기 위하여 출석한 때에만 한다.

③ 강제집행의 목적물이 아닌 동산은 집행관이 제거하여 채무자에게 인도하여야 한다.

④ 제3항의 경우 채무자가 없는 때에는 집행관은 채무자와 같이 사는 사리를 분별할 지능이 있는 친족 또는 채무자의 대리인이나 고용인에게 그 동산을 인도하여야 한다.

⑤ 채무자와 제4항에 적은 사람이 없는 때에는 집행관은 그 동산을 채무자의 비용으로 보관하여야 한다.

⑥ 채무자가 그 동산의 수취를 게을리 한 때에는 집행관은 집행법원의 허가를 받아 동산에 대한 강제집행의 매각절차에 관한 규정에 따라 그 동산을 매각하고 비용을 뺀 뒤에 나머지 대금을 공탁하여야 한다.

제259조 (목적물을 제3자가 점유하는 경우)

인도할 물건을 제3자가 점유하고 있는 때에는 채권자의 신청에 따라 금전채권의 압류에 관한 규정에 따라 채무자의 제3자에 대한 인도청구권을 채권자에게 넘겨야 한다.

제260조 (대체집행)

① 민법 제389조제2항 후단과 제3항의 경우에는 제1심 법원은 채권자의 신청에 따라 민법의 규정에 의한 결정을 하여야 한다.

② 채권자는 제1항의 행위에 필요한 비용을 미리 지급할 것을 채무자에게 명하는 결정을 신청할 수 있다. 다만, 뒷날 그 초과비용을 청구할 권리는 영향을 받지 아니한다.

③ 제1항과 제2항의 신청에 관한 재판에 대하여는 즉시항고를 할 수 있다.

제261조 (간접강제)

① 채무의 성질이 간접강제를 할 수 있는 경우에 제1심 법원은 채권자의 신청에 따라 간접강제를 명하는 결정을 한다. 그 결정에는 채무의 이행의무 및 상당한 이행기간을 밝히고, 채무자가 그 기간 이내에 이행을 하지 아니하는 때에는 늦어진 기간에 따라 일정한 배상을 하도록 명하거나 즉시 손해배상을 하도록 명할 수 있다.

② 제1항의 신청에 관한 재판에 대하여는 즉시항고를 할 수 있다.

제262조 (채무자의 심문)

제260조 및 제261조의 결정은 변론 없이 할 수 있다. 다만, 결정하기 전에 채무자를 심문하여야 한다.

제263조 (의사표시의무의 집행)

① 채무자가 권리관계의 성립을 인낙한 때에는 그 조서로, 의사의 진술을 명한 판결이 확정된 때에는 그 판결로 권리관계의 성립을 인낙하거나 의사를 진술한 것으로 본다.

② 반대의무가 이행된 뒤에 권리관계의 성립을 인낙하거나 의사를 진술할 것인 경우에는 제30조와 제32조의 규정에 따라 집행문을 내어 준 때에 그 효력이 생긴다.

제264조 (부동산에 대한 경매신청)

① 부동산을 목적으로 하는 담보권을 실행하기 위한 경매신청을 함에는 담보권이 있다는 것을 증명하는 서류를 내야 한다.

② 담보권을 승계한 경우에는 승계를 증명하는 서류를 내야 한다.

③ 부동산 소유자에게 경매개시결정을 송달할 때에는 제2항의 규정에 따라 제출된 서류의 등본을 붙여야 한다.

제265조 (경매개시결정에 대한 이의신청사유)

경매절차의 개시결정에 대한 이의신청사유로 담보권이 없다는 것 또는 소멸되었다는 것을 주장할 수 있다.

제266조 (경매절차의 정지)

① 다음 각호 가운데 어느 하나에 해당하는 문서가 경매법원에 제출되면 경매절차를 정지하여야 한다.

1. 담보권의 등기가 말소된 등기부의 등본
2. 담보권 등기를 말소하도록 명한 확정판결의 정본
3. 담보권이 없거나 소멸되었다는 취지의 확정판결의 정본
4. 채권자가 담보권을 실행하지 아니하기로 하거나 경매신청을 취하하겠다는 취지 또는 피담보채권을 변제받았거나 그 변제를 미루도록 승낙한다는 취지를 적은 서류
5. 담보권 실행을 일시정지하도록 명한 재판의 정본

② 제1항제1호 내지 제3호의 경우와 제4호의 서류가 화해조서의 정본 또는 공정증서의 정본인 경우에는 경매법원은 이미 실시한 경매절차를 취소하여야 하며, 제5호의 경우에는 그 재판에 따라 경매절차를 취소하지 아니한 때에만 이미 실시한 경매절차를 일시적으로 유지하게 하여야 한다.

③ 제2항의 규정에 따라 경매절차를 취소하는 경우에는 제17조의 규정을 적용하지 아니한다.

제267조 (대금완납에 따른 부동산취득의 효과)

매수인의 부동산 취득은 담보권 소멸로 영향을 받지 아니한다.

제268조 (준용규정)

부동산을 목적으로 하는 담보권 실행을 위한 경매절차에는 제79조 내지 제162조의 규정을 준용한다.

제269조 (선박에 대한 경매)

선박을 목적으로 하는 담보권 실행을 위한 경매절차에는 제172조 내지 제186조, 제264조 내지 제268조의 규정을 준용한다.

제270조 (자동차 등에 대한 경매)

자동차·건설기계 및 항공기를 목적으로 하는 담보권 실행을 위한 경매절차는 제264조 내지 제269조, 제271조 및 제272조의 규정에 준하여 대법원규칙으로 정한다.

제271조 (유체동산에 대한 경매)

유체동산을 목적으로 하는 담보권 실행을 위한 경매는 채권자가 그 목적물을 제출하거나, 그 목적
물의 점유자가 압류를 승낙한 때에 개시한다.

제272조 (준용규정)

제271조의 경매절차에는 제2편 제2장 제4절 제2관의 규정과 제265조 및 제266조의 규정을 준용
한다.

제273조 (채권과 그 밖의 재산권에 대한 담보권의 실행)

① 채권, 그 밖의 재산권을 목적으로 하는 담보권의 실행은 담보권의 존재를 증명하는 서류(권리의
이전에 관하여 등기나 등록을 필요로 하는 경우에는 그 등기부 또는 등록원부의 등본)가 제출
된 때에 개시한다.

② 민법 제342조에 따라 담보권설정자가 받을 금전, 그 밖의 물건에 대하여 권리를 행사하는 경우
에도 제1항과 같다.

③ 제1항과 제2항의 권리실행절차에는 제2편 제2장 제4절 제3관의 규정을 준용한다.

제274조 (유치권 등에 의한 경매)

① 유치권에 의한 경매와 민법·상법, 그 밖의 법률이 규정하는 바에 따른 경매(이하 "유치권등에
의한 경매"라 한다)는 담보권 실행을 위한 경매의 예에 따라 실시한다.

② 유치권 등에 의한 경매절차는 목적물에 대하여 강제경매 또는 담보권 실행을 위한 경매절차가 개
시된 경우에는 이를 정지하고, 채권자 또는 담보권자를 위하여 그 절차를 계속하여 진행한다.

③ 제2항의 경우에 강제경매 또는 담보권 실행을 위한 경매가 취소되면 유치권 등에 의한 경매절
차를 계속하여 진행하여야 한다.

제275조 (준용규정)

이 편에 규정한 경매 등 절차에는 제42조 내지 제44조 및 제46조 내지 제53조의 규정을 준용한다.

제 4 편 보전처분

제276조 (가압류의 목적)

① 가압류는 금전채권이나 금전으로 환산할 수 있는 채권에 대하여 동산 또는 부동산에 대한 강제
집행을 보전하기 위하여 할 수 있다.

② 제1항의 채권이 조건이 붙어 있는 것이거나 기한이 차지 아니한 것인 경우에도 가압류를 할 수
있다.

제277조 (보전의 필요)

가압류는 이를 하지 아니하면 판결을 집행할 수 없거나 판결을 집행하는 것이 매우 곤란할 염려가
있을 경우에 할 수 있다.

제278조 (가압류법원)

가압류는 가압류할 물건이 있는 곳을 관할하는 지방법원이나 본안의 관할법원이 관할한다.

제279조 (가압류신청)

① 가압류신청에는 다음 각호의 사항을 적어야 한다.

　　1. 청구채권의 표시, 그 청구채권이 일정한 금액이 아닌 때에는 금전으로 환산한 금액

　　2. 제277조의 규정에 따라 가압류의 이유가 될 사실의 표시

② 청구채권과 가압류의 이유는 소명하여야 한다.

제280조 (가압류명령)

① 가압류신청에 대한 재판은 변론 없이 할 수 있다.

② 청구채권이나 가압류의 이유를 소명하지 아니한 때에도 가압류로 생길 수 있는 채무자의 손해에 대하여 법원이 정한 담보를 제공한 때에는 법원은 가압류를 명할 수 있다.

③ 청구채권과 가압류의 이유를 소명한 때에도 법원은 담보를 제공하게 하고 가압류를 명할 수 있다.

④ 담보를 제공한 때에는 그 담보의 제공과 담보제공의 방법을 가압류명령에 적어야 한다.

제281조 (재판의 형식)

① 가압류신청에 대한 재판은 결정으로 한다.

② 채권자는 가압류신청을 기각하거나 각하하는 결정에 대하여 즉시항고를 할 수 있다.

③ 담보를 제공하게 하는 재판, 가압류신청을 기각하거나 각하하는 재판과 제2항의 즉시항고를 기각하거나 각하하는 재판은 채무자에게 고지할 필요가 없다.

제282조 (가압류해방금액)

가압류명령에는 가압류의 집행을 정지시키거나 집행한 가압류를 취소시키기 위하여 채무자가 공탁할 금액을 적어야 한다.

제283조 (가압류결정에 대한 채무자의 이의신청)

① 채무자는 가압류결정에 대하여 이의를 신청할 수 있다.

② 제1항의 이의신청에는 가압류의 취소나 변경을 신청하는 이유를 밝혀야 한다.

③ 이의신청은 가압류의 집행을 정지하지 아니한다.

제284조 (가압류이의신청사건의 이송)

법원은 가압류이의신청사건에 관하여 현저한 손해 또는 지연을 피하기 위한 필요가 있는 때에는 직권으로 또는 당사자의 신청에 따라 결정으로 그 가압류사건의 관할권이 있는 다른 법원에 사건을 이송할 수 있다. 다만, 그 법원이 심급을 달리하는 경우에는 그러하지 아니하다.

제285조 (가압류이의신청의 취하)

① 채무자는 가압류이의신청에 대한 재판이 있기 전까지 가압류이의신청을 취하할 수 있다.

② 제1항의 취하에는 채권자의 동의를 필요로 하지 아니한다.

③ 가압류이의신청의 취하는 서면으로 하여야 한다. 다만, 변론기일 또는 심문기일에서는 말로 할 수 있다.

④ 가압류이의신청서를 송달한 뒤에는 취하의 서면을 채권자에게 송달하여야 한다.

⑤ 제3항 단서의 경우에 채권자가 변론기일 또는 심문기일에서는 출석하지 아니한 때에는 그 기일의 조서등본을 송달하여야 한다.

제286조 (이의신청에 대한 심리와 재판)

① 이의신청이 있는 때에는 법원은 변론기일 또는 당사자 쌍방이 참여할 수 있는 심문기일을 정하고 당사자에게 이를 통지하여야 한다.

② 법원은 심리를 종결하고자 하는 경우에는 상당한 유예기간을 두고 심리를 종결할 기일을 정하여 이를 당사자에게 고지하여야 한다. 다만, 변론기일 또는 당사자 쌍방이 참여할 수 있는 심문기일에는 즉시 심리를 종결할 수 있다.

③ 이의신청에 대한 재판은 결정으로 한다.

④ 제3항의 규정에 의한 결정에는 이유를 적어야 한다. 다만, 변론을 거치지 아니한 경우에는 이유의 요지만을 적을 수 있다.

⑤ 법원은 제3항의 규정에 의한 결정으로 가압류의 전부나 일부를 인가·변경 또는 취소할 수 있다. 이 경우 법원은 적당한 담보를 제공하도록 명할 수 있다.

⑥ 법원은 제3항의 규정에 의하여 가압류를 취소하는 결정을 하는 경우에는 채권자가 그 고지를 받은 날부터 2주를 넘지 아니하는 범위 안에서 상당하다고 인정하는 기간이 경과하여야 그 결정의 효력이 생긴다는 뜻을 선언할 수 있다.

⑦ 제3항의 규정에 의한 결정에 대하여는 즉시항고를 할 수 있다. 이 경우 민사소송법 제447조의 규정을 준용하지 아니한다.

제287조 (본안의 제소명령)

① 가압류법원은 채무자의 신청에 따라 변론 없이 채권자에게 상당한 기간 이내에 본안의 소를 제기하여 이를 증명하는 서류를 제출하거나 이미 소를 제기하였으면 소송계속사실을 증명하는 서류를 제출하도록 명하여야 한다.

② 제1항의 기간은 2주 이상으로 정하여야 한다.

③ 채권자가 제1항의 기간 이내에 제1항의 서류를 제출하지 아니한 때에는 법원은 채무자의 신청에 따라 결정으로 가압류를 취소하여야 한다.

④ 제1항의 서류를 제출한 뒤에 본안의 소가 취하되거나 각하된 경우에는 그 서류를 제출하지 아니한 것으로 본다.

⑤ 제3항의 신청에 관한 결정에 대하여는 즉시항고를 할 수 있다. 이 경우 민사소송법 제447조의 규정은 준용하지 아니한다.

제288조 (사정변경 등에 따른 가압류취소)

① 채무자는 다음 각호의 어느 하나에 해당하는 사유가 있는 경우에는 가압류가 인가된 뒤에도 그 취소를 신청할 수 있다. 제3호에 해당하는 경우에는 이해관계인도 신청할 수 있다.

1. 가압류이유가 소멸되거나 그 밖에 사정이 바뀐 때
2. 법원이 정한 담보를 제공한 때
3. 가압류가 집행된 뒤에 3년간 본안의 소를 제기하지 아니한 때

② 제1항의 규정에 의한 신청에 대한 재판은 가압류를 명한 법원이 한다. 다만, 본안이 이미 계속된 때에는 본안법원이 한다.

③ 제1항의 규정에 의한 신청에 대한 재판에는 제286조제1항 내지 제4항·제6항 및 제7항을 준용한다.

제289조 (가압류취소결정의 효력정지)

① 가압류를 취소하는 결정에 대하여 즉시항고가 있는 경우에, 불복의 이유로 주장한 사유가 법률상 정당한 사유가 있다고 인정되고 사실에 대한 소명이 있으며, 그 가압류를 취소함으로 인하여 회복할 수 없는 손해가 생길 위험이 있다는 사정에 대한 소명이 있는 때에는, 법원은 당사자의 신청에 따라 담보를 제공하게 하거나 담보를 제공하지 아니하게 하고 가압류취소결정의 효력을 정지시킬 수 있다.

② 제1항의 규정에 의한 소명은 보증금을 공탁하거나 주장이 진실함을 선서하는 방법으로 대신할 수 없다.

③ 재판기록이 원심법원에 있는 때에는 원심법원이 제1항의 규정에 의한 재판을 한다.

④ 항고법원은 항고에 대한 재판에서 제1항의 규정에 의한 재판을 인가·변경 또는 취소하여야 한다.

⑤ 제1항 및 제4항의 규정에 의한 재판에 대하여는 불복할 수 없다.

제290조 (가압류 이의신청규정의 준용)

① 제287조제3항, 제288조제1항에 따른 재판의 경우에는 제284조의 규정을 준용한다.

② 제287조제1항·제3항 및 제288조제1항에 따른 신청의 취하에는 제285조의 규정을 준용한다.

제291조 (가압류집행에 대한 본집행의 준용)

가압류의 집행에 대하여는 강제집행에 관한 규정을 준용한다. 다만, 아래의 여러 조문과 같이 차이가 나는 경우에는 그러하지 아니하다.

제292조 (집행개시의 요건)

① 가압류에 대한 재판이 있은 뒤에 채권자나 채무자의 승계가 이루어진 경우에 가압류의 재판을 집행하려면 집행문을 덧붙여야 한다.

② 가압류에 대한 재판의 집행은 채권자에게 재판을 고지한 날부터 2주를 넘긴 때에는 하지 못한다.

③ 제2항의 집행은 채무자에게 재판을 송달하기 전에도 할 수 있다.

제293조 (부동산가압류집행)

① 부동산에 대한 가압류의 집행은 가압류재판에 관한 사항을 등기부에 기입하여야 한다.

② 제1항의 집행법원은 가압류재판을 한 법원으로 한다.

③ 가압류등기는 법원사무관등이 촉탁한다.

제294조 (가압류를 위한 강제관리)

가압류의 집행으로 강제관리를 하는 경우에는 관리인이 청구채권액에 해당하는 금액을 지급받아 공탁하여야 한다.

제295조 (선박가압류집행)

① 등기할 수 있는 선박에 대한 가압류를 집행하는 경우에는 가압류등기를 하는 방법이나 집행관에게 선박국적증서등을 선장으로부터 받아 집행법원에 제출하도록 명하는 방법으로 한다. 이들 방법은 함께 사용할 수 있다.

② 가압류등기를 하는 방법에 의한 가압류집행은 가압류명령을 한 법원이, 선박국적증서등을 받아 제출하도록 명하는 방법에 의한 가압류집행은 선박이 정박하여 있는 곳을 관할하는 지방법원이 집행법원으로서 관할한다.

③ 가압류등기를 하는 방법에 의한 가압류의 집행에는 제293조제3항의 규정을 준용한다.

제296조 (동산가압류집행)

① 동산에 대한 가압류의 집행은 압류와 같은 원칙에 따라야 한다.

② 채권가압류의 집행법원은 가압류명령을 한 법원으로 한다.

③ 채권의 가압류에는 제3채무자에 대하여 채무자에게 지급하여서는 아니 된다는 명령만을 하여야 한다.

④ 가압류한 금전은 공탁하여야 한다.

⑤ 가압류물은 현금화를 하지 못한다. 다만, 가압류물을 즉시 매각하지 아니하면 값이 크게 떨어질 염려가 있거나 그 보관에 지나치게 많은 비용이 드는 경우에는 집행관은 그 물건을 매각하여 매각대금을 공탁하여야 한다.

제297조 (제3채무자의 공탁)

제3채무자가 가압류 집행된 금전채권액을 공탁한 경우에는 그 가압류의 효력은 그 청구채권액에 해당하는 공탁금액에 대한 채무자의 출급청구권에 대하여 존속한다.

제298조 (가압류취소재판의 취소와 집행)

① 가압류의 취소결정을 상소법원이 취소한 경우로서 법원이 그 가압류의 집행기관이 되는 때에는 그 취소의 재판을 한 상소법원이 직권으로 가압류를 집행한다.

② 제1항의 경우에 그 취소의 재판을 한 상소법원이 대법원인 때에는 채권자의 신청에 따라 제1심 법원이 가압류를 집행한다.

제299조 (가압류집행의 취소)

① 가압류명령에 정한 금액을 공탁한 때에는 법원은 결정으로 집행한 가압류를 취소하여야 한다.

② 삭제 〈2005.1.27〉

③ 제1항의 취소결정에 대하여는 즉시항고를 할 수 있다.

④ 제1항의 취소결정에 대하여는 제17조제2항의 규정을 준용하지 아니한다.

제300조 (가처분의 목적)

① 다툼의 대상에 관한 가처분은 현상이 바뀌면 당사자가 권리를 실행하지 못하거나 이를 실행하는 것이 매우 곤란할 염려가 있을 경우에 한다.

② 가처분은 다툼이 있는 권리관계에 대하여 임시의 지위를 정하기 위하여도 할 수 있다. 이 경우 가처분은 특히 계속하는 권리관계에 끼칠 현저한 손해를 피하거나 급박한 위험을 막기 위하여, 또는 그 밖의 필요한 이유가 있을 경우에 하여야 한다.

제301조 (가압류절차의 준용)

가처분절차에는 가압류절차에 관한 규정을 준용한다. 다만, 아래의 여러 조문과 같이 차이가 나는 경우에는 그러하지 아니하다.

제302조 삭제 〈2005.1.27〉

제303조 (관할법원)

가처분의 재판은 본안의 관할법원 또는 다툼의 대상이 있는 곳을 관할하는 지방법원이 관할한다.

제304조 (임시의 지위를 정하기 위한 가처분)

제300조제2항의 규정에 의한 가처분의 재판에는 변론기일 또는 채무자가 참석할 수 있는 심문기일을 열어야 한다. 다만, 그 기일을 열어 심리하면 가처분의 목적을 달성할 수 없는 사정이 있는 때에는 그러하지 아니하다.

제305조 (가처분의 방법)

① 법원은 신청목적을 이루는 데 필요한 처분을 직권으로 정한다.

② 가처분으로 보관인을 정하거나, 상대방에게 어떠한 행위를 하거나 하지 말도록, 또는 급여를 지급하도록 명할 수 있다.

③ 가처분으로 부동산의 양도나 저당을 금지한 때에는 법원은 제293조의 규정을 준용하여 등기부에 그 금지한 사실을 기입하게 하여야 한다.

제306조 (법인임원의 직무집행정지 등 가처분의 등기촉탁)

법원사무관등은 법원이 법인의 대표자 그 밖의 임원으로 등기된 사람에 대하여 직무의 집행을 정지하거나 그 직무를 대행할 사람을 선임하는 가처분을 하거나 그 가처분을 변경·취소한 때에는, 법인의 주사무소 및 분사무소 또는 본점 및 지점이 있는 곳의 등기소에 그 등기를 촉탁하여야 한다. 다만, 이 사항이 등기하여야 할 사항이 아닌 경우에는 그러하지 아니하다.

제307조 (가처분의 취소)

① 특별한 사정이 있는 때에는 담보를 제공하게 하고 가처분을 취소할 수 있다.

② 제1항의 경우에는 제284조, 제285조 및 제286조제1항 내지 제4항·제6항·제7항의 규정을 준용한다.

제308조 (원상회복재판)

가처분을 명한 재판에 기초하여 채권자가 물건을 인도받거나, 금전을 지급받거나 또는 물건을 사용·보관하고 있는 경우에는, 법원은 가처분을 취소하는 재판에서 채무자의 신청에 따라 채권자에 대하여 그 물건이나 금전을 반환하도록 명할 수 있다.

제309조 (가처분의 집행정지)

① 소송물인 권리 또는 법률관계가 이행되는 것과 같은 내용의 가처분을 명한 재판에 대하여 이의신청이 있는 경우에, 이의신청으로 주장한 사유가 법률상 정당한 사유가 있다고 인정되고 주장사실에 대한 소명이 있으며, 그 집행에 의하여 회복할 수 없는 손해가 생길 위험이 있다는 사정에 대한 소명이 있는 때에는, 법원은 당사자의 신청에 따라 담보를 제공하게 하거나 담보를 제공하게 하지 아니하고 가처분의 집행을 정지하도록 명할 수 있고, 담보를 제공하게 하고 집행한 처분을 취소하도록 명할 수 있다.

② 제1항에서 규정한 소명은 보증금을 공탁하거나 주장이 진실함을 선서하는 방법으로 대신할 수 없다.

③ 재판기록이 원심법원에 있는 때에는 원심법원이 제1항의 규정에 의한 재판을 한다.

④ 법원은 이의신청에 대한 결정에서 제1항의 규정에 의한 명령을 인가·변경 또는 취소하여야 한다.

⑤ 제1항·제3항 또는 제4항의 규정에 의한 재판에 대하여는 불복할 수 없다.

제310조 (준용규정)

제301조에 따라 준용되는 제287조제3항, 제288조제1항 또는 제307조의 규정에 따른 가처분취소신청이 있는 경우에는 제309조의 규정을 준용한다.

제311조 (본안의 관할법원)

이 편에 규정한 본안법원은 제1심 법원으로 한다. 다만, 본안이 제2심에 계속된 때에는 그 계속된 법원으로 한다.

제312조 (재판장의 권한)

급박한 경우에 재판장은 이 편의 신청에 대한 재판을 할 수 있다.

민사집행법 시행령

[제정 2005년 7월 26일. 기타 18964호]

제1조 (목적)

이 영은 「민사집행법」에서 위임된 사항과 그 시행에 관하여 필요한 사항을 규정함을 목적으로 한다.

제2조 (압류금지 생계비)

「민사집행법」(이하 "법"이라 한다) 제195조제3호에서 "대통령령이 정하는 액수의 금전"이라 함은 120만원을 말한다.

제3조 (압류금지 최저금액)

법 제246조제1항제4호 단서에서 "「국민기초생활 보장법」에 의한 최저생계비를 감안하여 대통령령이 정하는 금액"이라 함은 월 120만원을 말한다.

제4조 (압류금지 최고금액)

법 제246조제1항제4호 단서에서 "표준적인 가구의 생계비를 감안하여 대통령령이 정하는 금액"이라 함은 제1호에 규정된 금액 이상으로서 제1호와 제2호의 금액을 합산한 금액을 말한다.

  1. 월 300만원
  2. 법 제246조제1항제4호 본문의 규정에 의한 압류금지금액(월액으로 계산한 금액을 말한다)에서 제1호의 금액을 뺀 금액의 2분의 1

제5조 (급여채권이 중복되거나 여러 종류인 경우의 계산방법)

제3조 및 제4조의 금액을 계산함에 있어서 채무자가 다수의 직장으로부터 급여를 받거나 여러 종류의 급여를 받는 경우에는 이를 합산한 금액을 급여채권으로 한다.

주택임대차보호법

[일부개정 2005.1.27 법률 제7358호]

제1조 (목적)

이 법은 주거용건물의 임대차에 관하여 민법에 대한 특례를 규정함으로써 국민의 주거생활의 안정을 보장함을 목적으로 한다.

제2조 (적용범위)

이 법은 주거용건물(이하 "주택"이라 한다)의 전부 또는 일부의 임대차에 관하여 이를 적용한다. 그 임차주택의 일부가 주거외의 목적으로 사용되는 경우에도 또한 같다.

제3조 (대항력등)

① 임대차는 그 등기가 없는 경우에도 임차인이 주택의 인도와 주민등록을 마친 때에는 그 익일부터 제3자에 대하여 효력이 생긴다. 이 경우 전입신고를 한 때에 주민등록이 된 것으로 본다.

② 임차주택의 양수인(기타 임대할 권리를 승계한 자를 포함한다)은 임대인의 지위를 승계한 것으로 본다.

③ 민법 제575조제1항·제3항 및 제578조의 규정은 이 법에 의하여 임대차의 목적이 된 주택이 매매 또는 경매의 목적물이 된 경우에 이를 준용한다.

④ 민법 제536조의 규정은 제3항의 경우에 이를 준용한다.

제3조의2 (보증금의 회수)

① 임차인이 임차주택에 대하여 보증금반환청구소송의 확정판결 기타 이에 준하는 집행권원에 기한 경매를 신청하는 경우에는 민사집행법 제41조의 규정에 불구하고 반대의무의 이행 또는 이행의 제공을 집행개시의 요건으로 하지 아니한다.

② 제3조제1항의 대항요건과 임대차계약증서상의 확정일자를 갖춘 임차인은 민사집행법에 의한 경매 또는 국세징수법에 의한 공매시 임차주택(대지를 포함한다)의 환가대금에서 후순위권리자 기타 채권자보다 우선하여 보증금을 변제받을 권리가 있다.

③ 임차인은 임차주택을 양수인에게 인도하지 아니하면 제2항의 규정에 의한 보증금을 수령할 수 없다.

④ 제2항의 규정에 의한 우선변제의 순위와 보증금에 대하여 이의가 있는 이해관계인은 경매법원 또는 체납처분청에 이의를 신청할 수 있다.

⑤ 민사집행법 제152조 내지 제161조의 규정은 제4항의 규정에 의하여 경매법원에 이의를 신청하는 경우에 이를 준용한다.

⑥ 제4항의 규정에 의하여 이의신청을 받은 체납처분청은 이해관계인이 이의신청일부터 7일이내에 임차인을 상대로 소를 제기한 것을 증명한 때에는 당해 소송의 종결시까지 이의가 신청된 범위안에서 임차인에 대한 보증금의 변제를 유보하고 잔여금액을 배분하여야 한다.이 경우 유

보된 보증금은 소송의 결과에 따라 배분한다.

제3조의3 (임차권등기명령)

① 임대차가 종료된 후 보증금을 반환받지 못한 임차인은 임차주택의 소재지를 관할하는 지방법원·지방법원지원 또는 시·군 법원에 임차권등기명령을 신청할 수 있다.

② 임차권등기명령의 신청에는 다음 각호의 사항을 기재하여야 하며, 신청의 이유 및 임차권등기의 원인이 된 사실은 이를 소명하여야 한다.

1. 신청의 취지 및 이유
2. 임대차의 목적인 주택(임대차의 목적이 주택의 일부분인 경우에는 그 도면을 첨부한다)
3. 임차권등기의 원인이 된 사실(임차인이 제3조제1항의 규정에 의한 대항력을 취득하였거나 제3조의2제2항의 규정에 의한 우선변제권을 취득한 경우에는 그 사실)
4. 기타 대법원규칙이 정하는 사항

③ 민사집행법 제280조제1항, 제281조, 제283조, 제285조, 제286조, 제288조제1항·제2항 본문, 제289조, 제290조제2항중 제288조제1항에 대한 부분, 제291조, 제293조의 규정은 임차권등기명령의 신청에 대한 재판, 임차권등기명령의 결정에 대한 임대인의 이의신청 및 그에 대한 재판, 임차권등기명령의 취소신청 및 그에 대한 재판 또는 임차권등기명령의 집행 등에 관하여 이를 준용한다. 이 경우 "가압류"는 "임차권등기"로, "채권자"는 "임차인"으로, "채무자"는 "임대인"으로 본다.

④ 임차권등기명령신청을 기각하는 결정에 대하여 임차인은 항고할 수 있다.

⑤ 임차권등기명령의 집행에 의한 임차권등기가 경료되면 임차인은 제3조제1항의 규정에 의한 대항력 및 제3조의2제2항의 규정에 의한 우선변제권을 취득한다. 다만, 임차인이 임차권등기이전에 이미 대항력 또는 우선변제권을 취득한 경우에는 그 대항력 또는 우선변제권은 그대로 유지되며, 임차권등기이후에는 제3조제1항의 대항요건을 상실하더라도 이미 취득한 대항력 또는 우선변제권을 상실하지 아니한다.

⑥ 임차권등기명령의 집행에 의한 임차권등기가 경료된 주택(임대차의 목적이 주택의 일부분인 경우에는 해당부분에 한한다)을 그 이후에 임차한 임차인은 제8조의 규정에 의한 우선변제를 받을 권리가 없다.

⑦ 임차권등기의 촉탁, 등기공무원의 임차권등기 기입등 임차권등기명령의 시행에 관하여 필요한 사항은 대법원규칙으로 정한다.

⑧ 임차인은 제1항의 규정에 의한 임차권등기명령의 신청 및 그에 따른 임차권등기와 관련하여 소요된 비용을 임대인에게 청구할 수 있다.

제3조의4 (민법의 규정에 의한 주택임대차등기의 효력등)

① 제3조의3제5항 및 제6항의 규정은 민법 제621조의 규정에 의한 주택임대차등기의 효력에 관하여 이를 준용한다.

② 임차인이 대항력 또는 우선변제권을 갖추고 민법 제621조제1항의 규정에 의하여 임대인의 협력을 얻어 임대차등기를 신청하는 경우에는 신청서에 부동산등기법 제156조에 규정된 사항외에 다음 각호의 사항을 기재하여야 하며, 이를 증명할 수 있는 서면(임대차의 목적이 주택의 일부분인 경우에는 해당부분의 도면을 포함한다)을 첨부하여야 한다.

1. 주민등록을 마친 날

    2. 임차주택을 점유한 날

    3. 임대차계약증서상의 확정일자를 받은 날

제3조의5 (경매에 의한 임차권의 소멸)

임차권은 임차주택에 대하여 민사집행법에 의한 경매가 행하여진 경우에는 그 임차주택의 경락에 의하여 소멸한다. 다만, 보증금이 전액 변제되지 아니한 대항력이 있는 임차권은 그러하지 아니하다.

제4조 (임대차기간 등)

① 기간의 정함이 없거나 기간을 2년미만으로 정한 임대차는 그 기간을 2년으로 본다. 다만, 임차인은 2년미만으로 정한 기간이 유효함을 주장할 수 있다.

② 임대차가 종료한 경우에도 임차인이 보증금을 반환받을 때까지는 임대차관계는 존속하는 것으로 본다.

제5조 삭제 〈1989.12.30〉

제6조 (계약의 갱신)

① 임대인이 임대차기간만료전 6월부터 1월까지에 임차인에 대하여 갱신거절의 통지 또는 조건을 변경하지 아니하면 갱신하지 아니한다는 뜻의 통지를 하지 아니한 경우에는 그 기간이 만료된 때에 전임대차와 동일한 조건으로 다시 임대차한 것으로 본다. 임차인이 임대차기간만료전 1월까지 통지하지 아니한 때에도 또한 같다.

② 제1항의 경우 임대차의 존속기간은 정함이 없는 것으로 본다.

③ 2기의 차임액에 달하도록 차임을 연체하거나 기타 임차인으로서의 의무를 현저히 위반한 임차인에 대하여는 제1항의 규정을 적용하지 아니한다.

제6조의2 (묵시적 갱신의 경우의 계약의 해지)

① 제6조제1항의 경우 임차인은 언제든지 임대인에 대하여 계약해지의 통지를 할 수 있다.

② 제1항의 규정에 의한 해지는 임대인이 그 통지를 받은 날부터 3월이 경과하면 그 효력이 발생한다.

제7조 (차임등의 증감청구권)

약정한 차임 또는 보증금이 임차주택에 관한 조세·공과금 기타 부담의 증감이나 경제사정의 변동으로 인하여 상당하지 아니하게 된 때에는 당사자는 장래에 대하여 그 증감을 청구할 수 있다. 그러나 증액의 경우에는 대통령령이 정하는 기준에 따른 비율을 초과하지 못한다.

제7조의2 월차임 전환시 산정률의 제한

보증금의 전부 또는 일부를 월 단위의 차임으로 전환하는 경우에는 그 전환되는 금액에 은행법에 의한 금융기관에서 적용하는 대출금리 및 당해 지역의 경제여건 등을 감안하여 대통령령이 정하는 비율을 곱한 월차임의 범위를 초과할 수 없다.

제8조 (보증금중 일정액의 보호)

① 임차인은 보증금중 일정액을 다른 담보물권자보다 우선하여 변제받을 권리가 있다. 이 경우 임차인은 주택에 대한 경매신청의 등기전에 제3조제1항의 요건을 갖추어야 한다.

② 제3조의2제4항 내지 제6항의 규정은 제1항의 경우에 이를 준용한다.

③ 제1항의 규정에 의하여 우선변제를 받을 임차인 및 보증금중 일정액의 범위와 기준은 주택가액(대지의 가액을 포함한다)의 2분의 1의 범위안에서 대통령령으로 정한다.

제9조 (주택의 임차권의 승계)

① 임차인이 상속권자없이 사망한 경우에 그 주택에서 가정공동생활을 하던 사실상의 혼인관계에 있는 자는 임차인의 권리와 의무를 승계한다.

② 임차인이 사망한 경우에 사망당시 상속권자가 그 주택에서 가정공동생활을 하고 있지 아니한 때에는 그 주택에서 가정공동생활을 하던 사실상의 혼인관계에 있는 자와 2촌이내의 친족은 공동으로 임차인의 권리와 의무를 승계한다.

③ 제1항 및 제2항의 경우에 임차인이 사망한 후 1월이내에 임대인에 대하여 반대의사를 표시한 때에는 그러하지 아니하다.

④ 제1항 및 제2항의 경우에 임대차관계에서 생긴 채권·채무는 임차인의 권리의무를 승계한 자에게 귀속한다.

제10조 (강행규정)

이 법의 규정에 위반된 약정으로서 임차인에게 불리한 것은 그 효력이 없다.

제11조 (일시사용을 위한 임대차)

이 법은 일시사용을 위한 임대차임이 명백한 경우에는 이를 적용하지 아니한다.

제12조 (미등기전세에의 준용)

이 법은 주택의 등기하지 아니한 전세계약에 관하여 이를 준용한다. 이 경우 “전세금”은 “임대차의 보증금”으로 본다.

제13조 (소액사건심판법의 준용)

소액사건심판법 제6조·제7조·제10조 및 제11조의2의 규정은 임차인이 임대인에 대하여 제기하는 보증금반환청구소송에 관하여 이를 준용한다.

ㄱ

ㄴ

ㄷ

ㅁ